Marketing pessoal

Dados Internacionais de Catalogação na Publicação (CIP)

```
C572m  Ciletti, Dorene.
           Marketing pessoal / Dorene Ciletti ; tradução Lívia
       Koeppl ; revisão técnica Janaina de Moura Engracia Gi-
       raldi. — São Paulo, SP : Cengage Learning, 2017.
       376 p. : il. ; 23 cm.

           Tradução de: Marketing yourself (2. ed.).
           ISBN 978-85-221-2766-5

           1. Marketing pessoal. 2. Produto. 3. Sucesso nos
       negócios. 4. Empreendedorismo. I. Koeppl, Lívia. II.
       Giraldi, Janaina de Moura Engracia. III. Título.


                                              CDU 658.8
                                              CDD 658.8
```

Índice para catálogo sistemático:
1. Marketing pessoal 658.8

(Bibliotecária responsável: Sabrina Leal Araujo — CRB 10/1507)

DORENE CILETTI

Marketing pessoal

ESTRATÉGIAS PARA OS DESAFIOS ATUAIS

TRADUÇÃO
Lívia Marina Koeppl

REVISÃO TÉCNICA
Janaina de Moura Engracia Giraldi
Professora Associada de Administração e Marketing
da FEA-RP/Universidade de São Paulo (USP)

Austrália • Brasil • México • Cingapura • Reino Unido • Estados Unidos

Marketing pessoal – Estratégias para os desafios atuais – tradução da 2ª edição norte-americana
Segunda edição brasileira
Dorene Ciletti

Gerente editorial: Noelma Brocanelli
Editora de desenvolvimento: Salete Del Guerra
Editora de aquisição: Guacira Simonelli
Supervisora de produção gráfica: Fabiana Alencar Albuquerque
Especialista em direitos autorais: Jenis Oh

Título original: Marketing yourself, 2nd edition
ISBN 13: 978-0-538-45011-9
ISBN 10: 0-538-45011-8

Tradução técnica da 1ª edição: José Nicolás Albuja Salazar
Tradução de novos textos da 2ª edição: Priscilla Rodrigues da Silva e Lopes
Revisão técnica da 2ª edição: Janaina de Moura Engracia Giraldi

Revisões: Marileide Gomes, Isabel Ribeiro e Denise Bolanho
Diagramação: Crayon Editorial
Capa: Alberto Mateus
Imagem da capa: Annette Shaft/Shutterstock

© 2018 Cengage Learning Edições Ltda.

Todos os direitos reservados. Nenhuma parte deste livro poderá ser reproduzida, sejam quais forem os meios empregados, sem a permissão por escrito da Editora. Aos infratores aplicam-se as sanções previstas nos artigos 102, 104, 106, 107 da Lei no 9.610, de 19 de fevereiro de 1998.

Esta editora empenhou-se em contatar os responsáveis pelos direitos autorais de todas as imagens e de outros materiais utilizados neste livro. Se porventura for constatada a omissão involuntária na identificação de algum deles, dispomo-nos a efetuar, futuramente, os possíveis acertos.

A Editora não se responsabiliza pelo funcionamento dos links contidos neste livro que possam estar suspensos.

Para informações sobre nossos produtos, entre em contato pelo telefone **0800 11 19 39**
Para permissão de uso de material desta obra, envie seu pedido para **direitosautorais@cengage.com**

© 2018 Cengage Learning. Todos os direitos reservados.

ISBN 13: 978-85-221-2766-5
ISBN 10: 85-221-2766-2

Cengage Learning
Condomínio E-Business Park
Rua Werner Siemens, 111 – Prédio 11 – Torre A – Conjunto 12
Lapa de Baixo – CEP 05069-900 – São Paulo – SP
Tel.: (11) 3665-9900 Fax: 3665-9901
SAC: 0800 11 19 39
Para suas soluções de curso e aprendizado, visite
www.cengage.com.br

Impresso no Brasil
Printed in Brazil
1ª impressão 2017

Sumário

Apresentação IX

Capítulo 1 – Compreensão do mercado 1
Carreiras em marketing 1
Projeto de portfólio 2
Lição 1.1 – A conexão de marketing 3
Lição 1.2 – A mudança do mercado 15
Lição 1.3 – O mercado atual 21

Capítulo 2 – A natureza do mercado 35
Carreiras em marketing 35
Projeto de portfólio 36
Lição 2.1 – O ambiente econômico 37
Lição 2.2 – Desenvolvimento do negócio 42
Lição 2.3 – Administração e liderança 52

Capítulo 3 – Desenvolvendo seu produto 65
Carreiras em marketing 65
Projeto de portfólio 66
Lição 3.1 – Autoconhecimento 67
Lição 3.2 – Valores e objetivos 74
Lição 3.3 – Características e benefícios 84

Capítulo 4 – Promoção do produto: apresentação pessoal 96
Carreiras em marketing 96
Projeto de portfólio 97
Lição 4.1 – Uma atitude positiva 98
Lição 4.2 – Comportamento profissional 109
Lição 4.3 – Primeiras impressões 118

Capítulo 5 – Qual é o seu mercado? **129**
Carreiras em marketing.. 129
Projeto de portfólio... 130
Lição 5.1 – Identificando segmentos de mercado..................... 131
Lição 5.2 – Pesquisando seu mercado-alvo........................... 138
Lição 5.3 – Explorando oportunidades 146

Capítulo 6 – Estratégia e planejamento **161**
Carreiras em marketing.. 161
Projeto de portfólio... 162
Lição 6.1 – Posicionando-se 163
Lição 6.2 – Plano de marketing pessoal 170
Lição 6.3 – Tendências da carreira.................................... 175

Capítulo 7 – Currículo: sua propaganda pessoal **191**
Carreiras em marketing.. 191
Projeto de portfólio... 192
Lição 7.1 – Por onde começar 193
Lição 7.2 – O conteúdo e a estrutura.................................. 199
Lição 7.3 – Os formatos de currículo 210

Capítulo 8 – Precifique seu produto **221**
Carreiras em marketing.. 221
Projeto de portfólio... 222
Lição 8.1 – Dinheiro e valor.. 223
Lição 8.2 – Pesquisa salarial 229
Lição 8.3 – Negociações salariais 234

**Capítulo 9 – Promoção do produto: correspondência
e outras ferramentas** **246**
Carreiras em marketing.. 246
Projeto de portfólio... 247
Lição 9.1 – Correspondência comercial................................ 248
Lição 9.2 – Estrutura e etiqueta 254
Lição 9.3 – Correspondência de emprego 263

Capítulo 10 – Promoção do produto: venda-se nas entrevistas **279**
Carreiras em marketing... 279
Projeto de portfólio.. 280
Lição 10.1 – Os elementos essenciais da entrevista 281
Lição 10.2 – Durante e depois da entrevista......................... 290
Lição 10.3 – A capacidade de ouvir e a não verbalização 296

Capítulo 11 – Sucesso no trabalho............................. **306**
Carreiras em marketing... 306
Projeto de portfólio.. 307
Lição 11.1 – Começando em um novo emprego 308
Lição 11.2 – A satisfação no emprego 314
Lição 11.3 – Problemas no trabalho............................... 321

Capítulo 12 – Espírito empreendedor **336**
Carreiras em marketing... 336
Projeto de portfólio.. 337
Lição 12.1 – Os empreendedores em nossa economia................. 338
Lição 12.2 – Iniciando uma pequena empresa...................... 345
Lição 12.3 – Tornando-se um empreendedor 349

Índice remissivo.. 361

Apresentação

Este livro mostra os passos para o planejamento e a execução das atividades relacionadas à identificação e ao aumento do seu valor no mercado de trabalho, de forma que esse valor seja percebido pela organização contratante.

Cada capítulo do livro aborda os conceitos e as atividades principais de marketing e os relaciona com os papéis futuros que você pode assumir no trabalho. Os temas relacionados às decisões estratégicas (segmentação, escolha do alvo e posicionamento) e as operacionais (relacionadas ao produto, preço, distribuição e comunicação) são abordados com o auxílio de modelos de ferramentas e diversas orientações.

O QUE HÁ DE NOVO NESTA EDIÇÃO

O livro foi todo revisado e os artigos, exemplos de empresas foram atualizados. Além dos recursos de aprendizagem apresentados na 1ª edição, a nova edição traz novos elementos para complementar o aprendizado:

- **Planejando uma carreira em...** incorpora os nichos de carreira e apresenta as habilidades, formação, experiência profissional e oportunidades no setor para uma variedade de caminhos de carreira relacionados a negócios.
- **Habilidades para o sucesso no trabalho** introduz as habilidades básicas necessárias em atividades diárias e ensina como vender sua imagem.
- **Construção de carreira** são artigos que aparecem nos capítulos e oferecem dicas de carreira e conselhos para a busca de emprego.
- **Termos-chave** são apresentados no início de cada lição e destacadas no texto para facilitar a busca pela definição.
- **E no Brasil?** Este quadro traz novos textos explicando as características nacionais para o tema abordado.

- **Slides em Power Point** estão disponíveis para os professores na página do livro, no site da Cengage, mediante cadastro.
- **Questões de múltipla escolha** com as soluções também estão disponíveis para os professores no site da Cengage.

COMO O LIVRO ESTÁ ESTRUTURADO

Cada capítulo está dividido em três lições. O *Capítulo 1, Compreensão do mercado*, trata da conexão de marketing, mudança do mercado e mercado atual. O Capítulo 2 apresenta *A natureza do mercado* e traz assuntos como ambiente econômico, desenvolvimento do negócio e administração e liderança. *Desenvolvendo seu produto* é tema do Capítulo 3, dividido em três lições: autoconhecimento, valores e objetivos e características e benefícios.

O Capítulo 4 trata da *Promoção do produto: apresentação pessoal* e se divide em temas como: uma atitude positiva, comportamento profissional e primeiras impressões. *Qual é o seu mercado* é o tema do Capítulo 5, que trata de assuntos como: identificar segmentos de mercado, pesquisar seu mercado-alvo e explorar oportunidades. O Capítulo 6 trata de *Estratégia e planejamento*, apresentando os tópicos: posicionando-se, plano de marketing pessoal e tendências da carreira.

Currículo: sua propaganda pessoal, tema do Capítulo 7, explica por onde começar, como montar o conteúdo e a estrutura e como formatar seu currículo. E *para Precificar seu produto*, que é você, leia o Capítulo 8, que mostra a diferença do dinheiro e do valor, trata da pesquisa salarial e das negociações salariais. O Capítulo 9 ensina sobre a *Promoção do produto: correspondência e outras ferramentas* e dá exemplos de correspondências comerciais, sua estrutura, a etiqueta e a correspondência de emprego. O Capítulo 10 também trata da Promoção do produto, mas com foco nas entrevistas, explicando os elementos essenciais de uma entrevista, o que acontece antes e depois, além de discorrer sobre a capacidade de ouvir e a não verbalização.

O Capítulo 11 aborda o *Sucesso no trabalho* mostrando os dilemas de começar em um novo emprego. A satisfação no emprego e os problemas que ocorrem no trabalho também são discutidos nesse capítulo. O Capítulo 12 traz um guia para o *Espírito empreendedor*, mostrando como os empreendedores se situam em nossa economia, o início de uma pequena empresa e mostra como se tornar um empreendedor mesmo antes de deixar de ser funcionário.

Os capítulos contam com recursos para aprendizado dos conceitos e para avaliação e revisão do conteúdo.

Recursos para aprendizado dos conceitos

- **Carreiras em marketing** destaca as empresas mais fascinantes da atualidade e as carreiras que elas oferecem.
- **Projeto de portfólio** fornece atividades para autoconhecimento, marketing pessoal e busca de empregos, com o objetivo de expor suas competências.
- **Objetivos de aprendizagem** guiam o aprendizado e os Termos-chave aparecem no início da Lição, e em cinza no texto para facilitar onde está a localização.
- **Casos de marketing** é um tópico que oferece um cenário introdutório instigante, que se conecta com o conteúdo do capítulo e instiga o interesse pelo estudo.
- **Conexão da matemática com o marketing** ensina conceitos matemáticos importantes para o sucesso na carreira.
- **Você sabia?** apresenta um fato interessante associado ao tópico da seção com o mundo real.
- **Comunicação** fornece atividades para reforçar, revisar e praticar as habilidades de comunicação.
- **Diversidade no mercado de trabalho** oferece exemplos e dicas para ser bem-sucedido no ambiente de trabalho multicultural como é o mercado hoje.
- **Workshop** promove as atividades em grupo.

Recursos para avaliação e revisão

No final de cada capítulo, há uma seção de **Avaliação** do capítulo. No final de cada lição, são apresentadas duas atividades como recurso de aprendizado, que são: (1) **Pense criticamente**, onde você encontra atividades para aplicar os conceitos aprendidos; e (2) **Faça conexões**, que são atividades que conectam o tema com outras disciplinas.

Ponto de checagem mostra questões encontradas no texto que ajudam a avaliar a compreensão de conceitos. A seção **Vocabulário** mostra os termos que combinam e suas definições para a confirmação do entendimento dos termos-chave.

Estes recursos são novidades desta edição

MATERIAL DE APOIO ON-LINE PARA O PROFESSOR

No site da Cengage (www.cengage.com.br), na página do livro, disponibilizamos, para os professores, slides em Power Point e questões de múltipla escolha com as respostas para aplicar em sala de aula.

CAPÍTULO 1

Compreensão do mercado

1.1 A conexão de marketing
1.2 A mudança do mercado
1.3 O mercado atual

Carreiras em marketing

American Eagle Outfitters

A American Eagle Outfitters (AEO), famosa empresa norte-americana de vestuário, abriu sua primeira loja em 1977. Conhecida pelas roupas de marca própria e acessórios para homens e mulheres, a AEO se expandiu para acrescentar mais lojas à marca, Martin & Osa e 77kids. A empresa tem mais de 800 lojas operando nos Estados Unidos e no Canadá, além de uma loja on-line.

A AEO tem um programa de estágio de verão corporativo para estudantes universitários localizado em sua sede mundial de Pittsburgh. Com duração de 10 semanas, este programa é remunerado, e seu foco é alcançar excelência em operações de loja, finanças, merchandising, planejamento e alocação, marketing, tecnologia de informação e recursos humanos. Os estagiários trabalham em vários departamentos corporativos para aprender sobre tendências, moda, marketing e operações de negócios, além de trabalhar em lojas do varejo para adquirir conhecimentos sobre design de loja, exposição visual e inventário.

Pense criticamente

1. Você acredita que o programa de estágio da American Eagle Outfitters se aplica ao marketing? De que forma?
2. O marketing pode ser uma habilidade altamente interpessoal. Como você acredita que esse programa de estágio ajudaria a desenvolver as habilidades interpessoais necessárias a um estagiário?

Projeto de portfólio

O que é um portfólio?

Objetivos do projeto

Portfólio é uma coleção de amostras de trabalho que representam as habilidades e realizações do seu detentor. Pode ser usado para demonstrar destreza no trabalho, elegibilidade para ser admitido em uma entidade de classe ou outra organização, e como mostruário de um talento especial. Nos projetos de portfólio deste livro, você terá oportunidade de avaliar suas capacidades e desenvolver diferentes partes de seu próprio portfólio. Nesse projeto você vai:

- Aprender a importância de um portfólio completo, atrativo e bem organizado.
- Identificar o conteúdo apropriado de um portfólio.
- Entender que uma variedade de materiais pode ser empregada para apresentar um portfólio.

Preparação inicial

- Discutir por que desenvolver um portfólio que demonstre sua destreza no trabalho é importante mesmo antes de você iniciar uma carreira.
- Idealizar os tipos de materiais que pode utilizar para exibir e organizar a variedade de informação em seu portfólio.
- Listar tudo o que você considera um ativo em seu próprio portfólio. O que um potencial empregador ou o departamento pessoal gostaria de saber sobre você? Que exemplos do seu trabalho eles gostariam de ver?

Processo do projeto

Parte 1 Lição 1.1 Faça sua lista de conteúdo e de verificação de conteúdo. Como cada um desses componentes ajuda seu marketing pessoal? Que outros elementos você deveria incluir? Redija uma descrição, em um parágrafo curto, sobre como os processos envolvidos no marketing de produtos/serviços são similares aos do marketing pessoal.

Parte 2 Lição 1.2 Em uma economia de mercado, a concorrência pode ser rigorosa. O mesmo ocorre quando alguém se candidata a uma vaga na escola ou para um trabalho. Os outros candidatos são seus concorrentes, e um portfólio excelente poderia lhe dar um diferencial. Por que é importante que seu portfólio seja completo, atrativo e bem organizado?

Parte 3 Lição 1.3 Informação, tecnologia e comunicação são essenciais no mundo globalizado. Identifique as várias maneiras de demonstrar suas capacidades de informação e comunicação em seu portfólio.

Finalizando
Discuta sobre o tipo de materiais mais adequado para utilizar durante a exibição e a organização dos conteúdos do seu portfólio. Faça uma lista dos aspectos que você não conhece sobre portfólios antes de completar este projeto. Por que é importante revisar e avaliar seu portfólio regularmente para mantê-lo atualizado?

LIÇÃO 1.1

A conexão de marketing

OBJETIVOS
Entender os vários conceitos-chave de marketing.
Aprender as nove funções de marketing.
Explicar como o marketing se relaciona com a busca de trabalho e desenvolvimento de carreira.

TERMOS-CHAVE
- marketing
- marketing de ideias
- marketing social
- satisfação

O MARKETING ESTÁ EM TODAS AS PARTES

Até mesmo quando você era pequeno suas decisões de compra eram moldadas pelo marketing. Você se lembra de ter passado por um restaurante popular e pedido para comer ali? Provavelmente você reconheceu o logotipo do restaurante. Talvez se lembre de ter visto um comercial na televisão ou um brinquedo que acompanhava uma caixa de cereais quando criança.

O marketing é uma parte da sua vida diária, embora geralmente não perceba isso. Olhe ao seu redor. Você tem uma camiseta com um logotipo? Usa o mesmo estilo de cabelo de atletas ou treinadores famosos? As marcas e looks das celebridades são exemplos de influências do marketing.

Talvez você já tenha aplicado habilidades de marketing no trabalho. Já trabalhou como vendedor em uma loja de varejo? Atendeu telefones para uma empresa? Distribuiu panfletos de propaganda de supermercado? Estes são apenas alguns poucos exemplos de atividades de marketing. Você vivenciou isso regularmente, mas é capaz de definir marketing? Esta seção busca alguns conceitos básicos de marketing.

▪ Casos de marketing

Maria Ruiz está se mudando de uma pequena cidade norte-americana do Texas que tem o clima quente para cursar a universidade no Maine, que tem o clima extremamente frio. A fim de se preparar para o novo clima, ela decide ir ao shopping center e comprar roupas para clima frio. As roupas, sobretudo para climas severos, são originalmente destinadas a proteger contra as variações do clima e temperatura. Além de proteção, que outras qualidades moldarão as escolhas para o guarda-roupa de Maria? Como as lojas e as marcas tentarão tornar essas qualidades atraentes?

O significado de marketing

A Associação Americana de Marketing (American Marketing Association) define **marketing** como "a atividade, o conjunto de instituições e processos para a criação, comunicação, entrega e troca de ofertas que possuem valor para as pessoas, clientes, parceiros e a sociedade no geral".

Você conhecerá as funções específicas de marketing, como preço e distribuição, mais adiante neste capítulo. Por ora, pense no marketing como o processo de tornar um produto mais atraente para que uma pessoa possa escolhê-lo. O marketing também envolve tornar o produto satisfatório, tanto para o consumidor quanto para o produtor.

Troca e satisfação

Todo marketing envolve algum tipo de *troca*, em que duas partes veem *valor* naquilo que a outra tem para oferecer. As transações monetárias e as de troca de mercadorias são dois tipos de troca.

Você faz uma transação monetária quando vai a uma loja e troca dinheiro por uma garrafa de água gelada. A água é valiosa para você, pois está com calor e sedento, e o dinheiro é valioso para a loja porque ela lucra ao vender a água. Porém, a troca deve entregar **satisfação**: o desempenho do produto ou serviço deve atender às expectativas do consumidor. Se a água "gelada" estiver morna, a troca não será satisfatória. Você pode até voltar à loja para reclamar.

Dinheiro é a mais conhecida unidade de troca, mas não a única. Você tem muitas outras formas de moeda disponíveis – incluindo tempo, talento e conhecimento que pode *permutar* ou trocar por outros produtos ou serviços. Na permuta, troca-se alguma coisa de valor, tal como um DVD, por outra, como um jogo de computador. Para esta forma de troca ocorrer, a pessoa que possui o jogo deve desejar adquirir seu DVD, e você deve querer comprar esse jogo.

Dinheiro é um recurso escasso, no entanto, não possui valor até que seja intercambiável por bens e serviços, que, usados em uma negociação, ainda são valiosos e úteis a depender se você os troca ou não.

WORKSHOP
Em pequenos grupos, faça uma lista de todas as transações de marketing feitas na semana anterior. Compare sua lista com as dos outros grupos

PONTO DE CHECAGEM
Você vivenciou experiências recentes com negociação de troca? Que generalizações pode fazer sobre a troca de mercadorias?

PRINCIPAIS FUNÇÕES DE MARKETING

Se você pensa que o marketing envolve somente venda de produtos físicos em uma loja de varejo está errado. Muitas outras atividades devem ocorrer antes que um consumidor compre um bem ou serviço. Todas as atividades de marketing recaem, no mínimo, em uma das suas nove funções principais:

- Planejamento
- Administração do produto/serviço
- Promoção
- Venda
- Precificação
- Distribuição
- Administração de informações de marketing
- Financiamento
- Gestão de risco

5

- **Planejamento de marketing** significa compreender o mercado que a empresa deseja atender e identificar os problemas ou necessidades vivenciadas pelos clientes desse mercado. Por exemplo, com a crescente consciência do aquecimento global e a preocupação com o meio ambiente, os fabricantes de automóveis reconheceram que há necessidade no mercado de carros abastecidos com energias alternativas à gasolina, tais como eletricidade ou biocombustível.

- **Administração de produto/serviço** significa projetar, criar, melhorar e manter produtos e serviços que satisfaçam às necessidades dos clientes. Há vinte anos, museus e shoppings não possuíam trocadores de fraldas nos toaletes masculinos. Mas, conforme os papéis da família foram se modificando, muitos lugares agora deles dispõem em ambos os toaletes. As empresas adaptam seus produtos e serviços para que seus clientes voltem.

- **Promoção** refere-se a sistemas de comunicação para informar, persuadir e recordar os consumidores dos benefícios de um produto e encorajá-los a comprar. Quando as pessoas pensam em marketing, com frequência pensam em propaganda e venda. Há muitos outros tipos de atividades promocionais, como comunicar à impressa as novidades das organizações e patrocinar eventos beneficentes.

- **Venda** refere-se ao contato direto com clientes potenciais para identificar suas necessidades e satisfazê-las. Determinado site, ao vender um software para imposto de renda, pode destacar um serviço em que você se comunica diretamente com um contador ou advogado enquanto prepara seus impostos eletronicamente. Ao propiciar este contato direto a empresa espera que seja mais provável que os clientes comprem o produto.

- **Precificação** é o processo de decidir quanto um produto ou serviço vai custar para o consumidor. O preço é o valor colocado no produto. As empresas têm de pensar em muitas coisas quando determinam um preço: se é suficientemente baixo para atrair um grande número de compradores e suficientemente alto para que as pessoas não suponham que seja um produto de baixa qualidade.

- **Distribuição** envolve a entrega de produtos e serviços aos clientes da melhor forma possível. Muitas empresas de eletrônicos vendem seus produtos on-line e em grandes lojas de equipamentos eletrônicos. Assim, negociam tanto com aqueles que gostam de comprar on-line como com os que preferem ver e tocar um produto antes de comprá-lo.

- **Administração de informações de marketing** corresponde ao processo de obter e usar a informação sobre os clientes para melhorar as decisões da empresa. Você já respondeu a uma pesquisa por telefone sobre algum produto? Neste processo, a empresa obteve informação sobre você, e, assim, pode tomar decisões sobre o produto com base naquilo que os consumidores realmente dizem. Esta função também pode ser aplicada ao marketing pessoal. No futuro, provavelmente você escolherá um trabalho ou uma oportunidade de educação superior que seja apropriada ao que você tem a oferecer. Você não tentaria convencer uma organização ou um recrutador a colocá-lo em uma posição que não seja apropriada para suas necessidades ou capacidades e experiência. Assim como um produtor deve apresentar um produto benéfico

---

VOCÊ SABIA?

Que quase tudo pode ser comercializado. Os Post-it®, por exemplo, surgiram como um erro, quando um cientista tentava criar um adesivo potente. Quando mais tarde ele utilizou esse adesivo fraco para marcar uma parte em um hinário de igreja, nasceu um produto estelar. As vendas do produto começaram em 1980. Hoje, os Post-it® podem ser encontrados no mundo todo.

para os consumidores, você deve moldar-se como um produto atraente para futuros empregadores e escolas.

- **Financiamento** consiste no processo de adquirir recursos financeiros para comercializar o produto/serviço. Financiamento também envolve dar aos consumidores opções de pagamento. Yvonne quer comprar uma motocicleta Scooter mas não dispõe do valor total. Ela pode obter um empréstimo a juros baixos da empresa vendedora de modo que possa comprá-la agora.

- **Gestão de risco** envolve redução de riscos relacionados às decisões e às ações de marketing. As organizações devem atentar aos potenciais riscos envolvidos em produtos, pessoal ou clientes e fazer esforços para reduzi-los.

PONTO DE CHECAGEM
As nove funções de marketing podem ser classificadas por ordem de importância? Sim ou não? Justifique.

MARKETING, SOCIEDADE E VOCÊ

O marketing está por toda parte. Causa impacto na mídia, cultura popular, e, é claro, nos negócios. Todo negócio está envolvido com o marketing, seja direta ou indiretamente. Todo negócio produz um produto ou serviço, e esse produto ou serviço deve ser disponibilizado e tornado atraente a clientes em potencial. Os esforços de marketing fornecem uma abundância de produtos, serviços, ideias e até mesmo estilos de vida.

O marketing é uma atividade de negócio visível. Vemos exemplos de comunicação de marketing diariamente, como outdoors, comerciais de televisão e vitrines de lojas. Vemos produtos sendo transportados em caminhões ou trens para lugares onde os clientes podem comprá-los; vemos o impacto das decisões de preço no caixa para pagamento de compras e sentimos a necessidade ou o desejo em relação a determinados produtos ou serviços.

Quando você pensa em marketing, pensa em produtos físicos (por exemplo, sabão, computadores e roupas) e serviços (como cuidados diários, banco eletrônico e limpeza a seco)? Você já considerou que ideias e pessoas podem ser comercializadas?

Marketing de ideias

Sua família recicla jornais? Você pode descrever as ideias de um partido político em particular? Se responder sim, provavelmente é por causa do **marketing de ideias**.

Reciclagem é uma prática social aceita porque a importância de preservar o ambiente vem sendo muito difundida nos últimos trinta anos. Os partidos políticos "vendem" seus planos e valorizam os eleitores. O marketing de ideias – em particular aquelas que podem beneficiar indivíduos, grupos ou a sociedade – é conhecido como **marketing social**.

O marketing de ideias é similar a comercializar um produto ou serviço. Primeiro, é determinada a necessidade de informação: "Devemos reutilizar muitos dos materiais que usamos para preservar os recursos naturais". Segundo, o serviço de reciclagem é sugerido para satisfazer esta necessidade. Por fim, um plano é colocado em prática para promover e distribuir a ideia de reciclagem por meio da imprensa, propagandas, programas de reciclagem comunitária e assim por diante.

COMUNICAÇÃO

Imagine que você seja um executivo de marketing conduzindo pesquisas sobre produtos. Desenvolva uma pesquisa para um usuário de música digital ou telefone celular e aplique-a a cinco de seus amigos para verificar quais características eles mais valorizam no produto.

Marketing pessoal

As pessoas também fazem uso do marketing. Os atletas de destaque negociam suas habilidades e conquistas; os candidatos a universidades vendem seu potencial como estudantes; os aspirantes a empregos, seu potencial como membros que podem agregar valor a uma organização.

Todas as pessoas despendem algum tempo se autopromovendo para outras ao seu redor. Como estudante, você pode se "vender" a seu professor de matemática fazendo todas as tarefas e respondendo a questões em classe. Você se vende para, como recompensa pelo fato de ser um estudante disciplinado e responsável, obter uma boa nota em geometria. Isto lhe soa estranho? Você pode fazer isso sem perceber, mas faz.

Marketing pessoal no mercado de trabalho

Você não é uma caixa de sabão em pó ou o serviço de TV a cabo local, mas ainda assim precisa se vender conforme se movimentar no mercado de trabalho e em outras oportunidades. Precisará "vender-se" para conseguir entrar na universidade, obter uma bolsa de estudos, conseguir um trabalho ou uma promoção, manter seu emprego, convencer outras pessoas sobre suas ideias etc.

Você já viu neste texto que o marketing envolve uma troca entre duas partes que veem valor naquilo que a outra tem a oferecer. Emprego é um tipo de troca. Uma vez contratado, seu empregador espera que você ofereça valor para a organização. Você trabalhará e seu empregador lhe paga em troca do seu tempo e capacidades, e talvez ofereça benefícios como seguro-saúde e vale refeição.

É necessário entender que seu empregador precisa e quer que seu desempenho no trabalho satisfaça ou mesmo supere suas expectativas. Para construir um relacionamento forte, de benefício mútuo, você deve buscar organizações e posições que possam satisfazer às *suas* expectativas. Por meio de pesquisas, você pode desenvolver um mercado-alvo de organizações que estão buscando suas capacidades e habilidades, assim como também determinar quais companhias, provavelmente, podem satisfazer mais suas expectativas.

Conforme avançar na leitura deste livro, você aprenderá mais sobre o marketing no momento em que estiver preparando seu portfólio e planejando sua estratégia de marketing pessoal. Cada capítulo aborda os conceitos e as atividades principais de marketing e os relaciona com seus futuros papéis na escola e no trabalho. Por exemplo, você vai avaliar o que o torna atraente para os empregadores e em quais condições de trabalho se sentirá mais feliz. Você aprenderá como obter vantagem ao focar em organizações que oferecem uma boa combinação entre as próprias necessidades e suas habilidades. Você também vai aprender como se apresentar da melhor maneira e exibir seu valor no seu currículo, em correspondência comercial e entrevistas de emprego. E, o mais importante de tudo, aprenderá que fechar a venda é só o começo: um marketing bem-sucedido mantém uma forte impressão do produto e um bom relacionamento com o cliente. Depois de trabalhar duro, é melhor se certificar de que o cliente sempre pense em você como a melhor opção.

PONTO DE CHECAGEM
Como um trabalho pode ser uma troca?

Construção de carreira

Conselho para trabalhadores de todas as idades, em todas as etapas
Por Anthony Balderrama, escritor do CareerBuilder.com
Copyright 2009 CareerBuilder, LLC – Reproduzido com permissão

"Para onde este relacionamento está indo?" é uma pergunta que pode significar várias coisas em uma atmosfera romântica. Pode sinalizar o fim da relação ou reacender uma paixão perdida há tempos. Independentemente do resultado, fazer esta pergunta significa que você está assumindo o controle das coisas. Sua carreira não é exatamente como fazer parte de um casal, mas algumas regras se aplicam. Tratar levianamente sua vida profissional, sem fazer nenhuma pergunta a si mesmo ou levar em conta suas ambições, pode limitar suas conquistas. E não importa se você está em seu primeiro emprego ou prestes a se aposentar, é necessário sempre ponderar sobre onde está neste momento e o que deseja extrair do seu emprego.

Com isto em mente, selecionamos algumas sugestões para trabalhadores em todas as etapas de sua carreira. Muitas questões que você enfrenta como um estudante de ensino médio não são as mesmas enfrentadas na metade da sua carreira. Contudo, você também notará que alguns conselhos serão relevantes, independentemente da sua idade. Então aí vão alguns tópicos para pensar a respeito quando se está num momento da carreira em que…

Você ainda está na escola:
Escolha um emprego que não interfira em seus estudos. Os primeiros empregos podem lhe ensinar sobre o valor do trabalho e ainda render um cheque de pagamento, mas o real benefício é aprender como balancear sua vida pessoal com a profissional. Nessa idade é necessário focar mais em sua formação e obter um diploma do que subir de cargo na empresa.

Leve a sério seu trabalho. Não seja um adolescente *workaholic*, mas também não se esquive de suas responsabilidades. Não se atrase, faça seu trabalho corretamente e trate seu chefe com respeito. Nunca é demais uma boa referência ou um chefe querendo você de volta, talvez nas férias de verão, durante a faculdade, ou, quando estiver iniciando sua carreira, em tempo integral.

Você ainda está na universidade:
Encontre um emprego relacionado à sua área de estudo ou a seus interesses. Trabalhar e frequentar a universidade não é fácil, e você se sentirá ainda menos inclinado a gostar do seu trabalho se ele o deixar entediado. Enquanto não encontra o trabalho dos seus sonhos, qualquer oportunidade para saber se lhe agrada trabalhar na sua área ideal é uma boa experiência de aprendizagem.

Tente fazer estágios. Esta é a melhor oportunidade de experimentar algo que pode se transformar num emprego em horário integral após se formar. Além disso, também é um momento da sua vida em que é possível viver com muito pouco. Em geral, estágios não pagam bem ou às vezes até nem são remunerados, mas com frequência contam como créditos escolares e sempre "engrossam" seu currículo; então, aproveite os estágios enquanto pode.

Comece a procurar emprego um semestre (ou mais) antes de se formar. Todo início de ano o mercado de trabalho é inundado por recém-formados, prontos e ávidos para encontrar trabalho. Se você começar a enviar currículos, ir a entrevistas de emprego e fazer networking antes dos seus colegas, poderá até ter um emprego reservado mesmo antes de obter o diploma. Você pode desfrutar ainda mais dessa etapa final quando já tiver recebido e aceitado uma oferta de trabalho.

Lembre-se de que você é um aluno que trabalha. Embora existam muitas mudanças do ensino médio à universidade, algumas coisas continuam as mesmas, mais especificamente a necessidade de permanecer focado nas aulas e levar a sério o trabalho. Não deixe de estudar para uma prova por causa do trabalho. E não falte no trabalho por causa de diversões.

Você está no seu primeiro emprego "de gente grande":

Aprenda com os outros. Você é uma pessoa agradável e sofisticada, com grandes ideias; mas é o novato. Não tenha medo de falar e de contribuir com o time, mas lembre-se de que ainda tem muito o que aprender com seus colegas e seu chefe. Eles podem lhe ensinar o que fazer e o que não fazer nessa empresa em particular e no mundo profissional.

Busque uma boa preparação. Para o trabalhador comum, um emprego iniciante não marca o começo de um relacionamento eterno com aquele empregador específico. Provavelmente você terá vários empregos em sua carreira; portanto, não pense no seu primeiro emprego como algo vitalício. Procure um emprego que lhe interesse, ofereça oportunidades de networking e, o mais importante, que lhe permita desenvolver habilidades que vão ajudá-lo no caminho profissional.

Não feche portas. Ao sair de um emprego para começar em outro, não mande um e-mail para seu chefe dizendo quão incompetente ele é. Não diga a seu colega que lamenta por ele continuar naquela prisão que é a empresa. Uma despedida pacífica pode garantir que você tenha boas referências e uma boa reputação. Este conselho é bom para todo mundo, independentemente da idade.

Você está no meio da sua carreira:

Avalie seus objetivos de vida. Por um segundo, esqueça sua carreira e pense no que você quer da vida nesse exato momento e no futuro. Você já está buscando alcançar o que deseja? Isto não é só um balanço de vida/trabalho, mas também uma oportunidade para se certificar se a situação do seu trabalho o ajuda a alcançar seus objetivos pessoais e o estilo de vida que deseja.

Analise seu valor profissional. Esse é um período vago, pois surge em diferentes pontos para muitas pessoas e o progresso profissional de cada um não ocorre no mesmo ritmo. Logo, esse período não tem a ver com a sua idade, e sim com o status da sua carreira.

Nesse estágio, você já teve pelo menos um emprego, se não mais, e está acumulando experiência e expertise em determinado campo. Pergunte a si mesmo como seria seu currículo se estivesse em busca de emprego agora mesmo. Quais são seus pontos fortes? O que precisa melhorar? Que oportunidades de carreira lhe estariam disponíveis? Esse é o momento de decidir se é necessário mudar de direção ou se está feliz com sua situação.

Você pode se aposentar:

Escolha como você quer que sejam os melhores anos da sua vida. Não existe mais um modelo de como deve ser uma aposentadoria. Hoje em dia os trabalhadores mais maduros estão seguindo diferentes caminhos em suas carreiras, e é possível decidir o que funciona melhor para você.

Como as pessoas têm cada vez mais maior expectativa de vida, muitos trabalhadores mais velhos não querem abandonar a força de trabalho e passar mais 10 ou 20 anos em casa. Em vez disso, alguns são escalados para empregos de meio período em suas empresas atuais. Ainda recebem salário e a empresa conta com sua expertise. Outros estão mudando radicalmente de profissão e arriscando-se a ter o emprego dos sonhos agora que têm tempo e dinheiro para isto.

Escolha o que você precisa ter para conseguir a vida que sempre quis. Alguns trabalhadores mais maduros não podem se dar ao luxo de abandonar seus empregos em tempo integral, ainda que este possa ser seu desejo, por causa de necessidades financeiras. Conforme se envelhece, é necessário planejar o custo da assistência médica, de remédios e de outras despesas de moradia, e nenhuma delas é barata. Escolher o futuro que deseja para si mesmo pode justificar sua situação ideal e os fatores inevitáveis.

1.1 AVALIAÇÃO

Pense criticamente

1. Por que a satisfação é um importante componente de troca em termos de marketing?
2. Quais são alguns dos prós e contras do marketing na sociedade?
3. Combine cada função de marketing com a atividade funcional:

    1. planejamento de marketing; 2. administração de produto/serviço; 3. promoção; 4. venda; 5. precificação; 6. distribuição; 7. administração de informações de marketing; 8. financiamento; 9. gestão de risco.

    a. Ligar para clientes potenciais na hora do jantar.
    b. Fabricar uma máquina que desliga os telefones dos operadores de telemarketing.
    c. Oferecer "cartão de fidelidade" de sua delicatessen.
    d. Decidir quanto cobrar por donuts.
    e. Organizar um sábado para lavagem de carros no centro comunitário.
    f. Escrever o script que os operadores de telemarketing leem durante a chamada telefônica.
    g. Oferecer uma "economia inacreditável" às pessoas que estão comprando revestimento de vinil via telemarketing.
    h. Reconhecer a necessidade no mercado de uma nova oferta de produtos.
    i. Um dono de loja que compra um seguro de responsabilidade, visando gerenciar o risco de um cliente cair e se machucar enquanto faz compras.

Faça conexões

4. **Viagem no tempo** O ano é 1903 e você e seu irmão, Orville, fizeram um avião de madeira aglomerada pesando 605 libras com capacidade de voo por 12 segundos. Como você aplicará as nove funções de marketing à sua nova invenção? Apresente seu plano de marketing em PowerPoint® ou cartazes para a apresentação.

5. **Práticas de negócio** Empresas de certos setores, como fabricação de vestuário e mineração, são criticadas por *exploração*, que pode ser definida de duas maneiras: 1) ato de empregar com a mais alta vantagem possível, e 2) utilizar outra pessoa ou grupo em benefício próprio. Qual definição descreve uma situação que você já teve conhecimento nas notícias? Essas práticas de negócio são positivas ou negativas? Por quê? Quais são as consequências dessas ações no curto e no longo prazos? Faça um pequeno relatório para explicar suas ideias e defenda seu ponto de vista.

LIÇÃO 1.2

A mudança do mercado

OBJETIVOS
Explicar o desenvolvimento dos mercados.
Reconhecer os quatro sistemas econômicos que influenciaram o desenvolvimento econômico.
Descrever a economia de mercado dos Estados Unidos.

TERMOS-CHAVE
- economia de comando
- economia de mercado
- economia mista
- economia tradicional

MERCADO E SOCIEDADE

À medida que se dirige ao futuro, é útil compreender o passado. Como você começou sua jornada de marketing pessoal, entender a história do mercado facilitará viver e trabalhar nele.

Até recentemente, "mercado" era um local físico onde compradores e vendedores se reuniam para realizar trocas. Ao longo da história, as pessoas usaram os mercados para conseguir riqueza pessoal e nacional. Paralelamente, os homens adquiriram capacidades de comunicação e de pensamento crítico para aprimorar seus negócios.

A linha do tempo apresentada na página 17 mostra os vários estágios da história do mercado. Leia sobre as características, as tecnologias e os valores de cada período. Pense nas qualidades que você deveria ter para ser um bom "funcionário" naquele período.

Desde cedo os Estados Unidos têm influenciado significativamente o desenvolvimento do mercado. Os antigos colonos desejavam gerenciar o comércio e os negócios sem a pesada taxação do governo inglês. Após a Guerra Civil, o centro financeiro do mundo mudou de Londres para a cidade de Nova York. Muitas das inovações técnicas da Revolução Industrial foram desenvolvidas ou aperfeiçoadas nesse país. Por exemplo, Eli Whitney foi o primeiro inventor a produzir um item em massa e de forma bem-sucedida utilizando partes intercambiáveis – ele fabricou 10.000 mosquetes para o exército americano em 1798.

MARKETING PESSOAL

■ Casos de marketing
Depois de se mudar para um novo apartamento em uma cidade grande, David conheceu sua vizinha, Mariana, que lhe contou que todo sábado vai até o centro para comprar produtos frescos e outros alimentos. Como a preferência de compra de Mariana se relaciona ao desenvolvimento dos mercados?

PONTO DE CHECAGEM
Faça uma lista com três tipos de sociedades e um valor importante para cada tipo de trabalhador em cada uma delas.

SISTEMAS ECONÔMICOS

Os sistemas econômicos, como o próprio mercado, têm se desenvolvido com o tempo. Quatro desses sistemas que afetaram o mercado mundial incluem economia tradicional, economia de comando, economia de mercado e economia mista. Sistemas econômicos respondem a essas três perguntas:

1. Que bens ou serviços serão produzidos?
2. Como serão produzidos?
3. Para quem serão produzidos?

Economia tradicional

Em uma **economia tradicional**, as três questões econômicas são respondidas de acordo com o costume ou a tradição. Este tipo de economia é encontrado em países menos desenvolvidos, ainda não envolvidos na economia global. Uma economia tradicional tem como premissa a satisfação das necessidades básicas das pessoas por comida, vestuário e moradia.

Economia de comando

Em uma **economia de comando**, o governo fornece as respostas para as três questões econômicas. Um governo centralizado controla todos os recursos e determina o que deve ser produzido. Os indivíduos não se beneficiam diretamente do seu trabalho. Esta economia também é chamada de comunismo. Cuba e Coreia do Norte possuem economias comunistas. A China e a antiga União Soviética possuíam economias comunistas até a década de 1990.

HISTÓRIA DO MERCADO

Período	Fase	Etapa	Descrição
De 1950 até o presente	A evolução do mercado	Era da informação	**Características**: mudança do setor de produção econômica para o de serviço; administração da informação. **Tecnologia**: computadores, internet e tecnologia digital. **Valores**: comércio global, acesso à informação e capacidades de comunicação.
1700 d.C.	A evolução do mercado	Industrialização	**Características**: avanços tecnológicos, produção em massa, expansão dos mercados comerciais. **Tecnologia**: máquina a vapor, descaroçador de algodão, eletricidade. **Valores**: interesse particular colocado à frente do bem comum; organização do trabalho.
1400 d.C.	A evolução do mercado	Início do período moderno	**Características**: fechamento de rotas terrestres entre Leste e Oeste; exploração por mar; colonização. **Tecnologia**: telescópio, imprensa, pólvora. **Valores**: mão de obra móvel.
800 a.C.	A evolução do mercado	Início do comércio	**Características**: melhoria de técnicas de transporte e comunicação; mercados desenvolvidos para abastecer um local central para comércio. **Tecnologia**: caravanas e, mais tarde, rotas marítimas. **Valores**: itens que poderiam ser trocados e negociados; dinheiro cunhado.
7000 a.C.	Desenvolvimento da sociedade	Sociedade agrária	**Características**: contratos permanentes, trabalho separado da vida familiar, troca de mercadorias entre grupos, agricultura/colheita em grande escala e especialização da mão de obra. **Tecnologia**: o arado e a roda. **Valores**: agricultura; variedade em estruturas sociais e tipos de personalidade.
10000 a.C.	Desenvolvimento da sociedade	Sociedade de horticulturas	**Características**: plantas cultivadas e animais domesticados, troca de mercadorias e negociação entre grupos tribais. **Tecnologia**: ferramentas manuais necessárias para o cultivo de alimentos. **Valores**: força, trabalho pesado, interferência na seleção natural.
Anterior a 10000 a.C.	Desenvolvimento da sociedade	Caçadores e coletores	**Características**: nômades que dependiam da caça e da coleta de frutos e vegetais e viviam em grupos. **Tecnologia**: ferramentas necessárias para encontrar comida – lanças, arcos e flechas. **Valores**: grupos familiares e capacidade de sobrevivência.

Economia de mercado

Em uma **economia de mercado** as três questões econômicas são respondidas por indivíduos através da compra e venda de bens e serviços no mercado. Forças do mercado, como oferta e demanda, movimentam a economia. Os indivíduos têm a liberdade de escolher os produtos que desejam comprar, sua escolaridade e as carreiras que desejam seguir. O potencial para risco e recompensa é um resultado da disponibilidade dessas escolhas.

Economia mista

A maioria dos países do mundo tem **economias mistas**, que possuem elementos das economias de mercado e de comando. No mundo todo houve uma mudança, e várias economias de comando se transformaram em economias de mercado. As economias resultantes dessa mudança apresentam vários graus de envolvimento do governo no mercado. Além disso, quando países com economias tradicionais se desenvolvem, a maioria acaba estabelecendo economias mistas.

Pergunte aos estudantes: como aprender sobre economia agrária pode lhe ser útil no século XXI? Apesar de não ser provável que os estudantes tenham que obrigatoriamente aprender isso para obter sucesso em uma sociedade agrária, tais habilidades seriam necessárias se decidissem buscar trabalhos humanitários em países menos desenvolvidos.

> **PONTO DE CHECAGEM**
> Quais são as três questões que os sistemas econômicos respondem?

A ECONOMIA DE MERCADO DOS ESTADOS UNIDOS

Os Estados Unidos são uma economia mista. É uma economia de mercado porque os mercados desempenham papel importante. Contudo, o governo fornece programas para ajudar membros da sociedade, regula os negócios e também possui alguns negócios. O Congresso e os governos dos estados também controlam indústrias inteiras, como, por exemplo, a de seguros.

A economia de mercado dos EUA também é chamada de *capitalismo*. Com o capitalismo, os indivíduos são livres para possuir propriedade privada; é permitida a competição entre indivíduos e empresas para seu próprio ganho econômico; e forças do mercado livre determinam os preços de bens e serviços. A oferta e a demanda, discutidas mais detalhadamente no Capítulo 2, determinam quais produtos são produzidos e a que preços serão vendidos.

Digamos que você seja um empregado nos Estados Unidos e, como tal, você é livre para trabalhar para a organização que escolher – contanto, é claro, que essa organização o contrate. Você também é livre para mudar de emprego se quiser, ou começar seu próprio negócio.

Cada momento do desenvolvimento econômico dos Estados Unidos teve características peculiares que demonstram o foco do mercado no período. Essas características refletem os valores das pessoas e a tecnologia presentes em cada época.

> **WORKSHOP**
> Discuta sobre as competências esperadas dos trabalhadores que se deslocam de empregos agrícolas para trabalhos em fábrica. Discuta as habilidades que você teria de aprender para se tornar bem-sucedido em uma sociedade agrária.

Era da produção (até 1925)

Esta era surgiu com a Revolução Industrial, que introduziu mudanças na sociedade. Durante esse período, as empresas acreditavam que os produtos se venderiam por si mesmos. Então, focaram na produção em massa e na viabilidade financeira dos produtos. Quando as linhas de montagem tornaram a produção de carros mais eficiente, por exemplo, o número de veículos cresceu e os fabricantes supunham que as pessoas comprariam mais carros.

Era de vendas (1925 até início dos anos 1950)

Conforme o ambiente de negócios se tornava mais competitivo, as empresas perceberam que era preciso mais que disponibilizar o produto para estimular as vendas. A filosofia da era de vendas foi a de *encontrar* clientes para os produtos. Em vez de esperar que os produtos se vendessem por si mesmos, as empresas desenvolviam campanhas publicitárias para estimular as vendas e contratavam vendedores para convencer os clientes a comprar seus produtos. Talvez seus avós se lembrem do vendedor porta a porta chegando a suas casas para vender enciclopédias e utensílios domésticos.

> **O que há na internet**
> O Bureau of Consumer Protection, uma divisão da Federal Trade Comission (FTC), nos EUA, trabalha para proteger os consumidores de "práticas injustas, enganosas ou fraudulentas" e fazer cumprir os padrões de confiança das propagandas. O imenso crescimento da internet, associado à exibição de milhões de propagandas, impôs ao Bureau o desafio de patrulhar o cyberespaço.

> ### E no Brasil?
> No Brasil, o Conar (Conselho Nacional de Autorregulamentação Publicitária) é o órgão responsável pela regulamentação da propaganda no país em qualquer meio de veiculação (incluindo a internet). Fundado em 1980, o Conar é formado por publicitários e membros convidados da sociedade civil. O Código Brasileiro de Autorregulamentação Publicitária e seus Anexos podem ser acessados em: http://www.conar.org.br/.

Era do marketing (1950 ao início dos anos 1990)

Paulatinamente, as empresas entenderam que os consumidores comprariam seus produtos se produzissem itens e serviços que eles desejassem. Esta foi a filosofia básica da era do marketing. Os produtos tornaram-se cada vez mais visíveis em campanhas publicitárias, e os consumidores tinham crédito mais acessível, o que os levava a compras que acreditavam ser mais econômicas.

Algumas organizações exploravam os consumidores com o emprego de táticas de venda de alta pressão e propaganda enganosa. Os consumidores ficaram preocupados com o fato de que as organizações pudessem assim tirar vantagem, e as questões de confiança e de benefício tornaram-se mais importantes.

Era do marketing de relacionamento (início dos anos 1990 até o presente)

A era atual na evolução do marketing é a do marketing de relacionamento. Construir relacionamentos de longo prazo que beneficiem compradores e vendedores se tornou cada vez mais importante. A satisfação – sentimento de que o produto ou serviço satisfaz as expectativas – influencia esses relacionamentos. O objetivo do marketing é atrair novos clientes, manter os atuais e antecipar as necessidades de todos.

A comunicação é mais importante do que nunca, pois a identificação e satisfação das necessidades dos clientes é crucial para a sobrevivência da empresa.

O marketing não está mais confinado a um departamento. Cada um em dada organização se torna um agente de marketing, criando e proporcionando satisfação e valor aos clientes.

> **PONTO DE CHECAGEM**
> Quais são as quatro eras na evolução da economia de mercado dos Estados Unidos?

1.2 AVALIAÇÃO

Pense criticamente

1. Utilizando informações extraídas da linha do tempo História do Mercado, na página 17, compare e destaque as diferenças de características, tecnologias e valores entre os negociantes antigos e os da Era da Informação.
2. Algumas nações se ressentem do poder que os Estados Unidos detêm sobre o desenvolvimento econômico global. Discuta o que você pensa a respeito.
3. Você está mudando para um país com sistema econômico de comando. Quais pressuposições práticas você pode fazer sobre o governo e a economia naquele país?

Faça conexões

4. **Matemática do marketing** Brenna está à procura de um trabalho de meio período enquanto cursa a universidade. Ela quer trabalhar em shopping center para ganhar experiência em marketing de varejo. A loja A lhe oferece $ 5,50 por hora com um contrato de 15 horas semanais de trabalho. A loja B, $ 6,25 por hora com uma garantia de 12 horas por semana. Qual loja oferece uma base salarial semanal mais alta?
5. **Tecnologia** A economia de mercado dos Estados Unidos difere de uma economia puramente capitalista. Pesquise na internet e crie uma lista de alguns dos serviços que o governo norte-americano oferece aos cidadãos e alguns dos serviços que fornece às empresas.
6. **Comunicação** O primeiro dinheiro produzido em papel nas colônias, que mais tarde se tornaram os Estados Unidos, foi emitido na colônia Baía de Massachusetts por volta de 1690. Pesquise a história do dinheiro nos Estados Unidos e crie uma apresentação que ilustre a evolução do dinheiro no mercado norte-americano.

LIÇÃO 1.3

O mercado atual

OBJETIVOS

Descrever a importância da informação e da comunicação na economia de mercado norte-americana e na empresa global.
Determinar as tendências atuais do mercado de trabalho.

TERMOS-CHAVE
- aldeia global
- comércio eletrônico
- customização em massa
- individualismo

INFORMAÇÃO E COMUNICAÇÃO

Você está vivendo na idade da informação. É testemunha da mudança de uma sociedade focada na produção de produtos e serviços para uma sociedade pós-industrial na qual o acesso à informação é vital e a produção de conhecimento é um fator-chave econômico.

Nessa nova estrutura econômica, as capacidades de informação e a comunicação continuam crescendo em importância. Nos séculos XIX e XX, as capacidades mecânicas e industriais ajudaram os trabalhadores a avançar. Atualmente, suas capacidades de informação e comunicação – incluindo oratória e interpretação de informação escrita, redação e habilidades em computação – podem ajudá-lo a progredir em sua carreira. Vamos observar como as formas de informação e conhecimento estão influenciando as empresas de serviços e a economia global.

■ Casos de marketing
Eva Padilha gostaria de mudar de cidade para ficar mais perto da família da sua filha. Ela trabalhou como assistente jurídico por 35 anos. Como Eva pode usar a tecnologia para continuar a trabalhar para seu empregador depois da mudança?

Crescimento do setor de serviços
Dois terços do valor total dos produtos e serviços produzidos nos Estados Unidos – chamado produto interno bruto (PIB) – são produzidos por empresas que fornecem serviços (conhecidas como "setor de serviços"). Bancos, companhias seguradoras, escolas e recreação para crianças, serviços de limpeza, centro de serviços ao cliente e processamento de informação são exemplos de empresas que fornecem serviços.

A informação e o conhecimento conduzem o crescimento de serviços. As inovações tecnológicas, incluindo comunicação eletrônica e tecnologia da informação, mudaram a forma de fornecimento dos serviços. Você pode usar um caixa eletrônico para retirar dinheiro de sua conta bancária. Se quiser saber o saldo de sua conta ou a data da fatura do seu cartão de crédito, você pode acessar o site do banco, digitar sua senha e verificar sua conta pela internet em vez de recorrer ao caixa eletrônico.

De acordo com o U. S. Department of Labor, o ministério do trabalho norte-americano, o setor de serviços produziria 15,7 milhões de postos de trabalho entre 2006 e 2016. Treinamento e desenvolvimento contínuo das capacidades são valores importantes no crescimento da força de trabalho.

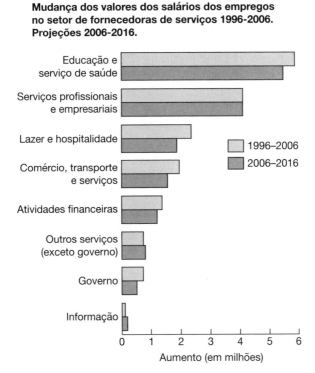

Fonte: U.S Department of Labor.

Empresa global

Seu aparelho de som foi fabricado no Japão? Um cidadão francês pode comer em uma rede de restaurantes norte-americanos em Paris? Países desenvolvidos como os Estados Unidos viram a criação e a adoção rápidas de novas tecnologias abrirem novos mercados e gerar uma competição global maior. No começo deste século, quase 60% das famílias dos EUA possuía um computador em casa.

Da perspectiva da empresa, essa conexão abre novos mercados que podiam não ser acessíveis em virtude dos limites de tempo ou de distância. O fenômeno de atrair pessoas e negócios conjuntamente em todo o planeta foi chamado **aldeia global**.

Conexão da matemática com o marketing

Você está considerando duas diferentes ocupações de marketing: uma como gerente e outra como designer. De acordo com o centro de recursos humanos local, o número de trabalhos para gerentes de marketing em sua área era de 5 mil em 2008, e estava projetado para ser 6.200 em 2012. O número de vagas de designer de marketing em sua região era 8.100 em 2008, e estava projetado para ser 9.500 em 2012. Qual ocupação teve um aumento percentual mais alto projetado para os postos de trabalhos?

Solução

Para calcular o aumento percentual, subtraia o número de postos de trabalho disponível em 2008 do número projetado para 2012. Depois, divida a diferença pelo número de postos de trabalho em 2008. Expresse a resposta em valor percentual.

$$\text{Aumento percentual projetado (gerente)} = \frac{(6.200 - 5.000)}{5.000} = 0{,}24 = 24\%$$

$$\text{Aumento percentual projetado (designer)} = \frac{(9.500 - 8.100)}{8.100} = 0{,}173 = 17{,}3\%$$

A posição de gerente de marketing teve um aumento percentual mais alto projetado para os postos de trabalho.

A diminuição dessas barreiras permitiu às empresas expandir suas operações para satisfazer às necessidades do mercado e também dar melhor uso aos recursos disponíveis ao redor do mundo. Um exemplo é uma companhia estrangeira de automóveis que constrói fábricas nos Estados Unidos. Ao produzir os carros mais próximo dos consumidores norte-americanos, ela diminui o tempo e as despesas de embarcar o aço e outros materiais por via marítima. O fabricante estrangeiro tem também acesso a funcionários norte-americanos que possuem experiência em engenharia, produção e administração no setor norte-americano de automóveis.

Customização em massa, o processo de fornecer produtos e serviços que satisfaçam de forma mais precisa as necessidades e os desejos dos clientes individuais, está se tornando mais comum. Os avanços tecnológicos estão melhorando os sistemas de produção e os métodos de pesquisa de clientes. Em vez de produzir em massa os mesmos produtos para todos, as empresas podem empregar tecnologia para aprender mais sobre os clientes e personalizar os produtos a preços mais acessíveis. É mais fácil ingressar em novos mercados e praticar negócio global com produtos personalizados de acordo com as necessidades dos clientes. A Nike oferece customização em massa através do NIKEid. O cliente escolhe um estilo de calçado (o que achar melhor) e então define a cor de base do tênis, tipo de sola e cadarços, e até mesmo a cor do símbolo da Nike!

> **WORKSHOP**
> Em um pequeno grupo, cite três produtos ou serviços que são exemplos de customização de massa. Você acha a customização de massa importante para o marketing? Por quê?

> **PONTO DE CHECAGEM**
> A customização em massa possibilita aos produtores levar ao mercado produtos altamente individualizados com mais rapidez ou mais lentamente que os processos anteriores?

TENDÊNCIAS DE EMPREGO

À medida que você se prepara para integrar a força de trabalho, considere algumas tendências importantes que influenciam a força de trabalho do século XXI, incluindo diversidade, educação, comércio eletrônico e enfoque na pessoa.

Diversidade

A composição da força de trabalho está mudando; provavelmente você vai trabalhar ao lado de pessoas de diferentes experiências, idades e etnias. Essas diversidades podem fortalecer uma organização ao tornar disponível uma variedade de capacidades e experiências para apoiar a sua missão.

Um exemplo de diversidade no mercado de trabalho pode ser encontrado no envelhecimento da população norte-americana, que está fornecendo um elemento de crescimento no setor de serviços. Aposentados estão trabalhando em restaurantes de fast-food e como recepcionistas e vendedores em lojas de varejo.

Educação

Aprender o conceito de "para toda vida", ou de continuidade, está se tornando criticamente importante no setor de serviços. A tecnologia produz mudanças, de modo que os funcionários devem se preparar para se adaptar às mudanças na maneira de executar seus trabalhos, e os empregadores no modo de conduzir a empresa.

A tecnologia está mudando também a maneira de educar. Os estudantes podem receber toda ou parte de sua educação avançada pela internet. A maioria das faculdades, universidades e escolas de comércio oferece "programas de ensino a distância" com aulas gravadas, exames e exercícios on-line e grupos de discussão virtual entre instrutores e estudantes.

Comércio eletrônico

Comércio eletrônico é o processo de conduzir transações de negócios pela internet. A rede mundial e o comércio eletrônico mudaram rapidamente a forma de os consumidores e empresas comprar produtos e serviços. Os clientes têm acesso 24 horas via internet para fazer suas compras, verificar informação do produto e comparar preços. Um cliente em Nova Deli, Índia, pode comprar produtos de uma companhia em Omaha, Nebraska, sem sair de casa.

Ética e responsabilidade social

Em 1962, Milton Friedman afirmou que a única responsabilidade social de um negócio é gerar lucros. Muitos outros intelectuais da área de marketing, inclusive o acadêmico Philip Kotler e o guru de negócios Peter Drucker, afirmaram que os negócios também possuíam uma responsabilidade em relação à sociedade. No ambiente empresarial atual, incidentes de grande importância, gerados por comportamento antiético e até mesmo ilegal, levaram a uma ênfase na ética e na responsabilidade social corporativa.

O papel de influência que o marketing desempenha torna a questão da ética ainda mais importante para a disciplina. O marketing influencia muitas decisões dentro da própria organização, mas também as tomadas por consumidores e outras organizações. As decisões de marketing, que no final afetam as decisões de outros, com frequência envolvem dilemas éticos, já que moral e padrões geralmente não são universais, e interesses competitivos precisam ser balanceados. Por exemplo, o marketing pode ser envolvido nas decisões de embalagem de produtos, mídia promocional persuasiva e decisões de precificação. Essas decisões de marketing influenciam as decisões de outros, e esta interação pode gerar dilemas éticos. A American Marketing Association (AMA) possui sua própria declaração de ética para profissionais de marketing. Esse código cobre questões éticas em promoções, distribuição, precificação e pesquisa de marketing.

O World Business Council for Sustainable Development define responsabilidade social corporativa como "o compromisso contínuo que empresas assumem em se comportar eticamente e contribuir para o desenvolvimento econômico enquanto melhoram a qualidade de vida de sua força de trabalho e suas famílias, assim como da comunidade local e da sociedade em geral". Para um estudante, por exemplo, responsabilidade social pode significar respeitar os comentários de outros alunos em sala de aula, evitar trapacear ou cometer plágios em seus trabalhos escolares e se afiliar a uma organização estudantil que contribua de forma abrangente para a experiência escolar de todos os alunos.

> **VOCÊ SABIA?**
> Uma tecnologia avançada permite que o centro de operações de emergência do Wal-Mart, o "Alarme Central", monitore incêndios e alarmes de roubo em mais de 3.000 lojas da rede e do Sam's Club. Os funcionários da "Alarm Central" também assistem a noticiários para ter informações sobre situações como clima ruim, que pode afetar as operações das lojas.

Enfoque na pessoa

Como estamos em uma economia e sociedade voltadas à informação, tendemos a focar no desenvolvimento das capacidades, conhecimento, experiência e realizações individuais, em vez de nos esforços coletivos de toda a sociedade. **Individualismo** é definido por Max Stirner, filósofo alemão do século XIX, como "a associação livre de indivíduos singulares que cooperam de modo semelhante para maximizar sua liberdade e satisfazer seus desejos".

Você já participou de situações individualistas. Por exemplo, como estudante você é responsável por decidir que curso fazer, qual será seu desempenho nas provas, pela qualidade de suas tarefas e de outras atividades que contribuem para seu aprendizado. Ao fazer parte de uma comunidade maior na sala de aula, tal como um projeto em equipe, os esforços de cada estudante afetam a experiência de aprendizagem do grupo. Quando você está em uma classe, sua participação (respondendo a perguntas, trabalhando em projetos de grupo, expondo trabalhos) contribui para que outros estudantes aprendam. A participação dos outros, por sua vez, ajuda no seu aprendizado. Embora você como um indivíduo deva ser responsável por seus próprios esforços, os esforços coletivos do grupo podem vir a beneficiar a todos.

A economia de mercado dos EUA coloca a liberdade de escolha como seu ponto essencial. Contudo, se indivíduos veem essa liberdade como a capacidade de promover seus próprios interesses, sem considerar as consequências para a sociedade, eles podem fazer escolhas que provocam consequências negativas. Por exemplo, o dono de uma empresa pode escolher pagar a si mesmo um salário considerável com bônus enquanto a companhia avança em direção à falência.

Como um empregado ou empresário do século XXI, é necessário considerar como ser um membro produtivo da força de trabalho e da comunidade satisfazendo suas próprias necessidades, enquanto também leva em conta as necessidades de outros. Você tem a oportunidade de desenvolver e dirigir a si mesmo, além de criar seus próprios resultados, mas apenas reconhecendo as qualidades e contribuições dos outros você pode preservar sua própria originalidade e liberdade.

Diversidade no mercado de trabalho

Quando as pessoas pensam em diversidade, com frequência pensam em termos de etnia, idade ou gênero. Mas, como as pessoas podem ter muitas qualidades, a diversidade é um assunto complexo. A ilustração acima mostra diferentes dimensões da humanidade que podem ser encontradas no posto de trabalho.

Liste as diferenças e similaridades entre as pessoas nos exemplos a seguir:

1. Três alunas de pós-graduação em matemática em uma classe com um total de 200 alunos.
2. Um jovem branco, funcionário do Corpo de Paz, trabalhando em Nairóbi com profissionais médicos que são africanos negros nativos.
3. Um negociante de Wall Street que estudou o mercado de ações crescendo em uma fazenda em Nebraska.

Como funcionário ou proprietário de empresa do século XXI, você pode pensar em como ser um membro produtivo da força de trabalho *e* da comunidade, satisfazendo suas próprias necessidades enquanto leva em conta as necessidades de outros. Você tem a oportunidade de se desenvolver, dirigir a si mesmo e criar suas próprias realizações, mas somente ao reconhecer os ativos e as contribuições dos outros pode preservar sua própria exclusividade e liberdade.

PONTO DE CHECAGEM
Escolha uma das quatro tendências de emprego descritas nesta seção e explique seu impacto na sua vida ou na vida dos seus pais.

1.3 AVALIAÇÃO

Pense criticamente
1. Faça uma lista de vários aspectos do seu estilo de vida que refletem o aumento de tecnologia hoje disponível.
2. Cite algumas das vantagens do mercado global para consumidores e empresas.
3. Por que você acredita que é importante os funcionários atualmente ser flexíveis e continuar a aprender novas tecnologias?

Faça conexões
4. **Comunicação** Localize um artigo sobre uma empresa que empregou tecnologia para vender seus produtos. Prepare e apresente um relatório oral de cinco minutos sobre suas descobertas.
5. **Estudos sociais** A sociedade mudou como resultado do ingresso de mais mulheres na força de trabalho. Pesquise o papel delas nessa transformação e algumas das formas de sociedade que mudaram por conta desse ingresso.

6. **Negócio internacional** Muitos produtos e serviços que nos agradam são de vários países. Por exemplo, a matriz de uma empresa pode estar em um país, sua fonte principal de suprimento em outro, e a montagem do produto final pode estar em um terceiro. Pense em alguns exemplos nos quais "um" é realmente um produto de "muitos" e como.
7. **Comunicação** Pessoas de diferentes grupos podem falar o mesmo idioma de maneira distinta. Mostre exemplos específicos em que problemas de comunicação podem surgir entre falantes de mesmo idioma que são de diferentes gerações, localização geográfica, níveis de educação, etnia, experiência laboral ou habilidades físicas.

Capítulo 1. Avaliação

Vocabulário

Escolha o termo que melhor se encaixe na definição. No espaço indicado, coloque a letra que corresponde à resposta. É possível que alguns termos não sejam utilizados.

1. Reúne pessoas e empresas de todo o mundo.
2. Faz produtos e serviços chegarem até o cliente da melhor maneira possível.
3. Nove atividades-chave que devem ocorrer para disponibilizar um produto ou serviço aos consumidores.
4. Comunicações de marketing que informam, persuadem e lembram os clientes sobre um benefício do produto e o incentivam a comprá-lo.
5. A atividade, conjunto de instituições e processos para a criação, comunicação, entrega e troca de ofertas que agregam valor aos consumidores, clientes, parceiros e a sociedade em geral.
6. O processo de fornecer produtos e serviços que alcançam da melhor forma as necessidades e desejos dos consumidores individuais.
7. O processo de troca de produtos e serviços; não envolve troca monetária.
8. Decide quanto um produto ou serviço vai custar ao consumidor.
9. Abordagem de marketing que atrai novos consumidores, fideliza os atuais e antecipa as necessidades dos clientes.

a. permuta
b. distribuição
c. aldeia global
d. economia de mercado
e. marketing
f. funções de marketing
g. customização em massa
h. precificação
i. promoção
j. marketing de relacionamento
k. satisfação

Revisão de conceitos

Leia novamente as definições dos quatro tipos de atividades promocionais e combine os grupos de atividades a seguir com a atividade promocional apropriada.

a. promoção de vendas: comunicação por meio de uma variedade de veículos não pessoais e fora da mídia, como amostras e cupons
b. propaganda: comunicação por meio de mídia remunerada e não pessoal
c. publicidade: comunicação por meio de mídia pessoal ou não pessoal não explicitamente remunerada para entregar a mensagem
d. vendas pessoais: comunicação através de vendedores remunerados

10. _____
- Propaganda impressa.
- Propaganda por radiodifusão.
- Propaganda em cartazes ou outdoors.
- Propaganda por mala direta.
- Logotipos e informação em embalagens.

11. _____
- Apresentações individualizadas de vendas.
- Telemarketing.

12. _____
- Notícias sobre a empresa em mídia impressa.
- Notícias sobre a empresa em mídia de radiodifusão.
- Relatórios anuais.
- Discursos de funcionários.

13. _____
- Jogos, concursos.
- Amostra grátis.
- Feiras de negócios.
- Cupons.
- Selos comerciais.
- Promoções de preço.
- Rótulos e expositores

14. Faça uma lista de quatro sistemas econômicos que operam nos mercados.
15. Quais são os três fatores principais que definem as economias capitalistas?
16. Como a promoção difere das vendas promocionais?
17. Quais são as quatro eras na evolução do marketing nos Estados Unidos?

18. Dê um exemplo do uso de tecnologia na empresa global.
19. Faça uma lista de três importantes tendências de emprego para o século XXI.
20. Dê três exemplos de propaganda.
21. O que é o setor de serviços? Indique duas empresas de serviços que negociam com consumidores individuais e duas que negociam com outras empresas. Apresente exemplos não mencionados no livro.
22. Por que a distribuição de panfletos e um grupo de amigos que usam camisetas especiais são consideradas formas de propaganda quando o anunciante não tem de pagar pelo espaço utilizado pelo anúncio ou pelo uso das camisetas por seus amigos? Por que essas atividades não são consideradas outras formas de promoção?
23. Como a Era do Marketing de Relacionamento difere da do Marketing?
24. Explique o conceito de aldeia global.
25. Como a diversidade pode fortalecer o ambiente de trabalho?
26. Como a gestão da informação de marketing pode ser utilizada quando você faz seu marketing pessoal?
27. Por que a formação contínua é importante no setor de serviços?

Aplique o que aprendeu

28. Como você venderá a si mesmo quando procurar um emprego?
29. Você pode se lembrar de alguma coisa que tenha comprado no último mês? Identifique como a compra envolveu as nove funções de marketing.
30. Observe vários comerciais de TV ou anúncios em revistas ou diversos tipos de veículos. Descreva as características específicas de cada comercial ou propaganda que indique para quem o fabricante está tentando criar interesse.
31. Pense em alguns valores que são importantes em nossa sociedade. Alguns deles foram "vendidos"? Quais? Como foram vendidos?
32. Como o crescimento da internet aumentou as oportunidades de negócio global?
33. Como a tecnologia causa impacto nos varejistas?
34. Como a ética pode impactar sua busca por emprego?

Faça conexões

35. **Comunicação** Preveja o futuro do impacto tecnológico. Você pensa que empresas sólidas, tais como as lojas de varejo, eventualmente vão desaparecer? Explique seus argumentos em um trabalho persuasivo de duas páginas que mostre claramente as razões de suas previsões.

36. **Arte/desenho** Crie um pôster para educar estudantes e funcionários sobre a diversidade de postos de trabalho. Forneça uma visão de educação na diversidade.
37. **Tecnologia** Busque na internet informações sobre privacidade e segurança do comércio eletrônico (as formas pelas quais as organizações protegem os dados do cliente). Quais são os métodos principais de garantia das transações seguras e quais as vantagens e questões que envolvem transações seguras? Faça um resumo de uma página sobre as suas descobertas.
38. **Estudos sociais** A crescente disponibilidade de informação pessoal e financeira preocupa muitas pessoas. Em grupo, pesquise sobre questões de privacidade aplicadas aos negócios e à internet. Apresente um relatório sobre problemas atuais em relação à privacidade do consumidor, possíveis soluções para esses problemas e legislação potencial para proteger a privacidade dos consumidores.
39. **Escrita criativa** Pense em um problema que você enfrenta regularmente. Idealize o produto perfeito que o eliminaria. Use a imaginação! Então, desenvolva uma propaganda para esse produto que atrairia estudantes da sua idade.
40. **Estudos sociais** Pesquise os vários grupos étnicos e culturais em sua comunidade e faça um mapa que mostre as diferentes partes do mundo de onde esses grupos se originaram. De que forma esses grupos contribuíram para o desenvolvimento e o crescimento da sua comunidade?
41. **Tecnologia** Busque na internet dois exemplos de customização em massa. Escreva um pequeno texto comparativo explicando como esses exemplos ilustram a customização em massa, compare e especifique os contrastes.

Habilidades para o sucesso no trabalho

Faça uma apresentação convincente

Apresentações convincentes eficazes são projetadas para agradar seu público. Utilizando evidências, é possível explicar ao seu público as razões para acreditar ou agir da forma sugerida. Embora se pense em persuasão como algo negativo ou manipulador, a persuasão em si não é antiética. Ela trata de mudar uma crença ou incentivar uma ação. Isto significa que você deve se preparar para sua apresentação realizando pesquisas, fazendo referências a fontes confiáveis e planejando a apresentação de seu argumento de forma a transmitir credibilidade e agradar ao público. Você pode aprender a ser um orador eficaz. É só se lembrar dos três Ps: preparo, prática e, finalmente, propagação!

Preparo

Antes de fazer uma apresentação convincente, é necessário se preparar. Comece escrevendo uma proposição ou um discurso convincente criado para causar impacto numa crença ou incentivar a ação. Enquanto escreve, considere seu público. Por exemplo, uma apresentação que você faz a um grupo de alunos de colégio vai ser diferente de uma apresentação sobre o mesmo tópico para membros do conselho da mesma escola. Seja específico – o que você quer que seu público leve da sua apresentação? Enquanto se prepara, deve se lembrar de que uma apresentação eficaz abrange introdução, corpo e conclusão. Utilizar um formato de resumo é uma forma eficaz de organizar e preparar sua apresentação. Também é necessário um auxílio visual, como tabelas ou gráficos que deem suporte à sua proposição.

A introdução monta o palco para sua apresentação. Ela serve para chamar atenção, estabelecer sua credibilidade como apresentador e construir sua relação com o público. O corpo inclui os pontos principais. Sua apresentação convincente não deve se basear somente em sua opinião. É necessário conduzir pesquisas, usar evidências e argumentos para apoiar sua proposição. Pontos principais eficazes podem ser respaldados com fatos. A conclusão fornece mais uma oportunidade de reafirmar seus pontos-chave para o público. Sua conclusão deve lembrar a audiência desses pontos-chave. Esses pontos também devem estar conectados, tanto com a apresentação quanto com o público presente, de forma que os espectadores lembrem da sua apresentação e sejam impactados por ela.

Prática

Não espere falar como um orador profissional logo que subir ao palco nem causar um efeito convincente sem antes praticar sua fala. Uma boa argumentação, associada a um debate plausível e agradável com base em fontes confiáveis, pode ajudá-lo a se conectar com o público e convencê-lo. É possível melhorar a argumentação e se tornar um apresentador mais eficaz por meio da prática.

Quando for revisar sua apresentação, considere como pode utilizar a linguagem verbal e não verbal a fim de se apresentar eficazmente ao público. Sua voz permite que exponha seu argumento, e a forma como a usa pode impactar sua capacidade de convencer. Talvez seja interessante gravar sua fala para verificar sua voz e os padrões de discurso. Tenha consciência de suas expressões faciais e gestos; afinal, a linguagem corporal é uma comunicação não verbal. Praticar sua apresentação na frente do espelho pode ajudá-lo a se sentir mais confortável em sua exposição. Você também pode pedir a um amigo ou parente para assistir à sua apresentação e dar sugestões.

Propagação

No dia agendado, apresente-se com seu resumo ou suas anotações, assim como seus recursos visuais. Você se preparou e praticou, logo, vai brilhar em sua apresentação. E não se esqueça, compareça bem descansado e se apresente com entusiasmo.

Desenvolva sua capacidade

O marketing, especialmente a comunicação de marketing, envolve tipicamente alguns elementos de persuasão. O marketing social, frequentemente praticado por organizações não governamentais ou sem fins lucrativos, é projetado para influenciar o comportamento dos consumidores de forma a beneficiar os mercados-alvo e a sociedade. Identifique uma questão que se relaciona ao marketing social e prepare uma apresentação convincente com seus colegas de classe fazendo o papel do público direcionado. Não se esqueça de seguir os modelo dos três Ps!

CAPÍTULO 2

A natureza do mercado

2.1 O ambiente econômico
2.2 Desenvolvimento do negócio
2.3 Administração e liderança

Carreiras em marketing

Green Building Alliance

Fundada em 1993, a Green Building Alliance (GBA) é uma organização regional que impulsiona a inovação e conscientização das práticas de construção ambientalmente sustentáveis. Ela busca promover a prosperidade econômica e o bem-estar por meio do foco em construção sustentável. A GBA é filiada ao U.S Green Building Council*.

O diretor executivo supervisiona as operações diárias e implementa programas e serviços consistentes com a missão da GBA. Ele deve servir de porta-voz da GBA, aumentar sua adesão, fazer apresentações educacionais e promocionais, e ser apaixonado por construção sustentável.

Esta posição exige diploma universitário, conhecimento de marketing, experiência em captação de recursos e planejamento estratégico, além de ótimas habilidades de comunicação. O candidato deve ser um líder nato, proativo e receptivo às necessidades da comunidade, além de totalmente dedicado à missão da GBA.

Pense criticamente

1. Por que você acha que conhecimento de marketing é uma exigência para a posição de diretor-executivo?
2. Por que acha que o diretor-executivo precisa conhecer princípios de gestão?

---

* No Brasil é chamado Green Building Council Brasil, ONG que visa fomentar a indústria de construção sustentável. Veja mais em: <www.gbcbrasil.org.br>. (N.E.)

Projeto de portfólio

Organização e planejamento

Objetivos do projeto

Como você organiza todos os itens que fazem parte do seu portfólio? Como registra o que aprende em sala de aula para colocar em prática? O marketing pessoal exige capacidade de boa organização. Na medida em que for fazendo as tarefas deste livro, você pode completar as atividades que vão ajudá-lo a vender a si mesmo, e, ainda, produzirá itens para o seu portfólio. Neste projeto, você vai:

- Montar uma pasta organizadora.
- Planejar a finalização de tarefas e itens do portfólio.
- Incorporar listas de afazeres diários, informação de busca de trabalho e outros itens essenciais para o desenvolvimento de carreira em sua pasta organizadora.

Processo do projeto

Parte 1 Lição 2.1 Elabore sua própria pasta organizadora reutilizando uma pasta com divisórias ou comprando uma nova. Escolha um modelo de pasta organizadora e decida qual deseja usar. Considere as diferentes opções de calendários, lista de tarefas e assim por diante, e escolha um formato que seja fácil de utilizar.

Parte 2 Lição 2.2 Faça uma lista das datas previstas para as tarefas do seu marketing pessoal e do prazo final do portfólio em seu calendário. Crie uma lista diária de tarefas com base nas próximas que você terá e no prazo final. Você já possui algum contato de busca de trabalho? Se assim for, registre esta informação na seção endereço da sua pasta organizadora.

Parte 3 Lição 2.3 Você pode utilizar sua pasta organizadora para planejar outras tarefas da sua vida. Você já tem um trabalho? Em caso afirmativo, use uma seção da sua pasta organizadora para registrar sua programação de trabalho.

Finalizando

Combine com um colega a finalização das tarefas do marketing pessoal, para que um cobre o outro.

LIÇÃO 2.1

O ambiente econômico

OBJETIVOS
Entender os vários conceitos econômicos básicos.
Reconhecer os quatro tipos de utilidade econômica.

TERMOS-CHAVE
- bem
- capital
- consumidores
- desejo
- economia
- empreendedorismo
- escassez
- lei da demanda
- lei de oferta
- necessidade
- produtores
- serviço
- terra
- trabalho
- utilidade econômica

INTRODUÇÃO À ECONOMIA

Todo mundo tem experiência econômica. Cada família é sua *própria instituição*, seja de um ou de vinte membros. Você comprou bens, como telefone celular, um novo notebook, um provedor de serviços de internet, ou almoçou em um restaurante? Se sim, fez *escolhas econômicas* como consumidor. Você tem um trabalho? Então, trabalhar é um *recurso na economia*.

Qual é a definição de economia? **Economia** é a ciência social que lida com a produção, a distribuição e o consumo de produtos e serviços. Economia é muito importante para os executivos de marketing, pois fatores econômicos, como gasto, renda e poder de compra do consumidor, influenciam diretamente suas decisões. Se você assiste a um comercial incrível de um novo computador e acabou de receber uma promoção e um aumento, pode decidir comprá-lo. Caso sua vizinha, que acabou de perder o emprego, assista ao mesmo comercial, ela provavelmente vai resistir aos esforços de marketing da empresa de computador e vai decidir por manter sua máquina atual.

MARKETING PESSOAL

> ■ **Casos de marketing**
> Nos finais de semana, Carlos trabalha em uma loja de vestuário masculino no shopping center. Além do seu pagamento e uma comissão pelas vendas, ele tem um desconto de 20% em qualquer compra que faça na loja. Carlos não é obrigado a usar uniforme no trabalho, mas tem de vestir roupas que, no momento, estão à venda na loja, que ele deve comprar com seu próprio dinheiro. Quais são as implicações econômicas desta política para a loja? Quais são as implicações para Carlos?

Necessidades, desejo e escassez

É provável que você não tenha se sentido completamente satisfeito com seu guarda-roupa ou seu sistema de som ou sua coleção de livros ou mesmo seu jantar! Você talvez queira um pouco mais de camisetas, CDs, livros ou purê de batatas. A maioria das pessoas tem muitas *necessidades* e *desejos*. Em termos econômicos, **necessidade** é alguma coisa que é necessária para viver. **Desejo** é uma vontade insatisfeita. Os recursos para satisfazer às necessidades e desejos de alguém são limitados. Necessidades e desejos ilimitados e recursos limitados compõem a premissa básica da economia: **escassez**.

Quando os recursos são escassos, as pessoas têm de fazer escolhas econômicas. Jonas pode escolher ir à livraria, adquirir um livro de que necessita para um projeto de classe em vez de comprar um novo videogame. Ele satisfez uma necessidade/desejo, mas teve de se privar de outra. As empresas trabalham para fazer dos seus produtos e serviços aqueles que as pessoas escolhem.

Consumidores e produtores

Consumidores são pessoas que escolhem gastar recursos em bens e serviços com objetivo de uso pessoal, não para fabricar ou revender.
- Sua família comprou recentemente uma caminhonete. Seus pais são os consumidores porque decidiram gastar seu dinheiro nesse veículo em particular. Embora você e seus irmãos possam se beneficiar do uso da caminhonete, a maior parte dos esforços de marketing foca nos consumidores.

Produtores são indivíduos ou empresas que criam produtos de valor e os trocam com os consumidores por recursos escassos (dinheiro). Um produto pode ser um **bem** (produto físico) ou um **serviço** (capacidades específicas ou conhecimento).

- Uma companhia fabricante de carros é o produtor da nova caminhonete da sua família, que é um *bem*.
- Seu instrutor de autoescola é um produtor que entrega um *serviço*, ensinando os alunos a dirigir. O benefício resultante é um condutor que aprendeu a dirigir um carro com segurança de acordo com as leis de trânsito e que está pronto para receber sua habilitação em razão desse conhecimento.

WORKSHOP
Pense em um produto que consumiria mais se o preço fosse mais baixo. Você conhece muitos produtos cujos preços foram reduzidos para atrair os consumidores?

Recursos econômicos

Os economistas referem-se a recursos como *fatores de produção*. Os recursos do trabalho, capital, terra e do empreendedorismo são empregados para produzir bens e serviços que os consumidores desejam.

Trabalho refere-se ao esforço humano, ou emprego. A força de trabalho inclui trabalhadores de tempo integral e/ou de meio período, aqueles que fazem o trabalho braçal e os que realizam o trabalho intelectual. Se tem um emprego, você vende seu trabalho no mercado.

Capital inclui os itens necessários para a produção de bens e serviços, incluindo capital físico, como prédios, máquinas e ferramentas. Uma broca de dentista é um capital físico. *Capital humano* compreende o conhecimento e a capacidade de um indivíduo. O conhecimento sobre dentes e gengivas do dentista e suas capacidades odontológicas são capital humano.

Terra inclui o próprio solo, assim como os recursos naturais, como água e minérios usados na produção.

Empreendedorismo corresponde à habilidade para antever novas oportunidades e empreendê-las. *Empreendedor* é alguém que organiza a iniciativa e assume os riscos necessários para iniciar um negócio. Caso seja bem-sucedido, pode aumentar o valor dos recursos. A maioria das empresas que você conhece começou com empreendedorismo. Henry Ford percebeu o momento para o transporte automotivo e agiu para abrir uma empresa que ainda hoje produz veículos. Sem empreendedorismo novos produtos e serviços não são desenvolvidos.

Oferta e demanda

Uma vez que a empresa desenvolveu um produto ou serviço, como ela sabe quanto deve produzir? O que impede as empresas de produzir quantidades excessivas de notebooks e insuficientes de calculadoras gráficas? Por que um programador de computador ganha mais que um trabalhador que atua no processamento de dados? Entender a oferta e a demanda pode ajudar a responder a essas questões.

As empresas tendem a produzir mais dos produtos que podem vender a preços mais altos. A **lei da oferta** diz que a quantidade de um produto ofertado está diretamente relacionada ao preço: quanto mais alto o preço, maior a oferta. Se um produto pode ser vendido a um preço mais alto, os empreendedores podem considerar entrar no mercado, e as empresas que já o produzem podem ser capazes de expandir a produção.

Quanto os consumidores desejam pagar pelos produtos? Os consumidores tendem a comprar mais de um produto quando é vendido a um preço mais baixo. A **lei da demanda** diz que a quantidade demandada de um produto relaciona-se inversamente ao preço: quanto mais baixo o preço, maior a demanda. Por exemplo, se João gosta de beisebol, ele pode assistir a um jogo durante o campeonato se o preço da entrada for $ 35. Se o preço da entrada for de apenas $ 15, ele pode querer assistir a três jogos.

> **PONTO DE CHECAGEM**
> Defina economia. Descreva uma situação recente em sua vida que teve implicações econômicas. Quais foram elas?

UTILIDADE ECONÔMICA

Se você for a um cinema que não ofereça boa qualidade sonora, provavelmente não vai querer voltar. No entanto, quando faz um pedido de certo livro de gastronomia pela internet e ele é entregue em dois dias você ficará satisfeito. As pessoas escolhem produtos e serviços que propiciem mais *satisfação*.

Utilidade econômica é o nível de satisfação que uma pessoa obtém do uso de um produto ou serviço. Como as empresas sabem que clientes satisfeitos levam à maior lucratividade, elas querem fornecer alta utilidade econômica. As empresas, incluindo seus departamentos de marketing, trabalham para fornecer produtos/serviços em tempo, lugar, forma e posse.

- **Utilidade de tempo** significa tornar um produto disponível no momento em que os consumidores o desejam. Exemplos de utilidade de tempo incluem uma empresa que coloca seus produtos à disposição 24 horas, sete dias da semana, por meio de um site na internet, uma loja de varejo que permanece aberta até a meia-noite nos dias que antecedem ao Natal para os compradores de última hora, e um consultório médico que oferece agendamento de consultas pela manhã bem cedo e nos fins de semana.

- **Utilidade de lugar** significa tornar os produtos disponíveis *onde* os consumidores desejam. A venda de sucos de frutas e garrafas de água em máquina em uma área acessível oferece utilidade de lugar, do mesmo modo que caixas eletrônicos em mercados, cinemas e shoppings.
- **Utilidade de forma** ocorre quando a *forma* atual do produto atrai os consumidores. Uma mochila com alças fortes, bolsos para lápis e calculadora, feita de material à prova de água, fornece uma utilidade de forma. Você pode não estar interessado em comer aveia, uva-passa e amêndoas separadamente, mas na forma de uma barra de cereais pode achá-las um petisco saboroso.
- **Utilidade de posse** significa possibilitar diferentes maneiras para os consumidores possuírem um produto. Pode envolver tornar os produtos mais acessíveis pela concessão de crédito, venda a prazo ou cartões de débito/crédito. Algumas empresas alugam ou fazem *leasing* de carros, mobiliário, aparelhos eletrônicos, materiais de camping, ferramentas, aquários já montados com peixes – escolhidos pelo cliente –, para possibilitar aos clientes consumir produtos que, de outro modo, não seriam viáveis.

PONTO DE CHECAGEM
Escolha um produto que adquiriu recentemente. Você o comprou por causa de sua utilidade de tempo, lugar, forma e/ou posse? Explique sua resposta.

2.1 AVALIAÇÃO

Pense criticamente

1. Como a economia e o marketing estão relacionados? Quais são os três fatores econômicos que influenciam diretamente o marketing? Dê um exemplo de cada fator.
2. Discuta uma escolha econômica que fez recentemente. Como essa escolha se relacionou com necessidades, desejos e escassez?
3. Isabel gostaria de abrir uma loja de consertos de motocicletas em uma garagem desocupada do serviço de limusine da sua mãe. Dê exemplos de como ela pode necessitar usar os quatro tipos de recursos para fazer isso. Ela vai precisar empregar todos os quatro tipos para iniciar seu negócio?
4. Explique a lei da oferta e a lei da demanda. Como você acha que se relacionam?

Faça conexões

5. **Estudos sociais** Todos fazem compras com base na utilidade econômica, saibam disso ou não. Converse com três de seus amigos ou membros da família e pergunte a eles sobre suas mais recentes compras. Pergunte o que os influenciou a comprar um produto específico. Com base nas respostas, determine quais utilidades econômicas o produto ofereceu. Faça uma apresentação em Power Point® mostrando com quem você falou, quais foram as suas compras, quais perguntas você fez e quais utilidades econômicas foram fornecidas.

6. **História econômica** Utilize a internet ou sua biblioteca local para pesquisar sobre a época da Grande Depressão. Como o conceito de escassez e as leis da oferta e da demanda contribuíram para as preocupações econômicas daquela era? Elabore uma apresentação oral para informar seus resultados para a classe.

LIÇÃO 2.2

Desenvolvimento do negócio

OBJETIVOS
Discutir negócios e seu lugar na economia.
Entender ciclos de negócios e condições de negócio.
Reconhecer fatores importantes no futuro do negócio.

TERMOS-CHAVE
- condições econômicas
- globalização
- maximização do lucro
- negócio
- prosperidade
- recessão
- recuperação
- tecnologia

O MUNDO DOS NEGÓCIOS

Você vai ao shopping para comprar roupas novas para a escola. Visita o salão de cabeleireiros para cortar o cabelo. Na farmácia, compra xampu e desodorante. Para em um banco para abrir uma conta de poupança.

As lojas de varejo, os salões de cabeleireiros, as farmácias e os bancos são todos negócios. Alguns vendem produtos, outros fornecem serviços. Alguns podem ser pequenos, como os salões de cabeleireiros da esquina. Outros, grandes, semelhantes às redes de farmácias.

Por que se deve ter um olhar atento ao negócio? Você visita uma infinidade de negócios todos os dias e provavelmente será funcionário de um deles, ou talvez até inicie seu negócio próprio em algum momento de sua carreira. Aprender sobre um determinado negócio o ajuda a entender o seu papel como consumidor. Aliás, você se dará conta de quanto o marketing o influencia, e esse aprendizado o ajudará no momento em que precisar se apresentar a um possível empregador.

■ Casos de marketing

Lourenço Fraga trabalha meio período, depois da escola, como caixa em uma pequena farmácia. Como lê as propagandas no jornal de domingo, ele sabe que os preços da farmácia onde trabalha são mais altos que aqueles das redes nacionais. A farmácia em que trabalha não faz propaganda em jornal, mas tem um anúncio nas redes sociais. Lourenço preza seu chefe e gostaria de ajudar a aumentar o lucro do estabelecimento. Que sugestões Lourenço poderia dar para aumentar os lucros? Como ele pode falar com seu chefe sem ofendê-lo?

Construção de carreira

O que é um emprego de "colarinho verde"?
Indústrias do futuro

Por Kate Lorenz, editora do CareerBuilder.com
Copyright 2009 CareerBuilder, LLC. Reproduzido com permissão.

Temos visto na mídia muitas informações a respeito de iniciativas de negócios e empregos de colarinho verde, criados devido a uma exigência de mudança para uma sociedade mais consciente em relação a fontes de energia eficientes.

Muitos dos principais políticos de toda a parte estão discutindo sobre o movimento "colarinho verde" e prometendo a criação de milhões de novos empregos, treinamentos para atuais e futuros trabalhadores, e a identificação de indústrias verdes do futuro.

O ex-presidente norte-americano, Barack Obama, afirmou: "Precisamos fazer mais a respeito da criação de empregos verdes, que são os empregos do futuro. Meu plano de energia vai injetar $ 150 bilhões em 10 anos para estabelecer um setor de energia sustentável, que poderá criar até 5 milhões de novos empregos nas próximas duas décadas."

Já o senador norte-americano, John McCain, disse: "Temos a oportunidade de aplicar a supremacia americana em tecnologia para atrair os mercados de exportação para tecnologias de energia avançadas, aproveitando o investimento de capital e a grande quantidade de empregos que isso vai gerar."

Esse foco mais forte em diversidade e eficiência de energia significa mais empregos: oportunidades em fontes de energia sustentáveis, como eólica e solar, produção de etanol, bioconstrução, remoção de lixo tóxico, reciclagem e bens de consumo; empregos em pesquisa e desenvolvimento, construção, fabricação, tecnologia, operações e vendas.

Talvez um dos grandes avanços desse movimento tenha sido o Green Jobs Act que o Congresso votou e o ex-presidente dos EUA, George Bush, aprovou no final de 2007.

"Essa inovadora proposta – empregos verdes – vai render ao país $125 milhões por ano para começar a treinar trabalhadores em empregos no setor de energia limpa", observou o representante dos EUA por Massachussets, John Tierney, que escreveu, como coautor, o Green Jobs Act. "Trinta e cinco mil pessoas por ano podem se beneficiar com uma educação vocacional nesse país, que vai lhes oferecer garantia de emprego."

A disponibilidade de empregos de colarinho verde vai abranger grupos de de trabalhadores em todos os níveis de habilidade, diz Jerome Ringo, presidente da Apollo Alliance, movimento que promove energia limpa e políticas e iniciativas de eficácia energética. "Se seu campo for técnico, se você é um trabalhador qualificado ou não qualificado, se você foi demitido... os benefícios econômicos dos empregos verdes vão dos trabalhadores escolarizados aos não escolarizados."

O ato também fornece financiamento para treinamento de colarinho verde particularmente direcionado a indivíduos que precisam de habilidades atualizadas, militares veteranos, pessoas desempregadas, indivíduos em busca de caminhos profissionais que os tirem da pobreza, ex-detentos, criminosos não violentos.

De acordo com o ato, as indústrias de energia renovável e eficácia energética que estão de acordo com o termo "colarinho verde" abrangem:

- bioconstrução, construção e modernização;
- energia elétrica renovável;
- veículos energeticamente eficientes e com transmissão secundária avançada;
- biocombustíveis;
- reutilização de materiais de construção;
- indústrias de avaliação de eficiência energética que atendam aos setores residenciais, comerciais ou industriais; e
- fabricantes de produtos sustentáveis que utilizam materiais e processos considerados ecológicos.

"Novas tecnologias exigem novas habilidades", diz Rachel Gragg, diretora de política federal da The Workforce Alliance. "Adotar práticas de energia limpa é essencial para o bem-estar de nossa nação, mas esses esforços não terão êxito se não investirmos nas pessoas que efetivamente realizam esse trabalho. Precisamos de pessoas para instalar milhões de painéis solares, construir e manter fábricas com energia alternativa, construir prédios mais eficientes energeticamente e fazer manutenção e reparo de veículos híbridos."

Abaixo alguns empregadores de áreas sustentáveis que contratarão funcionários nos próximos anos:
- fabricação de automóveis híbridos;
- readaptação energética;
- produção de alimentos com ingredientes orgânicos e/ou de agricultura sustentável;
- fabricação de mobiliário com madeira reciclada e certificada como ecológica;
- bioconstrução;
- compostagem de resíduos;
- transporte e reutilização de materiais e resíduos de construção e demolição;
- limpeza de materiais tóxicos;
- paisagismo ecológico;
- fabricação de produtos ecológicos (como lâminas de turbinas eólicas e painéis solares);
- reúso e fabricação de produtos feitos com materiais recicláveis e não tóxicos;
- instalação e manutenção de painéis solares;
- modernização de melhoria da qualidade e conservação da água; e
- melhorias domésticas (como aquecimento, ventilação e ar-condicionado; isolamento de sótão; medidas de prevenção contra intempéries climáticas etc.).

> **COMUNICAÇÃO**
>
> Os profissionais de marketing muitas vezes apresentam suas informações com tabelas e gráficos. Avalie seus próprios gastos em cinco categorias. Em seguida, crie um gráfico para mostrar que porcentagem do seu orçamento você gasta em cada categoria.

Definição de negócio

Uma organização que utiliza trabalho, capital, terra e empreendedorismo para produzir bens e serviços com lucro é um **negócio**. Uma companhia bem-sucedida tem de correr riscos e obter lucro. Um bom negócio contribui para a comunidade.

Assumir risco O proprietário de uma empresa assume riscos quando opera um negócio. Risco é uma possibilidade de perda. Riscos econômicos são baseados em mudanças nas condições do negócio, como aumento da concorrência, novos regulamentos governamentais e mudanças nas preferências do consumidor. Outros riscos podem incluir os naturais – tempestade que provoca danos em um supermercado ou em uma loja – ou humanos – desonestidade na figura de um cliente ou de um funcionário ao roubar a loja. Como o empresário considera novas oportunidades de negócio, ele tem de avaliar os possíveis riscos e planejar como superá-los.

Obter lucro Os lucros fornecem um incentivo para as operações de uma empresa. A habilidade de operar uma companhia e obter lucro ajuda a contribuir para a estabilidade e o sucesso contínuos da nossa economia de mercado. As empresas geralmente se esforçam para obter o máximo de dinheiro nas vendas de produtos com os custos mais baixos possíveis; isto se chama **maximização do lucro**.

Empresas desenvolvem maiores lucros quando entendem as necessidades e os desejos dos consumidores. O marketing as ajuda a entender essas necessidades e desejos. Se os consumidores não conhecem um produto ou onde é vendido, certamente não poderão comprá-lo. Provavelmente eles não compram um produto ao qual não podem ter acesso facilitado ou não veem o valor de comprá-lo. Caso os consumidores não comprem o produto, a empresa não terá lucro, e, sem um nível de lucro razoável, não poderá continuar em operação! Tudo está inter-relacionado, por isso a economia é considerada uma ciência *social*.

Contribuição à sociedade Espera-se que as empresas sejam boas cidadãs, paguem impostos e contribuam para causas que são importantes para a comunidade. Por exemplo, muitas delas contribuem com dinheiro e recursos para organizações beneficentes. Também espera-se que considerem seus funcionários ao fornecer salários justos, razoável estabilidade de emprego e oportunidades de crescimento. As empresas que desejam ter sucesso ao longo do tempo devem também fornecer valor ao produzir produtos de alta qualidade e vendê-los a um preço justo.

Sustentabilidade corporativa A sustentabilidade – suprir necessidades atuais, mas sem comprometer os recursos naturais, humanos ou financeiros futuros – emergiu como uma estratégia corporativa crucial. Em vez de focar somente nos lucros da empresa, esta estratégia exige que as organizações mantenham em harmonia seus objetivos econômicos e as metas sociais e ambientais. É uma estratégia proativa, ou uma perspectiva visionária.

WORKSHOP

Em pequenos grupos, discuta as vantagens e desvantagens do compromisso de uma empresa com sua estratégia de sustentabilidade corporativa.

Uma organização planeja alcançar suas atuais metas e as necessidades dos stakeholders sem comprometer sua habilidade de suprir futuras necessidades e alcançar metas. Os stakeholders são aqueles que possuem uma participação na organização, como acionistas, empregados, clientes e as comunidades impactadas pela sua operação.

Conexão da matemática com o marketing

Você trabalhou muito na construção de um site durante todo o verão. No fim da estação, seu chefe lhe oferece uma bonificação de $ 1 mil e pede que volte a trabalhar no verão seguinte. Você quer colocar seu dinheiro em uma conta poupança. Caso a taxa de juros seja de 8,25%, capitalizada anualmente, aproximadamente quanto tempo seu dinheiro vai levar para dobrar de valor? Arredonde para o ano mais próximo.

Solução

A fórmula para juros simples é *I* = *PRT*, onde *I* são os juros que você quer obter, *P* o valor principal que você está colocando, *R* a taxa de juros e *T*, o tempo (em anos).
Transforme a taxa de juros em termos decimais (0,0825)

$$
\begin{aligned}
I &= PRT \\
1.000(I) &= 1.000 \times 0{,}0825 \times T \\
1.000 &= 82{,}5T \\
1.000 \div 82{,}5 &= T \\
12{,}12 &= T \\
12 &= \text{seu dinheiro vai dobrar em 12 anos}
\end{aligned}
$$

I = $1.000 porque você quer que seu dinheiro dobre ou quer obter juros iguais ao principal. Se quisesse que seu dinheiro triplicasse, *I* seria $2.000.

> **PONTO DE CHECAGEM**
> Apresente três tipos de riscos enfrentados pelas empresas e dê um exemplo de cada um.

NEGÓCIOS E ECONOMIA

Condições econômicas são fatores econômicos que influenciam o poder de compra dos consumidores e as estratégias de marketing. Esses fatores incluem os ciclos do negócio, inflação, disponibilidade de recursos e receita.

Ciclos do negócio Estes descrevem períodos de prosperidade, recessão e recuperação da economia. **Prosperidade** é um período de rendas mais altas, aumento da produção e taxa de desemprego mais baixa.

Recessão É um período de aumento do desemprego, quando os consumidores diminuem seus gastos e as empresas têm menos oportunidades para vender seus produtos. A **recuperação** da economia ocorre quando as oportunidades de emprego e negócios começam a crescer novamente e os consumidores passam a gastar mais dinheiro.

Oportunidades de trabalho são abundantes durante períodos de prosperidade. Aqueles que têm as habilidades procuradas podem encontrar grande demanda, recebendo várias ofertas de emprego, e as pessoas que estão menos capacitadas também encontram postos de trabalho disponíveis. Durante uma recessão, mesmo os trabalhadores capacitados podem ter problemas quando da busca de trabalhos que combinem com suas habilidades e satisfaçam suas expectativas de salário.

Inflação Refere-se a um aumento contínuo do preço dos produtos. Os preços sobem e caem em vários períodos, mas, durante um período inflacionário, os efeitos dos aumentos dos preços superam os da sua queda. Os clientes têm de gastar mais nas compras, e, portanto, não podem comprar muito com seu dinheiro.

Renda É o montante de dinheiro obtido pelo trabalho ou da venda de produtos e serviços. O montante de renda que as pessoas e as empresas obtêm influencia muito no que podem dispor para gastar e os tipos de produtos que podem comprar. As empresas monitoram os níveis de renda para avaliar as oportunidades de desenvolvimento do mercado. Durante um período de prosperidade, por exemplo, muitas pessoas ganham mais e gastam mais. As empresas reconhecem essa prosperidade e desenvolvem e vendem produtos e serviços nos quais os consumidores vão gastar sua renda extra.

Disponibilidade de recursos Trata-se de outra condição econômica relevante. Quando os recursos estão facilmente disponíveis, seus preços caem. Quando escassos, seus preços aumentam. Você já reparou nos preços da gasolina? Quando há abundância de petróleo, o valor para encher o tanque é muito menor do que quando há escassez do produto.

> **PONTO DE CHECAGEM**
> O que ocorre durante a recessão?

Diversidade no mercado de trabalho

Empoderando pessoas através do trabalho

Goodwill Industries International é uma rede de 208 comunidades de organizações independentes que servem ao público em desvantagem e dificuldade em se colocar profissionalmente, fornecendo serviços de treinamento e emprego, assim como oportunidades de colocação profissional e apoio pós-emprego. Localizada nos Estados Unidos, no Canadá e em mais 22 outros países, a Goodwill ajuda as pessoas a superar barreiras no emprego e se tornarem independentes, membros que contribuem com suas comunidades.

As agências da Goodwill trabalham com empresas e também com o governo para criar programas de treinamento profissional e empregos que refletem as necessidades da comunidade e dos empregadores locais e antecipam as tendências do mercado de trabalho. Seus serviços incluem: alocar os trabalhadores, treinar capacidades individualmente, acomodação no posto de trabalho e serviço temporário. Muitas agências locais da Goodwill também aconselham os empregadores a contratar indivíduos com deficiências ou os informa das oportunidades especiais de financiamento e benefícios fiscais disponíveis. A entidade ainda opera contratos tanto internos como nas comunidades para uma grande diversidade de empresas e entidades governamentais.

O FUTURO DOS NEGÓCIOS

Os negócios enfrentarão muitos desafios neste século, incluindo globalização, tecnologia, qualidade e diversidade.

Globalização Este termo significa que produtos, serviços, trabalho, tecnologia e capital podem se movimentar facilmente entre empresas e países de todo o mundo. Companhias com perspectiva global são capazes de considerar novas oportunidades de marketing internacional. Um produto que é comprado no país mas produzido no exterior é denominado *importação*. Produtos produzidos no país e vendidos no exterior são chamados *exportações*.

Tecnologia Em contínua e rápida mudança, a **tecnologia** exige que as empresas se adaptem para permanecer competitivas. Empresas de alta tecnologia devem continuar desenvolvendo novos produtos, e as que empregam tecnologia devem estar a par dos avanços que podem influenciar suas operações.

A internet e o comércio eletrônico mudaram a forma de as empresas operar ao tornar disponíveis produtos diretamente aos consumidores. Aquelas que empregam a tecnologia de comércio eletrônico devem adaptar suas capacidades à nova tecnologia, enquanto as de alta tecnologia que fornecem capacidades em comércio eletrônico devem continuar a pesquisar soluções mais eficientes e eficazes.

Qualidade Os consumidores compram produtos com a expectativa de que funcionarão como prometido. Ao fornecer valor aos consumidores, as empresas devem focar na oferta de produtos e serviços de qualidade. No século XX, empresas norte-americanas enfrentaram rígida concorrência das companhias estrangeiras, muitas das quais venderam produtos de alta qualidade a preços muito competitivos.

Como um funcionário, você espera desempenhar suas responsabilidades com eficácia e contribuir para a qualidade organizacional, seja seu trabalho na linha de produção, seja no departamento financeiro ou no serviço ao cliente.

Diversidade A composição da força de trabalho está mudando e vai continuar a afetar as empresas norte-americanas. Questões como idade, etnia e gênero não podem ser ignoradas. Por exemplo, as empresas que tentam atrair e reter funcionários do sexo feminino terão disponível um grande conjunto de potenciais trabalhadores.

Muitas empresas trabalham com agências do governo, assim como com universidades e colégios para promover oportunidades às minorias visando sua educação. As empresas beneficiam a comunidade ao ter um conjunto maior de funcionários bem treinados, o que pode ajudá-las a se manter em vantagem competitiva.

O MERCADO DE TRABALHO E VOCÊ

Conforme você se desenvolve em direção a uma carreira e planeja ingressar no mercado de trabalho, entender as condições econômicas pode ajudá-lo a tomar decisões. Utilize fontes como a CBO (Classificação Brasileira de Ocupações, www.mtecbo.gov.br) para aprender mais sobre emprego e a possibilidade de trabalho nos campos da carreira do seu interesse.

Um exemplo é o caso de Carlota, que estava interessada em seguir a carreira na área de marketing nos Estados Unidos. Uma pesquisa no Occupational Outlook Handbook (https://www.bls.gov/ooh/) a fez saber que, nos últimos anos, os gerentes de propaganda, marketing, promoções, relações públicas e vendas ocuparam cerca dos 583 mil postos de trabalho e que o emprego nessas áreas tem expectativa de crescimento mais rápido que a média, com um aumento de 12% entre 2006 e 2016. Por isso, ela supõe que a demanda por pessoas qualificadas nessas áreas tende a crescer, então, é um bom campo para tentar entrar.

PONTO DE CHECAGEM
Por que você acha que as empresas querem recrutar mais mulheres e pessoas pertencentes a uma minoria?

2.2 AVALIAÇÃO

Pense criticamente

1. Quais são algumas das maneiras pelas quais as empresas podem aumentar seus lucros?
2. Você acha que muitas empresas contribuem com organizações beneficentes? De quais outras formas as empresas contribuem com suas comunidades?
3. Em qual ciclo de negócio a economia está atualmente? Quais eventos econômicos e políticos contribuíram para essa posição atual?
4. Por que as empresas de alta tecnologia devem continuar a se atualizar?
5. Explique como a globalização pode afetar o mercado americano de joias de prata.

Faça conexões

6. **História** Pesquise a história econômica do seu estado. Quais foram algumas das contribuições que diferentes culturas fizeram à economia? Escolha determinada contribuição em particular e escreva uma breve história incorporando a informação que você obteve. Crie um cenário, com personagens e um enredo, que dará a seus leitores uma noção da contribuição que você escolheu.
7. **Análise** Você já experimentou diferentes marcas de iogurte, meias ou tênis. Por que você acha que muitas empresas acreditam que é bom negócio produzir produtos de alta qualidade? Por que algumas empresas escolhem produzir com qualidade inferior?

MARKETING PESSOAL

LIÇÃO 2.3

Administração e liderança

OBJETIVOS
Explicar as funções da administração.
Entender o desenvolvimento da administração ao longo do tempo, incluindo estudos de diferentes estilos de gerência.

TERMOS-CHAVE
- administração
- administração científica
- administração de operações
- administradores de nível médio
- administradores de primeira linha
- alta administração
- ciência da administração
- controlar
- gestão administrativa
- liderar
- modelo de recursos humanos
- organizar
- planejar
- teoria da contingência
- teoria de sistemas

AS FUNÇÕES DA ADMINISTRAÇÃO

Alguma vez você coordenou uma reunião, planejou um evento ou programou uma festa para um amigo? Você atua como capitão de uma equipe esportiva ou time, possui função no grêmio estudantil da sua escola ou representa sua classe ou escola em uma organização externa? Mesmo que jamais tenha tido oficialmente o título de "gerente", provavelmente atuou como um na escola, no trabalho ou em casa. Entender administração e as responsabilidades dos gerentes vai ajudá-lo não somente como funcionário, mas também a administrar a busca por seu trabalho com sucesso.

Administração significa empregar pessoas, recursos materiais e tecnologia para conseguir que um trabalho seja feito. Para isso, os administradores executam quatro funções principais: planejar, organizar, liderar e controlar.

■ Casos de marketing

Simone adora fazer compras em uma certa mercearia. Os preços são bons, a localização é conveniente e os produtos são de qualidade. Na última semana, ao conferir a nota, ela percebeu que havia sido cobrado um valor maior pelos pêssegos e comunicou isso ao gerente da loja. Recebeu dele desculpas e o reembolso em dinheiro. Como o gerente da loja fez marketing para a mercearia? Você pode refletir sobre uma ocasião em que a reação negativa de um gerente influenciou sua forma de avaliar uma empresa? Descreva o incidente.

Planejar significa determinar por antecipação o que necessita ser feito. Os gerentes estabelecem objetivos e tomam decisões que afetam a operação da empresa. Como administrador do seu processo de busca de emprego, você vai estabelecer objetivos para completar seu portfólio e preparar materiais, tais como seu currículo, antes de sair à procura. Você também vai tomar decisões sobre o conteúdo do seu portfólio e sobre as empresas que gostaria de contatar.

Organizar refere-se a como o trabalho é organizado e os recursos agrupados. Por exemplo, a maioria das empresas está organizada em departamentos com base em funções similares, como marketing, contabilidade e recursos humanos. Você deve organizar a busca pelo trabalho e o desenvolvimento da sua carreira de forma que lhe permita realizar os seus objetivos planejados.

Liderar envolve reunir pessoas para trabalhar junto na realização de objetivos comuns de uma empresa. Um gerente pode motivar sua equipe a completar um projeto antes do programado, antecipando o prazo final e poupando dinheiro para a empresa. Você pode trabalhar com seu professor, orientador ou seus pais para conduzir uma "equipe" que possa ajudá-lo na sua busca por trabalho ou pela faculdade planejada.

Controlar refere-se a monitorar o progresso de uma empresa para ter certeza de que seus objetivos estão sendo satisfeitos. A equipe de administração de entregas da empresa pode utilizar um sistema computadorizado para monitorar a porcentagem de pacotes a ser entregues aos clientes no dia seguinte, pois este é um dos objetivos da companhia. Você pode controlar sua busca por emprego ao usar um planejador semanalmente para acompanhar suas atividades, eliminando cada uma delas após concluí-la.

Papéis administrativos

> **VOCÊ SABIA?**
> Os militares e a Igreja deram exemplos para as primeiras teorias de gestão. Até forneceram alguns termos que comumente são associados à administração, como *estratégia* e *missão*.

Os administradores desempenham vários papéis em uma organização. O *papel interpessoal* envolve interagir com outras pessoas e departamentos na organização e comunicar-se com os funcionários. Por exemplo, se um projeto tem um prazo final que está expirando, o administrador deve ser responsável por assegurar que a equipe e as pessoas de suporte na organização estejam fazendo tudo o que é necessário para finalizar o trabalho a tempo.

O *papel informacional* de um administrador envolve obter informação relevante e torná-la disponível aos funcionários. Talvez uma empresa planeje manter um workshop sobre criar apresentações de multimídia. Um bom administrador informa todos os trabalhadores que podem se beneficiar do workshop.

Quando um administrador toma decisões, tais como alocação de recursos e contratação de funcionários, ele está desempenhando um *papel de decisão*.

Níveis de administração

Empresas maiores têm diferentes tipos de administradores, dependendo da função e do papel que cada trabalho exige. As empresas também têm vários níveis administrativos que correspondem a suas responsabilidades de trabalho.

Alta administração visualiza o "quadro geral" e planeja a direção total, no longo prazo, de uma organização. Um alto administrador toma decisões sobre temas como os passos a seguir em uma fusão com outra organização, quanto dinheiro investir na pesquisa e onde construir uma nova instalação. Os altos administradores são geralmente os executivos seniores em uma empresa: diretor executivo (CEO), diretor financeiro, presidente e vice-presidente.

Administradores de nível médio implantam os planos e decisões tomadas pela alta administração. Eles têm mais limitações que os executivos da alta administração, considerando o planejamento de suas atividades em meses, e não em anos. Podem ser responsáveis pela execução de planos e pela coordenação de atividades dos administradores de nível mais baixo, e ocupam posições como gerente de marketing, de fábrica e regional.

Administradores de primeira linha administram as operações no dia a dia de uma organização, incluindo a supervisão de funcionários. Seu foco é limitado, específico, e devem assegurar-se de que o trabalho seja realizado no prazo. Por isso, tendem a gastar a maior parte de seu tempo fiscalizando os trabalhadores. Ocupam posições como gerente executivo, supervisor e gerente de loja. A maior parte dos funcionários da administração são administradores de primeira linha.

> **PONTO DE CHECAGEM**
> Suponha que você administre uma loja de material de escritório. Dê um exemplo de cada uma das quatro funções básicas da administração (planejar, organizar, liderar, controlar) conforme se relacionem com o início do novo ano letivo.

EVOLUÇÃO E ESTILOS DA ADMINISTRAÇÃO

A administração foi transformada em um campo distinto com a transição para uma sociedade industrializada. Em vez de os proprietários administrarem suas fazendas e pequenas empresas familiares, administradores eram necessários para administrar muitos aspectos de grandes empresas criadas durante a industrialização. Atualmente, a administração continua a evoluir, pois a tecnologia mudou os processos de produção, a forma como a informação é processada e armazenada e a maneira de os funcionários se comunicarem.

Conforme as empresas se adaptam às mudanças exigidas pelo mercado, abordagens adaptativas de administração conduzem as companhias ao sucesso.

Perspectiva clássica

A perspectiva clássica emergiu da Revolução Industrial no fim do século XIX e início do XX, conforme o maquinário alterou o modo como o trabalho era realizado. Esta perspectiva inclui administração científica e gestão administrativa. Muitas pessoas pensavam que organizações eficazes deviam trabalhar como máquinas. Houve uma grande expansão econômica nos Estados Unidos; no entanto, nem sempre os trabalhadores foram bem tratados pelas empresas.

A **administração científica** focou na administração com um conhecimento centrado na produção e na eficiência do trabalhador. Frederick Taylor, que escreveu *Princípios de administração científica* em 1913, acreditava que o desempenho individual dos trabalhadores poderia ser melhorado se os administradores seguissem quatro passos:

- Dividir o trabalho em pequenas partes e desenvolver um conhecimento ou "melhor maneira" para fazer cada componente do trabalho.

WORKSHOP
Desenvolva uma lista de características que um administrador eficaz deve apresentar. Compartilhe sua lista com seu colega de classe.

- Selecionar e treinar os trabalhadores mais qualificados.
- Supervisar os trabalhadores para se certificar de que sigam procedimentos apropriados.
- Continuar a planejar o trabalho estabelecendo um nível de pagamento e desempenho.

Os métodos de Taylor aumentaram a eficiência e forneceram padrões mais objetivos aos trabalhadores, mas alguns deles perceberam que era uma estratégia da empresa para contratar menos trabalhadores e designar mais trabalho individual a cada um deles.

A **gestão administrativa** evidenciou a administração da eficiência e eficácia da organização como um todo. As funções administrativas de planejar, organizar, liderar e controlar foram identificadas por Henri Fayol, industrial francês que também desenvolveu princípios para a administração eficaz, incluindo a divisão do trabalho, autoridade, disciplina e iniciativa. Max Weber, sociólogo alemão, explicou o conceito de burocracia, que se refere a regras específicas chamadas procedimentos-padrão de operação e níveis de autoridade nas organizações.

O que há na internet?
Faça uma pesquisa na internet em busca de empresas nas quais você gostaria de trabalhar. Leia todas as notícias que encontrar sobre seus negócios e investimentos e faça uma ficha técnica da empresa que lhe interessa para que possa levar a uma possível entrevista.

Perspectiva comportamental

Enquanto a perspectiva clássica retratou as organizações como similares às máquinas, a comportamental, que surgiu da Grande Depressão dos anos 1930, focou nos *comportamentos* individuais no local de trabalho e no modo como os administradores podiam motivar de forma eficaz os funcionários. Em vez de ser vistos como ferramentas, os trabalhadores passaram a ser percebidos como recursos que poderiam beneficiar as organizações. Mary Parker Follett, teórica de administração, sugeriu que os trabalhadores conhecem o modo mais eficiente de melhorar seus trabalhos e devem ser envolvidos na análise do trabalho. A perspectiva comportamental estudou a motivação do funcionário.

O *movimento das relações humanas* enfatizou a importância dos relacionamentos nas organizações. O interesse dos administradores a favor dos trabalhadores os ajudaria a se sentir mais satisfeitos com seus trabalhos e com as organizações para as quais trabalhavam. Aumento de satisfação, então, conduziria à melhoria do desempenho. O **modelo de recursos humanos** valoriza o funcionário individualmente ao focar em como as empresas podem encorajar a comunicação e a participação dos trabalhadores.

Perspectiva quantitativa

A perspectiva quantitativa, que surgiu depois da Segunda Guerra Mundial, focou em modelos matemáticos para a administração. Os administradores aplicaram as abordagens matemáticas utilizadas durante a guerra para assuntos em áreas como tomada de decisão e planejamento. A **ciência da administração** aplica modelos matemáticos e simulações de computador para representar sistemas ou processos nas organizações. As simulações fornecem informações realistas que podem orientar a tomada de decisão; por exemplo, quantas pessoas da oficina de reparos devem estar de plantão ou como devem ser enviadas para realizar reparos. A **administração de operações**, uma forma de ciência da administração, concentra-se em todos os aspectos da produção, como administração do estoque e planejamento de rotas de transporte.

Perspectivas contemporâneas

Estas reconhecem que não há uma única maneira de administrar uma organização. As perspectivas clássica, comportamental e quantitativa influenciam as perspectivas contemporâneas.

A **teoria de sistemas** considera a organização um sistema com quatro elementos básicos:
- Entradas do ambiente (recursos externos).
- Transformação (conversão de entradas em produtos).
- Saídas (produtos acabados).
- Feedback (respostas) sobre o processo.

A **teoria da contingência** sugere que os administradores devem responder ao ambiente. Uma vez que o comportamento e as decisões dos administradores são baseados em situações específicas, a teoria da contingência sugere que não há uma única maneira correta de administrar uma organização.

Estilos de administração

Conforme a administração evoluiu, evoluíram também as teorias relacionadas aos estilos de administração. Douglas McGregor, figura-chave no movimento de relações humanas, definiu as teorias X e Y, e William Ouchi, que pesquisou cultura e administração na América do Norte e no Japão, propôs a teoria Z:

- **Teoria X** Os administradores assumem que as pessoas não gostam do trabalho. Portanto, elas vão tentar evitá-lo e devem ser forçadas ou controladas no trabalho. Os administradores da teoria X também acreditam que as pessoas preferem ser dirigidas em suas atividades relacionadas ao trabalho, não querem assumir responsabilidade e carecem de ambição. Esses administradores têm uma visão negativa dos funcionários.
- **Teoria Y** Os administradores assumem que não é da natureza das pessoas não gostar do trabalho, elas o veem como parte da vida. Eles acreditam que, se as pessoas estão comprometidas com os objetivos organizacionais, elas se tornam motivadas e se autodirigirão para alcançá-los. De acordo com a teoria Y, a maioria das pessoas buscará e aceitará responsabilidades. As pessoas são brilhantes e criativas, mas a maior parte das organizações não aproveita totalmente seus potenciais. Os administradores da teoria Y apresentam uma imagem mais positiva dos funcionários.
- **Teoria Z** Os administradores assumem que as pessoas podem ser comprometidas e focadas, e trabalhar juntas com eficácia. Eles enfatizam o emprego a longo prazo, grupos de trabalho e um foco na organização. Os administradores da teoria Z veem os funcionários mais positivamente.

Liderança

Muitos líderes podem gerenciar, mas todos os gerentes conseguem liderar? Embora a gestão possa ser um papel formalizado, a liderança pode ocorrer em qualquer nível da organização. Bons líderes possuem certas qualidades, ou traços, incluindo determinação, capacidade de motivar, coragem, adaptabilidade, competência, carisma e disposição em aceitar responsabilidade.

Considere este exemplo. Bria é uma vendedora no varejo local. Durante uma tempestade forte, acabou a luz na loja. O gerente da loja estava almoçando, então Bria reuniu os empregados e os direcionou a várias áreas da loja a fim de que auxiliassem os clientes. Ela também fez um anúncio para acalmar os clientes preocupados. Embora Bria não fosse a gerente da loja, ela certamente agiu como uma líder nessa situação.

Os líderes influenciam as pessoas e as fazem agir porque possuem poder. Os cinco tipos principais de poder de liderança são:

- **Poder legítimo** As pessoas acreditam que o líder possui direito ou autoridade para liderar. Tem como base o título (gerente, presidente, proprietário do negócio).
- **Poder de especialista** As pessoas acreditam que o líder tem experiência, conhecimento ou habilidades em uma área específica (médico, programador de computador, professor).
- **Poder de referência** As pessoas se identificam e querem ser como o líder (atleta, celebridade, político).
- **Poder de recompensa** O líder consegue oferecer recompensas, como aumento de salários, promoções ou outros incentivos (gerente, proprietário, instrutor).
- **Poder coercitivo** O líder tem capacidade para impor uma penalidade, como demitir um empregado. O poder coercitivo pode ser usado de forma antiética, e o abuso deste tipo de poder por parte do líder com frequência resulta em moral baixo dos funcionários.

PONTO DE CHECAGEM
Como os administradores da perspectiva clássica viam os trabalhadores? Discuta as implicações desta perspectiva.

2.3 AVALIAÇÃO

Pense criticamente

1. Por que organizar é importante para os administradores? Dê exemplo de uma situação na qual a atividade organizacional do administrador é importante.
2. O departamento de informação cometeu muitos erros graves no último mês. O pessoal que registra as informações acredita que isso tenha ocorrido porque a alta administração não comunicou as mudanças de preço que deviam ser introduzidas no sistema. O gerente de nível médio é responsável por solucionar esse problema. Como ele utiliza todos os três papéis administrativos (interpessoal, informacional, decisional) para esta resolução?
3. Como os executivos de marketing influenciam a relação entre oferta e demanda?
4. De que maneira você acredita que a satisfação no trabalho se alterou ao mover-se da perspectiva clássica para a comportamental? Como mudou ao se deslocar da perspectiva comportamental para a quantitativa?

MARKETING PESSOAL

Faça conexões

5. **Resolvendo problema** Denise e Margarita são gerentes em uma loja do tipo "outlet". Elas também são amigas fora do trabalho. Seu subgerente lhes disse que os colaboradores se sentem envergonhados e intimidados porque elas "não falam com ninguém a menos que sejam obrigadas". O que você aconselharia?

6. **Arte/desenho** Faça uma ilustração ou história em quadrinhos que descreva as responsabilidades de cada um dos três níveis de administração.

Capítulo 2. Avaliação

Vocabulário

Escolha o termo que melhor se encaixe na definição. No espaço indicado, coloque a letra que corresponde à resposta. É possível que alguns termos não sejam aplicados.

_____ 1. Crença de que existem formas claras e científicas para administrar organizações e pessoas.

_____ 2. Vontades não realizadas do consumidor.

_____ 3. Itens necessários para produzir bens e serviços, inclusive capital físico, como edifícios, máquinas e ferramentas.

_____ 4. Nível de administração que foca no "quadro geral" e planeja a direção total, no longo prazo, de uma organização.

_____ 5. Crença de que os administradores enfocam a organização e o funcionário de longo prazo e supõem que as pessoas estejam comprometidas e possam trabalhar juntas com eficácia.

_____ 6. Ciclo de negócios caracterizado por rendas mais altas, aumento de produção e taxas de desemprego mais baixas.

_____ 7. Administra as operações no dia a dia, incluindo supervisão de funcionários.

_____ 8. Alguma coisa que é requerida para viver.

a. capital
b. administrador de primeira linha
c. bens
d. capital humano
e. renda
f. inflação
g. necessidade
h. maximização do lucro
i. prosperidade
j. recessão
k. recuperação
l. escassez
m. administração científica
n. serviços
o. Teoria Z
p. alta administração
q. desejo

CAPÍTULO 2 • A NATUREZA DO MERCADO

_____ 9. Quando as empresas obtêm o máximo de dinheiro e gastam o mínimo.
_____ 10. Produtos físicos, como cadarços para sapato e refrigeradores.
_____ 11. A condição econômica causada por necessidades e desejos ilimitados e recursos limitados para satisfazê-los.

Revisão de conceitos

12. Cite e explique os quatro fatores de produção ou recursos.
13. Descreva brevemente a evolução da administração.
14. Quais são as quatro utilidades econômicas? O que envolve cada uma delas?
15. Quais são os três papéis que um administrador desempenha? Quais atividades implicam cada papel?
16. Se um administrador se reúne com administradores de outros departamentos e compartilha a informação recebida da equipe com seus funcionários, qual papel administrativo está desempenhando?
17. Explique o relacionamento entre oferta e preço de mercado.
18. Explique o relacionamento entre demanda e preço de mercado.
19. Qual nível de administrador é responsável por supervisionar o desempenho de um funcionário?
20. Compare e contraste as perspectivas clássica da administração e a comportamental.
21. Quais são alguns exemplos de risco econômico?
22. Qualidade é algo do qual você é responsável como funcionário? Explique.
23. Liste os cinco tipos de poder de liderança e forneça um exemplo de cada um deles.
24. Para você, a administração é uma ciência? Por quê? Justifique sua resposta.

Aplique o que aprendeu

25. Quando o gerente de Fernando lhe disse que estava cometendo alguns erros nas comandas de pedidos, ele ficou envergonhado e furioso. Mas Martin, seu melhor amigo, lhe disse que seu gerente estava realizando um bom trabalho e que deveria ficar mais agradecido do que furioso. Martin está certo? Por quê? Por que é importante que os gerentes desempenhem a função de controle?
26. Como a oferta e a demanda afetam o mercado de trabalho, incluindo os salários?
27. Você tem um emprego? Pode identificar qual é o estilo de administração que seu gerente aplica? Caso não esteja trabalhando, fale com seus pais ou avós. Com que tipo de administradores eles tratam? Compare esse estilo de administração com o de um professor ou o de outra pessoa.

28. Ana Nordquist vai comprar de presente de aniversário para seus pais um monitor de tela plana. Ela busca em vários sites e limita sua escolha a dois: um deles é um importante site de varejo eletrônico, e o outro um site popular de leilão. O monitor do varejo é de qualidade inferior e vai custar $ 300 mais $ 15 pelo frete. O do site de leilão é de melhor qualidade, vai custar $ 200 e será enviado diretamente da fábrica no exterior por $ 50. Se Ana comprar o segundo monitor, de que tipo de tendência de negócio ela estará se beneficiando?
29. A linha Air Jordan, da Nike, é muito popular. Explique como o poder de referência causa impacto nas vendas e no sucesso dos Air Jordans.

Faça conexões

30. **Tecnologia** Procure na internet cinco sites de empresas multinacionais. Essas empresas têm que tipo de envolvimento com a comunidade? Se você admira o desempenho da empresa ou tem alguma sugestão de como ela pode contribuir com a sociedade, envie-lhe um e-mail.
31. **Geografia** Vá a um supermercado ou a uma loja de conveniência, identifique itens de cinco países diferentes e, depois, veja no mapa onde esses países se localizam. Você pode pensar em alguns dos benefícios da empresa global?
32. **Ética** Existem razões que explicam por que é antiético tratar as pessoas como máquinas? Quais são elas? Você acha que a administração foi além dessa abordagem?
33. **História oral** O mundo dos negócios era muito diferente há 50 anos. Talvez você tenha um avô, ou um tio, ou amigo da família que tenha se sustentado e à sua família como vendedor porta a porta. Encontre alguém que tenha tido uma carreira, em empresa, em marketing ou vendas, no mínimo, há 40 anos. Entreviste essa pessoa e descreva suas descobertas em um relatório ou produza um trabalho em áudio.
34. **Estudos sociais** A diversidade de colocação profissional é apoiada pela legislação:
    - com relação ao assédio sexual no trabalho (Lei Federal n. 10.224, de 15 de maio de 2001);
    - discriminação no trabalho (Artigo 7º, inciso XXX, da Constituição Federal);
    - discriminação pelo sexo (CLT, artigos 5º e 461);
    - trabalho da mulher (Lei n. 9.029/95);
    - discriminação de raça ou cor (Constituição Federal, artigo 5º, incisos XLI e XLII);
    - discriminação pelo estado civil (Artigo 7º, inciso III, da Constituição Federal/88);
    - portadores de deficiência física (Artigo 7º, inciso XXXI, da Constituição Federal).

    Utilize a internet para pesquisar a respeito dessas leis. Por exemplo, procure as recentes ações judiciais que envolvem discriminação no local de trabalho. No futuro, como as companhias envolvidas podem implementar esforços para aceitação da diversidade a fim de prevenir insatisfação e processos dos funcionários?

Se você estiver interessado em saber mais sobre o direito dos trabalhadores com necessidades especiais, consulte a legislação brasileira no site www4.planalto.gov.br/ipcd/assuntos/legislacao.

Prepare uma apresentação oral ou usando slides em PowerPoint® sobre os dados mais inusitados e interessantes que aprendeu com sua pesquisa.

Small Business Management Team Event

O Small Business Management Team Event, da BPA, envolve um teste de 90 minutos e uma apresentação oral de 10 minutos, seguidos de 5 minutos de perguntas feitas pelos juízes. Uma equipe com dois a quatro membros deve apresentar uma solução para o estudo de caso de gestão a seguir. Sua equipe pode usar laptop/notebook, pôsteres, flip chart ou gráficos na apresentação.

Caso

As instituições financeiras dos EUA sofreram uma grande publicidade negativa por causa de péssimas decisões sobre empréstimos e resgates financeiros (dólares dos contribuintes) do governo federal. Sua equipe administrativa, que atua num banco estável, deve desenvolver uma estratégia de marketing e promoção para manter a confiança da sua comunidade. A equipe será avaliada pela delegação de responsabilidades, demonstração de: trabalho em equipe, conhecimento prático de conceitos em gestão de negócios, capacidade de pensamento crítico na tomada de decisões e de autoestima e integridade na gestão da equipe. Sua apresentação deve convencer o juiz a fim de que ele escolha o seu banco para a gestão de suas finanças.

Planejando uma carreira em gestão de marketing

"Um restaurante ofereceu uma ótima promoção: você ganha um café da manhã de graça se visitá-lo na sexta-feira. Meu vizinho ouviu falar sobre isso no rádio, e eu vi uma propaganda durante o Super Bowl. E então eles a anunciaram no jornal da região, e até no noticiário noturno falou-se a respeito dela. Quando acessei o site, um anúncio do café da manhã gratuito foi a primeira coisa que vi."

"Fiquei empolgado ao ver que lançaram o novo videogame. A propaganda na televisão dizia que estava disponível na loja de eletrônicos e que estaria à venda até segunda-feira. Todo mundo na escola está falando disso, meus amigos e eu mal podemos esperar para jogar! Só espero que a loja tenha bastante em estoque e que não tenha acabado até eu chegar lá."

Você já parou para pensar em como as organizações coordenam seus esforços promocionais, decidem quais produtos desenvolver e comercializar, determinam o preço de vendas e em como deixam os consumidores empolgados sobre os produtos? As campanhas de marketing quase sempre incluem a transmissão de mensagens em vários canais, incluindo propaganda no rádio, relações públicas e esforços on-line. Os gerentes de marketing desenvolvem estratégias de marketing da organização, frequentemente com a ajuda de outros funcionários, de agências externas ou de consultores.

Perspectiva de emprego
Uma taxa média de crescimento de emprego é esperada.

Cargos do emprego
- gerente
- gerente de vendas e marketing
- diretor criativo
- diretor executivo de marketing

Habilidades necessárias
- Em geral, exige-se bacharelado, e MBA é sempre recomendado, especialmente para oportunidades de ascensão profissional.
- Capacidade de trabalhar com pessoas diferentes, coordenar esforços e manter relacionamentos eficazes são essenciais.
- Criatividade, ótimas habilidades de comunicação, capacidades interpessoais e habilidades analíticas são necessárias.
- Capacidade de cumprir prazos e lidar com situações estressantes são importantes.

Como é trabalhar com gestão de marketing?
Kelsey chegou cedo para se preparar para sua reunião matinal com os funcionários às 7h30. Como gerente de marketing de uma companhia de games, ela se reúne semanalmente com os coordenadores e supervisores de marketing para ter certeza de que está ciente de qualquer mudança que possa causar impacto no marketing. Antes de se dirigir à reunião, ela analisa os relatórios de vendas, revisa o plano de comunicação de marketing para o lançamento dos próximos jogos, e levanta as novas matérias on-line que mencionam sua empresa.

Representantes de vendas, de TI, do financeiro e da área de desenvolvimento de produtos estarão na reunião. Kelsey assiste a uma breve demonstração do novo jogo e discute as últimas manchetes que o mencionam. Ela responde aos pedidos do suporte de vendas adicionais, verifica a data de lançamento e revisa uma mudança proposta para os materiais promocionais.

No mesmo dia, ela encontra mais tarde o diretor de criação da agência, responsável por desenvolver os materiais promocionais para o lançamento do produto para que possam finalizar os detalhes. Ela responde a pedidos de entrevista pela mídia e acompanha os últimos comentários sobre o novo produto. Também trabalha com sua equipe para preparar o evento oficial de lançamento e rever o avanço de uma experiência interativa do jogo on-line para estar preparada para o dia do lançamento.

E você?
Você gostaria de utilizar informações de várias áreas de uma organização, assim como analisar o ambiente externo para ajudar a empresa a gerenciar seus esforços de marketing?

CAPÍTULO 3

Desenvolvendo seu produto

3.1 Autoconhecimento
3.2 Valores e objetivos
3.3 Características e benefícios

Carreiras em marketing

American Airlines Center

Inaugurado em 2001, o American Airlines Center de Dallas, Texas, é a casa do time de basquetebol da NBA Dallas Mavericks e do time de hóquei no gelo da NHL, o Dallas Stars. O design singular desse estabelecimento permite uma transição tranquila de jogos de basquete a hóquei, e pode até mesmo ser usado como sala de concerto.

O associado de vendas premium é responsável por criar receita advinda dos assentos do clube, dos jogos e dos produtos relacionados a esse local de entretenimento. O associado gera oportunidades de negócios e fornece serviços ao cliente, além de acompanhar a construção e manutenção de relacionamentos de longo prazo com os clientes.

Esta posição exige um diploma universitário, experiência em vendas, boas habilidades de comunicação e um excelente conhecimento do produto. Os candidatos devem ter experiência comprovada em desenvolvimento de negócios, capacidade analítica de resolução de problemas e compreensão da gestão do relacionamento do cliente.

Pense criticamente

1. Para uma posição como esta, o que o conhecimento do produto agrega?
2. Por que você acha que é importante para alguém nesta posição focar em relacionamentos de longo prazo com os clientes?

Projeto de portfólio

Interesses, valores e carreiras

Objetivos do projeto

O foco deste capítulo é avaliar os pontos fortes que você tenha como um produto, ou "Eu como produto". Quem é você? O que gosta de fazer? Em que é bom? Gosta de trabalhar com muitas pessoas ou com poucas? O que é importante para você? Onde quer estar daqui a dez anos? O que você pode oferecer a um potencial empregador? Essas são questões importantes. Neste projeto, você vai:

- Avaliar seus interesses acadêmicos e pessoais.
- Identificar quais valores moldam seu comportamento, ações e objetivos.
- Determinar se os interesses são características ou benefícios de "Eu como produto".

Este projeto vai ajudá-lo a se autoavaliar de modo que possa escolher um trabalho que seja bom para você e para o empregador.

Preparação inicial

Leia o Processo do projeto a seguir.

Processo do projeto

Parte 1 Lição 3.1 Monte uma planilha de Interesses Pessoais com duas colunas. Na primeira, "Quais são meus interesses?", faça uma lista de atividades acadêmicas e pessoais do que mais gosta. Na segunda, classifique a importância desses interesses que vão ajudá-lo a entender melhor o que você mais valoriza. Ao estabelecer prioridades, evitará desperdício de tempo.

Parte 2 Lição 3.2 Faça uma planilha de valores pessoais e outra de qualidades pessoais.

Parte 3 Lição 3.3 Construa uma planilha de capacidades básicas e outra de preferências de trabalho.

Finalizando

Considere o que aprendeu sobre si mesmo a partir deste projeto. Você se surpreendeu com algo que tenha descoberto? Sente-se mais inclinado agora a determinada carreira ou certo ambiente de trabalho? Faça uma breve redação sobre sua personalidade e prioridades.

LIÇÃO 3.1

Autoconhecimento

OBJETIVOS
Analisar sua personalidade e interesses.
Definir um método de autoaperfeiçoamento.

TERMO-CHAVE
- autoconhecimento

ENTENDENDO VOCÊ

Você é um tomador de riscos que aprecia viver no limite? Talvez seja um realizador que gosta de fazer as coisas acontecerem. Quem sabe sua compaixão e preocupação por outras pessoas o motivem.

Quem é você? Parece ser uma pergunta simples, mas não é. Como ser humano, você é uma mistura complexa. Apresenta atributos que não podem ser modificados, como idade, gênero e etnia. No entanto, tem outros que podem, como interesses, talentos e experiências. Quando perguntam sobre quem você é, sua resposta pode ser "Sou Ana, uma mulher de classe média de 17 anos". Para outros, pode dizer "Sou Ana, estudante universitária ásio-americana". Você pode se descrever de diferentes maneiras, incluindo aspectos físico, social, emocional e econômico.

Os profissionais de marketing fornecem produtos, ou ofertas de mercado, para atender às necessidades e desejos dos consumidores. Um produto pode englobar muitas coisas. Quando pensamos num produto, imaginamos um produto físico, tangível, como um notebook, ou um serviço, como o conserto de um carro. Também pode abranger pessoas, lugares e ideias. Para desenvolver uma estratégia de produto, o profissional de marketing deve ter clara compreensão do que está de fato sendo oferecido.

Assim como um profissional de marketing deve entender o produto para oferecê-lo mais eficazmente a um mercado, você deve compreender a si mesmo para vender sua imagem de forma mais assertiva. Ter **autoconhecimento** significa entender os vários fatores que modelam sua personalidade. O autoconhecimento pode ajudá-lo em muitas áreas da sua vida.

- Seus relacionamentos pessoais são melhores quando você reconhece sua própria personalidade. Por exemplo, você pode fazer amigos mais facilmente quando sabe que é mais confortável se reunir com uma pessoa de cada vez do que com um grupo.

■ Casos de marketing

Luiz Lopes, aluno no último ano da universidade, está inseguro sobre seu futuro. Ele foi à Central de Cursos da faculdade para uma avaliação. Como seus interesses, gostos e rejeições podem ajudá-lo a escolher um caminho na carreira?

- Autoconhecimento também é importante no trabalho. Na medida em que se prepara para uma educação adicional e para sua carreira futura, o autoconhecimento vai ajudá-lo a fazer escolhas que sejam compatíveis com sua personalidade, resultando em uma carreira mais satisfatória e melhores relacionamentos na empresa.
- Entender a si mesmo também vai ajudá-lo a se vender para seus empregadores. Você será capaz de negociar suas melhores qualidades e combiná-las com as necessidades do empregador.

Reconhecer os traços da sua personalidade e seus interesses são dois dos mais importantes passos no desenvolvimento do autoconhecimento.

Traços de personalidade

Alguns traços de personalidade são óbvios. As pessoas podem ver que você é gentil por suas expressões e maneiras, por exemplo. Outros traços podem não ser tão evidentes. Sua grande habilidade para resolver problemas talvez não esteja aparente até que possa se conhecer bem.

Sua personalidade são características – mentais, emocionais e sociais – que o tornam uma pessoa única. Sua personalidade é agradável? Ou depende de determinada situação? Se tem personalidade sociável e extrovertida, isto pode ser uma vantagem nas funções de vendas. Mas pode não funcionar tão bem na de programação de computador, que exige passar muitas horas trabalhando sozinho.

Não importa onde trabalhe, a personalidade gera diversidade. Se conhecer seus pontos fortes e fracos e souber respeitar essas características nos outros, será capaz de se entender com a maioria das pessoas e "vender-se" com mais confiança, tanto no trabalho quanto em qualquer outro ambiente.

Buscando conhecer-se Parte do amadurecimento é procurar saber quem você é. Conforme continue ou complete seus estudos e ingresse no mundo do trabalho, você será um funcionário mais valioso se tiver uma imagem precisa de si mesmo. Nenhum empregador gostaria de descobrir, após contratá-lo como professor do ensino médio, que prefere estar com adultos e não tem capacidade de liderança.

Os orientadores vocacionais têm uma diversidade de ferramentas que podem aplicar para ajudá-lo a testar suas capacidades e personalidade. Um instrumento comum utilizado para identificar os traços de personalidade é o "Myers-Briggs Type Indicator" (MBTI®), criado por duas norte-americanas, Katharine Briggs e Isabel Briggs Myers, com base no trabalho do psicólogo suíço Carl Jung. Depois de responder a um curto teste de múltipla escolha, seu tipo de personalidade definido por quatro letras, é determinado. Este instrumento é popular nas organizações que realizam testes de personalidade como parte do processo de contratação e para atividades de formação de grupos. A tabela na página 70 descreve dois tipos muito diferentes de personalidade no contexto do trabalho.

As qualidades testadas pelo MBTI® são as quatro diferenças vitais de personalidade: **I**ntroversão-**E**xtroversão, **I**ntuição-**S**ensorial, Emoção (**F**eeling)-Razão (**T**hinking) e **P**ercepção-**J**ulgamento. Esses termos são empregados pelo MBTI® de maneiras distintas daquelas que você poderia utilizar no dia a dia, de modo que se deve ter atenção redobrada às descrições antes de aplicá-las a si próprio ou a outro.

Seu tipo MBTI® será constante durante a maior parte da sua vida, mas você pode aprender outros tipos conforme as circunstâncias da sua vida mudam. Em cada um desses pares, todos nós temos uma preferência pela variável que nos é mais natural, mas também temos habilidade para utilizar a outra caso seja necessário. Há 16 tipos de personalidade definidos pela combinação desses quatro conjuntos de traços.

Introversão-Extroversão (I-E) Provavelmente você já ouviu pessoas se descreverem como introvertidas ou extrovertidas. Outras pessoas frequentemente nos definem usando esses traços de personalidade, que também podem ajudá-lo a definir como se comunicar e em que tipos de trabalho pode ser mais bem-sucedido.

Pelo MBTI®, os introvertidos não são necessariamente tão calmos e isolados que não gostem de se agrupar, e os extrovertidos nem sempre são barulhentos e alvos de atenção. Em vez disso, o MBTI® utiliza essas qualidades para descrever como você vai direcionar sua energia e sua atenção. Os introvertidos são energizados por ideias e seu mundo interior. Os extrovertidos encontram energia por meio das pessoas e dos eventos externos.

O TRABALHO COM O MBTI®

O MBTI® pode ajudá-lo a aprender aquilo que realmente faz a sua "marca" e em que tipos de situação de trabalho você é mais bem-sucedido. Depois de determinar seu tipo de personalidade, muitos bons livros sobre esses tópicos podem auxiliá-lo mais em seu entendimento. Extraída do livro *Do what your are*, de Bárbara Barron-Tieger e Paul Tieger, segue uma lista de exemplos de caminhos de trabalho sugeridos para dois tipos de personalidade:

INTJ (introvertido, intuitivo, racionalista, julgador)	ESFP (extrovertido, sensorial, emocional, perceptivo)
As pessoas deste tipo tendem a ser: autônomas, distantes e intelectuais; imaginativas, inovadoras e únicas; críticas, analíticas e lógicas; intelectualmente curiosas e orientadas para aprender e aumentar sua competência e seu conhecimento; precavidas e reservadas socialmente; organizadas e decididas.	As pessoas deste tipo tendem a ser: entusiasmadas, sociáveis, divertidas; impulsivas, curiosas e eloquentes; sensitivas, cuidadosas e gentis; sociáveis e imprevisíveis com um grande entusiasmo pela vida; ativas, responsáveis e altamente conhecedoras do mundo físico.
O aspecto mais importante para os INTJ é sua independência e capacidade para viver de acordo com seus próprios padrões.	A coisa mais importante para os ESFP é a facilidade de ser espontâneo, divertir-se e desfrutar da companhia de outras pessoas.
Advogado de direitos autorais Analista de notícias Engenheiro de projeto Pesquisador biomédico Especialista de integração em rede Desenvolvedor de software Psiquiatra Cardiologista Escritor Inventor Planejador de mídia Diretor financeiro Especialista em web Arquiteto Especialista em edição de aplicativos para computador	Professor de educação infantil Assistente de dentista Terapeuta físico Cuidador Especialista de relações públicas Técnico em radiologia Terapeuta ocupacional Agente de viagens/operador de turismo Promoter Ator Veterinário Coordenador de eventos especiais Biólogo marinho Vendas: equipamentos de esportes

Myers-Briggs Type Indicator e MBTI são marcas registradas da Consulting Psychologist Press.

Intuitivo-Sensorial (N-S) Este traço de personalidade explica como você aprende e recebe informações. Os sensoriais geralmente focam no aqui e no agora, em fatos e detalhes. Os intuitivos inclinam-se para as possibilidades e teorias futuras.

Emocional-Racional (F-T) Se você é emocional ou racionalista, este traço mostra como tomar decisões. Os emocionais tomam decisões com base em como elas afetariam outras pessoas. Os racionalistas são mais objetivos e podem parecer impessoais ao tomar decisões.

Perceptivo-Julgador (P-J) Esta diferença de personalidade revela como você aborda a vida. Os perceptivos são mais espontâneos e flexíveis. Os julgadores tendem a seguir regras e a se estruturar melhor.

Se estiver interessado em conhecer mais sobre si mesmo utilizando o MBTI®, um orientador vocacional pode lhe aplicar este teste. Ele também pode ajudá-lo no uso do MBTI® como uma ferramenta para encontrar uma profissão e melhor entender a si mesmo e os outros.

Interesses

Seus interesses são as atividades que lhe dão prazer. Sua preferência por atividades em grupo ou individuais, o que gosta ou não, atividades ativas ou passivas, habilidade de liderança e estilo de comunicação são todos refletidos por seus interesses.

> **VOCÊ SABIA?**
> Você pode pertencer à definição de determinado tipo de personalidade, mas a forma como age com esses tipos é totalmente individualizado. A seguir, alguns exemplos de quatro tipos de personalidade:
> ENTP: Thomas Edison, Tom Hanks.
> INFJ: Madre Teresa de Calcutá, Oprah Winfrey.
> ESFJ: Danny Glover, Nancy Kerrigan.
> ISTP: Tom Cruise, Clint Eastwood.

Para ilustrar, considere Rick, que trabalha como supervisor em uma construtora. Seu trabalho exige muitas vezes que ele trabalhe em um canteiro de obras, dê instruções a outras pessoas e coordene horários. Sua função exige que chegue cedo ao trabalho, normalmente às 7 horas da manhã. Quando o despertador toca, todas as manhãs às 5h30, Rick aperta o botão soneca. Ele está sempre cansado e receia passar outro dia no trabalho. Ele pode até ser desagradável com os outros e seus familiares, e costuma se queixar do trabalho, da sua casa e da vida.

Em seu tempo livre, Rick lê livros de aventura e conserta seu computador. Ele vê com satisfação os projetos de melhoria e ampliação que fez para sua casa. Prefere gastar seu tempo sozinho ou com a esposa e a filha. Planeja atividades com alguns amigos mais próximos, mas geralmente não se socializa em grupos maiores.

Com base nos interesses de Rick, você pode ver por que ele é infeliz em sua atual função. Ele não é uma pessoa madrugadora e prefere atividades mais solitárias. Embora suas capacidades em carpintaria possam tê-lo conduzido ao seu atual trabalho em construção, ele prefere aplicá-las em um trabalho manual – e não liderando uma equipe de trabalhadores. Mas o tempo e a energia que gasta em seu atual trabalho não precisam ser vistos como perda total: ele pode usar sua habilidade e experiência enquanto sua personalidade se adapta melhor em outra função. Rick pode ser mais feliz e bem-sucedido como designer de interiores, profissional que trabalha por conta própria ou subcontratado. Ele poderia trabalhar sozinho ou com grupos pequenos, desenhando ou pesquisando, ou encontrar-se às vezes com clientes ou sócios do negócio.

Seus interesses fornecem dicas para as atividades e ambientes que mais lhe agradam. É importante escolher uma carreira que siga esses interesses. Se gosta de trabalhar com crianças e aprecia esportes, pode considerar ser professor de educação física ou treinador, por exemplo. Se é automotivado e gosta de encontrar novas pessoas e viajar, considere a área de vendas. Se um trabalho em particular não lhe soa atraente, confie em seus instintos e evite tornar sua vida infeliz!

PONTO DE CHECAGEM
Quais sãos os dois passos importantes para seu autoconhecimento?

AUTOAPERFEIÇOAMENTO

Sua personalidade e interesses são muito importantes na escolha de um caminho na carreira. No entanto, isto não significa que não terá de desenvolver e melhorar outras capacidades necessárias no trabalho. Agora que possui mais autoconhecimento, pense em algumas áreas nas quais poderia se aperfeiçoar. Caso goste de trabalhar de forma independente, mas esteja interessado em uma carreira que exige mais colaboração, pode preferir mais atividades em grupo. Se tende a agir conforme suas emoções, esteja consciente disto quando trabalhar com pessoas mais objetivas e lógicas.

Não aceite sua aparente falta de entusiasmo pessoal. Em geral, a mudança não acontece da noite para o dia, por isto você precisa planejar sua estratégia de mudança. Os seguintes passos podem ajudá-lo a:

- Reconhecer e definir a característica a ser modificada. Seja específico.
- Estabelecer uma estratégia para essa mudança. Faça um plano de ação esboçando os passos que possibilitarão realizar essa mudança.
- Praticar ativamente essa estratégia. Quanto mais esforço colocar nela, provavelmente melhores serão os resultados.
- Avaliar seu sucesso. Se sua estratégia funciona, ótimo para você. Se tiver dificuldade, revise seu plano de ação e o ajuste conforme necessário.

Observe como Rick cuida do processo: ele decidiu que quer ser mais extrovertido e sociável e sabe que, mesmo se mudar de profissão, vai ter de trabalhar com outras pessoas. Ele identifica uma característica específica que quer mudar.

Para ser mais extrovertido e acessível, Rick decide conversar um pouco mais com seus colegas de trabalho e até almoçar com eles. Também planeja uma atividade por semana com alguém fora de seu círculo familiar. Este é seu plano de ação.

Rick passa a se sentar com seus colegas de trabalho durante o almoço, e ao longo do tempo se torna amigável com algumas pessoas. Ele fica sabendo que Tomas é casado e também tem uma filha, e o convida para jantar.

Rick está contente consigo mesmo pelo esforço em se socializar e se recompensa com um livro novo. Ele também percebe que, por estar geralmente envolvido em um trabalho, é mais difícil ser amigável, agradável, encontrar tempo para uma atividade adicional por semana. Ele decide ajustar seu plano de ação para uma atividade externa semana sim, semana não, e dormir todas as noites às 23 horas.

Conversar com outras pessoas sobre seu plano pode ser útil, especialmente se for do tipo que precisa de ajuda para seguir adiante. Você pode conseguir apoio daqueles com quem fala, o que o ajudará em seus esforços. Mas o mais importante é que trabalhe na mudança. Se decidir guardar seus planos de mudar para si mesmo, precisará se motivar e se elogiar pelas pequenas realizações durante o caminho. Você pode planejar pequenas recompensas, como um livro novo, um tempo extra dedicado a um passatempo ou um passeio ao shopping. Deve também parabenizar-se mentalmente a cada passo dado na nova direção.

Os psicólogos determinaram que a *ação consistente* dirigida à mudança demora cerca de 21 dias para se tornar uma parte permanente de sua vida. Registre seu progresso em um calendário e estabeleça semanalmente objetivos intermediários e recompensas para se manter motivado. Conforme for praticando a cada dia, marque no calendário para que possa visualizar de imediato quanto progrediu.

PONTO DE CHECAGEM
Apresente três coisas que você pode fazer para ajudar sua ação de autoaperfeiçoamento ser bem-sucedida.

3.1 AVALIAÇÃO

Pense criticamente

1. O que é autoconhecimento e por que é importante?
2. Compare e contraste extrovertido e introvertido.
3. Por que seria útil alguém que o conheça bem descrever sua personalidade?

4. Quais são algumas das áreas específicas da sua personalidade que gostaria de aperfeiçoar? Quais são os passos que você pode dar?

Faça conexões

5. **Resolvendo problema** Escolha um traço da sua personalidade que gostaria de mudar. Use o processo esquematizado no livro para desenvolver uma estratégia de mudança. Mantenha por duas semanas um registro diário do seu progresso. Em seu primeiro registro, indique o traço de personalidade que planeja mudar e explique a estratégia que pretende desenvolver. Em cada registro adicional, discuta que progresso fez, se houver. Em seu registro final, analise os resultados de sua estratégia. Você foi capaz de mudar o traço de personalidade? Quais partes da estratégia foram úteis e quais não foram?

6. **Pesquisa** Entreviste pessoas que trabalhem no setor do seu interesse. Pergunte a elas quais traços de personalidade ajudaram a moldar suas decisões de trabalho. Como esses traços influenciaram no seu sucesso? Como esses aspectos tornam seu trabalho um desafio? Como elas enfrentam esses desafios? Após essas entrevistas, pense em diferentes profissões no mesmo setor que poderiam se encaixar melhor em seu tipo de personalidade. Quais delas poderiam ser adequadas para outros tipos? Relate suas descobertas em uma apresentação oral em sala de aula.

LIÇÃO 3.2

Valores e objetivos

OBJETIVOS

Entender os valores que são importantes para você.
Reconhecer os benefícios de estabelecer objetivos.

TERMOS-CHAVE

- valores
- valores terminais
- valores instrumentais
- inclusão
- objetivos
- objetivos ABC

MAPEANDO SEU CAMINHO

Descreva sua vida daqui a cinco, dez e quinze anos. O que estará fazendo? Como estará vivendo? Estará satisfeito com sua vida? Se estiver tendo dificuldade em responder, talvez precise pensar em seus valores e objetivos. Valores referem-se à forma de viver sua vida – as coisas que lhe são importantes. Objetivos são o que você quer fazer com sua vida. Planejar seus objetivos com base em seus valores pode ajudá-lo a obter sucesso.

No marketing, nada é deixado ao acaso. Cada detalhe de um produto é planejado e documentado: a cor do pacote, o texto da etiqueta, a mídia que vai anunciá-lo, os clientes, o tamanho do produto nos anúncios, e muito mais. Os executivos de marketing mapeiam um caminho para o sucesso do produto, assim como você deve mapear um caminho para o sucesso da sua carreira.

■ Casos de marketing

Durante uma visita ao centro de orientação vocacional da sua escola, solicitaram a Martina que fizesse uma lista de seus valores e descrevesse seus objetivos para o futuro. Ela escreveu que sua mãe é a pessoa mais importante e um modelo em sua vida, que ela gosta da escola e quer trabalhar em um emprego que lhe dê satisfação. Como Martina pode ser mais específica sobre seus valores e objetivos? Como esses valores e objetivos podem conduzi-la na escolha da sua carreira?

O que você valoriza?

Seus **valores** são as coisas mais importantes para você. Eles influenciam suas escolhas e seu comportamento. Geralmente são influenciados pela sociedade ou cultura. Por exemplo, nos Estados Unidos, o *individualismo* tende a ser valorizado mais que o grupo, ao passo que, na maioria das nações asiáticas, o grupo sobressai ao indivíduo.

Os **valores** podem ser terminais ou instrumental. Os **valores terminais** são um fim em si mesmos. Referem-se ao estado de existência. Você pode valorizar uma vida confortável, por exemplo. Os **valores instrumentais** referem-se a comportamentos como honestidade ou perseverança, eles o ajudarão a obter os valores terminais. Se valoriza uma vida confortável, deve acreditar em trabalho duro e economia para obter esse conforto.

Alguns valores são comumente celebrados nos Estados Unidos. Muitos remetem diretamente à Declaração de Independência: "Nós consideramos essas verdades evidentes por si só, que todos os homens são criados iguais, dotados pelo Criador de certos direitos inalienáveis, que entre estes estão a Vida, a Liberdade e a busca pela Felicidade". Liberdade, individualismo, igualdade, educação e inclusão são valores-chave para os americanos.

Liberdade A liberdade é um valor sobre o qual foi fundado os Estados Unidos. A Primeira Emenda da Constituição concede várias liberdades, entre as quais de expressão, de religião, de imprensa e de reunião. Uma liberdade que você possui sendo americano é a de escolher o caminho da sua carreira.

Individualismo Os americanos veem-se primeiro como indivíduos e depois como membros do grupo (família, etnia, classe, trabalho). As primeiras dez emendas da Constituição norte-americana tratam dos direitos individuais, como o de portar armas, direito a julgamento pelo júri, de estar protegido de busca e apreensão injustificadas. Os indivíduos podem ter seus negócios e receber as recompensas, incluindo riqueza, se forem bem-sucedidos. Outro exemplo de individualismo é o direito de não ser assediado no ambiente de trabalho.

Igualdade Refere-se à igualdade de oportunidades. Todas as pessoas devem ter uma chance de prosperar de acordo com seus esforços. Esse princípio é a base do sonho americano, embora ao longo dos anos alguns grupos específicos nos Estados Unidos, como os das mulheres e dos negros, tenham tido que lutar pelos seus direitos. A igualdade no ambiente de trabalho significa, por exemplo, que os candidatos qualificados devem ter oportunidades iguais quando uma nova posição ou promoção for anunciada.

Alguns dizem que os Estados Unidos são uma "mistura", mas provavelmente uma descrição melhor seria "salada", já que as várias culturas presentes no país não se fundem em uma só. Em vez disso, cada cultura mantém sua singularidade, com diferentes culturas complementando umas às outras ao se integrarem à "salada" dos Estados Unidos.

Educação Os Estados Unidos dão uma grande prioridade à educação. Na maioria dos Estados é obrigatório que as crianças frequentem a escola até pelos menos 16 anos. *Todas* as crianças têm direito a uma educação adequada e gratuita.

O secretário da norte-americana Labor's Comission on Achieving Necessary Skills (SCANS) relatou: "As costas fortes, a disposição para trabalhar e um certificado de conclusão do ensino médio eram suficientes para começar a trabalhar nos Estados Unidos. Não é mais. Uma mente bem desenvolvida, a vontade incessante de aprender e a habilidade de exercer o conhecimento no trabalho são a chave para o futuro dos nossos jovens, o sucesso dos nossos negócios e o bem-estar econômico da nação." Os empregados precisam de mais do que apenas a vontade de trabalhar. Precisam de aptidão, da capacidade de aprender e usar o conhecimento.

Um alto percentual de estudantes dos Estados Unidos escolheu continuar os estudos após o ensino médio. A formação universitária é uma exigência para carreiras como Direito, Medicina e Docência. Algumas carreiras, como as da área de construção e varejo, podem não exigir especificamente uma formação avançada; contudo, salários e promoções podem ser afetados por um diploma.

COMUNICAÇÃO
Crie um folder que retrate e descreva os cinco valores mencionados neste capítulo: liberdade, individualismo, igualdade, educação e inclusão.

Inclusão envolve respeitar e valorizar a singularidade dos outros. Em vez de focar nas diferenças, as qualidades singulares são reconhecidas e apreciadas. No ambiente de trabalho, a inclusão frequentemente é associada à diversidade. Por exemplo, uma organização que valoriza a inclusão provavelmente vai criar uma cultura na qual pessoas com diferentes habilidades, perspectivas e culturas não apenas são consideradas para assumir as posições, mas, uma vez contratadas, são bem-vindas e valorizadas.

E no Brasil?
Os valores constantes da nossa Constituição Federal, de 1988, estão expressos assim: "[...] Estado Democrático, destinado a assegurar o exercício dos direitos sociais e individuais, a liberdade, a segurança, o bem-estar, o desenvolvimento, a igualdade e a justiça como valores supremos de uma sociedade fraterna, [...]".

O que há na internet?
Autoavaliações on-line podem ser um útil ponto de partida para compreender como suas habilidades e interesses apontam para escolhas de carreira. Depois de completar uma avaliação, faça uma resenha de uma página sobre ela. Anote qual site de avaliação acessou, a informação que ele forneceu sobre você e como pode usá-la para planejar sua busca de emprego.

O poder dos valores

Os valores podem dar poder às pessoas para ser responsáveis e respeitáveis. Caso valorize sua família, por exemplo, trabalhará para garantir sua segurança e bem-estar. Se valoriza a diversidade, terá a mente aberta em seus negócios em relação a outras pessoas. Quando você é responsável por suas ações, provavelmente será mais responsável com sua família, carreira e comunidade.

O instituto de pesquisa Louis Harris & Associates conduziu um estudo com alunos do primeiro ano do ensino superior intitulado "Geração 2001", a pedido da Northwestern Mutual Life Insurance Company, e descobriram que pais, família, religião, generosidade, honestidade e integridade eram valores importantes para este grupo.

- 90% do grupo concorda que ajudar outras pessoas é mais importante que se ajudar.
- Mais de 90% planeja eventualmente se casar e ter filhos.
- 89% tem fé em um poder superior.
- 73% prestou serviços voluntários em escolas, instituições beneficentes e igrejas.

À medida que avalia seus próprios valores, você reflete sobre o que realmente é importante para você. O que o faz feliz? O que lhe dá um sentido de propósito e significado? Seus valores são os príncipios que direcionam sua vida. Eles podem mudar um pouco, conforme sua vida muda, mas geralmente permanecem consistentes.

Atividade: priorizando valores

Leia a lista dos valores mais comuns apresentada a seguir, anote os valores que considera importantes. Em uma folha à parte, escreva os que determinou como importantes dispostos em três colunas, A, B e C. A coluna A deve incluir aqueles valores que lhe são absolutamente essenciais, sem os quais não poderia ter uma vida feliz. Já a coluna B deve incluir os valores importantes, que enriquecem sua vida e lhe dão significado. A coluna C deve incluir aqueles valores que são, de alguma maneira, fundamentais, mas não tanto como os da coluna B.

Amor	Compromisso	Eficiência	Flexibilidade
Ambição	Confiança	Empatia	Gratidão
Amizade	Consistência	Escolhas corretas	Harmonia espiritual
Apreço	Cooperação	Esforço	Honestidade
Aprendizado	Coragem	Esperança	Humildade
Autossuficiência	Cortesia	Ética	Humor
Benevolência	Curiosidade	Família	Iniciativa
Civilidade	Determinação	Fé	Integridade
Colaboração	Diversidade	Felicidade	Lealdade
Compaixão	Economia	Fidelidade	Liberdade

Oportunidade	Perseverança	Responsabilidade	Ser prestativo
Organização	Persistência	Saber ouvir	Serviço
Otimismo	Preocupação	Saber viver	Solução de problemas
Paciência	Realização	Senso comum	Tolerância
Patriotismo	Respeito	Ser inclusivo	Trabalhar duro

PONTO DE CHECAGEM
Como você acha que sua família classifica os seguintes valores – liberdade, individualismo, igualdade e educação – em ordem de importância? Como você os classifica? Explique sua resposta.

ESTABELECIMENTO DOS OBJETIVOS ABC

Entender os valores o ajuda a estabelecer seus **objetivos**, as coisas que você quer realizar. É mais fácil alcançar objetivos se forem significativos e importantes para você. Por exemplo, se estiver escrevendo uma redação sobre amizade, mas não a valoriza, terá dificuldades para terminar o texto. Se tiver amizades profundas que tenham um papel significativo em sua vida, provavelmente vai escrever um estudo bem estruturado e expressivo.

Quando pensa em sua educação e futura carreira, você tem uma direção? Você sabe qual tipo de universidade quer cursar? Possui um objetivo de carreira em mente? Sabe que nível de ensino é exigido para alcançar esse objetivo?

Objetivos não são simplesmente desejos. Você pode desejar viver para sempre ou passar em Química sem assistir às aulas ou fazer os trabalhos de casa. Esses desejos não são objetivos, pois você não pode fazer nada para que eles aconteçam.

Os objetivos devem ser classificados em: *pessoais* e *profissionais*. Os pessoais relacionam-se a você como indivíduo. Eles podem incluir aspectos como atitude, educação, família e saúde. Um objetivo pessoal pode ser: "Terei paciência ao lidar com minha irmã" ou "Conseguirei meu diploma de curso superior".

Já os objetivos profissionais relacionam-se com sua carreira. Considere este exemplo: "Conquistarei um emprego em publicidade que me permita ser criativo. Usarei minha criatividade para desenvolver anúncios 'que ganharão prêmios', antecipando uma posição como diretor de criação".

Estabelecer objetivos formais pode parecer uma tarefa árdua. Empregar os objetivos ABC pode

VOCÊ SABIA?
"Se você não sabe o que quer, provavelmente jamais conseguirá." Oliver Wendell Holmes teve a ideia correta sobre estabelecimento de objetivos.

WORKSHOP
Em pequenos grupos, discuta como os valores de muitas pessoas mudaram ou foram revistos depois da tragédia do 11 de setembro de 2001.

---

tornar o processo mais fácil e mais bem-sucedido. Os **objetivos ABC** são aqueles *acionáveis, limitados e atraentes (actionable, bounded, compeling)*.

- Objetivos **acionáveis** são os que podem ser alcançados. Eles se relacionam a comportamento, você pode estruturar um plano para alcançá-los. Os objetivos acionáveis são realísticos porque, conforme planeja uma forma de atingi-los, você valida sua habilidade para atingi-lo.
- Objetivos **limitados** são mensuráveis. São específicos o bastante para que você possa medir o progresso feito para alcançá-los. Você pode determinar um período de tempo para alcançar esses objetivos com base em seu plano de ação.
- Objetivos **atraentes** o forçam a agir. Eles devem ser verdadeiramente importantes para que você queira de fato trabalhar para atingi-los. Às vezes, outras pessoas, como pais, amigos ou professores, podem estabelecer metas para você. Mas elas devem representar coisas muito importantes, do contrário não se sentirá obrigado a atingi-las.

Mika tem como objetivo conseguir um A na prova de Economia. Este é um objetivo ABC? Vejamos.
- O objetivo é *acionável*? Sim. Mika pode preparar seu trabalho de casa e fazer as tarefas em classe a fim de alcançar seu objetivo. Quanto mais acertos ela tiver nos trabalhos e nas tarefas, mais será capaz de alcançar seu objetivo.
- É um objetivo *limitado*? Absolutamente – Mika pode verificar seu progresso ao falar semanalmente com seu professor sobre sua nota. Ela pode planejar, com antecipação, umas poucas semanas extras para fazer uma tarefa de pesquisa.
- É um objetivo *atraente*? Para Mika é: ela sempre gostou de Economia e tem uma tia que é professora desta matéria na universidade. Está interessada em estudar negócios e economia quando se formar e sabe que ser bem-sucedida nesta matéria será importante para ingressar em uma universidade de sua escolha.

Faça isso!

As empresas colocam suas estratégias de sucesso em um documento, e assim você deve proceder. Escreva seus objetivos, torne-os tangíveis e utilize uma ferramenta como o Canvas para visualizar suas ações. Não estabeleça objetivos muito altos, ou você pode se desencorajar ou se sentir desmotivado. No entanto, não os estabeleça muito baixos, pois não vai se obrigar a alcançá-los. Os objetivos devem exigir algum esforço de sua parte, porém, ao final, devem ser atingíveis.

CAPÍTULO 3 • DESENVOLVENDO SEU PRODUTO

Conexão da matemática com o marketing

O Americans with Disabilities Act de 1990 define deficiência como uma "limitação substancial na principal atividade vital." Em 2005, o Census Bureau dos Estados Unidos publicou um estudo sobre americanos com deficiência. O gráfico a seguir mostra o percentual da população de pessoas portadoras de deficiência em 2005 em cada faixa etária. A população dos EUA nessa época era de 291,1 milhões de pessoas*.

E no Brasil?
A Lei n. 13.146, de 6/7/2015, em seu Art. 2º, diz: "Considera-se pessoa com deficiência aquela que tem impedimento de longo prazo de natureza física, mental, intelectual ou sensorial, o qual, em interação com uma ou mais barreiras, pode obstruir sua participação plena e efetiva na sociedade em igualdade de condições com as demais pessoas."

Prevalência de deficiência por idade: 2005

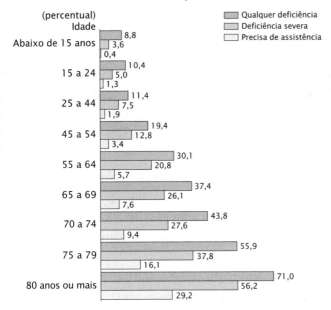

Fonte: U.S. Census Bureau, Survey of Income and Program Participation, junho a setembro de 2005.

---

* Para saber os dados nacionais, visite o site do Ministério dos Direitos Humanos: http://www.sdh.gov.br/assuntos/pessoa-com-deficiencia/dados-estatisticos/pesquisas-demograficas. (N.E.)

1. Em 2005, havia aproximadamente 42.300.000 americanos com idade entre 15 e 24 anos. Quantos americanos nessa faixa etária apresentavam uma deficiência severa?
2. Em 2005, 54,4 milhões de pessoas apresentaram algum tipo de deficiência. Qual é o percentual da população total que apresentava deficiência?

Solução
1. 42.300.000 × 0,053 = 2.241.900
2. 54.400.000 ÷ 291.100.000 = 0,187 = 18,7%

- **Determine seus objetivos ABC**. Escreva os objetivos que estabeleceu.
- **Desenvolva uma estratégia**. O plano para conseguir seu objetivo deve incluir os passos específicos de tarefas manejáveis. Mika não esperou apenas passar em economia. Ela usou o tempo de cada noite para ler seu trabalho de casa, programou o tempo para antecipar sua pesquisa e conversou com o professor todas as sextas-feiras.
- **Considere possíveis barreiras.** Quais obstáculos você poderia encontrar que tornariam mais difícil a realização de seus objetivos? Mika sabe que sua família vai viajar no fim de semana do feriado em novembro. Isso vai influenciar a forma do seu trabalho escolar?
- **Desenvolva alternativas.** O que você faria se ocorresse algum tipo de bloqueio? Mika decide falar com seu professor e começar as tarefas antecipadamente, de modo que possam estar prontas antes de sair de férias. Ela também pede ao professor que envie um e-mail caso haja alguma alteração nas tarefas ou na programação.
- **Faça isso**. Agora que anotou seus objetivos e estratégias, coloque-os em lugar visível e comece a agir. Talvez queira falar para algumas pessoas sobre seus objetivos, assim elas poderão cobrá-lo. Por exemplo, se tiver como objetivo ser pontual nas reuniões do conselho estudantil, conte a um amigo. Ele poderá ajudá-lo a se lembrar das reuniões.
- **Revise seus objetivos.** Revise seus objetivos e documente quais ações foram tomadas para atingi-los. Se passar mais de uma semana sem qualquer resultado tangível, reavalie seu objetivo, talvez ele não seja um objetivo ABC.

Os objetivos não são escritos de maneira rígida. Você os decide e pode alterá-los. Às vezes, os objetivos se modificam em razão de uma mudança de vida, como nascimento ou morte de um familiar ou amigo, ou perda de emprego. Eles também podem ser alterados como resultado da mudança de sua personalidade e interesses. Pense em algumas das coisas que quis realizar quando estava no ensino médio. Aqueles mesmos objetivos se aplicam agora?

PONTO DE CHECAGEM
Como entender que seus valores pessoais podem ajudá-lo a estabelecer boas metas?

3.2 AVALIAÇÃO

Pense criticamente

1. Como escrever seus objetivos pode ajudá-lo a atingi-los?
2. Dê três exemplos de objetivos limitados. Faça um círculo na parte de cada objetivo que o torna limitado.
3. Escreva um de seus objetivos. Faça uma lista e explique os valores que o fundamentam.
4. Você alguma vez experimentou uma situação em que sustentava seus objetivos, mas, no entanto, foi conflitante com seus valores? Por que a situação gerou um conflito? Como modificou a situação ou seus objetivos para fundamentar melhor seus valores?

Faça conexões

5. **Arte da linguagem** Obtenha um livro de citações na biblioteca da sua escola ou comunidade. Escreva, em fichas, suas citações favoritas sobre objetivos e valores (uma citação por ficha). Adicione algumas fichas em branco para qualquer citação adicional que possa encontrar. Perfure a parte superior das fichas e una-as com uma fita ou cordão para criar um inspirador quadro para seu armário ou escrivaninha.

6. **Estudos sociais** Encontre um artigo recente no jornal ou na internet sobre uma situação na qual os valores de uma pessoa ou grupo divergiram dos da sociedade, de uma organização ou ainda entre eles mesmos. Que valores foram comprometidos e como? Escreva seu próprio artigo reportando os fatos da situação ou uma carta ao editor respondendo ao artigo que encontrou e o conflito de valores nele descrito.

LIÇÃO 3.3

Características e benefícios

OBJETIVOS
Discutir o papel das características e benefícios do setor de marketing.
Explicar como você pode empregar essas características e benefícios para vender-se no posto de trabalho.

TERMOS-CHAVE
- benefícios
- competências no ambiente de trabalho
- capacidade
- capacidades básicas
- capacidades relacionadas ao trabalho
- características
- realizações
- venda de benefícios

CARACTERÍSTICAS E BENEFÍCIOS EM MARKETING

Quando os clientes realizam qualquer compra, eles consideram as características e os benefícios de um produto para determinar o que comprar. **Características** são os atributos do produto. A característica mais básica de um produto é seu uso planejado. O de um carro, por exemplo, é o transporte. As características físicas podem incluir cor, sistema estéreo, *airbags*, ar-condicionado e preço. Talvez seu avô contrate um serviço de limpeza ocasionalmente. O uso planejado do serviço de limpeza é limpar a casa do seu avô. As características de um serviço de limpeza podem incluir três pessoas para limpar, produtos de limpeza e um aspirador a vácuo.

■ Casos de marketing

O orientador vocacional de Martina pediu a ela que fizesse uma lista de suas capacidades e realizações. Ela escreveu que se relaciona bem com outras pessoas, sabe usar um computador e tem experiência em fábrica, além de boas habilidades ao telefone. Como ela pode demonstrar essas capacidades? Martina citou alguma realização?

Benefícios são as vantagens que um cliente obtém ao comprar um produto. Os benefícios respondem à questão "O que isso significa para mim?". As pessoas geralmente fazem compras com base nos benefícios. Por exemplo, Ana Maria pode precisar de um carro para seu transporte, de modo que ela *poderia* comprar qualquer modelo que funcione. Ela decide adquirir um modelo que tenha baixo consumo de combustível, pois deseja um carro econômico. O benefício oferecido pelo carro de sua escolha é a economia. Ela poderá economizar ao dirigi-lo, porque calculou que pode economizar com o baixo consumo da gasolina. Os benefícios do serviço de limpeza da casa do avô podem ser uma casa limpa, serviço rápido e completo e um vovô feliz.

WORKSHOP
Pense a respeito do que é preciso para ser um bom funcionário. Faça um *brainstorm* sobre as habilidades que os bons funcionários possuem. Partilhe a sua lista com seus colegas.

Os profissionais de marketing desenvolvem mensagens promocionais que visam persuadir os consumidores a pensar positivamente sobre um produto. Eles fazem isso por meio de fatores como a embalagem do produto e as características e benefícios específicos que satisfazem às necessidades do cliente. Entender as necessidades de um cliente ajuda os profissionais de marketing a estabelecer as características que poderiam ser incluídas em um produto. Também os auxilia na determinação de quais benefícios o cliente está realmente comprando.

Vendendo os benefícios Você já sabe que os consumidores não compram apenas produtos. Compram o que os produtos podem *fazer* por eles. O serviço de limpeza do seu avô significa que ele pode passar o dia com você, em vez de limpar a casa. Quando um profissional de marketing promove produtos considerando as necessidades e desejos do cliente, ele pratica o que é conhecido como **venda de benefícios**.

Em sua busca por um emprego, você estará "vendendo" suas características (habilidades), benefícios e realizações. Compreender as necessidades e desejos dos empregadores vai ajudá-lo a fazer que essas características, benefícios e realizações correspondam às necessidades deles.

PONTO DE CHECAGEM
Explique a diferença entre características e benefícios.

CAPACIDADES, REALIZAÇÕES E BENEFÍCIOS

Quando os empregadores contratam funcionários, eles fazem uma compra (pagam salário) para obter as capacidades que as pessoas têm a oferecer. As capacidades dos trabalhadores são as suas *características*. Quando as características são bem utilizadas, os resultados são conhecidos como **realizações**. Os empregadores gostam de conhecer pessoas que usaram suas capacidades com sucesso no passado. E, uma vez que os empregadores estão tentando satisfazer suas necessidades e desejos, eles contratam pessoas cujas características e realizações vão fornecer *benefícios* à organização.

João está interessado em uma vaga de relações públicas. Ele tem nível superior em Inglês, boa capacidade de escrita e de gramática, e forte competência de organização. Essas são suas características. No ano passado, ele fez estágio em um jornal da comunidade e organizou o piquenique da empresa, que foi um grande sucesso. Ele também iniciou uma coluna semanal para adolescentes. O bem-sucedido piquenique e a coluna de notícias para adolescentes são as realizações de João. Quando ele fizer uma entrevista para o emprego de relações públicas vai unir suas capacidades e realizações às necessidades e aos desejos da empresa para mostrar os benefícios que pode oferecer.

Conheça suas capacidades

Muitos anúncios de emprego incluem uma lista de capacidades que os candidatos devem apresentar. **Capacidade** é uma proficiência ou habilidade desenvolvida mediante treinamento ou experiência. Para determinar as posições para as quais está mais capacitado, você precisa reconhecer as capacidades que possui e entender quais delas são valorizadas pelos empregadores. São três os tipos de capacidade:

- **Capacidades básicas** são aquelas importantes para a vida, não apenas para o trabalho. Essas capacidades incluem ler, escrever, saber falar, conhecer matemática básica, resolver problemas, ter pensamento criativo e possuir autoadministração. Muitas pessoas não dão a devida importância a essas capacidades, mas elas são cruciais para o sucesso na vida.

- **Competências no ambiente de trabalho** são aquelas que os trabalhadores eficazes possuem e a maioria dos empregadores deseja. As competências no trabalho incluem trabalho em grupo, capacidade de comunicação (oral, escrita e eletrônica), gerenciamento de tempo, capacidade para resolver problemas, habilidade para fazer parte de uma equipe, atitude, adaptabilidade e habilidade para trabalhar em um ambiente diversificado. Capacidades como trabalho em grupo e comunicação são tão importantes em uma pequena companhia *quanto* nas 500 maiores empresas citadas pela revista *Fortune*.

- **Capacidades relacionadas ao trabalho** são as específicas de uma função, ocupação ou setor. Você pode ser treinado para manter os saldos nos livros contábeis, escrever comunicados de imprensa, fazer pesquisa de propaganda, calcular lucros, entre outras. Em cada tarefa que desempenhar, você vai aprender alguma capacidade relacionada ao trabalho. Você deve valorizar essas capacidades porque são um *benefício* para você. Ao deixar o trabalho, essas habilidades vão acompanhá-lo.

Os empregadores querem contratar a pessoa certa para o trabalho. Eles tentam combinar capacidades relacionadas com o trabalho e suas necessidades específicas, suas competências no ambiente de trabalho e a construção de capacidades com suas necessidades gerais e sua personalidade com o clima organizacional.

Diversidade no mercado de trabalho

A economia multicultural

O *poder de compra* ou a *renda disponível* refere-se à renda que um indivíduo ou grupo possui para gastar em bens e serviços após pagar os impostos. Se você fosse um profissional de marketing, como usaria as estatísticas abaixo sobre mudanças previstas no poder de compra entre os anos de 2007-2012?

- Os mercados afro-americanos, ásio-americanos, nativo-americanos e hispânicos vão crescer mais rápido do que os direcionados a caucasianos.
- A população de afro-americanos vai crescer 6,7%, e seu poder de compra aumentar 34,2%.
- O poder de compra de ásio-americanos vai aumentar 45,9%. Em 2012, 16,2 milhões de americanos vão declarar ascendência asiática.
- A população nativo-americana vai crescer 8,2%, e seu poder de compra aumentar 35,6%.
- A população hispânica vai crescer 15,3%, e seu poder de compra aumentar 46,3%.

Fonte: "The Multicultural Economy, 2007." Selig Center for Economic Growth, Terry College of Business, The University of Georgia. Reproduzido com permissão.

Construção de carreira

Você é empregável?
Extraído de *Career Building:* Your Total Handbook for Finding a Job and Making it Work, dos editores de CareerBuilder.com
Copyright 2009 CareerBuilder, LCC. Reproduzido com permissão.

Eis o ponto principal: você precisa ter um emprego, precisa trabalhar e, algum dia, provavelmente terá que mudar de emprego.

Para algumas pessoas, a frase "Se não está quebrado, não conserte" é um princípio básico. E se você já encontrou um emprego, certamente conseguirá encontrar outro. Você sabe tudo que precisa saber sobre procurar emprego, certo?

Se acha que a busca por emprego não está rendendo nada a não ser dores de cabeça e estresse, talvez seja hora de se atualizar. Faça as seguintes perguntas a si mesmo:

O meu currículo é bem específico?
Só porque você está se candidatando a vários empregos não deve presumir que o mesmo currículo é adequado a todas as posições. Cada colocação de emprego irá enfatizar diferentes qualidades sobre outras, logo, reescreva seu currículo para destacar a experiência e as habilidades que correspondem a cada empregador em particular. Seu currículo vai provar não apenas que você é qualificado para a vaga, mas que também presta atenção em detalhes.

Eu tenho networking?
Vamos sempre repetir: networking é essencial. Pense o seguinte: você é somente um, e há milhares de ofertas de emprego. Quanto mais pessoas souberem que você está em busca de emprego, maiores as chances de encontrar um. Nunca se sabe quem pode estar ciente de uma vaga disponível. O networking também pode colocá-lo direta ou indiretamente em contato com o gerente de contratação, concedendo-lhe uma vantagem sobre os outros candidatos.

Eu tenho informações sobre as empresas às quais estou me candidatando?
As frases "Diga-me o que você sabe sobre a empresa" ou "Por que você se enquadraria bem aqui?" têm se tornado perguntas básicas em entrevistas; então, não seja pego de surpresa. Encolher os ombros e dizer "Não sei" não vai contar pontos a seu

favor. Acesse o website da empresa e leia matérias de imprensa e artigos de jornais para saber o que está acontecendo com seu possível futuro empregador. Além disso, quando for se preparar para a entrevista, saiba se a empresa e sua cultura são adequados aos seus desejos.

Estou direcionando minha busca de emprego?
Enviar vários currículos é a chave para encontrar um emprego, mas você também precisa ser seletivo com os empregos aos quais se candidata. Embora não seja essencial possuir todas as habilidades listadas no anúncio de emprego, você deve pelo menos ser qualificado para a vaga e provar que tem habilidades transferíveis. Um currículo direcionado vai ajudar a provar que você é um sério candidato e possui as qualificações certas para a posição. Se você está perdendo seu tempo candidatando-se a empregos para os quais não é qualificado, está gastando um tempo valioso, que poderia ser dedicado a uma posição mais adequada. Se reconhecer onde estão seus pontos fortes e que habilidades transferíveis possui, você terá melhores resultados do que se candidatar a qualquer vaga que apareça.

Alguém mais avaliou meu currículo e minha entrevista?
Um feedback é essencial na busca por emprego. Peça a mais alguém para ler seu currículo e revisá-lo, como se se ele fosse um possível empregador. Amigos ou colegas podem fornecer pontos de vista objetivos para ajudá-lo a revisar seu currículo.

As habilidades na entrevista precisam receber a mesma atenção. Suas respostas são sucintas ou curtas demais? Meticulosas ou incoerentes? O que você acha que está dizendo não é necessariamente o que os outros ouvem? Então, descubra isso agora, e não na hora da entrevista. Se acha que um colega ou amigo não pode oferecer um feedback construtivo, marque uma reunião com um *coach* especializado em entrevistas.

Como estou me apresentando?
Os empregadores avaliam sua apresentação antes mesmo de recebê-lo para a entrevista. Seus e-mails e conversas por telefone com os gerentes de contratação também devem mandar uma mensagem profissional. Não mande e-mails escritos em caixa alta ou com três pontos de exclamação no final – é uma péssima "netiqueta" na própria troca de e-mails pessoais, e ainda pior em e-mails profissionais. Use a mesma lógica na mensagem de voz da sua caixa de mensagens. Não tente ser engraçado tocando 30 segundos da sua música favorita ou falando com a boca cheia de comida. É possível que os gerentes de contratação desliguem, em vez de

> pedir que você retorne a ligação. Grave uma saudação normal, casual, ou use uma das opções padrão da sua operadora.
>
> Se um recrutador ligar para você, não tente manter uma conversa com a televisão fazendo barulho no fundo ou com seu filho gritando no seu colo. Se lhe perguntarem se é uma boa hora para falar, seja honesto e diga que está ocupado no momento. Depois, pergunte se o recrutador pode ligar de volta em 15 minutos ou encontrar outro dia conveniente para ambos. Você estará preparado para responder a todas as perguntas do recrutador e não haverá distrações.
>
> Sua meta é encontrar um emprego melhor do que seu atual, certo? Então você deve fazer uma pesquisa melhor desta vez. Dedique bastante esforço nisso e você verá o resultado.

Reconheça suas realizações

Além de um forte conhecimento das suas capacidades (características), você precisa convencer determinado empregador de que pode ser um funcionário "eficaz". Uma lista de capacidades provavelmente não será suficiente para fazê-lo se sobressair entre outros potenciais candidatos. Você precisa mostrar que pode adicionar valor à organização. Uma forma de fazer isto é enfatizar suas realizações.

Como você aprendeu antes nesta lição, uma *realização* é algo que tenha sido completado com sucesso. Quando coloca suas capacidades em ação, o resultado bem-sucedido é uma realização. O que tem realizado com as capacidades que possui? Ao invés de dizer: "Tenho grande capacidade de organização", Juan pode falar de suas capacidades organizacionais por meio de algo que ele tenha *realizado*. Ele poderia dizer: "Planejei e organizei o piquenique dos funcionários durante meu estágio. Isso envolveu coordenar os horários de 35 trabalhadores, e tivemos uma taxa de 85% de apoio ao piquenique."

Promover os benefícios

Você também pode mostrar seu valor potencial a um empregador ao destacar os benefícios que pode trazer à organização. Relatar um benefício mostra como suas realizações auxiliarão especificamente certo empregador. Um empregador sabe que Juan tem determinada capacidade, e pode estar se perguntando sobre como isso pode beneficiar a organização, então, Juan pode valorizá-la: "Minha habilidade de organizar e coordenar significa que posso contribuir eficientemente para seus eventos de relações públicas e trabalhar como membro da equipe de um projeto".

Pôr em prática suas capacidades, realizações e benefícios vai ajudá-lo a entender melhor suas habilidades e verificar como um empregador pode avaliar seu potencial para o sucesso. Essa informação, juntamente com a consideração de seus valores e objetivos, vão auxiliá-lo a considerar opções de carreiras, desenvolver currículos e cartas de apresentação eficazes, assim como a prepará-lo para entrevistas bem-sucedidas.

PONTO DE CHECAGEM
Como promover suas realizações e benefícios?

3.3 AVALIAÇÃO

Pense criticamente

1. Explicar a venda de benefício. Como isto pode ser útil no processo de busca de trabalho?
2. Compare e contraste as competências no ambiente de trabalho e as capacidades relacionadas a ele.
3. Por que os empregadores querem funcionários que tenham capacidades básicas?
4. O que você acredita ser mais importante para os empregadores: realizações ou experiência?
5. Quais são as três características e os três benefícios que o descrevem como um produto?

Faça conexões

6. **Comunicação** Localize um anúncio que empregue uma estratégia de venda de benefício. Prepare uma apresentação de cinco minutos para mostrar os resultados aos outros alunos.
7. **Estudos sociais** Muitos dos trabalhos têm um aspecto de marketing, mesmo que não estejam na área de marketing. Converse com cinco pessoas da sua família e vizinhos que não estejam trabalhando com marketing. Algumas das responsabilidades do seu trabalho incluem aspectos de marketing? Faça uma apresentação oral para relatar suas descobertas a seus colegas de classe.
8. **Treinamento em administração** Localize na Internet a declaração de missão/visão de uma empresa que lhe interesse. Dobre uma folha de papel ao meio, na vertical. Na coluna do lado esquerdo, escreva Valores e liste os encontrados na declaração. Na da direita, escreva Exemplos e liste alguns de como um candidato a trabalho poderia demonstrar ao entrevistador como atua sobre esses valores.

Capítulo 3. Avaliação

Vocabulário
Escolha o termo que melhor se encaixe na definição. No espaço indicado, coloque a letra que corresponde à resposta. É possível que alguns termos não sejam aplicados.

_____ 1. Respeitar e valorizar a singularidade das pessoas.
_____ 2. Coisas que você quer realizar.
_____ 3. As vantagens que um cliente obtém na compra de um produto.
_____ 4. Quando um profissional de marketing promove produtos considerando as necessidades e os desejos do cliente.
_____ 5. Algo que tenha sido completado com sucesso.
_____ 6. Capacidades de trabalhadores eficazes, tais como trabalho em equipe e comunicação.
_____ 7. A proficiência ou habilidade desenvolvida por meio de treinamento e experiência.
_____ 8. As características de um produto.
_____ 9. Os fatores mais importantes para você.
_____ 10. Entender os vários fatores que modelam a sua personalidade.
_____ 11. Valores que são um fim em si mesmos.

a. realização
b. benefícios
c. venda de benefício
d. características
e. objetivos
f. inclusão
g. autoconhecimento
h. capacidade
i. valores terminais
j. valores
k. competências no ambiente de trabalho

Revisão de conceitos

12. Faça duas listas, cada uma com cinco opções de carreira que um extrovertido e um introvertido poderiam considerar.
13. Por que pode ser valioso saber o que as outras pessoas pensam de suas capacidades?
14. O que são os objetivos ABC?
15. Descreva brevemente os cinco valores discutidos nesta lição.
16. Explique como objetivos diferem de desejos.
17. Identifique algumas razões pelas quais os objetivos poderiam mudar.
18. O que são características? Como elas se relacionam com capacidades?
19. Descreva a venda de benefício no desenvolvimento da sua carreira.

Aplique o que aprendeu

20. Por que as organizações aplicam testes de personalidade aos funcionários potenciais?
21. Como o autoconhecimento pode ajudar as pessoas a planejar uma estratégia de carreira?
22. Como um entendimento de valores pode ajudá-lo a estabelecer objetivos?
23. Pense em um emprego ou uma carreira que pode lhe interessar. Quais são as habilidades básicas, competências e capacidades relativas ao emprego necessárias para esse trabalho?
24. Melissa sabe que está capacitada para lidar com computadores. Ela trabalhou com seu professor de Ciências no desenvolvimento de um programa para acompanhar os projetos de ciências, incluindo nome do aluno, ano finalizado e descrição do projeto. Utilize a venda de benefício para escrever um relato sobre realização/benefício de Melissa.
25. Sérgio sempre parece estar atrasado. Estudante do penúltimo ano, ele geralmente está alguns minutos atrasado para as aulas da manhã e também em seu trabalho de meio período, depois da escola. Ele reconhece que precisa mudar esse comportamento. Dê um exemplo de plano de ação para Sérgio.
26. Rosa é uma das estudantes mais ativas da sua classe do último ano de faculdade. Amigável e extrovertida, ela é presidente do conselho de estudantes, coordenadora do grupo voluntário de estudantes e também é professora de idiomas. Ela gosta de trabalhar com outras pessoas e sempre está pronta para ajudar os outros com projetos e dar conselhos. Quais são as funções que poderiam se adaptar à personalidade e aos interesses de Rosa?

Faça conexões

27. **Comunicação.** Crie uma apresentação num flip chart ou no PowerPoint® descrevendo sua estratégia de mudança para autoaperfeiçoamento de uma característica que gostaria de mudar.
28. **Arte/design.** Faça um desenho ou folder, móbile ou escultura que represente seus interesses, valores e metas. Use materiais variados. Compartilhe sua obra-prima com a classe.
29. **Língua e literatura/artes plásticas.** Escolha um determinado valor dos valores do fim da lista para explorá-lo mais profundamente. Escreva suas próprias histórias de valores com base em sua compreensão do valor que escolheu. Faça um painel usando uma foto de alguém que você conhece e num texto descreva como essa pessoa vive de acordo com o valor.

30. **Comunicação.** Douglas, um representante de vendas de softwares, fez recentemente o teste MBTI e descobriu que é um INFJ, de acordo com o MBTI®. Ele está preocupado em ter um tipo de personalidade introvertida porque vê a si mesmo como alguém que sabe lidar com as pessoas. Além disso, seu recorde de vendas é excelente. Quais outras qualidades de um INFJ completariam a personalidade de Douglas e aumentariam seu sucesso com vendas? Trabalhe com um parceiro para criar uma lista de cinco qualidades. Apresente suas ideias para a classe.
31. **Tecnologia e comunicação.** Busque na internet uma empresa na qual esteja interessado em trabalhar e que disponibilize opiniões dos funcionários a seu respeito. Você encontrou algum comentário negativo? Se for chamado para uma entrevista, tente esclarecer este comentário negativo que leu de uma maneira positiva. Faça uma pergunta genérica sobre o assunto (sem perguntar diretamente se a informação é verdadeira). Por exemplo, se encontrar um comentário afirmando que a política de aumentos é injusta e aleatória, você pode perguntar sobre o calendário e a política de revisão de salário da empresa. Localize dois comentários negativos no website e redija para cada um deles uma pergunta positiva que você possa fazer para o entrevistador a fim de obter mais informações.

Tomada de decisão da equipe de marketing de esporte e entretenimento

Você e seu parceiro receberam o desafio de conceber uma estratégia promocional para uma feira estadual que vem enfrentando um declínio de público nos últimos cinco anos.

A diminuição de público foi atribuída ao preço da entrada, entretenimento e à concorrência de eventos similares. Você é responsável por criar um tema para a feira. Sua responsabilidade também inclui definir uma ampla gama de entretenimento para cada dia da feira e criar promoções excepcionais para atrair mercados-alvo especiais (por exemplo, idosos, crianças e *baby boomers*) para diferentes dias da feira.

Você tem 30 minutos para elaborar seus planos para a feira estadual utilizando uma estratégia de gestão da tomada de decisão. Certifique-se de resumir sua estratégia, porque você terá apenas 10 minutos para apresentar a informação.

Seu avaliador terá cinco minutos para fazer perguntas sobre seu plano de ação.

Habilidades para o sucesso no trabalho

Seja um ouvinte eficaz
Quando você está na escola ou universidade, como ocupa a maior parte do seu tempo? Embora nem ao menos perceba isso, provavelmente você gasta a maior parte do seu tempo ouvindo. Você ouve nas aulas, nos corredores entre as aulas ou durante algum evento no auditório patrocinado pela escola. Ouvir não é algo frequentemente ensinado nas escolas, mas se você presumir que ouvir é algo automático, pode estar subestimando essa prática.

Escutar *versus* Ouvir
Embora algumas pessoas utilizem essas palavras de forma intercambiável, escutar não é a mesma coisa que ouvir. Escutar pode ser uma atividade passiva. É um processo psicológico no qual seu cérebro interpreta o som refletido pelo seu tímpano. Ouvir envolve mais do que apenas escutar. É um processo que engloba receber, prestar atenção, interpretar e responder. Este processo frequentemente é chamado de escuta ativa.

Preparando-se para ouvir
Ouvir é uma atividade complexa, que exige preparo. Você precisa preparar tanto seu corpo quanto sua mente. Enquanto se prepara para ouvir, minimize as distrações que podem impedi-lo de prestar atenção no falante.

Prestando atenção
Em vez de aceitar passivamente a informação, aja como um ouvinte ativo. Concentre-se no presente, em vez de pensar no que poderia responder. Olhe para o falante. Não escute apenas as palavras ditas, mas também observe os sinais da comunicação não verbal. Se estiver falando ou pensando no que dizer na sequência, não estará ouvindo efetivamente.

Interpretando
Ouvir envolve mais do que apenas seu senso de escuta. Com frequência engloba a visão, assim como a comunicação não verbal. Você interpreta atribuindo significado ao que ouve. Por exemplo, quando ouve um professor dizer "O que você acha?" no final de uma aula, fazendo contato visual, sorrindo, e aumentando sua voz perto do final da frase, você pode interpretar que o professor está interessado em saber o que você pensa da aula. Por outro lado, se o professor repetir a mesma frase, virando os olhos e diminuindo a voz perto do final da frase, você pode interpretar isso como sarcasmo, em vez de uma pergunta autêntica.

Respondendo e refletindo
Contemple a mensagem por meio da reflexão. Refletir às vezes indica uma paráfrase da mensagem. Sua reação à mensagem é a sua resposta. Você pode responder de forma não verbal, por exemplo, batendo palmas ao final de uma boa apresentação. Ou verbalmente, fazendo uma pergunta na sequência.

Desenvolva sua habilidade
Ouvir pode ser melhorado com a prática. Assista e ouça a transmissão do noticiário noturno. Antes de começar, prepare-se para ouvir, estando física e mentalmente presente, retirando também todas as distrações do local. Enquanto está ouvindo, não atenda o telefone, ouça música nem digite mensagens para os amigos.

Depois de ouvir o noticiário, anote uma empresa mencionada e liste três pontos que ouviu a seu respeito durante a transmissão. Para checar a informação que ouviu, visite o website do noticiário e observe ou leia a reportagem. Você listou a informação corretamente?

CAPÍTULO 4

Promoção do produto: apresentação pessoal

4.1 Uma atitude positiva
4.2 Comportamento profissional
4.3 Primeiras impressões

Carreiras em marketing

Apple Inc.

Depois de estourar na cena da informática com o Macintosh, a Apple continuou desenvolvendo e comercializando opções tecnológicas inovadoras. Os produtos iPod e iTunes revolucionaram a indústria da música, e o iPhone causou furor no mercado de telefonia celular.

Na Apple, o gerente de marketing de produto envolve-se em pesquisa de marketing, design de produto, vendas e até mesmo nas finanças, apoiando a meta da Apple de fornecer a melhor experiência possível ao consumidor. Na indústria de tecnologia, que evolui rapidamente, o gerente de marketing de produto deve ser flexível, adaptável e aberto a mudanças.

A Apple busca candidatos que possam inspirar as pessoas e construir equipes fortes. A empresa procura pessoas criativas, inovadoras, com foco no cliente, uma excelente formação educacional como *background*, ótima comunicação, capacidade de liderança e de tomada de decisões, com foco na construção de uma marca de excelência mundial.

Pense criticamente

1. Sabendo que a Apple está interessada em candidatos com as habilidades e qualidades descritas acima, como um candidato poderia causar uma ótima primeira impressão?
2. Por que qualidades como flexibilidade e adaptabilidade são importantes neste segmento?

Projeto de portfólio

Apresentando-se

Objetivos do projeto
A abertura do seu portfólio deve ser uma carta de apresentação. Esta carta o apresenta e o seu trabalho às pessoas que vão examinar seu portfólio. Sua carta deve ser tanto pessoal quanto informativa. Neste projeto, você vai:
- Determinar suas características, capacidades e objetivos que interessarão aos empregadores.
- Identificar amostras de trabalhos que melhor reflitam suas habilidades e sua experiência.
- Escrever uma carta de apresentação clara, concisa e sem erros; e aprenderá como atualizá-la à medida que seu portfólio se amplie.

Preparação inicial
Leia o Processo do projeto a seguir.
- Revise as planilhas que montou no Capítulo 3, enfocando seus interesses, capacidades e realizações.
- Reúna quaisquer exemplos de trabalhos que tenha adquirido.

Processo do projeto
Parte 1 Lição 4.1 Analise suas planilhas de trabalho e revise suas informações. Quais interesses, capacidades e realizações podem ser mais benéficos para seus possíveis empregadores?
Parte 2 Lição 4.2 Revise as realizações que listou em seu portfólio. Quais itens demonstram melhor uma atitude positiva e refletem o respeito que você tem por seu trabalho? Quais itens produzirão uma primeira impressão favorável nos potenciais empregadores? Escolha um exemplo de trabalho para destacar em sua carta de apresentação.
Parte 3 Lição 4.3 Estude um exemplo de carta de apresentação. (Na internet você encontra vários modelos.) Escreva sua própria carta, incluindo uma descrição pessoal (seus objetivos pessoais e profissionais, pontos fortes e fracos e realizações importantes), uma justificativa para o trabalho que escolheu destacar e uma interpretação de como seu portfólio reflete exatamente seus interesses, capacidades e realizações.

Finalizando
Você vai escrever várias versões da sua carta de apresentação conforme for ampliando seu portfólio. Você pode decidir destacar outro exemplo de trabalho, seus objetivos de carreira

podem mudar, ou você pode precisar alterar a interpretação do seu portfólio assim que adicionar ou eliminar um conteúdo. Lembre-se sempre de conferir três vezes sua carta no que diz respeito à ortografia, gramática e pontuação.

LIÇÃO 4.1

Uma atitude positiva

OBJETIVOS
Explicar a importância de uma atitude positiva.
Descrever o papel que a autoconfiança representa no mercado de trabalho.

TERMOS-CHAVE
- arrogância
- atitude
- autoestima
- autoconfiança
- marketing social

EMBALAGEM: MANTER SUA ATITUDE POSITIVA

A maior parte das pessoas pode, em um momento ou outro, ter comprado um produto, necessário ou não, com base na aparência da embalagem. A embalagem não somente envolve e protege o produto; ela também o promove para os potenciais compradores. Os profissionais de marketing levam a embalagem muito a sério, pois ela pode fornecer uma vantagem competitiva ao diferenciar um produto específico de outro semelhante. A embalagem afeta as atitudes e opiniões dos compradores sobre um produto, o que significa que também pode afetar suas decisões de compra.

Você já voltou várias vezes a um determinado caixa de supermercado porque o operador foi mais simpático e prestativo do que os outros? Independentemente se ele o conhecia ou não, essa "embalagem" de simpatia o atraiu. Como todas as pessoas, você projeta sua atitude e aparência externamente. Sua atitude e aparência podem ser consideradas sua embalagem. Essas características afetam a forma como os outros o veem.

O modo como você se "embala", ou se apresenta, para os potenciais empregadores e outros entrevistadores pode influenciar a capacidade deles de diferenciá-lo de outros candidatos, o que pode afetar sua decisão sobre selecioná-lo.

> ### ■ Casos de marketing
> Celina Ambrose conseguiu trabalho em uma linha de montagem. Ela percebe que muitos dos funcionários se queixam do trabalho, dos supervisores e da empresa. Algumas das reclamações são legítimas, mas muitas não são. O que Celina pode fazer para manter uma atitude positiva no local de trabalho?

"Percepção é realidade" é um ditado comum em marketing. A maneira como um cliente percebe um produto, mesmo que seja incorreta, pode influenciar sua decisão de comprá-lo ou não. De acordo com pesquisas, em menos de um segundo as pessoas reagem positiva ou negativamente àquilo com que se deparam. Elas podem não estar sempre conscientes disso. Campanhas promocionais são desenvolvidas para que a mensagem apropriada chegue ao consumidor de maneira adequada, podendo assim influenciar atitudes, que por sua vez influenciam o comportamento.

De maneira similar, o modo como outras pessoas *o* percebem determina como elas reagem a você. A percepção delas sobre você é moldada em parte por *sua* atitude. Sua **atitude** é o que você pensa ou sente sobre alguma coisa. Você pode manter sua própria embalagem positiva no local de trabalho quando:
- Souber como a atitude influencia o comportamento.
- Controlar suas atitudes negativas.
- Desenvolver uma atitude positiva.

Influenciando o comportamento

Os profissionais de marketing podem "vender" atitudes. **Marketing social** é o que encoraja ou desencoraja certos comportamentos pela tentativa de influenciar atitudes que afetam o comportamento. Exemplos de campanhas de marketing social incluem aquelas contra o câncer, contra o tabagismo e prevenção do abuso de drogas. Essas campanhas são destinadas a influenciar atitudes sobre questões que podem afetar o comportamento.

WORKSHOP

Faça uma lista com cinco qualidades que uma pessoa negativa possa ter. Compare esses atributos com os correspondentes positivos. O que é mais fácil, ter uma atitude positiva ou negativa?

No trabalho, as atitudes – tanto negativas como positivas – podem afetar o comportamento de todos. Ao revelar atitudes negativas, como chegar atrasado, agir de forma irresponsável, ser desonesto, mentir, queixar-se ou ignorar ordens, os gerentes também podem se comportar de maneira negativa com você, recusando-se a promovê-lo, vigiando-o cuidadosamente, repreendendo-o por pequenos erros ou talvez demitindo-o. Seus colegas de trabalho não querem trabalhar com você, já que pode pôr o projeto a perder. Mas se você mostra uma atitude positiva ao trabalhar duro, oferece ajuda a seus colegas, pede conselho quando precisa, fala a verdade e se comporta corretamente, vai influenciar aqueles que estão ao seu redor. Eles provavelmente vão tratá-lo com respeito e trabalhar com mais empenho quando estiverem com você. Não subestime o poder que sua atitude pode provocar nas pessoas à sua volta.

Controlando as atitudes negativas

Quando enfrentam uma situação difícil, as pessoas frequentemente respondem com uma reação de "luta ou fuga". Isto significa que elas tentam lutar contra a situação ou correr para longe ao evitá-la ou recusar-se a enfrentá-la. Enquanto você está completando esta lição na classe, por exemplo, suponha que seu professor tenha anunciado que um trabalho de pesquisa de cinco páginas sobre estresse no ambiente escolar com uma bibliografia específica deve ser feito para sexta-feira. Como você se sente? Sua atitude é positiva?

Talvez pense que a tarefa é injusta e comece a argumentar com o professor. Você está reagindo com base em seus mecanismos de "fuga". Sua colega decide que também não vai fazer essa tarefa, e de fato não a faz. Ela responde por meio de "luta". Ambas as respostas são inapropriadas.

Se puder manter uma atitude positiva, em vez de discutir a exigência da tarefa mais detalhadamente com seu professor, você completará a tarefa porque entenderá que é importante para seu processo de aprendizagem. Situações similares podem ocorrer em seu trabalho. Pode ser esperado que você cumpra prazos apertados, termine vários projetos ao mesmo tempo, cubra um colega de trabalho que está ausente, ou resolva questões de última hora.

Que tipo de atitude você revelará nessas situações? Se você tem uma atitude negativa, suas queixas e reclamações não vão impressionar os gerentes e colegas de trabalho, e podem refletir de forma negativa na sua avaliação de desempenho, pois não vai parecer que é membro de uma equipe. Recusar completar uma tarefa pode resultar em perda de oportunidades de promoção ou mesmo do emprego. Comece agora a ter controle sobre sua atitude e planeje ser um funcionário motivado e uma pessoa positiva. Não faça o jogo de empurra-empurra, responsabilizando os outros pelas dificuldades que venha experimentar. Em vez disso, trabalhe sua atitude, esforçando-se por ver cada desafio a partir de uma perspectiva mais positiva. A atitude é um dos principais pontos de decisão na hora da contratação.

VOCÊ SABIA?
Quando questionados sobre o que os preocupa a respeito dos funcionários, quase todos os executivos mencionaram assuntos relativos a atitudes. As três respostas principais foram: desonestidade e mentira; irresponsabilidade e cuidar de assuntos pessoais no trabalho; arrogância, egoísmo e atitude agressiva.

Diversidade no mercado de trabalho

Trabalhadores portadores de necessidades especiais

Encontrar um emprego pode ser difícil para uma pessoa portadora de necessidades especiais, ainda mais um bom emprego. Mas garantir e contar com um trabalho agora está se tornando mais fácil, graças a algumas leis e tecnologias.

De acordo com o governo dos Estados Unidos, mais de 54 milhões de norte-americanos possuem necessidades especiais, o que significa que são portadoras de deficiências físicas ou mentais que restringem substancialmente uma ou mais atividades essenciais de sua vida. A lei de 1990 para norte-americanos portadores de necessidades especiais (no Brasil, Lei n. 10.098/2000) exige que os empregadores não apenas deem a cada pessoa oportunidade justa de contrato, mas também façam adequações para possibilitar que essa pessoa realize seus trabalhos.

Elevadores, rampas e corrimões são apenas algumas adequações que os empregadores podem oferecer aos trabalhadores com necessidades especiais. Os funcionários que não podem utilizar um teclado têm agora à disposição um software de reconhecimento de voz ou dispositivos controlados pela cabeça, boca ou movimentos dos olhos. Os portadores de deficiência visual se beneficiam da impressão em Braile ou de escâneres ópticos que lhes permitem ler documentos eletrônicos, checar e-mails e navegar na internet.

Fonte: Business Week Online.

Desenvolvendo uma atitude positiva

De acordo com o Centro Nacional sobre a Qualidade Educacional da Força de Trabalho (National Center on the Educational Quality of the Workforce), atitude é o fator mais importante quando da contratação de candidatos. Normalmente, uma atitude positiva conduz a comportamento apropriado e benéfico. Uma atitude negativa pode ter efeito contrário. Sua atitude pode ser influenciada por seus colegas, mas você tem controle sobre ela. Rodear-se de pessoas positivas pode ajudá-lo a manter uma atitude positiva, mas geralmente outras pessoas não modificam sua atitude – *você faz isso*!

Educação pode ajudar na mudança de atitudes. Pesquisas descobriram que, ao estar expostos a novas experiências e práticas, os indivíduos podem adaptar seus comportamentos e modificar suas atitudes, o que significa que você pode aprender a ser mais positivo. Expor-se a outros que são positivos ou mesmo ler um livro sobre como ser mais positivo pode melhorar sua atitude. Pense nas pessoas que conhece, como seus amigos ou colegas de trabalho, que são consistentemente positivas. Observe seu comportamento e até lhes pergunte como mantêm uma percepção positiva apesar das dificuldades que possam enfrentar.

Pensamento positivo Você é otimista ou pessimista? Um otimista sente confiança e é positivo, acreditando que as coisas vão funcionar, enquanto um pessimista costuma ter uma percepção escura e negativa da vida. Sua mente é muito poderosa, e você pode treiná-la para responder com otimismo aos seus pensamentos. Pensar positivamente e projetar seu sucesso pode ajudá-lo a alcançar seus objetivos e desenvolver uma atitude positiva. Encare uma situação negativa como um desafio, e trabalhe para torná-la uma situação positiva.

Fale de maneira positiva consigo mesmo Concentre-se na conversa consigo mesmo para motivar-se, reconhecer suas realizações e se lembrar dos seus pontos fortes. Seja seu próprio fã. Elogie-se, encoraje-se e se estabilize. Em vez de pensar que você é um fracasso porque esqueceu seu livro de matemática em casa, lembre-se de que ninguém é perfeito, e que você se esforça para ser organizado e responsável.

Linguagem corporal positiva Quando Daiane se levanta para fazer um discurso, cruza os braços e olha para baixo enquanto fala. Sua linguagem corporal transmite uma atitude positiva? Algumas vezes seu corpo pode falar mais alto que sua voz. Tenha cuidado para que sua linguagem corporal não diga alguma coisa que você não queira dizer. Para evitar a linguagem corporal negativa:

- Fique em pé e ereto quando falar.

- Olhe as pessoas nos olhos e sorria.
- Escute cuidadosamente as outras pessoas.
- Policie-se quanto aos maus hábitos, como checar o relógio constantemente ou olhar ao redor da sala enquanto alguém estiver falando com você.

Comunicação positiva Sua habilidade de se comunicar bem é um fator importante na impressão que passa às outras pessoas. Você usa termos que não são entendidos por todas as pessoas ou linguagem depreciativa? Tem dificuldade em comunicar suas ideias claramente? Quando fala com os outros, seu tom de voz e a escolha de palavras comunicam sua imagem e sua mensagem. Os indivíduos que falam de forma delicada e polida tendem a ser levados mais a sério e demonstram mais respeito. A habilidade de articular claramente seus objetivos, pensamentos e ideias será de muita ajuda em seu trabalho.

Hábitos positivos no trabalho Algumas vezes você não se sente positivo interiormente. Mas, em outras, a melhor forma de se sentir positivo é comportar-se positivamente de alguma maneira. Isto é especialmente verdadeiro no trabalho. Desenvolver hábitos positivos no trabalho pode ajudá-lo a se comportar positivamente, mesmo que não esteja se sentindo assim. Reflita como os seguintes hábitos no trabalho podem ajudá-lo:

- Seja cortês com as pessoas chegando no horário, complete suas tarefas e ajude os outros quando houver necessidade.
- Não fale sobre assuntos que não sejam importantes. Às vezes, é bom voltar atrás em uma decisão com relação a outras pessoas.
- Assuma a responsabilidade quando as coisas estiverem erradas, em vez de responsabilizar alguém que estiver por perto.
- Seja voluntário para as tarefas menos agradáveis.

Cada um desses hábitos no trabalho mostrará a seu supervisor e colegas que você está comprometido com o sucesso da empresa. As pessoas se lembram do comportamento positivo, e pode ser mais provável que o ajudem quando precisar.

PONTO DE CHECAGEM
Explique a importância de apresentar uma atitude positiva durante uma entrevista de trabalho.

Construção de carreira

Qual é sua atitude com relação ao trabalho?
Anthony Balderrama, escritor do CareerBuilder.com
Copyright 2008 CareerBuilder, LLC., reimpresso com permissão

A atitude é muito importante. Pense em como as atitudes das pessoas afetam a percepção que você tem delas. As primeiras impressões geralmente se resumem a frases como "Ele agiu da pior maneira possível" ou "Ela é uma pessoa de atitude, tem a melhor atitude que já vi".

Quando você está a caminho do trabalho – seja em uma loja de departamentos ou em um hospital –, no que pensa? Você se sente empolgado, já que adora seu emprego? Ou segue receoso, pois o detesta?

Sua atitude a respeito do trabalho pode impactar sua carreira mais do que você pensa.

O modelo de passarela
Quando os modelos trabalham na passarela, eles agem como se o público não estivesse lá. Os flashes os cegam, mas seus rostos parecem dizer "Não tenho tempo para pensar nessa multidão; tenho uma passarela para percorrer". Eles estão no piloto automático emocional.

O que funciona para os modelos não funciona para todos… caso aquela infeliz dieta de líquidos não tenha sido prova suficiente. Uma atitude apática no trabalho levanta questões sobre sua performance: Você se importa com seu trabalho? Sabe o que está fazendo? Por quanto tempo vai permanecer nesse trabalho? As pessoas desejam interagir com você?

Todd Dewett, professor associado de administração na Wright State University de Dayton, Ohio, sugere que esses trabalhadores deem um passo atrás e observem a forma como trabalham em seu contexto apropriado.

"Todo trabalho é interdependente, ainda que a maioria das pessoas tenha dificuldade de entender a origem do seu trabalho e qual é sua extensão – elas não veem as associações no processo como um todo", ele diz. "Quanto mais se compreende como seu trabalho impacta os outros, maior é a chance de que você se importe com ele." Dewett o aconselha a pensar em si mesmo como parte de uma equipe em busca de uma meta, não como uma peça na engrenagem da máquina. Observe o resultado do seu árduo trabalho e talvez você consiga encontrar uma razão para se importar com seu emprego, mesmo que não goste muito dele.

O adolescente emocional

Adolescentes são os maiores especialistas em ver o lado negro, cruel e tortuoso da vida. Um dia ruim quando se tem 15 anos não é apenas um mau dia; é o pior dia que alguém já vivenciou na história da humanidade. Cada ligação telefônica é uma conversa importante, que pode mudar completamente o rumo de sua vida, e isso ninguém jamais compreenderá.

Funcionários hiperbólicos não são muito diferentes dos adolescentes. Eles não sabem como colocar em perspectiva seus dias de trabalho. Sim, alguns empregos são um verdadeiro pesadelo, mas, por outro lado, nenhum emprego é o próprio nirvana. Clientes difíceis ou chefes incompetentes podem arruinar o dia a dia. Você consegue perceber a diferença entre um dia ruim e uma situação ruim?

"É possível estruturar mentalmente as coisas, de forma que pareçam reais apenas no curto prazo, passíveis de mudança com o tempo. Da perspectiva do 'copo meio cheio', os desempenhos ou maus colegas não passam de alguns quadros em um longo rolo de filme. O foco muda, então, da obsessão pela situação atual para a criação de um verdadeiro plano de ação, cujo objetivo seja construir uma nova e melhor situação no futuro", diz Dewett.

Por outro lado, em vez de fazê-lo apreciar mais seu trabalho, uma nova perspectiva pode fazê-lo perceber que pertence a outro lugar. Se você se sente condicionado a desprezar seu trabalho toda vez que o despertador toca, pode acabar preso num trabalho que não serve para você.

"Se você odeia de verdade seu trabalho, pode ser que não precise melhorar no emprego, mas, em vez disso, precise de uma mudança radical de emprego ou carreira", Dewett sugere. "Dito isso, mesmo nas piores situações profissionais, para alguém de mente aberta sempre há muito o que aprender sobre como se chegou até ali e o que encontrou (se encontrou algo) lá que deve ser completamente evitado no futuro."

Poliana

O clássico livro infantil *Poliana*, que conta a história de uma garota cuja filosofia de vida é sempre pensar positivo, é um modelo admirável, quando não impossível de ser seguido. Mesmo assim, alguns funcionários têm a capacidade de expressar seu implacável otimismo de Poliana, algo que surpreende as outras pessoas, e que pode ser prejudicial a suas carreiras. A desvantagem desse método de trabalho é que você pode se ver excluído das tomadas de decisão, já que geralmente elas não são resolvidas em discussões abertas. Dewett alerta os funcionários para que prestem atenção à forma como as decisões são tomadas, para que tenham ciência do que ocorre ou participem do processo.

"Pessoas com pontos de vista excessivamente otimistas (em virtude de ótimos chefes ou colegas, ou ambos) podem ser, de certa forma, politicamente ingênuas", Dewett adverte. "Eu nunca defenderia que uma pessoa com personalidade e pontos de vista excessivamente otimistas se envolvesse em um comportamento político, mas acredito que pelo menos ela deve ter ciência do que ocorre." Não sacrifique o amor que sente pelo seu emprego. Afinal de contas, muitas pessoas ficariam felizes em acordar cedo para trabalhar. Uma perspectiva equilibrada é tudo do que você precisa.

"Ame seu trabalho, ame sua empresa – mas use seu network de forma a se manter atualizado sobre as principais correntes políticas do dia, já que elas podem afetá-lo, assim como a sua unidade de trabalho."

O transeunte

Talvez a atitude mais distrativa no ambiente profissional seja a do funcionário que nunca se acomoda de fato no trabalho. Para alguns, certos empregos são temporários. Eles nunca pretendem ficar muito tempo num só lugar, e sabem que há algo melhor em vista, mesmo que seus empregadores não saibam dessa sua intenção. Embora essa abordagem possa ser apropriada em algumas circunstâncias – você nunca deve presumir que um emprego seja seu último, já que não sabe o que o futuro lhe reserva –, não pratique esta forma de pensar.

Em primeiro lugar, seu chefe e seus colegas de trabalho podem perceber essa sua natureza transitória e tratá-lo de acordo. Se você não personalizar seu espaço de trabalho ou apenas falar hipoteticamente sobre seu futuro na empresa, eles vão questionar seu comprometimento. Você acha que lhe dariam um projeto ou uma promoção se acharem que você já quer sair do emprego?

Para seu próprio bem, considere a possibilidade de que seu emprego tem muito a oferecer. Mesmo que você não queira ficar lá para sempre, deixe sua mente relaxar aceitando o fato de que ainda pode se ver nessa posição em um ano ou dois. Você ficaria surpreso em saber quão estressante pode ser mudar sempre de emprego. Além disso, você pode perceber que está perdendo oportunidades de crescimento pessoal e profissional com essa propensão de abandonar o emprego a qualquer momento. Se eventualmente surgir outro trabalho, você pode pesar os prós e contras de assumi-lo – quando aparecer a oportunidade e for necessário decidir, não porque está sempre atrás dele.

EMBALAGEM: AUTOCONFIANÇA

Autoconfiança significa conhecer e entender a si próprio e acreditar em suas habilidades. As pessoas autoconfiantes não pensam que são perfeitas ou que sabem tudo, isto seria **arrogância**. Em vez disso, essas pessoas têm uma forte e acurada compreensão de suas capacidades. Elas sabem no que são boas e onde precisam de ajuda. Elas são orgulhosas de suas realizações e agradecidas pelo que conseguiram.

Às vezes, você pode se sentir desconfortável ao falar de suas realizações e pontos fortes. Não quer se vangloriar nem tampouco que as outras pessoas o vejam como egoísta ou egocêntrico. Mas falar sobre um fato relacionado a suas capacidades, seus pontos fortes ou suas realizações não é vangloriar-se – é dizer a verdade!

Em sua busca por trabalho, a autoconfiança pode lhe dar o apoio necessário para que enfrente os riscos. Uma vez que tenha encontrado um trabalho, a autoconfiança é importante para que desempenhe bem suas funções e construa seu sucesso.

Autoestima conduz à autoconfiança

Acreditar em si mesmo e ter confiança em suas habilidades significa que você tem **autoestima** elevada. Quando se sente bem, você projeta confiança. Suas experiências e seus relacionamentos passados influenciam sua autoestima. As coisas que fez, assim como as pessoas às quais você se expôs, ajudaram a construir ou diminuir sua autoestima.

Esta qualidade é muito importante porque influencia tudo o que você faz. Levando-se em conta as atividades em que está envolvido na escola e que podem ajudá-lo na escolha de sua carreira, a autoestima influencia sua vivência e como alcançar seus objetivos com sucesso.

Quando você tem autoestima elevada, sente-se importante e valorizado. Está bem com outras pessoas porque está bem consigo mesmo. Está mais preocupado em como vê a si próprio do que em como as outras pessoas possam julgá-lo. Você aceita desafios porque se sente confiante para poder realizá-los.

A baixa autoestima geralmente corresponde à insegurança, e com frequência conduz à incerteza. Quando você tem dificuldade em lidar com a incerteza, os desafios se assemelham a problemas, novos conhecimentos podem ser vistos com desconfiança e novas situações são suspeitas. A maioria das pessoas se sente insegura e com incertezas em algum momento. Se a insegurança parece opressiva, você precisa considerar outros meios para se sentir melhor. O que pode fazer é conversar com um amigo ou com alguém próximo que o queira bem e que possa ajudá-lo a lidar realmente com sua baixa autoestima. Muitas vezes é necessário recorrer a um profissional para ajudá-lo – não se sinta envergonhado! Quando você trabalha na construção de sua autoestima, está trabalhando para seu próprio futuro.

Construindo a autoconfiança

Autoconfiança se desenvolve a partir da autoestima elevada. As pessoas autoconfiantes parecem equilibradas. Elas se apresentam como pessoas maduras, responsáveis e com objetivos a realizar.

Sua autoconfiança vai se refletir em suas ações voltadas a outras pessoas. Considere os exemplos a seguir.

José é uma pessoa "sim", constantemente concorda em ajudar outras pessoas com trabalhos de casa, estudos, projetos e transporte para eventos da escola. De fato, por ser assim é que ele estava 20 minutos atrasado para o ensaio geral da peça na escola, porque concordou em pegar dois amigos que moravam em sentidos opostos. José não é capaz de impor limites às pessoas e frequentemente concorda fazer coisas que, na verdade, não quer fazer, porque está em busca de aceitação e amizade. Sua autoconfiança é baixa, pois ele precisa de outros para validar seu valor.

Joana, ao contrário, pensa principalmente em si mesma. Em geral, ela leva os créditos pelo trabalho de outros, completa projetos que atraem a atenção dos professores e colegas e não ajuda outras pessoas, a menos que, de certa forma, se beneficie. Ela não obtém satisfação em ajudar os outros. Ao invés de ser autoconfiante, pode ser considerada arrogante.

Da perspectiva do emprego, as pessoas com autoestima elevada tendem a ser funcionários mais eficazes. Elas se sentem confortáveis trabalhando com outras pessoas, pois não se sentem ameaçadas pelas ideias e força das outras. São seguras de si mesmas em como realizar seu trabalho. Elas atuam de maneira reflexiva, considerando alternativas construtivas e ações positivas.

Os funcionários com baixa autoestima algumas vezes sentem que as outras pessoas estão tentando levar o crédito por suas ideias e realizações. Em consequência, podem não fazer parte de uma equipe de fato. Podem se sentir inseguros da sua capacidade para realizar o trabalho e reagir a situações impulsivamente, em vez de pensar sobre elas. Eles podem agir como José, responsabilizando-se por mais do que podem fazer ou se sentir à vontade com essa situação. Isso pode causar estresse à medida que se esforçam para terminar algo pelo qual se responsabilizaram. Ou podem se comportar como Joana, buscando apenas tarefas altamente evidentes e que desacreditem os outros. Assim que os colegas de trabalho se tornem mais conscientes do comportamento de Joana, podem se recusar a ajudá-la e mesmo tentar evitar trabalhar com ela.

Como um funcionário positivo, você levará sua atitude saudável e autoconfiança elevada ao trabalho. Seu supervisor e colegas agradecerão.

PONTO DE CHECAGEM
Como a arrogância difere da autoconfiança?

4.1. AVALIAÇÃO

Pense criticamente

1. No que consiste a embalagem de um indivíduo?
2. Explique a reação de "combate ou fuga". Com qual delas você reage com mais frequência?
3. Faça uma lista dos modos como você comunica sua atitude. Pense sobre ações que podem conduzir a uma atitude negativa. Como você pode mudar isso?
4. Faça uma lista de no mínimo cinco assuntos nos quais você seja autoconfiante.

Faça conexões

5. **Pesquisa** Procure um anúncio em jornal, revista ou na internet de uma de suas lojas favoritas. Observe-o e anote todas as atitudes que você acha que ele está retratando. Mostre o anúncio a alguém mais velho ou mais jovem e pergunte que atitudes ele visualiza no anúncio.
6. **Comunicação** Há uma pessoa em sua casa, escola ou igreja que sempre mostra uma atitude positiva? Pense nos efeitos desse comportamento sobre você. Então escreva para essa pessoa um cartão ou uma carta agradecendo-lhe por ser positiva.

LIÇÃO 4.2

Comportamento profissional

OBJETIVOS

Entender o valor de se dar bem com os colegas de trabalho, supervisores e clientes.

Explicar a importância da ética no trabalho.

TERMOS-CHAVE
- cooperar
- ética

TER BOM RELACIONAMENTO

Ser cooperativo é um elemento-chave para o sucesso da sua carreira no longo prazo. **Cooperar** é trabalhar com outras pessoas em prol de um benefício mútuo. Cooperação é fácil quando se trabalha com pessoas das quais se gosta e sua carga de trabalho é justa; mas o quadro muda quando novos colegas de trabalho ou um novo supervisor se unem à equipe, ou quando o estresse surge porque os prazos finais não estão sendo cumpridos.

Nas organizações atuais, com frequência as pessoas trabalham em equipes. Espera-se que elas tomem decisões e atinjam objetivos com pouca supervisão externa. Nesse ambiente, todos devem ter bom relacionamento.

Quais são algumas das consequências de as pessoas não se darem bem no trabalho? Provavelmente você encontre várias de imediato, no entanto, a mais provável delas é o conflito.

A maneira como lida com seus relacionamentos, tanto dentro quanto fora do trabalho, pode ter um importante impacto sobre sua felicidade e sua realização na vida. As habilidades de ter bom relacionamento podem ser aprendidas. Mesmo que não seja um expert no momento, você pode aprender a ter bom relacionamento por meio do entendimento e da prática.

■ Casos de marketing

Wilfredo Perez tem uma colega de trabalho, Íris, que está sempre mal-humorada, grita e é abusiva algumas vezes. Ele gostaria de lhe dizer que ficasse de boca fechada porque nada de positivo vem dela. No entanto, ele sabe que não seria uma observação construtiva. Como Wilfredo deve lidar com a situação?

Como ter bom relacionamento com seus colegas de trabalho

Desde o primeiro dia na empresa, espera-se que você trabalhe cooperativamente com todos que lá estão. Comece por mostrar que você é acessível, amigável e colaborador.

Se trabalha em equipes, unidades ou departamentos, você e seus colegas de trabalho devem ser capazes de contar um com o outro.

A probabilidade é de que alguns de seus colegas de trabalho sejam provenientes de diferentes formações culturais. Entenda que a cultura tem uma poderosa influência em como as pessoas trabalham, o que valorizam, como tomam decisões e como se comunicam. Quando pessoas de diferentes formações trabalham juntas, mal-entendidos culturais podem levar ao conflito. Se você não sabe o que um colega de trabalho pensa ou por que está agindo de certa maneira, faça perguntas para esclarecer. Quanto mais você e seus colegas se entenderem, melhor vão trabalhar juntos.

Para construir relacionamentos positivos com seus colegas de trabalho, observe as orientações a seguir:

- Reserve um tempo para ouvir. Você vai aprender mais quando estiver ouvindo do que quando estiver falando.
- Mostre respeito. Entenda que diferentes formações e maneiras distintas de ver problemas e situações conduzem a ideias criativas.
- Comunique-se claramente. Quando outras pessoas falam com você, deixe que terminem sem interrompê-las. Acene com a cabeça para mostrar que está ouvindo.
- Esforce-se para ser agradável e positivo. Não se lamente ou reclame.
- Aceite as críticas como construtivas e tente aprender com elas.
- Não critique. Quando você der uma resposta corretiva, concentre-se no comportamento, não na pessoa.
- Evite julgar. Em vez disso, tente entender as outras pessoas.
- Lembre-se de que seu modo de ver as coisas não é a única abordagem válida. Trabalhe para eliminar seus preconceitos e jamais os expresse no trabalho.
- Conheça seus colegas de trabalho de forma pessoal.
- Elogie e cumprimente os colegas quando realizarem um bom trabalho. Não leve créditos pelo sucesso deles.
- Prontifique-se a ajudar os outros.
- Trabalhe para resolver o conflito em que esteja envolvido logo que dele tenha conhecimento. Tente encontrar uma solução que melhore a situação para todos, mesmo que todos individualmente – incluindo você – não consigam exatamente o que queriam.

Como ter um bom relacionamento com seu supervisor

O relacionamento com seu supervisor pode ser o mais importante no trabalho. É ele quem o recomenda para promoções e pode atender suas necessidades e solicitações, além de poder ajudá-lo a se promover na empresa – ou talvez impedir sua ascensão.

Entretanto, desenvolver um relacionamento com seu chefe pode ser difícil. Se ele age de modo vago ou irritante, você pode se perguntar se fez algo errado. Se não se comunicar de forma clara, você pode estar em apuros.

Na maioria dos casos, você será capaz de obter a atenção e o respeito do seu chefe se seguir estas orientações:

- Descubra o que seu chefe espera de você e faça o melhor possível.
- Não incomode seu chefe com problemas que possa resolver. Se levar um problema para apreciação dele, tenha uma solução pronta para sugerir.
- Não se queixe sobre seus colegas de trabalho. Tente resolver as coisas de outro modo.
- Observe os outros e procure seguir seus conselhos. Por exemplo: se ninguém bate na porta do chefe quando ela está fechada, é sinal seguro de que não se deve interromper. Se seus colegas de trabalho pararem para cumprimentar o chefe quando a porta estiver aberta, provavelmente você também pode fazer isso.
- Não leve seus problemas pessoais para o trabalho ou permita que interfiram em sua capacidade de realizar o trabalho! Mostre que é confiável.
- Respeite o tempo do seu chefe. As pessoas em posições de supervisão são muito ocupadas.
- Não faça seu chefe ter de supor o que você deseja. Comunique-se de forma clara e direta.
- Finalize seus projetos. Entregue a seu chefe o material completo e correto de modo que nenhum trabalho adicional tenha de ser feito.
- Não desperdice tempo. Seu esforço ao desempenhar o trabalho fará que seu chefe o reconheça, e ele vai levar isso em conta.
- Organize seus pensamentos antes de abordar seu chefe.
- Não esboce cumprimentos que não sejam sinceros. Mostre apreço e admiração quando for justo.
- Respeite a autoridade do seu chefe. Se não gosta de algumas ações ou atitudes dele, concentre-se nos aspectos que pode respeitar. Jamais vá contra a autoridade do seu chefe sem a sua permissão. Este é um modo rápido de destruir qualquer relacionamento que possa ter construído.
- Não tome como pessoais respostas bruscas ou gestos não amigáveis. Caso não tenha feito nada para merecer essa atitude, o mais provável é que seu chefe esteja reagindo assim por outro motivo.

Como ter um bom relacionamento com seus clientes

Quando trabalha diretamente com seus clientes ou dá suporte aos funcionários que os atendem, o cliente é a razão pela qual seu trabalho existe. Sem clientes, sua empresa teria de fechar as portas. São eles que pagam seu salário ao comprar os serviços ou produtos da sua empresa.

WORKSHOP

Preste atenção em como você interage com seus amigos e com seus supervisores ou professores. Há diferença em seus modos de interação?

Os clientes são o maior ativo da companhia, e espera-se que você os atenda, individualmente, com o melhor serviço, seja ou não o serviço ao cliente uma responsabilidade de trabalho relacionada à descrição de sua função. Sempre cumprimente os clientes com uma atitude positiva e otimista. Trate-os como se estivessem certos, mesmo acreditando que estejam errados. Sorria e mostre que é acessível. Seja respeitoso e tente satisfazer às necessidades dos clientes. Ter bom relacionamento com eles é vital para o sucesso de sua empresa. É uma área em que cada colaborador faz a diferença.

Barreiras à comunicação

Muitas organizações entendem que uma boa comunicação interna é questão-chave para melhorar o desempenho do funcionário e o aumento da produtividade. Existem seis barreiras comuns que impedem uma comunicação bem-sucedida em uma organização.

- **Clima fechado de comunicação.** Em um ambiente fechado, os trabalhadores recebem poucas notícias organizacionais. Um clima como este atua como uma poderosa barreira à comunicação.
- **Estrutura organizacional *top-heavy* (forte poder nos níveis superiores).** Linhas distantes de comunicação surgem quando uma organização possui uma estrutura multiníveis *top-heavy*. Cada parte da administração cria um bloqueio à comunicação eficiente.
- **Filtragem.** Refere-se ao processo de modelagem, encurtamento ou prolongamento das mensagens conforme percorrem a rede de comunicação.
- **Falta de confiança.** Os funcionários que desconfiam dos gerentes porque sentem que estão sendo enganados, manipulados, criticados ou tratados de forma impessoal, provavelmente não se comunicam abertamente.
- **Rivalidade.** Os funcionários que competem pelo reconhecimento e promoção podem deturpar ou ocultar informação proveniente de outros ou da administração.

- **Poder e status.** Muitos chefes têm medo de revelar as dificuldades, perdas e condições que evidenciem suas fraquezas. Os subordinados evitam divulgar informação sobre falta de progresso, frustrações ou desacordos.

Existem algumas maneiras específicas pelas quais a organização pode reduzir as barreiras à comunicação.
- **Encorajar um ambiente aberto à interação e feedback.** As barreiras à comunicação são bastante reduzidas quando os gerentes buscam feedback dos funcionários.
- **Nivelar a estrutura organizacional.** As empresas de hoje estão otimizando suas operações e eliminando partes da administração para encurtar as linhas de comunicação. A informação flui mais naturalmente e os problemas são resolvidos mais rapidamente. Como as mensagens viajam distâncias mais curtas, ocorrem menos distorções.
- **Promover comunicação entre grupos de pares.** A comunicação constrói união entre os funcionários, estimula a ética, diminui a rotatividade e enriquece a organização por meio do intercâmbio de ideias.
- **Estabelecer centros de controle de boatos.** Algumas grandes organizações usam sistemas de controle de boatos por telefone ou correio de voz para lidar com rumores falsos. Os funcionários podem perguntar anonimamente sobre os rumores em um escritório central.
- **Fornecer ampla informação através de canais oficiais.** Reconhecer o poder da comunicação interna nos atuais mercados competitivos, aumentando o número de gerentes que dialogam sinceramente com os funcionários, encorajando-os a contribuir com ideias.

PONTO DE CHECAGEM
Indique duas formas de ter bom relacionamento que poderiam ser aplicadas a colegas de trabalho, supervisores e clientes.

ATUANDO ETICAMENTE

Aprendemos o que é certo e errado desde criança ao observar e ouvir nossos pais, professores, líderes religiosos e outros adultos. A partir de suas palavras e ações, eles nos ensinam a trabalhar duro, tratar as outras pessoas de forma justa e amavelmente e honrar nossa palavra, e, ainda, a importância da honestidade e de fazer o trabalho pontualmente.

"Tudo o que eu realmente precisava saber aprendi no jardim de infância", declarou o autor de *best-seller* Robert Fulghum. Ele entende que aprendemos desde criança um conjunto de valores que nortearão nosso comportamento por muitos anos – em casa, no trabalho, em qualquer lugar. Esse conjunto de valores morais é chamado **ética**.

À medida que crescemos, as lições aprendidas sobre certo e errado se tornam nossa consciência ou voz interior. Se ouvi-la e prestar atenção aos seus sentimentos, nove entre dez vezes você saberá fazer a coisa certa.

A boa ética está refletida em valores como honestidade, credibilidade, trabalho duro, sinceridade, respeito, cuidado, pontualidade, justiça, confiança, bondade e lealdade. Os funcionários que mostram esses valores são escolhidos para projetos e tarefas importantes, desde que seus supervisores confiem em sua ética no trabalho e saibam que darão o melhor de si.

Seguindo as orientações éticas

Os valores que aprendeu quando criança foram a base para as suas decisões sobre como atuar no trabalho, mas as orientações éticas adicionais devem também dirigir suas ações no posto de trabalho. Essas regras cobrem atividades que são específicas da sua função, como conflitos de interesse, dar e receber presentes, documentar o tempo trabalhado, confidencialidade, ser responsável por seus atos, uso pessoal da internet e correio eletrônico, entre outras. Você enfrentará questões éticas todos os dias em sua função, não importa se é iniciante ou um gerente de nível sênior.

Orientações éticas, com frequência chamadas códigos de conduta ou padrões profissionais, existem para diferentes setores, profissões e empresas. Por exemplo:

- O Conselho Federal de Psicologia tem seu *Código de Ética do Profissional Psicólogo*, que trata da ética da profissão e de suas responsabilidades e compromissos com a cidadania.
- A Associação Brasileira de Química (ABQ), que reúne pessoas e instituições que lidam com a química visando à promoção e difusão do conhecimento, da educação, da melhoria da qualidade de vida, através da química, possui seu estatuto (www.abq.org.br).
- O Ministério da Agricultura, Pecuária e Abastecimento, possui o *Manual de Procedimentos Operacional da Vigilância Agropecuária Internacional* (Vigiagro), que consolida normas e diretrizes que regulamentam a fiscalização do trânsito internacional de animais, vegetais, seus produtos e subprodutos, derivados e partes, resíduos de valor econômico e insumos agropecuários (www.fiscosoft.com.br/objetos/IN_36_2006_01_Anexo.pdf).

- O Juramento de Hipócrates e o Código de Ética da Associação Médica Americana guiam a conduta dos profissionais de medicina.
- Os advogados, médicos, engenheiros, professores e pesquisadores, entre outros, também devem obedecer a códigos de conduta de suas profissões.

A maioria das principais corporações possui códigos de conduta. Caso sua empresa tenha um, leia-o e o siga rigorosamente. Sua organização pode ainda oferecer treinamento sobre ética, no qual você aprenderá sobre os comportamentos por ela exigidos. A organização pode ter um departamento de ética que fornece orientação, no qual os funcionários experientes ajudam os novos trabalhadores a resolver questões éticas.

Faça a escolha certa

Fazer a escolha certa é fácil quando um comportamento é extremamente correto ou quando é claramente errado, como as ações na tabela abaixo. Mas, algumas vezes, você terá de tomar uma decisão entre dois comportamentos que considere corretos. Por exemplo, suponha que você veja sua colega de trabalho, que é sua amiga, pegar dinheiro da caixa registradora e colocá-lo no bolso. Ela percebe que você está olhando e lhe pede que não diga nada, para que não perca o emprego. Você pode decidir entre apoiá-la ou dizer a verdade, ambos são valores positivos. Suponha agora que um colega de trabalho lhe diga para instalar parafusos defeituosos em um produto porque o cliente precisa dele imediatamente e não há tempo para conseguir parafusos de reposição. Você entrega o produto no prazo para o cliente ou insiste na qualidade?

AÇÕES CERTAS	AÇÕES ERRADAS
• Indicar somente despesas de trabalho no relatório de despesas.	• Cobrar por atividades que não estão relacionadas ao trabalho.
• Empregar material da empresa somente para trabalho.	• Tomar material da empresa para uso pessoal.
• Utilizar apenas o tempo autorizado e não abusar das políticas sobre auxílio-doença.	• Declarar-se doente quando está saudável.

Veja, a seguir, uma estrutura conceitual que pode ajudá-lo a resolver dilemas éticos.

- ***Passo 1***: Ouça sua consciência ou seus instintos sobre a situação.

- ***Passo 2:*** Preste atenção a frases que você fala ou ouve. Comentários como "Apenas esta vez", "Não diga a ninguém" e "Não me fale sobre isso. Eu desconheço" são indicações de conduta não ética.
- ***Passo 3:*** Determine exatamente qual é o assunto e verifique os códigos de conduta ética da organização e da profissão. O assunto é pertinente?
- ***Passo 4:*** Pense em como você se sentiria se suas ações fossem relatadas no jornal interno ou em comunicado impresso. Você ficaria contente ou envergonhado?
- ***Passo 5:*** Relacione ações alternativas e suas consequências. Como suas ações o influenciariam e à sua empresa? Como elas refletiriam sobre você?
- ***Passo 6:*** Discuta o problema com seu supervisor ou responsáveis pelo departamento de ética da empresa. Essas pessoas podem orientá-lo.

PONTO DE CHECAGEM
Como ter um código de conduta pode beneficiar uma empresa?

4.2. AVALIAÇÃO

Pense criticamente

1. Pense em duas consequências distintas de conflito entre pessoas que não têm bom relacionamento.

2. Por que é importante respeitar as diferenças culturais de seus colegas de trabalho?

3. Você acha que Roger não está se esforçando na padaria. Pressupõe-se que ele faça os pães mais ou menos às 7 horas da manhã, mas ele tem trabalhado muito lentamente e as caixas de pão frequentemente estão vazias. Você não gosta de dizer aos clientes que não tem pão e começa a culpar Roger. "Sinto muito", você diz a seus clientes. "Um de nossos padeiros não tem feito seu trabalho. Vamos ter de fazer alguma coisa a respeito." Como você acha que os clientes reagiriam a essa notícia? Qual é a melhor atitude a ser tomada?

4. Seu amigo lhe pede que imprima seu trabalho de pesquisa no escritório da empresa porque a impressora dele não está funcionando e lhe envia o arquivo para imprimir. Você faria isso? Sim ou não? Que outra ação poderia tomar?

Faça conexões

5. **Resolvendo problema** Trabalhe com colegas de classe para encontrar as soluções para o seguinte problema: Você tem um colega de trabalho, Jamal, que é conhecido

MARKETING PESSOAL

como sociável. O que você deveria dizer quando ele se convida para sua sala e se senta para conversar? Elabore uma encenação que apresente sua solução e atue diante da classe.

6. **Diversidade** A ética difere entre culturas? Pesquise a resposta para esta questão em uma biblioteca, na internet ou converse com, no mínimo, cinco pessoas de diferentes culturas. Escreva um relatório que detalhe seus métodos de pesquisa e os resultados encontrados.

LIÇÃO 4.3

Primeiras impressões

OBJETIVOS
Reconhecer a importância das primeiras impressões.
Discutir a aparência apropriada em situações profissionais.
Entender como transmitir uma boa primeira impressão pelo telefone e pela internet.

TERMOS-CHAVE
- arte corporal
- casual
- efeito de primazia

CONSIDERE AS PRIMEIRAS IMPRESSÕES

Como eu me vejo? Estou vestido apropriadamente? Estou causando uma boa primeira impressão? Você deve se fazer essas perguntas se estiver procurando um trabalho? É claro que sim! Como o pote de manteiga de amendoim que chama a atenção na prateleira porque o desenho de sua marca é atrativo, você pode criar mais interesse ao cuidar da sua aparência.

Sua imagem influencia os outros e sua aparência comunica muitas coisas, incluindo sua personalidade, autoestima, profissionalismo e confiança. Sua aparência também pode influenciar sua atitude. Quando você se sente confortável com sua aparência, projetará esta atitude e pode ser mais eficaz na realização de seus objetivos.

Casos de marketing

Hank Huisman foi contratado para trabalhar meio período em uma loja de varejo. Em sua função como recepcionista, ele usa crachá, mas não uniforme. Ele quer parecer profissional e positivo. Como Hank deve se apresentar?

Julgue e seja julgado

Os psicólogos gastaram muito tempo estudando como se forma a impressão e aprenderam que, independente de quão objetivas as pessoas tentam ser, no geral elas fazem julgamentos com base em informação externa limitada nos primeiros segundos do encontro com alguém. E, lembre-se, encontrar alguém nem sempre acontece frente a frente; pode ocorrer por telefone ou por computador.

Nos primeiros segundos de um encontro, como você reconhece as capacidades ou ética de trabalho de uma pessoa? Muito pouco ou nada. Mas sua primeira impressão, se positiva ou negativa, está baseada naquilo que vê ou experimenta durante aquela breve introdução: a maneira como ela fala, a roupa que veste, o currículo enviado por e-mail. Com uma pequena quantidade de informações você pode julgar as pessoas. Isto não é assustador? Na primeira vez que um entrevistador se encontra com você, talvez com aquele aperto de mão inicial ou com o texto usual introdutório, ele pode já ter decidido a sua sorte. É por isso que as primeiras impressões positivas são tão essenciais.

O efeito de primazia

A impressão inicial que causamos quando encontramos alguém pela primeira vez também tem maior impacto na percepção dele sobre nós do que as informações posteriores, então precisamos garantir que esta impressão seja positiva. Isto é conhecido como **efeito de primazia**. A informação negativa pesa mais fortemente, e as impressões negativas são menos propensas a mudar do que as positivas, mesmo após a descoberta de informações contraditórias. Se alguém que você deseja impressionar o julga mal por ter chegado a um encontro cinco minutos atrasado, mesmo que tenha uma boa razão, ela pode não modificar a impressão negativa. As pessoas gostam de estar certas e tendem a manter suas crenças, algumas vezes mesmo depois que tenham sido provadas incorretas.

Isso significa que se você vai até um empregador para deixar um currículo, na esperança de obter

COMUNICAÇÃO

Vá a um shopping ou a algum outro lugar público. Tome notas sobre como dez pessoas estão vestidas e sobre outros aspectos da aparência delas. O que essas pessoas estão tentando comunicar com sua aparência?

uma entrevista, mas chega com jeans desbotado e cabelo sujo, ele pode não querer entrevistá-lo, independente de quão excelente seu currículo possa ser e quão fortes suas capacidades aparentem.

> **PONTO DE CHECAGEM**
> O que é o efeito de primazia?

APARÊNCIA NO TRABALHO

Quando você tem controle sobre sua imagem, pode influenciar a impressão que as outras pessoas têm a seu respeito. Você quer que a primeira impressão do seu entrevistador seja: "Que autoconfiante e bem-cuidado! Este candidato é profissional".

Higiene e asseio

Fatores de higiene e asseio podem parecer superficiais, mas não são. Qualquer um sabe, por ter alguma vez trabalhado ao lado de alguém com odor desagradável, que o asseio é importante, não apenas por questão de imagem, mas também de saúde e bem-estar geral. Tomar banho diariamente, lavar as mãos regularmente, escovar os dentes ao menos duas vezes ao dia e usar desodorante. Os homens devem manter as unhas curtas e limpas e apresentar-se bem barbeados (a barba é desaconselhável em algumas organizações). As mulheres devem apresentar unhas limpas e a maquiagem deve ser suave. Usar colônia ou perfume com moderação. Os cabelos devem estar limpos, bem penteados e de preferência em uma cor de aparência natural.

Aparência pessoal

Diversas organizações possuem diferentes políticas sobre vestuário, mas você deve sempre apresentar uma aparência profissional. Isso faz que as outras pessoas o vejam como confiante e responsável e podem considerá-lo com mais seriedade. Sempre esteja bem vestido para uma entrevista, mesmo se souber que a empresa é informal. Ao se vestir corretamente estará transmitindo ao entrevistador uma imagem de respeito à empresa e que se comportará como um profissional.

Algumas organizações têm uma política de vestuário casual. **Casual** significa vestir-se de maneira cômoda, mas profissional. Calça cáqui e camisa polo para homens, e calças com um suéter ou blusa para mulheres são exemplos de vestuário casual de empresa. Não importa o que você usa, nunca exagere na aparência. Somente use suas roupas mais despojadas em casa ou nos finais de semana, nunca no trabalho.

Arte corporal é outro elemento de sua aparência. Tatuagens e *piercings* têm se tornado mais populares nos últimos anos. Tenha em mente o efeito que isto pode ter sobre os empregadores potenciais e seus clientes. Muitos empregadores vão exigir que você cubra as tatuagens ou remova piercings enquanto estiver no trabalho. Essas sugestões não são feitas para reprimir sua criatividade ou autoexpressão, mas para que você tome decisões bem informadas.

WORKSHOP
Como você se vestiria para encontrar o presidente do seu país? Como se vestiria para ir ao cinema com amigos? Que impressões você tenta causar com sua aparência nessas ocasiões?

Conexão da matemática com o marketing

Calcule quanto uma empresa perderá em um ano se um funcionário utiliza os seguintes itens para seu uso pessoal a cada mês.

2 lápis	$ 0,76 cada
1 bloco de papel	$ 1,29 cada
10 fotocópias pessoais	$ 0,03 por cópia
45 minutos de atraso no trabalho	$ 9,00 por hora
30 minutos extras de almoço	$ 9,00 por hora
60 minutos navegando na web	$ 9,00 por hora

Solução
Perda incorrida por mês de:

Lápis	=	2	× $ 0,76 =	$ 1,52
Blocos de papel	=	1	× $ 1,29 =	$ 1,29
Fotocópias	=	10	× $ 0,03 =	$ 0,30
Atraso	=	0,75	× $ 9,00 =	$ 6,75
Almoço prolongado	=	0,50	× $ 9,00 =	$ 4,50
Navegação na web	=	1	× $ 9,00 =	$ 9,00
				$ 23,36
				× 12
Perda total	=			$ 280,32

MARKETING PESSOAL

> **PONTO DE CHECAGEM**
> Explique o que o "vestuário casual" poderia significar em diferentes empresas.

IMPRESSÕES ON-LINE E AO TELEFONE

As empresas utilizam telefones e a internet para enviar e receber, de forma rápida, informações. Quanto melhor for sua capacidade de se comunicar usando essas ferramentas, maior a chance de criar uma boa impressão.

Impressões ao telefone

Conversas telefônicas são utilizadas para estabelecer uma conexão de pessoa a pessoa. Compreender as barreiras para uma comunicação telefônica eficaz e um melhor uso do correio de voz pode ajudá-lo a utilizar o telefone de forma a tirar a maior vantagem possível dele.

Barreiras de telefone e comunicação. O uso do telefone cria inevitáveis barreiras à comunicação. Em primeiro lugar, o telefone bloqueia sua capacidade de mandar e receber mensagens não verbais. Portanto, é necessário ouvir atentamente as pistas na voz da pessoa que fala com você e ser consciente dos sinais que envia com sua voz. Além disso, em uma conversa ao telefone não é possível ver com quem se fala. Seu ouvido deve estar afiado para compensar isto. Se ouvir com atenção, vai conseguir detectar tons de hesitação, timidez ou medo nas vozes. Por fim, sua voz ao telefone deve soar diferente do jeito que ouve a si mesmo. Coloque uma cordialidade extra em sua voz quando falar ao telefone. Sorria quando estiver falando, isso vai transparecer em sua voz.

Correio de voz. Você pode deixar mensagens para um contato profissional que estiver indisponível no momento da sua ligação, ou receber mensagens de potenciais empregadores. Seja cuidadoso com sua saudação no correio de voz. Uma saudação inapropriada que tenta ser engraçada, utiliza personagens da televisão ou de filmes, ou inclui música alta, pode lhe custar uma entrevista ou oferta de emprego. Do mesmo modo, quando estiver deixando uma mensagem de voz, seja profissional. Fale de forma clara, declare o motivo da sua ligação, deixe o número de retorno e faça que a mensagem seja simples.

Impressões on-line

A comunicação on-line, incluindo e-mail e redes sociais, também é usada nos negócios e na comunicação e busca de emprego. Assim como com o telefone, compreender como utilizar essas ferramentas de forma prudente pode aumentar a eficácia da sua comunicação.

E-mail. Este é usado na internet e em telefones celulares. Quando enviar e-mails, não use abreviações ou emoticons. Em vez disso, formate suas mensagens da mesma forma que você faria por escrito. Seja conciso, use a norma culta, a pontuação adequada, coloque uma saudação e o encerramento. Também certifique-se de informar seus dados de contato, incluindo nome completo, endereço, telefone e e-mail. Criar uma conta de e-mail especificamente para a busca de empregos e monitorá-la regularmente é uma forma eficaz de se comunicar com potenciais empregadores.

Mídia social. Se você tem um blog, uma conta no Facebook, MySpace ou LinkedIn, você participa de redes sociais. Sites da rede social oferecem oportunidade de se manter em contato com amigos e família, compartilhar informações e se promover. Eles também oferecem a chance de que qualquer pessoa possa saber mais sobre você, inclusive potenciais empregadores.

Certifique-se de usar as opções de privacidade fornecidas na maioria dos sites das redes sociais, e de que suas atividades on-line sejam visíveis apenas para amigos próximos e familiares. Esteja ciente de que suas postagens podem ser acessadas por potenciais empregadores. Suas palavras, fotos ou seus vídeos podem ser usados para determinar se você seria ou não uma boa aquisição para a equipe da empresa.

PONTO DE CHECAGEM
Por que é importante utilizar as opções de privacidade fornecidas pela maior parte dos sites da rede social?

4.3. AVALIAÇÃO

Pense criticamente

1. Por que as primeiras impressões positivas são importantes?
2. Descreva uma situação em que alguém tenha causado uma primeira impressão positiva. Essa impressão foi correta? Foi marcante?
3. De que forma uma aparência profissional pode beneficiá-lo?
4. Dália está fazendo uma entrevista para o cargo de secretária em um hotel. Ela sabe que, se conseguir o trabalho, terá de usar uniforme todos os dias; no entanto, ao ser entrevistada, ela veste jeans, camiseta e tênis. Dália fez uma boa escolha? Sim ou não?
5. Como você pode causar uma impressão positiva por telefone?

6. Maya utiliza um site da rede social para postar comentários e informações sobre si mesma, assim como para manter contato com seus amigos e outros grupos que lhe interessam. Às vezes seus comentários são vulgares, e as fotos que compartilha nada lisonjeiras. Como você acha que isto seria visto por um potencial empregador? O que ela deveria fazer?

Faça conexões

7. **Marketing/pesquisa** Quais são alguns dos fabricantes líderes de roupas e sapatos sociais para homens e mulheres? Pesquise cinco empresas e faça um breve parágrafo sobre como cada uma dessas companhias bem-sucedidas se vendem aos profissionais. Se possível, adicione fotos em seu relatório para fundamentar seu argumento.
8. **Estudos sociais** O vestuário casual na empresa cresceu em popularidade durante a última década. Em grupos, pesquise alguns empregadores que adotaram um código de vestuário casual total ou parcial na organização e forneça exemplos do que constitui o casual na empresa de acordo com suas políticas.

Capítulo 4. Avaliação

Vocabulário

Escolha o termo que melhor se encaixe na definição. No espaço indicado, coloque a letra que corresponde à resposta. É possível que alguns termos não sejam aplicados.

_____ 1. Como alguém se sente em relação a alguma coisa ou a acreditar em algo.
_____ 2. Inseguranças pessoais que conduzem à incerteza.
_____ 3. Encoraja ou desencoraja comportamentos pela tentativa de influenciar atitudes.
_____ 4. A impressão inicial que uma pessoa causa tem um impacto maior na percepção de outras pessoas sobre ela.
_____ 5. Inclui tatuagens e piercings.
_____ 6. Uma pessoa que tem uma visão negativa das situações.
_____ 7. Inclui atitudes e aparência e pode fornecer uma vantagem competitiva.
_____ 8. Impressão visual de alguém.

a. aparência
b. arrogância
c. atitude
d. arte corporal
e. casual
f. ética
g. higiene
h. baixa autoestima
i. otimista
j. embalagem
k. pessimista
l. autoestima elevada
m. efeito de primazia
n. autoconfiança
o. marketing social

_____ 9. Conhecer e entender a si próprio e suas habilidades.
_____ 10. Alguém que se sente confiante e positivo, acreditando em coisas que vão funcionar.
_____ 11. Um conjunto de valores morais que guia nosso comportamento.
_____ 12. O sentimento de que se é perfeito ou sabe tudo.
_____ 13. Um estilo de vestir que é descontraído ainda que profissional.

Revisão de conceitos

14. Como a sua aparência pode influenciar a decisão do empregador de contratá-lo?
15. Qual é o significado de dizer "percepção é realidade"?
16. Descreva marketing social e dê um exemplo.
17. Por que você deveria praticar o pensamento positivo? Indique uma forma pela qual pode fazer isso em sua própria vida.
18. O que é falar de maneira positiva consigo mesmo? Você sempre fala de maneira positiva consigo mesmo? Se assim for, pense em uma vez que isso o ajudou e a descreva. Se não, pense em uma situação em que isso teria ajudado.
19. Por que os funcionários autoconfiantes geralmente são eficazes?
20. Por que é tão importante ter um bom relacionamento com os clientes?
21. Por que você deveria considerar o efeito de primazia quando buscar por um trabalho?

Aplique o que aprendeu

22. Pense quando um importante professor, supervisor ou parente demonstrou uma atitude negativa. Registre os comportamentos que foram um indício para essa atitude.
23. Bradley é uma pessoa muito tímida. Durante sua primeira semana em uma loja de software de computador, seus colegas de trabalho foram muito amigáveis com ele. Ele respondeu às suas perguntas rapidamente e olhou para o chão, mas não iniciou qualquer conversa. No fim da primeira semana, seus novos colegas de trabalho estavam falando dele na sua ausência. Alguns o achavam arrogante. Como eles julgaram Bradley segundo a sua atitude? Como ele pode mudar essa impressão?
24. Pense sobre cada uma das seguintes características: intimidação, inveja, intriga, superioridade, defesa. Escreva uma frase sobre como cada característica pode prejudicá-lo no trabalho.
25. Reflita sobre vários eventos significativos da sua vida e escreva sobre eles. Então, pense sobre como esses eventos podem ter influenciado sua autoestima positiva ou negativamente. Registre este aspecto muito bem. Você ainda pode precisar trabalhar essas questões para aumentar sua autoestima. Sua escola pode ter um

conselheiro ou você poderia pedir a um professor que lhe sugira com quem falar sobre isso.
26. Dê um exemplo de "luta ou fuga" ao relatar uma situação que tenha enfrentado.
27. Você acabou de ligar para um potencial empregador para dar seguimento a uma entrevista de emprego e foi transferido para seu correio de voz. Escreva um exemplo de mensagem apropriada.
28. Pense em um exemplo de e-mail ambíguo que você recebeu cujo conteúdo não lhe permitiu saber se o remetente estava feliz, incomodado, com raiva etc. Como evitar transparecer seus sentimentos ao enviar e-mails?

Faça conexões

29. **Comunicação** Considere a primeira vez que encontrou alguém que mais tarde provocou um grande impacto em sua vida, talvez um professor, supervisor ou amigo. Escreva uma a duas páginas sobre sua primeira impressão e a aplicação do efeito de primazia.
30. **Design** Prepare um quadro ou história em quadrinhos cômica detalhando a transformação da baixa autoestima para a autoestima elevada. Seja criativo! Utilize uma personagem para demonstrar essa transformação.
31. **Tecnologia** Visite algum site de planejamento e/ou consultoria. Revise os tópicos abordados e desenvolva três estratégias para realizar mudanças positivas.
32. **Estudos sociais/história/pesquisa** Investigue a história de costumes e vestimentas em seis países diferentes – um país de cada continente, exceto a Antártica. Crie uma linha do tempo com quadros que mostrem o desenvolvimento da cultura de vestimenta de cada país.

***

Ética em negócios

As pessoas se deparam diariamente com questões éticas no mundo empresarial e no ambiente de trabalho. A ética nos negócios envolve escolher entre o certo e o errado, e é influenciada por escolhas e valores morais. Sua equipe de dois ou três membros vai entrevistar um líder de negócios da comunidade para determinar um atual dilema ético no mundo empresarial de hoje. Seu grupo deve apresentar e defender suas posições com relação a um dilema ético.

Dois cartões 4" X 6" serão fornecidos a cada participante e podem ser usados durante os preparativos e a performance do caso. As informações podem ser escritas em ambos os lados dos cartões. Nenhum material de referência, recurso visual ou dispositivo eletrônico deve ser trazido ou usado durante o preparo ou a performance. Um membro vai apresentar a equipe e descrever a situação ética. Todos os membros da equipe devem participar da apresentação. As equipes terão sete minutos para apresentar o dilema ético. Depois de assistirem a cada apresentação, os juízes vão conduzir um período de perguntas e respostas de três minutos.

Habilidades para o sucesso no trabalho
Planejando uma carreira em assuntos comunitários

"Eu vejo os contêineres de reciclagem por toda a cidade. Os contêineres estão presentes por causa de uma nova iniciativa da comunidade em reciclar, sobre a qual eu li a respeito no jornal local. Fico feliz que os funcionários municipais estejam tornando mais fácil para os cidadãos participar e apoiar a causa."

Você já se perguntou como uma organização conta sua história? Assuntos comunitários e iniciativas de relações da comunidade comunicam as metas e ideias da organização a seus consumidores, investidores, agências governamentais e membros da comunidade. Especialistas em relações públicas trabalham com a mídia para comunicar informações sobre a organização, suas iniciativas, seus parceiros e seus negócios. Eles escrevem comunicados para a imprensa, organizam eventos com palestras dadas pelos funcionários, fazem pesquisas, escrevem e preparam kits e relatórios anuais para a imprensa e falam em nome da organização. Eles também trabalham muito próximos à mídia e podem ser assistidos por outros funcionários, pessoas de fora da agência ou consultores.

Perspectiva de trabalho
Espera-se uma taxa acima da média em crescimento de empregos.

Cargos
- Especialista em relações públicas
- Coordenador de relações comunitárias
- Coordenador de divulgação
- Especialista de comunicação
- Diretor de assuntos comunitários
- Especialista em mídia
- Secretário de imprensa

Habilidades necessárias
- Em geral exige-se um diploma de bacharelado, e o credenciamento fica disponível através de organizações profissionais.
- Capacidade de trabalhar com muitos tipos de pessoas diferentes, motivar outras e se comunicar eficazmente é essencial.
- Criatividade, iniciativa e um bom julgamento são necessários.
- Personalidade extrovertida, com ótimas habilidades de pesquisa, autoconfiança e capacidade de lidar com situações estressantes são importantes.

Como é trabalhar com assuntos comunitários?
Jamie dá os retoques finais no relatório anual do município, chama o impressor para discutir detalhes sobre o relatório finalizado e manda e-mails com os arquivos para o impressor. Ele contata o gerente de eventos para finalizar os planos para o festival anual da comunidade. Depois, atende uma ligação do repórter de um noticiário televisivo que deseja incluir uma declaração do gestor do município em uma matéria que a estação está preparando para a transmissão noturna.

O município planeja lançar uma iniciativa de incentivo, "Vamos, verde", tornando ecológicas suas operações e informando o público sobre conservação e preservação de energia. Jamie se apressa para chegar a uma reunião com o gestor do município, vários comissários e o diretor de um grupo local de ação ambiental, a fim de planejarem uma estratégia de comunicação da nova iniciativa. Depois da reunião, Jamie trabalha com o diretor de criação e o redator da agência de marketing contratada pelo município para desenvolver o envio da mensagem e os materiais que serão usados para lançar a iniciativa ecológica. Ele garante que a história do município seja apresentada de forma clara e eficaz.

E você?
Quais são algumas considerações-chave quando se trabalha com a mídia e o público para compartilhar a história de uma organização e comunicar suas iniciativas?

CAPÍTULO 5

Qual é o seu mercado?

5.1 Identificar segmentos de mercado
5.2 Pesquisar seu mercado-alvo
5.3 Explorar oportunidades

Carreiras em marketing

PNC Financial Services Group

PNC Financial Services Group, com divisões em 13 Estados e no distrito de Colúmbia, é o quinto maior banco nos Estados Unidos. Além dos serviços financeiros prestados, o PNC constrói sua reputação em bioconstrução, equilíbrio entre trabalho/vida pessoal e responsabilidade social corporativa.

O coordenador de desenvolvimento da comunidade apoia o Banco de Desenvolvimento da Comunidade da PNC. Os clientes-alvo desse grupo incluem consumidores e comunidades de média e baixa renda, corporações de desenvolvimento comunitário, organizações não lucrativas, pequenos negócios e empresas pertencentes a mulheres e minorias. O coordenador de desenvolvimento da comunidade é responsável por compilar relatórios do Banco de Desenvolvimento da Comunidade, gerenciar as informações necessárias para esses relatórios, gerenciar projetos, coordenar reuniões e apoiar o diretor de gestão.

O cargo exige diploma universitário, ótima habilidade de atendimento ao cliente, capacidade de trabalhar com uma clientela diversa, excelente conhecimento de informática, e boas habilidades de comunicação. O candidato deve ser motivado, realizar várias tarefas ao mesmo tempo, ter boa tolerância em situações estressantes e exigir mínima supervisão direta.

Pense criticamente

1. Por que você acha que essa posição exige alguém apto a trabalhar com uma clientela diversa?

2. Como um candidato poderia demonstrar que é motivado e consegue realizar várias tarefas ao mesmo tempo?

Projeto de portfólio

Envolvendo outras pessoas em seu portfólio

Objetivos do projeto
A chave para envolver outras pessoas em seu portfólio é a **rede de relacionamento** (*networking*). Essa rede faz que muitas pessoas saibam da sua busca por trabalho. Neste projeto, você vai:
- Gerar uma lista de contatos com pessoas que conhece.
- Compilar uma lista de referências qualificadas.
- Solicitar cartas de recomendação.

Preparação inicial
Leia o processo do projeto a seguir.
- Procurar e analisar exemplos de listas de contato.
- Fazer sua própria lista de referências.
- Examinar modelos de carta de recomendação.

Processo do projeto
Parte 1 Lição 5.1 Sua rede de relacionamentos começa com contatos pessoais que se vinculam a outros. Selecione várias pessoas em sua rede de relacionamentos e compare sua listagem com a de seus colegas de classe. As listas deles fizeram que você se lembrasse de alguém que estivesse faltando? Elabore uma lista definitiva com a informação dos contatos.

Parte 2 Lição 5.2 Identifique três pessoas (sem parentesco com você) que possam provar que suas qualidades farão de você um bom funcionário. Entre em contato com essas pessoas e informe-as sobre seus planos de carreira. Peça permissão para usá-las como uma referência. Faça sua lista de referências, com a informação desses contatos, e coloque várias cópias em seu portfólio.

Parte 3 Lição 5.3 Solicite uma carta de recomendação para três referências. Assegure-se de falar a essas pessoas sobre as novas habilidades que possui, assim como seu objetivo de trabalho. Mostre a elas as cartas em seu portfólio.

Finalizando

Pense no que escreveram sobre você em suas referências. Elas apontaram alguma capacidade de trabalho ou qualidades pessoais que você possui e não havia percebido antes? Relacione quaisquer qualificações que poderia, mais tarde, incorporar a seu currículo ou carta de apresentação.

LIÇÃO 5.1

Identificando segmentos de mercado

OBJETIVOS
Preparar-se para realizar uma pesquisa sobre a carreira.
Descobrir possíveis ocupações.
Identificar prováveis setores.

TERMOS-CHAVE
- mercado-alvo
- segmentos de mercado
- setor

PESQUISA SOBRE A CARREIRA

Conforme inicie a jornada do marketing pessoal – sentindo-se positivo, autoconfiante e conhecedor de si mesmo –, considere a importância de seu futuro. Caso queira exercer uma função em uma organização, você precisa decidir o que lhe interessa fazer e onde gostaria de trabalhar.

Você pode relacionar sua busca por emprego à procura por clientes realizada pelos profissionais de marketing. Quando eles planejam lançamentos bem-sucedidos de produtos, usam duas estratégias para encontrar seus clientes: segmentação e escolha do mercado-alvo. Primeiro, identificam **segmentos de mercado** – componentes de um mercado que são compostos por consumidores com uma ou mais características similares. Depois, dividem o mercado dentro de seu respectivo **mercado-alvo** – uma parte claramente identificada do mercado ao qual a empresa quer apelar.

MARKETING PESSOAL

> ■ **Casos de marketing**
> A Spotless Dishwasher Company informou recentemente uma queda nas vendas. Para reverter essa tendência, a empresa começou a fazer propaganda de seu novo modelo, o 3000X, em uma emissora de televisão local. Os anúncios foram ao ar durante a semana, das 15 às 17 horas, e aos sábados, das 7 às 11 horas. Mas, depois de seis meses, as vendas não melhoraram. Por que você acha que a campanha publicitária foi malsucedida?

Você pode aplicar essas estratégias de marketing ao buscar emprego. Segmente seu mercado ao dividi-lo nas possíveis ocupações (incluindo aquelas específicas, certificadas por programas de nível superior) e setores. Então, identifique seu mercado-alvo ao coletar informações sobre determinadas empresas. Embase suas mensagens promocionais, incluindo seu currículo e cartas de apresentação, para seu mercado-alvo.

Segmentação

Um mercado abrange todos os consumidores que uma organização gostaria de atender, porém, é impossível para uma empresa atender bem a todos os clientes. Portanto, os profissionais de marketing segmentam seus mercados em grupos de consumidores com características comuns, tais como necessidades e desejos ou decisões de compra anteriores. De forma semelhante, você vai segmentar seu mercado nas possíveis ocupações e setores.

Conhecimento da carreira

Uma parte importante para determinar seus possíveis segmentos de mercado é o conhecimento da carreira. No Capítulo 3, você fez uma autoavaliação, observou sua personalidade e interesses, considerando seus valores, desenvolvendo objetivos ABC e analisando capacidades e benefícios. Esses exercícios, somados ao seu conhecimento, do Capítulo 4, sobre atitude, comportamento e aparência, dão a você um embasamento forte de autoconhecimento, e este é o primeiro passo para a determinação de suas possibilidades de carreira.

Aretha quer ser contadora. Ela sempre gostou de matemática e de realizar tarefas que exijam atenção minuciosa. Sua mãe é contadora. Nas horas vagas, quando não está no colégio, Aretha ajuda a mãe no escritório. Ela planeja estudar contabilidade na universidade. Em virtude de seus objetivos muito específicos, ela identificou somente um segmento de mercado: funções em contabilidade.

Mas nem todo mundo apresenta planos específicos como este. Roberto está inseguro quanto à sua futura carreira. Seus pais querem que ingresse na universidade, mas ele não tem uma ideia clara do que gostaria de fazer. Portanto, Roberto tem vários possíveis segmentos de mercado.

Aretha escolhe a contabilidade como um segmento de mercado com base em seus interesses e em suas habilidades, bem como no seu conhecimento sobre o que a carreira envolve. Seu conhecimento a levou a esta função. Roberto também pode utilizar fatores como seus interesses, valores, objetivos e capacidades como uma base para a escolha de sua carreira, reduzindo assim suas opções. Ele pode considerar a autoavaliação para ajudá-lo a determinar as funções e setores que podem lhe ser bem ajustáveis.

> **PONTO DE CHECAGEM**
> Por que é importante para os profissionais de marketing segmentar seus mercados?

VOCÊ SABIA?
Muitos anos atrás, um fabricante de ração de cachorro conduziu uma pesquisa de marketing para identificar o mercado-alvo mais rentável para um novo tipo de comida para cachorro. Como os cães não vão às compras, ele segmentou seus donos em quatro grupos, de acordo com a forma como se relacionavam com seus cachorros: tratavam seus cães como netos, como filhos, como companheiros e como cães. O fabricante decidiu selecionar o segmento mais lucrativo, apesar de não ser o maior grupo, e vender a ração por meio de pet shops. Que grupo eles selecionaram? Cães como netos.

POSSÍVEIS OCUPAÇÕES

Usar seu autoconhecimento para segmentar seu mercado em busca de possíveis ocupações é um passo importante para identificar seu mercado-alvo. Contudo, com mais de 20.000 potenciais ocupações, você pode precisar de uma ajuda adicional para identificar aquelas do seu interesse. Um orientador escolar pode estar apto a ajudá-lo a rever seus resultados de autoavaliações. Além disso, algumas fontes úteis de informação ocupacional são descritas nesta lição.

Grupos de carreira

Dezesseis grupos de carreira foram desenvolvidos pelo Ministério da Educação dos EUA para fornecer um foco sobre o aprendizado e estudo acadêmico relacionados a carreiras. Cada grupo inclui ocupações em um campo particular, que exige habilidades e conhecimentos similares, além de vários caminhos de carreira. Os dezesseis grupos de carreiras são listados na tabela a seguir:

Agricultura, alimentação e recursos naturais	Produção, processamento, marketing, distribuição, financiamento e desenvolvimento de *commodities* e recursos de agricultura, incluindo alimentos, fibras, produtos de madeira, recursos naturais, horticultura e outras plantas, e produtos/recursos de origem vegetal e animal.
Arquitetura e construção	Carreiras em projeto, planejamento, gestão, construção e manutenção do ambiente construído.
Artes/ tecnologia A/V e comunicações	Projetar, produzir, exibir, performar, escrever e publicar conteúdo multimídia, incluindo artes e design visuais e performáticos, jornalismo e serviços de entretenimento.
Gestão de negócios e administração	Carreiras em gestão de negócios e administração abrangem planejar, organizar, dirigir e avaliar funções administrativas essenciais para operações de negócios produtivas e eficazes. Oportunidades em gestão de negócios e administração estão disponíveis em todos os setores da economia.
Educação e treinamento	Planejar, administrar e fornecer serviços de educação e treinamento, além de serviços de suporte de aprendizado relacionados.
Finanças	Planejamento, serviços de planejamento financeiro e de investimento, banco, seguro e gestão financeira de negócios.
Administração pública e governamental	Executar funções governamentais para incluir Governança, Segurança Nacional, Relações Exteriores, Planejamento, Receita e Taxação, Regulação, Gestão e Administração nos níveis federal, estadual e local.
Ciência da saúde	Planejar, administrar e fornecer serviços terapêuticos, de diagnóstico, de apoio, informática na saúde; e pesquisa e desenvolvimento de biotecnologia.
Hospitalidade e turismo	Hospitalidade e turismo abrange gestão, marketing e operações de restaurantes e outros serviços de alimentação, alojamento, atrações, eventos de recreação e serviços relacionados a viagens.
Serviços sociais	Preparar indivíduos para trabalhar em carreiras e áreas relacionadas à família e às necessidades humanas.
Tecnologia da informação	Construir ligações em estruturas ocupacionais de TI: para nível de entrada, técnico, carreiras profissionais relacionadas a design, desenvolvimento, suporte e gestão de hardware, software, multimídia e serviços de integração de sistemas.
Direito, Segurança Pública, Correções e Segurança	Planejar, gerenciar e fornecer serviços jurídicos, de segurança pública, de proteção e de segurança nacional, incluindo serviços de suporte profissional e técnico.
Fabricação	Planejar, administrar e executar processamento de materiais em produtos intermediários ou finais, e atividades de suporte e profissional relacionados, tais como planejamento e controle de produção, manutenção e engenharia de produção/processamento.
Marketing	Planejar, administrar e desempenhar atividades de marketing para alcançar objetivos organizacionais.

Ciência, Tecnologia, Engenharia e Matemática	Planejar, administrar e fornecer pesquisa científica, serviços técnicos e profissionais (por exemplo: ciência física, ciência social, engenharia), incluindo serviços de laboratório e teste, e serviços de desenvolvimento e pesquisa.
Transporte, Distribuição e Logística	Planejar, administrar e movimentar pessoas, materiais e mercadorias por meio de estradas, canais, transporte aéreo, ferroviário e marítimo, além de profissionais e serviços de suporte técnicos relacionados, tais como planejamento e gestão de infraestrutura de transporte, serviços de logística, equipamento móvel e manutenção de instalações.

Fonte: Adaptado de: Os ícones e definições de grupos de carreiras foram usados com permissão de States' Career Clusters Iniciative, 2009, www.careerclusters.org.

Occupational Outlook Handbook

Este manual disponibilizado pelo governo dos Estados Unidos pode ser acessado on-line em https://www.bls.gov/. Ele detalha 11 grandes grupos industriais e mais de 250 ocupações, com informações como formação exigida, salário, perspectiva de emprego, o que pode também ser uma ajuda para a decisão sobre qual carreira escolher.

E no Brasil?
No Portal Brasil (http://www.brasil.gov.br/economia-e-emprego) há dados interessantes para se levar em conta na busca por uma carreira.

Agências públicas de emprego

Muitas das vagas de trabalho também podem ser encontradas na web. O America's Job Exchange e America's Career InfoNet (ACINet) são exemplos de sites ligados ao ministério do trabalho dos Estados Unidos. As vagas de emprego abertas nas empresas são registradas junto com outras informações pertinentes, como número de vagas, média de salários e especificações do cargo.

E no Brasil?
O Ministério do Trabalho e Emprego disponibiliza no Portal Emprega Brasil diversas informações sobre onde se pode buscar vagas de emprego em nível nacional de acordo com o seu perfil profissional, obter informações sobre seguro-desemprego e abonos salariais, além de consulta à Classificação Brasileira de Ocupações (CBO). O site é https://empregabrasil.mte.gov.br/.

As entidades profissionais, os conselhos profissionais e os sindicatos são ótimas fontes para encontrar informações atualizadas sobre carreiras e ocupações que elas representam.

> **E no Brasil?**
> No site da Abap (Associação Brasileira de Agências de Publicidade), por exemplo, estão disponíveis links das principais associações das áreas de marketing, publicidade, entre outras (consulte: http://www.abap.com.br/links.cfm).

> **PONTO DE CHECAGEM**
> Como as informações sobre ocupações o ajudam a identificar seu mercado-alvo?

POSSÍVEIS SETORES

Setor é um campo de emprego específico – um ramo ou segmento da economia. Do mesmo modo que você determinou as possíveis ocupações nas lições anteriores, pode usar sua autoavaliação para ajudá-lo a estabelecer quais setores devem ser considerados. Há diversos tipos de setores no mercado, e você pode empregar seu autoconhecimento para se concentrar nos segmentos específicos aos quais você melhor se adapte.

Existem sistemas para classificar setores econômicos, como o North American Industrial Classification System (NAICS), desenvolvido em conjunto pelos Estados Unidos, México e Canadá. Este sistema praticamente substituiu o International Standard Industrial Classification of All Economic Activities (ISIC). O NAICS classifica as empresas pela atividade econômica nos Estados Unidos, permitindo que as estatísticas das atividades econômicas sejam comparadas mais facilmente.

> **E no Brasil?**
> A Classificação Nacional de Atividades Econômicas (CNAE) foi também estruturada tendo como referência o ISIC, sendo que a responsabilidade pela gestão e manutenção fica a cargo do IBGE. Por meio desse sistema de classificação é possível padronizar os códigos de atividades econômicas usados pelos órgãos da administração tributária do Brasil. As atividades econômicas listadas para esses sistemas, tanto o CNAE como para o NAICS podem ser encontrados em http://cnae.ibge.gov.br/classificacoes/por-tema/atividades-economicas.´

Determinando possíveis setores

Aretha estabeleceu uma possível ocupação: contabilidade. Para melhorar suas chances de sucesso e satisfação na carreira, ela deve mirar os setores-alvo que empregam contadores, como educação, saúde, indústria, serviços, agricultura e governo. Aretha é tesoureira voluntária da comunidade e em um hospital local. Com base nos seus interesses e nessas experiências, ela decide incluir os setores de governo e saúde em seus possíveis segmentos de mercado.

Revise a lista de possíveis ocupações que você selecionou e a de segmentos industriais da NAICS/CNAE, e identifique alguns setores que lhe interessa explorar. Consulte o *Occupational Outlook Handbook* ou o Portal Brasil para aprender o máximo que puder sobre setores que escolheu.

WORKSHOP

Dividam-se em grupos e façam uma descrição de um jogo de mesa ou uma competição em um programa de televisão baseada no título "Trabalho imaginado". Devem incluir informação sobre o critério usado para definir o trabalho ideal, como setor, ocupação ou a função, ou outros detalhes, como horas de trabalho, código de vestuário e benefícios. Estejam preparados para explicar suas escolhas.

PONTO DE CHECAGEM
O que são o NAICS e o CNAE?

5.1 AVALIAÇÃO

Pense criticamente

1. Explique as duas estratégias que os profissionais de marketing usam para encontrar clientes.
2. Como as publicações setoriais podem ajudá-lo a aprender sobre ocupações específicas?
3. Por que os trabalhadores de hoje têm mais escolhas quando selecionam uma ocupação do que as gerações anteriores?

Faça conexões

4. **Pesquisa de mercado** Retome o quadro "Você Sabia?" na página 133. Selecione um produto ou serviço e idealize três ou quatro segmentos de mercado relacionados. Crie "um retrato" de cada um dos segmentos.

MARKETING PESSOAL

PRODUTO OU SERVIÇO			
Segmento	Características em relação ao produto/serviço	Outras características do segmento	Melhor forma de alcançar este segmento
Nome			
Nome			
Nome			
Nome			

5. **Pesquisa** Faça um comparativo entre os 11 setores identificados no Occupational Outlook Handbook (https://www.bls.gov/) e os setores indicados no site do IBGE (http://www.ibge.gov.br/home/estatistica/economia/classificacoes/cnae2.0/ (acesse Tabelas para fazer o download da lista de atividades). Quais são as diferenças observadas? Escreva um relatório que reporte os resultados que você encontrou!

LIÇÃO 5.2

Pesquisando seu mercado-alvo

OBJETIVOS
Aprender quais aspectos pesquisar de uma empresa.
Utilizar fontes externas e internas em sua pesquisa.

TERMOS-CHAVE
- empresas de capital aberto
- empresas de capital fechado
- escolha do alvo
- informação externa
- informação interna
- relatório anual

O QUE BUSCAR

Agora que você identificou as possíveis ocupações e os setores, pode começar a determinar seu mercado-alvo por meio de pesquisas de empresas específicas. Os profissionais de marketing fazem pesquisa para tomar decisões com base em informação, o que envolve coletar informação relevante sobre os prospects (clientes em potencial). Por exemplo, um fabricante de cereais, depois de segmentar os clientes por características em comum, pode pesquisar e aprender que um dos seus segmentos identificados inclui crianças de três a oito anos que gostam de cereais saudáveis com atividades estampadas nas caixas. Antes de mudar o layout da embalagem, o gerente de produto pode fazer pesquisa com pais de crianças nesse segmento para conhecer mais detalhes que influenciem o design.

Antes de contatar as empresas, você deve saber mais sobre elas, de modo que possa elaborar suas mensagens promocionais conforme as necessidades e desejos delas. Seu conhecimento a respeito de uma organização comunica seu interesse por ela, assim como seu desejo de fazer parte do seu quadro de funcionários.

■ Casos de marketing

Yan está interessado em um trabalho de redação no setor de publicidade. Ele pesquisou cuidadosamente sobre a ocupação e o setor. Duas semanas atrás, candidatou-se a uma vaga aberta na AdSource, uma agência de publicidade local, e, ontem, um funcionário da área de recursos humanos o chamou para marcar uma entrevista para o fim desta semana. Que pesquisa adicional Yan deve fazer para se preparar para a entrevista?

Além de buscar informação sobre os produtos e operações da empresa, você também deve coletar informações de contato. Procure por nomes, endereço para correspondência, correio eletrônico e números de telefones de pessoas que trabalham ou gerenciam as funções que lhe interessam.

Escolhendo o alvo

Os profissionais de marketing pesquisam cuidadosamente um mercado antes de lançar um novo produto. Eles querem saber sobre os potenciais clientes, concorrentes, regulamentos e tudo o que possa atrapalhar o lançamento bem-sucedido do produto. Eles consideram os resultados dessa pesquisa e direcionam mensagens para criar consciência do produto na mente dos potenciais clientes. Quando as empresas vendem seus produtos aos clientes, buscam aqueles que mais provavelmente comprem seus produtos. Esta atividade é chamada **escolha do mercado-alvo**.

Você pode usar técnicas para a escolha do mercado-alvo em sua busca por trabalho. Pesquise as empresas em seus possíveis segmentos de mercado para determinar aquelas que possivelmente o contratem. Use também sua pesquisa para melhorar a eficácia do seu currículo e cartas de apresentação.

Pesquisando empresas

Para tomar decisões eficazes e com conhecimento, os profissionais de marketing pesquisam três categorias de informação: ambiente de negócio, funções de marketing e clientes. Você pode adaptar essas categorias à sua busca por informação sobre empresas.

Ambiente de negócio Pesquisar o ambiente de negócio de uma empresa envolve aprender sobre a informação do setor, como quaisquer condições econômicas, regulamentos governamentais, mudanças tecnológicas ou na concorrência que podem afetar a empresa. Se estivesse considerando empregar-se em uma indústria, por exemplo, você obteria informação sobre o tamanho do mercado em que atua, seu potencial de crescimento, o tipo de tecnologia que normalmente utiliza e quem são seus concorrentes. Você pode encontrar essas informações usando as fontes internas e externas que estão descritas adiante nesta lição.

Funções de marketing Coletar informações sobre as funções de marketing de uma empresa vai ajudá-lo a conhecer o relacionamento da organização com seu mercado. Você poderia pesquisar elementos como:

- Produtos e serviços.
- Preços dos produtos e serviços, bem como informação sobre salário.
- Praça ou distribuição – onde os produtos e serviços estão disponíveis ou acessíveis.
- Estratégias promocionais, tais como campanhas de propaganda, uso da força de vendas e publicidade recente.

Diversidade no mercado de trabalho

Um passo equivocado por razões multiculturais

Pesquisa é um passo vital no processo de marketing – especialmente para empresas que vendem seus produtos em outros países. Sem um forte entendimento sobre seu mercado internacional, essas empresas, sem dúvida, vão encontrar, ou mesmo causar mal-entendidos culturais. Essas empresas aprenderão de maneira drástica que somente a pesquisa pode prevenir um passo errado:

- Recentemente, Liz Claiborne teve de cancelar uma linha de jeans que exibia versos sagrados muçulmanos. O Conselho de Relações Islâmicas Norte-Americanas expressou que era um ultraje os versos estarem impressos nos bolsos traseiros dos jeans, pois isto implicava que as pessoas que os vestissem se sentariam sobre eles. Além de recolher os jeans, Liz Claiborne concordou em fazer um treinamento para prevenir que erros similares ocorressem no futuro.
- Depois de imprimir centenas de rótulos para um novo mercado chinês, a Coca-Cola descobriu que da maneira como seu nome tinha sido escrito nos rótulos significava "égua recheada com cera" em alguns dialetos. A empresa reimprimiu os rótulos usando uma fonética equivalente que se traduzia como "felicidade na boca".
- A Pepsi descobriu que seu slogan "Reviva com a Geração Pepsi" foi traduzido como "Pepsi trará seus ancestrais de volta à vida" em Taiwan.
- A General Motors se questionou por que seu Chevy Nova, que era vendido de forma espetacular nos Estados Unidos, era pouco comercializado na América do Sul. Depois de a pesquisa revelar que "No va" significa "não funciona" em espanhol, ela renomeou o carro para Caribe.

Fontes: Aiesec; DiversityInc.; Richard Bucher. *Diversity consciousness*. Prentice-Hall, 2000.

Clientes Os profissionais de marketing pesquisam informações *demográfica*, como idade, sexo e nível de educação; *psicográfica*, como atitudes, necessidades e desejos e estilo de vida; e *geográfica*, como os códigos de endereçamento postal onde seus clientes vivem. Considere a própria organização como seu cliente e pesquise informação sobre seu ambiente interno. Informação demográfica sobre uma organização pode incluir tempo de funcionamento da empresa, informação sobre propriedade e detalhes sobre requisitos de emprego (por exemplo, níveis de educação e experiência). Informação psicográfica pode englobar a missão e a visão da empresa, sua atitude perante os clientes e funcionários e sua cultura. Por fim, informação geográfica pode abranger sua localização física ou mesmo sua página web.

> **PONTO DE CHECAGEM**
> Por que os profissionais de marketing pesquisam antes do lançamento de um produto?

ONDE BUSCAR

Aplicando as três categorias descritas anteriormente (demográfica, psicográfica e geográfica), você pode se preparar para coletar informações que vão ajudá-lo na busca pelo seu emprego. Muitas fontes de informação podem ser disponibilizadas pelo conselheiro educacional ou na biblioteca. Algumas fontes estão disponíveis gratuitamente na internet e outras cobram uma taxa de acesso.

Empresa de capital aberto ou de capital fechado?

Antes de começar a pesquisar uma empresa, considere seu status: empresa de capital aberto ou de capital fechado. As **empresas de capital aberto** têm suas ações disponíveis para compra na bolsa de valores. Por lei, elas são obrigadas a fornecer certos tipos de informação a seus acionistas, o que simplifica sua pesquisa. Para determinar se a empresa é de capital aberto, verifique as seguintes fontes.

- Lista de ações em seu jornal local.
- Sites de pesquisa de investimentos.*
- Sites de bolsas de valores.

As **empresas de capital fechado** são organizações que não ofertam ações para compra pelo público em geral. Você pode ter bastante dificuldade em localizar informações externas sobre essas empresas, mas seja persistente.

Fontes de informação externa

Informação externa é aquela disponível no ambiente externo da empresa. Fontes de informação externa incluem:

- Diretórios, que compilam informação sobre organizações.
- Indicadores, que fornecem informação sobre empresas, muitas vezes mediante o pagamento de taxa.
- Câmaras de comércio, que fornecem informação sobre as empresas locais.
- Publicações setoriais, que divulgam perfis ou listas de organizações.

---

* Exemplos: Easynvest: <https://www.easynvest.com.br/>; Guide: <https://www.guideinvestimentos.com.br/>; Modalmais: <https://www.modalmais.com.br/>; Órama: <https://www.orama.com.br/>. (N.R.T.)

- Jornais, que disponibilizam pesquisas de artigos sobre organizações específicas.

Anuários podem ser fontes de informação eficazes para a empresa de capital aberto e algumas de capital fechado. Podem ser localizados nas seções de referência nas bibliotecas e alguns podem ser encontrados on-line.

Indicadores e estatísticas fornecem artigos e informação organizacional em geral. A maioria dos indicadores é paga e está disponível na internet. Procure em uma biblioteca quais os melhores indicadores para assinar.

Câmaras de comércio Muitas cidades possuem câmaras de comércio que oferecem informação regional sobre as empresas de suas áreas.

Publicações setoriais Além de fornecer informação sobre o setor, as publicações setoriais trazem artigos ou características de organizações específicas. Muitas associações setoriais publicam jornais comerciais, que podem ser encontrados facilmente.

Jornais podem ser boas fontes de artigos sobre empresas.

COMUNICAÇÃO

Visite ao menos três empresas pequenas localizadas na sua cidade. Escreva um relatório comparando-as. Inclua tópicos como setor, produtos ou serviços oferecidos, mercado-alvo, tempo de funcionamento, taxa de crescimento anual, estratégia de marketing e fatores que tornam cada uma delas exclusiva. Ilustre seus resultados com cartazes e outros gráficos.

Fontes de informação interna

Informação interna é aquela elaborada dentro de uma organização. As fontes de informação interna incluem:

- Relatórios anuais.
- Sites da empresa.
- Entrevistas para busca de informações.

Relatórios anuais As empresas de capital aberto são obrigadas a fornecer aos seus acionistas um **relatório anual**, que inclui informações operacional e financeira e descreve o que a empresa está fazendo atualmente e o que planeja realizar. Quando tiver acesso a um relatório anual, leia a carta do CEO no início do relatório. Geralmente ela fornece uma visão geral da situação atual da empresa, bem como sua direção futura.

WORKSHOP

Imagine uma lista de nomes e adjetivos que você usaria para se descrever a alguém com quem jamais tenha se encontrado. Considere sua personalidade, características físicas, trabalho atual ou nível educacional, estilo de vida, passatempos, e assim por diante. O que um profissional de marketing aprenderia com esta lista? Seja específico em suas respostas.

Sites da empresa Os sites de empresas com frequência fornecem informações gerais, como localização, administração e produtos e serviços. Se você não conhece um Localizador Padrão de Recursos (URL), ou o endereço virtual, digite o nome da empresa em um site de busca como o Google.

Entrevistas para busca de informações Estas são entrevistas informais com uma pessoa que trabalhe na área ou na empresa na qual você esteja interessado. Entrevistas para busca de informações não são entrevistas de trabalho; são oportunidades de aprender mais sobre uma profissão ou uma organização, incluindo informações que podem ser difíceis de encontrar de outra maneira, como cultura organizacional ou atitude da administração perante os funcionários.

As entrevistas para busca de informações podem ocorrer pessoalmente, por telefone ou por e-mail. O contato telefônico ou por e-mail é particularmente eficaz para entrevistas de longa distância. Independente do formato, seja claro sobre a razão de desejar a entrevista, seja pontual e objetivo, tenha perguntas preparadas e envie uma carta de agradecimento. Além disso, para saber mais a respeito de uma profissão ou organização, utilize a entrevista como uma oportunidade de aumentar sua rede de relacionamento e acrescentar a sua lista um valioso contato profissional.

Abaixo, algumas questões-padrão para se fazer durante uma entrevista para busca de informações.

- Como entrou neste setor ou campo?
- Como ingressou nesta organização?
- Do que você gosta na função, no setor e na organização? E do que não gosta?
- Quais são alguns dos objetivos futuros e direcionamentos para esta organização?
- Quais são algumas das qualidades que esta organização busca em seus colaboradores?
- O que posso fazer para me preparar para uma carreira neste setor?
- Como esta empresa normalmente contrata as pessoas?
- Como é um dia típico para você?
- Quais são suas responsabilidades de trabalho?
- Qual é a cultura corporativa?

- Quais são seus clientes?
- Quais são os principais concorrentes da empresa?
- O que distingue a empresa de seus principais concorrentes?
- É possível visitar essa empresa?

PONTO DE CHECAGEM
Qual é a diferença entre informação interna e externa? Indique duas fontes de cada tipo de informação.

5.2. AVALIAÇÃO

Pense criticamente

1. Explique as três categorias de informação que os profissionais de marketing pesquisam antes de tomar decisões.
2. Como a empresa de capital aberto difere da de capital fechado?
3. Faça uma lista de cinco fontes de informação externa e de três fontes de informação interna discutidas nesta seção. Você pode pensar em alguma outra fonte de informação de empresas?
4. Como o relatório anual de uma empresa pode ajudá-lo a conhecê-la melhor?

Faça conexões

5. **Análise** Identifique empregadores que acredita são ideais para você e, então, busque a melhor forma de comunicar suas escolhas e as razões para o restante da classe. Você pode escrever um relatório, fazer um cartaz ou uma apresentação oral.
6. **Pesquisar a empresa** Eleja três empresas nas quais tenha interesse em trabalhar. Utilize um site de busca para encontrar o endereço na internet de cada uma delas. (Se uma das empresas não possuir site, escolha outra que tenha.) Compare os sites com base em seis a oito características de sua escolha (como facilidade de navegação, gráficos, detalhes sobre a empresa). Escreva um texto a seu professor ou mentor e explique seu critério para a comparação e descreva seus resultados.

MARKETING PESSOAL

LIÇÃO 5.3

Explorando oportunidades

OBJETIVOS
Identificar métodos para encontrar empregos.
Explicar métodos de contato com empregadores.

TERMOS-CHAVE
- banco de currículos
- banco de empregos
- contatos frios
- correspondência em massa
- correspondência em massa modificada
- departamento de recursos humanos
- mala direta

PROCURANDO TRABALHO

Lola tem considerado farmácia e treinamento como funções do seu interesse. Ela identificou saúde e educação como segmentos dos setores a ser levados em conta. Pesquisou várias organizações nesses setores e se sente confiante de que possui um vasto conhecimento e que está pronta para buscar oportunidades.

Você encontrou algumas empresas nas quais gostaria de trabalhar. Já tem em vista funções e segmentos de setores. Agora é o momento de encontrar cargos, que se tornam disponíveis conforme os funcionários se aposentam ou mudam para outras funções ou as empresas se expandem e criam novas oportunidades.

Alguns métodos de busca de emprego são tradicionais, como ler os anúncios classificados. Outros se apoiam em tecnologia, como a internet. Nem todas as oportunidades são divulgadas, de modo que contatar empregadores diretamente e falar com pessoas que você conhece podem ajudá-lo a descobrir trabalhos não anunciados.

■ Casos de marketing

Renê leu os anúncios classificados por semanas e enviou currículos para mais de 20 empresas. Ela fez somente duas entrevistas e nenhuma empresa lhe ofereceu trabalho. Seu pai lhe disse que deveria contatar seu amigo, o principal

> executivo de marketing do Banco Central, para falar sobre um trabalho. Você acha que Renê deve seguir o conselho do seu pai? Por quê? O que mais ela pode fazer para encontrar vagas de trabalho?

A internet

A internet é rica em informação para os candidatos a vagas de emprego. De acordo com um site de informação de recrutamento eletrônico, mais de 28 milhões de trabalhos foram colocados na rede mundial em 2000. A internet pode ser usada para vários outros aspectos do processo de busca de emprego, incluindo:
- Localização de informação sobre setores, ocupações e organizações.
- Encontrar vagas abertas de trabalho.
- Enviar seu currículo.
- Contatar empregadores.

Banco de empregos Estes (também conhecidos como sites de emprego) são sites que oferecem base de dados de cargos e funções disponíveis que podem ser acessados por profissão, localização, palavras-chave, e assim por diante. A maioria dos sites de emprego oferece **banco de currículos**, nos quais os candidatos às vagas podem disponibilizar seus currículos para que sejam vistos por recrutadores e empregadores.

Sites de empresas Os sites das empresas oferecem, algumas vezes, informação sobre as aberturas de vagas de trabalho na companhia. Nem todos os sites de empresas informam abertura de vagas de trabalho, mas a maioria o faz. Busque por um link como "carreira" ou "emprego".

Sites especializados Sites de associações específicas da sua área e também sites dos conselhos regionais da profissão podem ser um bom lugar para procurar empregos. Se você procura por exemplo algum trabalho na área de engenharia, visite o site do Crea do seu estado.

Feiras virtuais de empregos

Essas feiras virtuais utilizam tecnologia para ajudar as empresas a permanecerem relevantes às pessoas em busca de empregos acostumadas a utilizar pesquisa na internet e redes sociais para encontrar informações e se comunicar com outras pessoas. Todo o processo ocorre on-line, tornando mais fácil para os empregadores muito atarefados e as pessoas em busca de emprego se conectarem. Também facilita para quem busca emprego em cargos internacionais ou posições em ou-

> **WORKSHOP**
> Você concorda ou discorda da citação de Julie Griffin Levitt, consultora de empresas e autora: " Empregadores confiam em recomendações de pessoas que eles conhecem mais do que daquelas que não conhecem."?

tras áreas geográficas. De acordo com Bohlander e Snell (2016)*, "Em feiras de empregos, as empresas e seus recrutadores montam estandes, reúnem-se com os potenciais candidatos e oferecem informações sobre as vagas de emprego. [...] Durante uma feira virtual, recrutadores em 'estandes virtuais' fornecem *links* para os seus recursos sobre carreiras, recolhem currículos e conversam com os candidatos por meio de bate-papo on-line.

Empregadores

Depois que você pesquisou as empresas-alvo, pode escolher contatar algumas delas diretamente. Caso a empresa-alvo seja pequena, pode falar diretamente com o proprietário ou presidente. Se a empresa-alvo for grande, você pode ser encaminhado ao **departamento de recursos humanos**. Este departamento geralmente não pode contratar, mas auxilia no processo de contratação por meio de:

- Preparação de materiais, como descrições de funções.
- Classificação dos candidatos pela revisão de suas qualificações.
- Envio de currículos e cartas de apresentação de candidatos qualificados para o gerente ou para a pessoa encarregada de contratar.
- Programação de entrevistas.
- Ajuda aos novos trabalhadores a completar a documentação.

Alguns candidatos a vagas de emprego enviam cegamente informações para organizações – sem pesquisar a empresa, sem fazer contatos diretos ou conhecer sobre a abertura de vagas específicas. Esses envios que não são adequados para as necessidades dos empregadores e por isso geralmente são ignorados.

Anúncios classificados

Os anúncios de "Precisa-se" nos jornais são uma fonte tradicional de recrutamento. A maioria dos jornais possui uma seção de classificados, incluindo versão completa na edição de domingo. Os anúncios classificados não devem ser sua única fonte principal de busca por trabalho. Eles frequentemente oferecem informação de uma única vaga,

---

* Bohlander, G.W.; Snell, S.A. *Administração de Recursos Humanos*. Tradução da 16ª edição norte-americana. São Paulo: Cengage, 2016.

e especialistas sugerem que somente 15% das posições são preenchidas por meio desses anúncios. Alguns anúncios podem não ser idôneos!

Apesar das desvantagens, os anúncios classificados ainda podem ser uma ferramenta de pesquisa útil. Se você estiver se mudando, busque as vagas divulgadas no jornal local. Se perceber que existem vagas apropriadas e que são abertas regularmente, pode ter certeza de que há uma demanda em seu novo domicílio.

Da mesma forma, você pode usar os classificados para saber quais setores possuem vagas abertas. Por exemplo, John vê um anúncio para coordenador de relações comunitárias em um banco. Além de se candidatar para a vaga, ele deduz que outros bancos provavelmente tenham posições similares, de modo que adiciona os bancos em sua lista de setores.

Centros de carreira/colocação

As escolas ou os centros de colocação ajudam os estudantes a encontrar trabalho. Os membros da sua equipe geralmente levam para as escolas, organizações contratantes para entrevistar os alunos. Esses profissionais podem oferecer também aconselhamento, avaliação e recomendação sobre carreira e busca por trabalho. Embora você não deva confiar neles para conseguir um trabalho, podem ser ótimas fontes de informação e ajuda na carreira.

Agências de emprego

As agências de emprego são especializadas em encontrar trabalho temporário ou fixo aos candidatos. Algumas delas com fins lucrativos cobram uma taxa das empresas ou dos candidatos pelo cadastro de vagas de emprego. Outras, como as agências de emprego estatais, não cobram taxas nem do candidato nem das empresas. Estas oferecem assistência na carreira, bem como relação de empregos.

Rede de relacionamento (*networking*)

Sua rede de relacionamento compreende as pessoas que você conhece. É como uma rede que permite que as mensagens sejam comunicadas entre as pessoas. Os indivíduos são a base dessa rede e dos relacionamentos que se formam entre eles. Esses relacionamentos produzem informação boca a boca – nascida a partir das conversas entre os indivíduos na rede de relacionamento.

Todo mundo que você conhece – incluindo seus amigos, parentes, professores, treinadores e conhecidos – pode ser uma fonte que conduz a um trabalho e informações sobre carreira. Você provavelmente já ouviu "Não é o que você sabe; é quem você conhece". Apesar de o que você sabe ser importante, quem você conhece – especialmente alguém com as conexões certas – pode ajudá-lo a colocar o pé porta adentro. Sua rede de contatos deve incluir:

- Membros da família.
- Amigos e vizinhos.
- Professores, conselheiros e treinadores.
- Ex-empregadores e ex-colegas de trabalho.
- Pessoas que frequentam a mesma igreja que você.
- Pessoas prestadoras de serviços, como dentistas e corretores de seguros.
- Membros de equipe atlética ou de organizações das quais você seja sócio.

À medida que constrói sua rede de relacionamento, utilize uma abordagem de "venda sutil" em suas conversas. Evite táticas complicadas e de alta pressão para obter informação. Ouça bem e mostre apreço pela boa vontade de seus contatos em atendê-lo. Não peça emprego. Em vez disso, explique seus interesses e conhecimentos e peça sugestões, incluindo informação sobre cargos, possíveis organizações e nomes de outras pessoas que podem ter informação útil. Peça permissão para usar o nome do seu contato como uma referência quando contatar outras pessoas. Esteja certo de dar acompanhamento, conforme seja necessário, incluindo enviar cartas de agradecimento e manter seus contatos informados sobre como sua busca pelo trabalho está progredindo.

PONTO DE CHECAGEM
Indique três desvantagens de se utilizar anúncios classificados para encontrar empregos.

Construção de carreira

Dicas e truques da internet para ajudá-lo a conseguir um novo emprego
Por CareerBuilder.com*
Copyright 2008 CareerBuilder, LLC - Reproduzido com permissão.

Há uma variedade muito grande de informação sobre carreiras na internet, e esses recursos estão a apenas um clique de quem está à procura de emprego.

---

* Site norte-americano de busca de empregos. (N.E.)

Por mais abrangentes que sejam os sites como CareerBuilder.com, existem outros recursos na internet que você pode utilizar para conseguir um novo emprego. Abaixo algumas dicas e truques para ajudá-lo a maximizar sua busca por emprego na web.

1. Testes de avaliação de carreira

Esses testes podem ser motivadores e divertidos, e os resultados vão lhe dar importantes insights sobre seu estilo de trabalho para ajudá-lo a encontrar um emprego adequado.

Por exemplo, o CareerPath.com tem uma variedade de testes de carreira úteis, incluindo um teste de cores que mede sua reação a cores e sugere potenciais áreas de carreira com base no resultado. Tome nota das palavras-chave que surgirem no resultado dos seus testes e as utilize como termos de pesquisa.

2. Network, network, network

A maior parte dos especialistas em carreiras encorajam pessoas à procura de emprego a expandirem sua rede de contatos. Você pode se conectar com outros profissionais via websites, como BrightFuse e LinkedIn, e até mesmo um contato pessoal do Facebook pode lhe fornecer uma importante conexão a uma oportunidade.

Grupos de ex-alunos que sempre estão on-line também podem ser um bom lugar para tecer sua rede de contatos, já que o foco desses grupos é o interesse em se conectar com seus colegas graduados.

Se você não sabe por onde começar, junte-se a um site da rede social. Procure por atuais e ex-colegas de trabalho e gerentes e os convide à sua rede. Acione sua rede de contato mandando mensagens e recomendando outros usuários ou elogios pela experiência positiva que teve com eles.

3. Pesquise seu futuro empregador

Se estiver competindo com outros candidatos dotados de habilidades, formação e experiência igualmente impressionantes, você realmente precisa estar a um passo à frente deles. Uma forma de fazer isso é conhecendo seu futuro empregador.

Comece com o website da empresa; cheque as seções "Sobre nós", "Mídia" ou "Assessoria de imprensa". Para estar o mais informado possível, talvez seja bom checar outros sites com informações detalhadas.

"Utilize sites de notícias on-line para verificar se as empresas estão indo bem ou se expandindo", sugere Patrick Madsen, diretor de serviços de carreira profissionais no John Hopkins Carey Business School. "Ler artigos e saber de maneira geral o que está acontecendo no mundo vai abrir novas e potenciais portas e janelas."

Madsen também sugere que os candidatos pesquisem em sites de informação, como o Hoover's, Vault.com ou Careerbeam*, para saber mais sobre as empresas.

4. Faça você mesmo

Faça uma busca de si mesmo na internet. Uma pesquisa recente da CareerBuilder descobriu que um entre quatro gerentes de contratação fazem pesquisas on-line sobre os candidatos. Se houver qualquer informação solta que possa prejudicar suas chances de ser contratado é necessário estar ciente disso.

Uma vez que você agendou a entrevista, também pode pesquisar a respeito da pessoa que o entrevistará. Madsen recomenda fazer uma busca simples no Google com o nome do entrevistador, assim como checar o Facebook ou LinkedIn para ver se ele possui perfil nessas redes. Também pode haver informações sobre o entrevistador no site da empresa.

Mark Moran, fundador e CEO da Dulcinea Media, em Nova York, afirma que esse passo é muito importante, crucial. "Entrevistei cerca de 500 pessoas nos últimos cinco anos e posso dizer que a maioria delas não obteve o emprego porque não usou a internet para saber mais sobre mim, a empresa, ou nosso setor."

5. Dê uma pesquisada geral

Sites como CareerBuilder são ideais para responder a anúncios de emprego de empregadores que buscam ativamente candidatos em sua área. Mas você também pode usar a Internet para fazer uma busca "geral" por empresas da sua área.

O especialista em carreiras Chris Russell, fundador do blog Secrets of the Job Hunt, recorda o começo da sua busca por empregos. Ele pesquisou empresas de sua área (nenhuma delas estava contratando no momento) e compilou uma lista de 80. De lá, ele identificou um contato em cada empresa. Russell lançou sua própria campanha de mala direta e logo já tinha sete entrevistas agendadas. Uma dessas empresas o contratou.

---

* Alguns exemplos nacionais que podem ser citados: 1. LexisNexis: <https://internationalsales.lexisnexis.com/pages/Informaao-de-Empresas?gclid=CJ_Km7mmmNUCFUgIkQodh34JFQ>; 2. Empresômetro: <https://www.empresometro.com.br/?gclid=CKvNpLummNUCFQSAkQodYoQJXA>. 3. Portal da Transparência: <http://transparencia.gov.br/cnep>. (N.R.T.)

O impressionante nessa história? A busca de emprego de Russell foi antes da internet, em 1993. "A internet teria tornado minha busca muito mais fácil, se eu tivesse acesso a ela na época. Hoje em dia, ver tanta informação na internet é algo intimidante", ele admite. "Mas se souber onde procurar, você pode encerrar sua busca por emprego muito mais rápido."

6. De volta ao básico
Algumas dicas importantes para ter em mente quando usar a internet para conseguir um novo emprego:
- Certifique-se de que seu e-mail é profissional; um apelido como "festeiro2002" vai dar aos empregadores uma impressão negativa sobre você antes mesmo de agendar a entrevista.
- Não confie no que escreveu, cheque letra a letra a fim de capturar qualquer erro em e-mails, cartas e currículos. A diferença entre a palavra "gosta" e um xingamento bem comum é apenas uma letra.
- Tenha sempre a versão escaneada de documentos para que possam ser enviados ou apresentados facilmente a empregadores.

CONTATANDO EMPREGADORES

Quando terminar sua pesquisa, vai estar pronto para começar a contatar os empregadores. Os métodos comuns para este contato incluem telefonar, enviar mensagens por correio eletrônico, contatar sem aviso-prévio (o chamado contato frio) e envio de mala direta.

Telefonar
Algumas vezes, telefonar é a opção de contato mais prática. Caso um empregador esteja em outro estado, talvez não consiga ir até lá de avião para fazer uma visita, mas poderá contatá-lo por telefone e manter uma conversa.

Manter registro Você deve manter um registro de todos os contatos telefônicos com os empregadores potenciais. Prepare um "diário de chamadas telefônicas" no seu organizador ou utilize uma agenda para anotar a informação básica sobre cada empregador que contatou. Inclua espaço para seguintes informações em suas planilhas:
- Data da chamada inicial.
- Nome e informação de contato do empregador.

- Nomes e cargos das pessoas com as quais você mantém contato.
- Perguntas específicas que quer fazer e suas respostas.
- Resultados da chamada.
- Lembrete de acompanhamento.

Anotações para a conversa Algumas pessoas se sentem muito confortáveis falando por telefone, enquanto outras podem sentir certa ansiedade. Preparação ajuda reduzir a ansiedade e suas anotações para a conversa vão ajudá-lo a estar preparado para a sua chamada. Essas anotações não são um script. A leitura de um script normalmente soa ensaiada, especialmente se você não estiver confortável em fazê-la. Em vez de tentar planejar exatamente o que vai dizer, deixe as anotações para a conversa próximas a você para que possa a elas recorrer. Utilize um formato de esquema para desencorajá-lo a lê-las literalmente. As anotações para a conversa devem incluir:

- **Nome**. Certifique-se de se apresentar pelo nome.
- **Propósito**. Por que você está ligando? Seja breve.
- **O que há para eles?** O que você pode oferecer aos empregadores? Utilize os relatos de capacidades, realizações e benefícios que preparou no Capítulo 3.
- **Ação**. O que você espera da chamada? Uma entrevista, informação sobre a empresa ou uma orientação de outra pessoa?
- **Cortesia**. Certifique-se de agradecer à pessoa pelo seu tempo.

Dicas para usar o telefone Conforme se prepara para contatar os empregadores por telefone, lembre-se da importância das primeiras impressões e o efeito de primazia: nos primeiros segundos de sua conversa telefônica o empregador vai formar uma opinião a seu respeito. Desenvolva sua própria confiança e entusiasmo de modo que isso transpareça na sua voz. Fique próximo a um espelho e veja suas expressões conforme fala. Sorria e relaxe seus músculos, isso ajuda o som de sua voz soar positivo.

E-mail

O e-mail em geral é muito eficiente e menos custoso que telefonar. Acompanhe os dados de contatos com as planilhas de manutenção de registros e utilize suas anotações para preparar seus e-mails.

Uma vez que você vai usar seu endereço de e-mail para contatos profissionais, escolha um apropriado que não seja ofensivo ou infantil. Certifique-se de checar sua caixa de entrada regularmente – e também a caixa de spam. Se sua caixa de mensagens estiver cheia, as novas podem não ser entregues e você perder uma resposta.

Embora possa estar acostumado a utilizar abreviaturas em mensagens eletrônicas, evite-as nos contatos profissionais. Envie mensagens curtas e sempre verifique os erros de gramática e ortografia. Por fim, afaste-se dos símbolos de emoções (*emoticons*), tais como caras sorridentes (*smiles*) e que piscam os olhos (*winks*). Eles podem ser engraçadinhos, mas não são apropriados em uma correspondência profissional.

> **O que há na internet?**
> O e-mail será uma ferramenta essencial em seus contatos com potenciais empregadores, assim como em sua comunicação no ambiente de trabalho, depois que for contratado. Para se certificar de utilizar corretamente esta ferramenta em seu benefício, acesse websites que falem sobre o assunto e treine escrevendo um modelo de e-mail de apresentação a um potencial empregador.

Contato frio

As visitas pessoais ou telefonemas sem agendamento prévio são conhecidas como **contatos frios**. Se você é uma pessoa confiante e positiva, pode tentar esta técnica para contatar os potenciais empregadores. Em alguns setores – por exemplo, varejo – o contato frio pode ser eficaz. Ele também tende a ser mais eficaz em empresas menores, nas quais você tem melhor chance de se reunir com um gerente ou supervisor. Se escolher contatar empregadores sem ter agendado, lembre-se de alguns pontos importantes:

- Vista-se e fale profissionalmente. Você não pode prever o resultado de um contato frio, mas talvez possa ser entrevistado no momento, então, esteja preparado como se isto fosse ocorrer.
- Revise sua pesquisa sobre a empresa.
- Reveja suas anotações para a conversa e siga-as como faria durante uma conversa telefônica.
- Mantenha os formulários de registros com você. Consiga os cartões de apresentação de todos com quem falar ou anote seus nomes. Quando sair, registre a(s) informação(ões) imediatamente.

MARKETING PESSOAL

Conexão da matemática com o marketing

A Danton Company pesquisou 1.200 pessoas sobre seu novo produto, sabão Silk Smooth. Com base nos resultados da tabela a seguir, que porcentagem de respondentes deu ao sabão Silk Smooth uma classificação melhor que a média?

	\multicolumn{5}{c}{CLASSIFICAÇÃO DO PRODUTO}
Idade	Excelente	Bom	Médio	Ruim	Total
18 a 30 anos	78	185	118	15	396
31 a 45 anos	145	190	31	37	403
46 a 60 anos	203	135	52	11	401
Total	426	510	201	63	1.200

Solução

Classificação total, melhor que a média = total de "Excelente" + total de "Bom"
= 426 + 510
= 936

Classificação em porcentagem, melhor que a média = 936 ÷ total de respondentes
= 936 ÷ 1.200
= 0,78
= 78%

Mala direta

Mala direta envolve enviar um pacote de correspondências de marketing – uma carta de apresentação, um currículo e amostras de trabalho e referências – para os potenciais empregadores. Mas este meio pode ser uma forma difícil de obter sua entrevista. De acordo com alguns profissionais de marketing, você deve esperar uma taxa de resposta de apenas 3% a 4%, ou 3 a 4 respostas para cada 100 pacotes enviados. Se não conseguir contatar um empregador por telefone, e-mail ou pessoalmente, tente enviar a ele um kit de marketing. Depois de enviar esse pacote customizado, espere uns poucos dias (não mais que uma semana) e tente contatar o empregador novamente.

Alguns candidatos a vagas de emprego escolhem uma técnica de envio de **correspondência em massa** para enviar seus pacotes de marketing. Eles preparam grande quantidade de pacotes com currículos e cartas de apresentação e os enviam, sem que sejam solicitados, a empresas que possam ter ou não vagas em aberto.

Por meio do envio de **correspondência em massa modificado** pode-se customizar cada carta de apresentação com o nome de uma pessoa específica.

PONTO DE CHECAGEM
Descreva uma situação na qual você pode contatar um empregador por mala direta.

5.3. AVALIAÇÃO

Pense criticamente

1. Como a internet pode ser utilizada para localizar oportunidades de emprego?
2. Explique como empregar uma abordagem de "venda sutil" enquanto constrói sua rede de relacionamento.
3. Forneça e explique quatro maneiras de abordar os potenciais empregadores.
4. Descreva o que é rede de relacionamento.

Faça conexões

5. **Pesquisa** Muitos recrutadores de pessoal recomendam ler os conselhos sobre carreira disponível em muitos dos sites de bancos de emprego. Quão útil é esse material? Visite cinco sites de banco de empregos da sua escolha, leia e classifique a qualidade dos conselhos. Trata-se do mesmo conselho? Algum dos sites se destaca pela qualidade (alta ou baixa) de seu conselho? O conselho é fácil de ler e entender? Você aprendeu algo novo? Prepare uma apresentação oral para informar seus resultados, incluindo as respostas a essas questões.

Capítulo 5. Avaliação

Construção de vocabulário

Escolha o termo que melhor se encaixe na definição. No espaço indicado, coloque a letra que corresponde à resposta. Alguns termos podem não ser aplicados.

_____ 1. Um campo de emprego específico. Um ramo ou segmento da economia.

_____ 2. Uma porção claramente identificada do mercado para o qual uma empresa quer apelar.

a. relatório anual
b. contato frio
c. mala direta
d. informação externa
e. departamento de recursos humanos

___ 3. Uma organização que não oferece ações ao público em geral.
___ 4. Um relatório que inclui informações operacionais e financeiras sobre uma empresa
___ 5. Um grupo de consumidores com uma ou mais características similares.
___ 6. Um site no qual os candidatos a vagas de emprego podem colocar seus currículos para ser vistos por recrutadores de recursos humanos e empregadores.
___ 7. Fazer que muitas pessoas saibam da sua busca pelo trabalho.
___ 8. Uma empresa que tem ações disponíveis para compra na bolsa de valores.
___ 9. Um site que oferece base de dados de vagas disponíveis.
___ 10. Um telefonema ou visita sem agendamento prévio.

f. setor
g. informação interna
h. banco de empregos
i. segmentos de mercado
j. rede de relacionamento
k. empresa de capital fechado
l. empresa de capital aberto
m. banco de currículos
n. mercado-alvo

Revisão de conceitos

11. Como um mercado-alvo se diferencia de um segmento de mercado?
12. Como a segmentação pode ajudá-lo em sua busca por trabalho?
13. Explique o que os profissionais de marketing enfocam quando pesquisam o ambiente de negócio de uma empresa. O que você deve enfocar ao pesquisar o ambiente de negócio de uma organização durante sua busca por trabalho?
14. Quais são os três tipos de informação de cliente que os profissionais de marketing coletam? Explique cada um deles.
15. Forneça e descreva três fontes de informação interna da empresa.
16. Explique o papel do departamento de recursos humanos na contratação.
17. Quais são os sites de ocupações específicas? Como eles podem ajudá-lo em sua busca pelo trabalho?
18. Que informação importante deve ser registrada nas folhas de registro quando contatar os empregadores?

Aplique o que aprendeu

19. Por que você deve pesquisar o ambiente de negócio, as funções de marketing e os clientes de uma empresa?
20. Como as empresas de capital aberto se diferenciam das de capital fechado?
21. Como você pode usar a rede de relacionamento para incrementar sua busca por trabalho?

22. Como a informação interna pode ser usada quando se contata um empregador?
23. Por que as anotações para a conversa ajudam quando se telefona para os empregadores?
24. Como você deve se preparar para um contato frio com os empregadores?

Faça conexões

25. **Comunicação** Faça uma pesquisa sobre etiqueta na comunicação por e-mail. Escreva duas páginas sobre o assunto. Certifique-se de explicar por que este é um tópico importante para que os candidatos a vagas de emprego possam entender.
26. **Arte/design** Usando os códigos ou atividades econômicas da CNAE, crie um cartaz mostrando seus cargos desejados e os setores onde esses cargos podem ser encontrados.

Tomada de decisões da equipe de gestão de serviços de hospitalidade

Você e seu colega são consultores no setor de hospitalidade. O setor está verificando as tendências com relação a uma menor ocorrência de encontros e conferências de negócios, menos turismo, maior ocorrência de teleconferências, incerteza na economia e o aumento da preocupação com relação à segurança do país.

Como resultado desse panorama, um importante hotel cinco estrelas está preocupado com o declínio de sua taxa de ocupação e pediu a você para desenvolver estratégias para melhorar os negócios (taxa de ocupação). As diárias do hotel são de $ 200 por noite durante a semana, aos finais de semana há diárias especiais de $ 120 por noite. O hotel precisa manter uma taxa média de ocupação diária de 70% para gerar lucros.

Você tem 30 minutos para tomar decisões com seu colega e planejar sua estratégia para o hotel. Esboce cuidadosamente sua estratégia porque você terá apenas 10 minutos para apresentar a informação ao juiz/classe/empresário. Seu público terá cinco minutos para fazer perguntas sobre seu plano.

Habilidades para o sucesso no trabalho
Avaliando fontes de informações on-line

Quando você está escrevendo um trabalho para uma aula ou pesquisando uma empresa antes de uma entrevista, como determina as fontes de informação que deve usar? Quais fontes são confiáveis? Quais fontes contêm informações seguras e válidas? Quando você reúne informação, é importante avaliar a afiliação, credibilidade e objetividade da informação, seja para fontes impressas ou on-line.

Ao acessar fontes impressas, especialmente as disponíveis em uma biblioteca acadêmica, tenha em mente que os bibliotecários, acadêmicos ou outros conhecedores já a avaliaram antes. As fontes on-line dão acesso a uma variedade de informações, contudo, essa riqueza tem suas limitações. É relativamente fácil e barato disponibilizar informações on-line; logo, é importante verificar a afiliação e credibilidade da informação antes de citá-la.

Afiliação

Avaliar a afiliação abrange determinar autoria e edição. Considere o proprietário do URL e o autor do texto que você está analisando. É uma página web pessoal, de uma empresa ou de um canal de notícias? Uma ferramenta que pode ajudá-lo a acessar websites é o Alexa Internet, www.alexa.com/topsites/countries/BR. O Alexa fornece informações de tráfego na web, lugar onde se localizam os usuários (por país), concede dados demográficos para os usuários, e informações sobre a propriedade do site.

Qual é o histórico e o nível de experiência do autor? Conduzir uma busca pelo nome do autor pode ajudá-lo a determinar seu histórico e suas credenciais. E o editor da informação? Esta informação foi disponibilizada através de um jornal acadêmico ou livro já submetido anteriormente a revisão antes da publicação? Faz parte de um website acadêmico, escolar ou referente a notícias de empresas? Se a informação não fizer parte desses sites, qual é a relação entre o dono/editor do site e o autor? A afiliação do site é relevante para a informação que você está analisando?

Credibilidade

Credibilidade envolve autoria, assim como objetividade e verificabilidade. Que histórico o autor ou editor traz para a informação fornecida? A competência do autor ou a experiência e conhecimento do editor na área relacionada à informação podem ajudá-lo a avaliar a credibilidade da informação. Qual é o viés, ou ponto de vista, que o autor ou editor pode trazer à informação? Qual é o contexto no qual o trabalho do autor é apresentado? Isto pode ajudá-lo a determinar se a informação, por exemplo, é apresentada como um trecho editorial ou de opinião, que pode não ser objetivo, ou um estudo ou pesquisa, mais passível de objetividade. A bibliografia foi disponibilizada de forma que você possa verificar depois a informação fornecida? Depois, você pode verificar a informação apresentada pesquisando algumas das fontes citadas na bibliografia ou na lista de referências.

Desenvolva sua capacidade

Pode ser muito benéfico avaliar criticamente as fontes de informação on-line, tanto para a escola quanto para sua busca de emprego. Não utilize fontes que não possam ser atestadas no que diz respeito à afiliação e credibilidade.

Selecione uma empresa na qual você gostaria de trabalhar. Conduza uma pesquisa on-line para buscar informações sobre a empresa, incluindo seu tamanho, as ofertas de mercado, condições financeiras e outras informações importantes que vão ajudá-lo numa entrevista. Desenvolva um sistema de análise para avaliar as fontes de informação, com base em afiliação e credibilidade, e então utilize esse sistema para avaliar as fontes encontradas. Sua lista inicial de fontes de informações pode ter ficado grande, dependendo da natureza da empresa selecionada. Que percentual da informação atingiu seu critério de afiliação e credibilidade? Nas fontes que não atingiram o critério, que tipos de problemas você encontrou?

CAPÍTULO 6

Estratégia e planejamento

6.1 Posicionando-se
6.2 Plano de marketing pessoal
6.3 Tendências da carreira

Carreiras em marketing

H. J. Heinz Company

H. J. Heinz Company é uma empresa de alimentos norte-americana com alcance mundial que atende mercados em cinco continentes, em 200 países, e emprega mais de 30 mil pessoas. Conhecida pelo seu icônico ketchup, o primeiro produto introduzido por Henry J. Heinz era na verdade feito com raiz-forte. Além da marca Heinz, o carro-chefe, a companhia oferece agora uma variedade de marcas, incluindo Ore-Ida, Bagel Bites, Boston Market, T.G.I. Friday's, a linha de comida congelada Weight Watchers e os molhos Classico.

Um funcionário do serviço de atendimento ao cliente (SAC) da Heinz comunica-se com clientes internos e externos em uma base diária e otimiza sua satisfação através de um processamento de pedido e de faturamento dos pedidos isento de erros. A capacidade de realizar múltiplas tarefas é muito importante, já que essa pessoa é responsável pelo processamento de pedidos dos clientes, por coordenar a logística, incluindo o armazenamento e transporte, a fim de garantir entregas no prazo, a precificação e as promoções para clientes e intermediários.

Um funcionário do SAC deve ser capaz de construir a lealdade do cliente, contribuir para o sucesso da equipe, ser bem organizado e possuir excelentes habilidades de escrita e de comunicação verbal. Esta posição também exige um diploma de bacharel e proficiência em computadores, inclusive conhecimento dos softwares Word, Excel e PowerPoint.

Pense criticamente

1. Esta posição envolve se comunicar com clientes internos e externos. Explique a diferença entre essas categorias de clientes.
2. Como o serviço de atendimento ao cliente contribui para o sucesso de uma organização?

Projeto de portfólio

Plano de marketing pessoal

Objetivos do projeto

Você pode identificar um problema específico em sua comunidade ou escola? Se sim, está qualificado para resolvê-lo? Como descreveria seus objetivos para solucioná-lo? Responder a questões como estas fazem parte do desenvolvimento de um **plano de marketing** – um plano escrito relacionado a uma situação atual que identifica objetivos da estratégia de marketing e descreve como alcançá-los. Neste projeto, você vai:

- Identificar oportunidades de marketing em sua escola ou comunidade.
- Entender a importância de criar um plano de marketing.
- Desenvolver um plano de ação de marketing.

Preparação inicial

Leia o processo do projeto a seguir.

- Compare o plano de marketing com o de plano de ação de marketing. O plano de marketing identifica o problema e traça os objetivos mais amplos. O plano de ação de marketing descreve as ações específicas a ser empreendidas para alcançar os objetivos.
- Reveja suas planilhas do Projeto de portfólio, no Capítulo 3, sobre seus valores e interesses.

Processo do projeto

Parte 1 Lição 6.1 Pense a respeito de alguma coisa que esteja errada em sua comunidade ou escola. Tente identificar um problema que um produto, uma organização ou um serviço possa resolvê-lo. Para obter algumas ideias, entreviste o maior número de pessoas que puder. Redija um parágrafo descrevendo o problema que quer solucionar.

Parte 2 Lição 6.2 Desenvolva e analise a solução para o problema identificado. Responda às seguintes perguntas, desenvolvidas pela associação de pequenas empresas norte-americana (Small Business Association – SBA): 1) O produto ou serviço apresenta demanda constante?

2) Quantos concorrentes fornecem o mesmo produto ou serviço? 3) Você pode realmente competir em preço, qualidade ou prazo de entrega? Descreva seu objetivo principal e explique por que está qualificado para resolver o problema.

Parte 3 Lição 6.3 Redija seu plano de ação de marketing. Segmente seu objetivo maior em objetivos menores e faça uma lista dos passos para realizar cada um deles.

Finalizando

O que a proposição de um produto e o desenvolvimento de um plano de marketing ensinaram a você sobre o marketing pessoal? Faça uma lista das semelhanças e diferenças entre o marketing de produto e o marketing pessoal para um empregador.

LIÇÃO 6.1

Posicionando-se

OBJETIVOS
Definir a expressão "marketing estratégico".
Identificar as estratégias de posicionamento.

TERMOS-CHAVE
- análise SWOT
- competências distintivas
- declaração de missão
- diferenciação
- estratégia de marketing
- percepções
- plano de marketing
- pontos fortes em comum
- posicionamento

MARKETING ESTRATÉGICO

Karen, Juanita e Kai-Lee estão prestes a entrar na quadra com seu time de basquete. Kai-Lee quer planejar alguns movimentos estratégicos antes de tudo. Karen e Juanita querem simplesmente começar a jogar imediatamente. Se Karen e Juanita simplesmente ignorarem o conselho de Kai-Lee, elas podem obter sucesso ou não. Contudo, se pararem por um momento e planejarem alguns movimentos estratégicos, vão aumentar suas chances de vencer.

As empresas desenvolvem *planos estratégicos* para ajudá-las a coordenar as atividades e a determinar como alcançar seus objetivos. Diferentemente de amigos planejando um jogo, as empresas consideram também os interesses de marketing ao elaborar seus planos. Quando uma companhia reconhece a importância do marketing, o processo de planejamento centra-se nas necessidades dos clientes. Essas necessidades são identificadas e um mercado-alvo é pesquisado antes que os produtos sejam desenvolvidos. Um plano de estratégia empresarial geralmente abrange uma declaração de missão, metas e objetivos, e um resumo da atual situação da empresa, o que inclui uma análise SWOT,[*] o exame dos pontos fortes, fraquezas, oportunidades e ameaças que podem impactar uma organização.

■ Casos de marketing

Nick Suarez acha que um negócio de troca de modelos de patins de gelo é uma grande ideia. Isso permitiria a crianças e adultos negociar seus patins usados por outros também usados. Depois da negociação do próprio equipamento, eles receberiam um comprovante como crédito para adquirir os patins usados de sua escolha. Quando as pessoas fossem comprar os patins, Nick aceitaria somente os comprovantes ou dinheiro como pagamento. O tio de Nick permitirá que ele use o espaço nos fundos da sua loja de equipamentos de informática para iniciar o negócio, mas quer que Nick mostre um plano de negócio e explique sua estratégia de marketing. O que Nick precisa pensar a respeito antes de iniciar o negócio? Para quem ele deve vender o negócio?

Entender o panorama geral

Desenvolver uma estratégia de marketing envolve visualizar um panorama geral e considerar seu próprio mercado. Deve-se levar em consideração as seguintes questões.
- Onde estamos agora?
- Aonde queremos ir?
- Como podemos chegar lá?

Uma **estratégia de marketing** resulta dos objetivos e da declaração de missão de uma organização e leva em conta os pontos fortes, os pontos fracos, as oportu-

---

[*] Sigla em inglês para Strengths, Weaknesses, Opportunities, Threats (forças, fraquezas, oportunidades e ameaças). (N.R.T.)

nidades e as ameaças externas existentes. Um **plano de marketing** descreve como implantar as estratégias de marketing de forma específica.

Missão organizacional, metas e objetivos

Os objetivos de uma organização surgem da sua missão. Muitas delas elaboram uma **declaração de missão** por escrito – ou seja, uma declaração de propósitos. Essa declaração de missão fornece uma visão de como é a organização e o que ela pretende se tornar. Além disso, responde à questão: "Por que existimos?". Em poucas frases, ela transmite a essência da organização e sua identidade no longo prazo. Essa identidade, ou entendimento do propósito, apresenta a direção para manter a empresa nos trilhos.

Os objetivos provenientes de uma declaração de missão focam no resultado desejado. Podem ser de curto prazo (ação imediata) ou de longo prazo (mais distante de sua realização). Metas são ações que vão ajudar na conquista do objetivo. É possível que a organização tenha diversas metas relacionadas a cada objetivo.

Pense em um guarda-chuva. A missão do guarda-chuva é mantê-lo seco. Para fazer isso, um de seus objetivos deve ser cobrir sua cabeça e seu tronco. Para o guarda-chuva abrir e cobri-lo, ele necessita de traves que abram e estiquem o tecido. As traves são como as metas que apoiam o objetivo. Se estiverem alinhadas e conectadas adequadamente ao tecido, o objetivo do guarda-chuva será alcançado: ele vai abrir e protegê-lo. Quando isso acontecer e você estiver coberto, podemos dizer que ele cumpriu sua missão de mantê-lo seco. Quando a organização comunica claramente sua missão definida, os funcionários compreendem seus fundamentos, e podem se comprometer melhor em apoiar a causa da empresa, focando nas atividades diárias que conduzem aos objetivos gerais.

Declaração de missão pessoal

Como tudo isso se relaciona com você? No Capítulo 3 você identificou os objetivos e os valores pessoais, e no Capítulo 5 determinou sua carreira-alvo. Agora, pode usar esta informação para desenvolver uma declaração de missão pessoal que, muito semelhante à de uma organização, servirá como uma declaração do seu propósito. Modelada por seus valores, ela deve identificar quem você é, o que quer ser e o que pretende fazer. Sua declaração de missão pode guiá-lo conforme considere seus objetivos pessoais e profissionais e pode fornecer direção de longo prazo e uma base para a ação quando começar sua busca pelo trabalho. À medida que elabora sua declaração de missão, deve também executar uma análise SWOT.

O que é uma análise SWOT?

Análise SWOT é uma ferramenta utilizada para analisar uma organização com base na existência de pontos fortes e fracos, de oportunidades e de ameaças. A avaliação e o entendimento desses fatores podem ajudar uma empresa a apoiar sua missão:

- Concentrando-se nos *pontos fortes*.
- Corrigindo ou eliminando os *pontos fracos*.
- Promovendo o conhecimento de *oportunidades*.
- Lidando eficazmente com as *ameaças*.

Os pontos fortes e fracos tendem a ser internos, enquanto as oportunidades e ameaças são externas. Conforme lê sobre a análise SWOT, considere seus próprios pontos fortes e fracos, assim como as oportunidades e as ameaças que encontra em sua busca de trabalho.

Pontos fortes Incluem capacidades e competências. As organizações tentam identificar tanto os **pontos fortes em comum** – características comuns à maioria das empresas em determinado setor – quanto as **competências distintivas** – aquilo que uma organização realiza especialmente bem. Por exemplo, a maioria dos bancos demonstra pontos comuns em sua forma de administrar os depósitos dos clientes, os saques em dinheiro e a abertura de contas. Se um estabelecimento bancário foca em um banco on-line, que fornece acesso às contas 24 horas e permite fazer transferência de fundos, consultar saldo de contas, efetuar o pagamento de faturas e obter crédito on-line (na modalidade de empréstimos), ele pode ter uma competência distintiva.

No Capítulo 3, você identificou capacidades, realizações e benefícios. Provavelmente estes serão seus pontos fortes. Suas competências distintivas poderiam ser quaisquer qualificações que você possua que o tornem extremamente qualificado para um trabalho.

Pontos fracos Englobam capacidades ou competências que faltam ou não dão suporte à missão. Por exemplo, o ponto fraco de um editor pode ser a não adoção de nova tecnologia de software que comumente é utilizada no setor. Os pontos fracos podem ser convertidos em pontos fortes ou a missão pode ser modificada para aceitá-los. O editor pode adquirir o software e treinar as pessoas para usá-lo, convertendo o ponto fraco em forte. Se isto não for possível, talvez possa alterar sua missão para mudar o âmbito do negócio de modo que possuir a tecnologia não seja tão imperativa. Uma forma para converter o ponto fraco pessoal em ponto forte é focar somente nos aspectos positivos de uma característica pessoal. O ponto fraco de Ana é o perfeccionismo. Em vez de refletir em como sua natureza perfeccionista faz que ela gaste mais tempo para completar projetos, pode tomar isto como uma prova da sua atenção aos detalhes e da sua habilidade de completar a maioria das tarefas corretamente na primeira vez.

Oportunidades São circunstâncias favoráveis ou momentos oportunos que aumentam o desempenho. Uma empresa que produz equipamentos médicos pode ter conhecimento de uma lei, a ser aprovada pelo Congresso, que exija a esterilização de certos tipos de lixo médico-hospitalar. A empresa, então, poderia acelerar o desenvolvimento do equipamento de esterilização para ajudar os hospitais a cumprir a nova regulamentação. A situação seria considerada uma oportunidade, pois a empresa tem a chance de se beneficiar das circunstâncias externas que poderiam aumentar seu negócio.

Ameaças São fatores no ambiente de negócios que podem dificultar o desempenho. Por exemplo, um novo concorrente que esteja entrando no mercado poderia ameaçar a organização. Conscientizar-se deste tipo de ameaça é um sinal para que a companhia desenvolva estratégias para lidar com o novo concorrente. A empresa poderia oferecer promoções especiais para novos clientes ou dar um incentivo para os atuais. Como as ameaças podem afetar sua estratégia de marketing pessoal? Um declínio na contratação prevista em sua área de interesse é uma ameaça. Para administrar este aspecto, você precisaria ampliar o âmbito da sua pesquisa de trabalho considerando setores ou ocupações adicionais.

PONTO DE CHECAGEM
Forneça um exemplo para cada uma das categorias SWOT que se aplique ao mercado de trabalho em seu campo de interesse.

POSICIONAMENTO

Posicionamento envolve criar uma distância na mente dos consumidores entre os produtos encontrados no mercado que diferencie as características e benefícios de produtos semelhantes. Por exemplo, um restaurante pode estar posicionado como uma opção rápida e barata, outro, como a alternativa mais saudável.

O posicionamento produz uma **diferenciação** – um foco na exclusividade ou nas diferenças entre um produto e seus concorrentes. Tais distinções ajudam a moldar as percepções dos consumidores. **Percepções** referem-se às imagens de um produto em particular que vêm à mente. Se um amigo menciona uma marca de cereal, você pode ter um quadro mental formado desse cereal, assim como uma opinião a seu respeito.

O posicionamento influencia os produtos de diversas maneiras, quanto:

WORKSHOP
Com um colega, analise três tipos de gel ou xampu para cabelo e descreva como cada um deles tentou alcançar uma posição exclusiva no mercado.

- Às características e benefícios que são derivados desses produtos.
- Ao preço, em termos de produtos com posições de baixo custo, de valor econômico ou alto valor e produtos premium.
- Ao lugar, onde os produtos estão disponíveis.
- À promoção, incluindo o local onde os produtos são oferecidos e que tipo de mídia é empregado para promovê-los.

Um produto não pode representar os mesmos valores para todas as pessoas, de modo que os profissionais de marketing intencionalmente influenciam o que um produto significa para os consumidores pelo seu posicionamento. Por exemplo, se alguém menciona determinado carro esportivo, você pode formar uma opinião a respeito do que ele pode oferecer e sobre o modelo. Dependendo da posição de mercado criada para aquele veículo, sua visão pode incluir ideias sobre segurança, robustez, risco, independência, economia, qualidade, e assim por diante. Se *você* estiver posicionado adequadamente, os "compradores" serão capazes de reconhecer facilmente seus benefícios.

Estratégias de posicionamento

O posicionamento pode ser baseado em vários fatores, dependendo de como uma empresa queira que os consumidores percebam seu produto. Esses fatores incluem:

- **Características.** O que o produto inclui? O sabão para lavar roupas A pode ser conhecido por seu perfume fresco, e o sabão B, também para lavar roupas, por manter as cores brilhantes.
- **Benefícios.** O que o produto realmente propõe aos consumidores? O sabão doméstico pode estar posicionado em relação ao benefício de proporcionar mais tempo livre em virtude de sua versatilidade e forte poder de limpeza.

Conexão da matemática com o marketing

Tina trabalha 20 horas por semana em uma loja por $ 8,50 a hora. Ela também estuda em tempo integral e precisa de cerca de 20 horas semanais para realizar os deveres de casa e as atividades extracurriculares. Ela é uma aluna brilhante e espera obter uma bolsa de estudos para ajudar a pagar a universidade.

Em troca do privilégio de dirigir o carro dos pais, Tina concorda em responsabilizar-se pelos serviços (lavar, encerar, aspirar etc.) do carro. Geralmente, ela gasta cerca de 8 horas e $ 30,00 em materiais nesta tarefa. O estabelecimento local de serviços cobra $ 150,00 e pode fazê-lo em duas horas. É mais dispendioso para Tina realizar ela mesma os serviços no carro ou levá-lo ao estabelecimento? Dado todos esses fatores, que "custos", além do dinheiro cobrado, podem ser considerados conforme ela tome essa decisão?

Solução

Adicione as perdas salariais de Tina às suas despesas para determinar quanto ela economizaria se fizesse os serviços no carro

Perdas salariais = 8 horas x $ 8,50 = $ 68,00
Custo = $ 68,00 + $ 30,00 = $ 98,00

Portanto, Tina economiza $ 52,00 ao realizar ela mesma os serviços no carro.
Outros custos a serem considerados incluem o tempo gasto com dever de casa e lazer. Apesar de Tina não ser "paga" para fazer o dever de casa, a média das suas notas pode afetar diretamente o quanto ela vai economizar para a universidade. Ela também pode considerar que vale a pena pagar a um profissional para fazer este trabalho, e então terá mais tempo com sua família e seus amigos.

- **Preço/qualidade.** Custo mais baixo representa melhor valor, ou, ao contrário, custo mais alto representa um item de luxo, avançado.
- **Usuário.** Que tipo de pessoa utiliza o produto?
- **Uso.** Como o produto é usado realmente? Por exemplo, o bicarbonato de sódio tem sido posicionado como um neutralizador de odores.

Utilize esses exemplos para fazer sua própria declaração de posicionamento. Pense sobre os setores e organizações que almeja. Como você pode se apresentar? Pesquisa eficaz e direcionada para o alvo pode ajudá-lo a posicionar-se de maneira mais apropriada e eficaz.

PONTO DE CHECAGEM
O que criar distância tem a ver com o posicionamento? Explique como você pode usar o posicionamento para vender-se aos empregadores.

MARKETING PESSOAL

6.1. AVALIAÇÃO

Pense criticamente

1. Esta lição compara estratégia de marketing empresarial com estratégia de marketing pessoal. Quem é o cliente em uma estratégia de marketing pessoal? Em que aspectos desse cliente quem busca trabalho deve focar ao iniciar o processo de marketing pessoal?
2. Por que as empresas baseiam seus objetivos e estratégias de marketing nas necessidades dos clientes?
3. Qual você desenvolveria primeiro: uma declaração de missão ou um plano de marketing? Explique.
4. Dos cinco fatores de posicionamento de produto listados nesta lição – *características, benefícios, preço/qualidade, usuário* e *uso* –, quais os dois que melhor se relacionam com sua estratégia de marketing pessoal? Explique.

Faça conexões

5. **Estudos sociais** As pessoas de fora dos Estados Unidos frequentemente se espantam com o vasto número de produtos disponíveis no país. Um supermercado na França exibe cinco ou seis variedades de pasta de dente nas prateleiras, enquanto a maioria das lojas dos EUA tem pelo menos vinte. Por que você acha que existe tanta variedade de pasta de dente nos Estados Unidos? O povo desse país possui diferentes necessidades para esse produto? Como são posicionadas as marcas e tipos de pasta de dente? Escreva um relatório de uma a duas páginas sobre essa questão.

LIÇÃO 6.2

Plano de marketing pessoal

OBJETIVOS
Entender o propósito de um plano de marketing.
Desenvolver as três partes de um plano de marketing pessoal.

TERMOS-CHAVE
- plano de ação de marketing

DESENVOLVENDO UM PLANO DE MARKETING

Conforme segue a jornada em sua carreira, lembre-se de que seu destino deve ser um espaço onde esteja fortemente posicionado para poder aproveitar as oportunidades. Seu plano de marketing serve como um mapa do seu itinerário. Ele o guia à medida que você coordena as atividades e o ajuda a permanecer na rota. Como um mapa de viagem, ele fornece uma base para a tomada de decisões e o alcance de seus objetivos. Plano de marketing é um esboço escrito que aborda questões como a situação atual, os objetivos da estratégia de marketing e o método ou etapas para alcançar os objetivos.

De acordo com a SBA – Small Business Administration, um plano de marketing deve responder às seguintes perguntas:

- Esse produto tem demanda constante?
- Quantos concorrentes fornecem o mesmo produto?
- Você pode criar uma demanda para o seu produto?
- Você pode competir eficazmente em preço, qualidade e entrega?

> **WORKSHOP**
> Trabalhando em pequenos grupos, desenvolva uma ideia para um serviço gratuito que seja necessário em sua escola. Escreva uma declaração de missão que descreva a finalidade do serviço selecionado.

■ Casos de marketing

Todos admiram o aquário da casa de Marina. Os amigos de seus pais sempre lhe dizem que gostariam ter um aquário igual, mas não têm tempo para mantê-lo. Ela está pensando em iniciar um negócio: montar e manter aquários nas casas de outras pessoas por uma tarifa inicial e uma taxa mensal. Observações casuais como aquelas feitas pelos amigos de seus pais asseguram a Marina que há clientes potenciais para seus serviços? Que questões ela deveria levantar para desenvolver um plano de marketing para seu produto e seus serviços?

Criando o próprio plano

À medida que você trabalha para desenvolver seu plano de marketing pessoal, pense em como pode satisfazer às necessidades dos empregadores: como suas capacidades e competências distintivas podem beneficiá-los? Um planejamento cuidadoso e uma pesquisa vão ajudá-lo a desenvolver um plano bem-sucedido. Um plano de marketing não é escrito em pedra, em vez disso, é flexível – com base tanto na mudança dos seus interesses como nas de mercado.

O que você precisa saber

Os planos de marketing geralmente apresentam três enfoques principais: análise de mercado, estratégia de marketing e planos de ação. Você precisará ter compreensão sobre:
- Si mesmo.
- Seu mercado-alvo, incluindo cargos, setores e empresas.
- O problema a ser resolvido e os benefícios que você oferece.
- O mercado, inclusive tendências e concorrentes.

> **PONTO DE CHECAGEM**
> Selecione duas perguntas formuladas anteriormente pela SBA (página 170) e explique como você pode aplicá-las em seu plano de marketing pessoal.

UM PLANO DE TRÊS PARTES

Você é um planejador ou alguém que gosta de se engajar em um projeto e ver aonde ele o leva? Até agora, alguma vez você acabou indo na direção errada em um projeto que não quis recomeçar? Não importam quais sejam seus objetivos, eles o ajudam a se planejar para o futuro, de modo que possa evitar erros que custem tempo e dinheiro. Em sua carreira, você pode pegar alguns desvios ou dar voltas erradas, mas com um mapa aumentará suas chances de ir na direção certa. Um plano de marketing pessoal também inclui uma análise de mercado, estratégia de marketing e plano de ação. Elaborar seu plano de marketing é um importante passo no processo de desenvolvimento da carreira. Ele pode ser o guia que você precisa para alcançar o sucesso.

Análise de mercado
Esta análise inclui:
- O desenvolvimento de uma declaração de missão.
- Um exame dos mercados atuais.
- Olhar com cuidado para a concorrência.
- Uma análise SWOT.

Desenvolva sua declaração de missão Lembre-se de que a declaração de missão é uma manifestação de propósitos. Você pode usar a declaração de missão pessoal que começou a desenvolver na Lição 6.1.

Examine os mercados atuais Uma revisão dos mercados atuais envolve identificar os empregadores que você tem como alvo e explorar suas necessidades. Que tipos de capacidades estão buscando? Eles querem um profissional com experiência para determinado cargo ou alguém que possam treinar e que trabalhará por um salário menor?

> **VOCÊ SABIA?**
> A pessoa contratada para um posto nem sempre é a mais qualificada. A pessoa selecionada é aquela que o empregador acredita ser a mais qualificada.

Olho na competição O exame da competição é essencial em um plano de marketing. Você deve aprender sobre os requerimentos de admissão da universidade em que quer estudar ou sobre as práticas de contratação do seu empregador-alvo. Qual é a média para ingressar no primeiro ano? Como o departamento de pessoal dá pesos a diferentes fatores como classificação e pontuação obtida em testes? O empregador gosta de contratar novas pessoas baseado nas referências de dentro da empresa? Seus competidores provavelmente terão melhores capacidades técnicas?

Uso de sua análise SWOT Você pode usar a análise SWOT que começou anteriormente em seu plano de marketing. Refresque sua memória ao reler as descrições das categorias da análise SWOT nas páginas 165 e 166.

Estratégia de marketing

Sua estratégia de marketing explicará como o marketing se relaciona com o desenvolvimento de sua carreira. Ela vai identificar:
- Seus objetivos e resultados esperados.
- Uma descrição de seu mercado-alvo.
- Sua própria declaração de posicionamento.

Estabeleça seus objetivos e os resultados esperados Seus objetivos e os resultados esperados devem incluir os objetivos ABC do Capítulo 3, assim como o resultado esperado de sua busca de trabalho. É importante ser específico, mas sem excluir espaço para crescer e se modificar.

Defina seu mercado-alvo No Capítulo 5 você aprendeu sobre setor e direcionamento de mercado, e conduziu uma pesquisa para selecionar setores, cargos e empresas. Considere quaisquer mudanças recentes que possam ter afetado o mercado ou aquelas que podem afetar o mercado no futuro.

Formule sua declaração de posicionamento Examine o posicionamento (p. 167 e 168) e explique como você pode se diferenciar da concorrência aos olhos dos potenciais empregadores.

Planejamento de ação

Seu **plano de ação de marketing** é sua lista detalhada "do que fazer". Ela compreende uma lista de atividades ou tarefas planejadas, incluindo como devem ser realizadas e as datas de quando devem ser finalizadas. Para cada objetivo, pergunte-se quais metas deve definir para alcançá-lo. Pense nas empresas que você irá contatar. Como você deve se posicionar para que essas empresas se interessem por você? Dividir os trabalhos em tarefas manejáveis menores vai ajudá-lo a diminuir a distância de seus objetivos e fazê-los parecer menos devastadores.

PONTO DE CHECAGEM
Como seu plano de marketing geral se diferencia do seu plano de ação de marketing?

6.2. AVALIAÇÃO

Pense criticamente

1. Uma das perguntas formuladas pela SBA refere-se a como você pode criar uma demanda para seu serviço ou produto. Esta questão poderia ser aplicada a seu plano de marketing pessoal? Se puder, como?
2. Um plano de marketing não é escrito em pedra. Que fatores você acha o faria alterar seu plano de marketing?
3. De acordo com sua estratégia de marketing, como uma descrição do seu mercado-alvo pode mudar durante sua carreira?
4. Na análise SWOT, como as oportunidades poderiam ser vinculadas à rede de relacionamento?

Faça conexões

5. **Ciência** Pesquise uma inovação científica, como a microfibra Velcro® ou o adoçante artificial. Relate como um ou mais produtos que resultaram desta inovação foram comercializados.
6. **Arte/desenho** Crie um cartaz descrevendo a análise de mercado para uma ideia que poderia levar a uma pequena empresa, incluindo a declaração de missão, as

necessidades do mercado atual, a visão da concorrência (com fotos ou ilustrações, se disponíveis) e a análise SWOT. Inclua também alguns diagramas que esclareçam sua estratégia.

7. **Comunicações** As empresas se vendem aos clientes pela propaganda e por outros meios custosos. Além disso, enviam *press releases* (comunicação à imprensa) que, algumas vezes, geram publicidade gratuita. Encontre um exemplo de *press release* e o utilize para redigir sua própria comunicação a fim de anunciar sua busca por trabalho. Em sua comunicação à imprensa, inclua informação pessoal, qualificações especiais e atividades recentes relacionadas ao trabalho. Faça-o ser interessante.

LIÇÃO 6.3

Tendências da carreira

OBJETIVOS
Reconhecer as tendências do mercado de trabalho.
Entender o mercado e as tendências de marketing.

TERMOS-CHAVE
- consciência da oportunidade de mercado
- força de trabalho
- mapeamento ambiental
- trabalhadores substituídos

TENDÊNCIAS DO MERCADO DE TRABALHO

Você já customizou seus jeans? Comprou novas armações de óculos apesar da sua prescrição não ter mudado? Cortou os cabelos para ficar igual ao de uma artista famosa? Caminhou para lá e para cá num shopping à procura de um novo jogo muito disputado? Caso tenha feito coisas assim, você seguiu uma tendência de mercado.

Você assiste a shows e comerciais de televisão, observa os anúncios de revistas, tem contato com músicas ou músicos, ou seja, você está o tempo todo sendo influenciado pelo que vê. Além do mais, você visita o shopping e se depara com vitrines, manequins e mostruários que promovem a última moda e estilos. Quando vai para a universidade, observa outros estudantes com suas modas particulares e usando acessórios e estilos de cabelos novos. Ao levar tudo isso em conta, você está mapeando o ambiente.

Você pode não perceber, mas mapeia o ambiente e se torna ciente das oportunidades de mercado quase do mesmo modo que uma empresa se esforça para garantir que seus produtos não se tornem obsoletos.

■ Casos de marketing

Emília Chung quer se tornar compradora de roupas de uma importante loja de departamentos. Ela estava entusiasmada com um programa de treinamento oferecido em uma universidade pública. Dois dos cursos seriam oferecidos por um comprador de roupas da sua loja favorita. Depois da universidade, ela esperava encontrar trabalho nesta área, até que leu um artigo no jornal que dizia que as lojas de departamento estavam perdendo mercado. Emília deveria buscar um novo caminho em sua carreira? Que áreas ela deveria explorar para buscar um trabalho similar em seu campo de interesse?

Mapeamento ambiental

Mapeamento ambiental envolve identificar tendências importantes no mercado. Por exemplo, o poder de compra dos ásio-americanos deveria chegar a $ 752 bilhões em 2013, um aumento de 180% de 2000 a 2013 (de acordo com o Selig Center for Economic Growth). Em razão desta tendência, as empresas de corretagem e muitos outros setores aumentaram os esforços para atingir esse valioso segmento da população.

Consciência da oportunidade de mercado

Como discutido na Lição 6.1, oportunidade refere-se a uma circunstância favorável ou um momento vantajoso. **Consciência da oportunidade de mercado** envolve perceber as circunstâncias ou o momento que permite atuar em direção a um objetivo. Estar à frente de uma oportunidade de mercado pode oferecer às empresas a chance de obter grandes recompensas – isto é, desenvolver uma base de cliente e obter lucro. A Microsoft aproveitou uma oportunidade de mercado ao licenciar o sistema operacional DOS quando os computadores pessoais começavam a ganhar popularidade.

Na busca de trabalho, você pode mapear o ambiente, verificar as tendências que podem impactar o campo da sua carreira, incluindo cargos de interesse e setores-alvo.

Também pode buscar por oportunidades de mercado que possam colocá-lo à frente de uma profissão ou setor emergente.

O mercado de trabalho

Tanto o mapeamento ambiental como a consciência da oportunidade de mercado podem ajudá-lo a se tornar mais ciente das tendências no mercado de trabalho. Conforme planeja sua carreira, vai querer ter acesso a informações relacionadas às oportunidades. De acordo com as agências de estatística, as oportunidades de trabalho tendem a surgir a partir de demandas maiores por serviços e produtos provocadas pelo aumento na população. Porém, elas podem diminuir se o aumento da força de trabalho exceder à demanda. Por exemplo, se há um grande grupo de pessoas treinadas para ser pilotos de linhas aéreas comerciais, mas a a procura por viagem aérea está limitada, as oportunidades de trabalho nesse campo serão escassas. Neste exemplo, e em muitos outros, as mudanças significativas nos setores também têm um papel importante.

COMUNICAÇÃO

Entreviste alguém com pelo menos 15 anos de experiência em seu campo de interesse. Pergunte a essa pessoa como seu trabalho mudou ao longo dos anos e como se prepararia para entrar neste campo atualmente. Resuma os conselhos em um relatório de uma página.

População

A população tende a influenciar não somente a demanda por produtos e serviços, mas também o tamanho da força de trabalho. Por exemplo, uma população adolescente em crescimento aumentará a demanda por professores para o ensino médio.

Em 2016, previa-se um crescimento de mais 9% da população dos Estados Unidos, ou seja, de 22 milhões de pessoas. Esse crescimento incluía um aumento no número de americanos com idade entre 55 e 64 anos. Em comparação com caucasianos, grupos outrora considerados minorias, como hispânicos e asiáticos, deveriam crescer em uma proporção mais rápida nos Estados Unidos.

Esse crescimento resultaria em um aumento dos consumidores, que poderiam comprar uma diversidade de produtos e serviços. Este aspecto foi projetado para significar mais demanda de trabalhadores em vários setores.

Força de trabalho

À medida que a população cresce, o aumento do potencial da **força de trabalho**, que inclui aqueles que estão trabalhando e os em busca de trabalho, também cresce. Em 2016, previa-se que a força de trabalho cresceria 8,5% nos Estados Unidos, ou seja, aumentaria em cerca de 13 milhões de pessoas. Então, em 2016 mais de 164 milhões de pessoas nos Estados Unidos estariam trabalhando ou procurando emprego.

A força de trabalho também se tornará cada vez mais diversa. Grupos como hispano-americanos, asiáticos, afro-americanos, assim como o das mulheres, continuarão a aumentar.

Muitos dos empregos com maior expectativa de crescimento no futuro exigem treinamento no trabalho e não necessitam de um diploma de bacharelado. Essas vagas são para vendas no varejo, atendimento ao cliente, cuidador e zelador. Empregos que crescem mais rápido e exigem bacharelado são para os formados em engenharia, tecnologia da informação, finanças e contabilidade, direito, profissionais de marketing e vendas, e os da área do agronegócio.*

Setores

Os Estados Unidos vão continuar seguindo a linha da economia baseada em serviço, já que cerca de 80% da economia do país é baseada em serviço. Embora o crescimento no setor de serviços tenha diminuído, o *Occupational Outlook Handbook* projetou um crescimento em longo prazo no setor. Três em cada cinco novos empregos seriam no setor de serviços, com dois terços em negócios, saúde e serviço social. De maneira geral, quase 15 milhões de novos empregos surgiriam na área de serviços até 2016.

Diversidade no ambiente de trabalho

Muitas empresas alegam valorizar a diversidade, mas quantas conseguem alcançá-la em todos os seus níveis? Na Comcast Corporation, uma grande empresa de cabos e comunicações, 40% da sua força de trabalho regular é composta de minorias e metade de mulheres. Na categoria "cargos oficiais e de gerência", a Comcast emprega 25% de membros de minorias e 40% de mulheres, mais do que a maioria das empresas.

O vice-presidente David Cohen diz que é o compromisso de sua empresa com o "maior equilíbrio racial, étnico e de gênero decorre tanto da razão moral como da razão comercial". Ele diz: "Se você não tiver um ambiente que encoraje a diversidade, estará em séria desvantagem". A Comcast acredita que esse pensamento deve se agregar a seus serviços e ao marketing para refletir as mudanças demográficas na população. O que seria me-

---

* Para mais detalhes, visite: <http://www.guiadacarreira.com.br/profissao/profissoes-que-mais--crescem/>. Acesso em: jul. 2017. (N.R.T.)

lhor para esse propósito do que empregar uma força de trabalho diversificada? Embora a Comcast ainda não tenha o alto nível de diversidade que deseja, a empresa acredita que os vários programas implantados atualmente vão preparar e identificar pessoas dentro da sua força de trabalho diversificada para futuras posições de liderança.

Fonte: *Philadelphia Inquirer*, 25 set. 2002.

Prevê-se que o setor de serviços profissionais e de negócios vai crescer mais de 23%, criando mais de 4 milhões de empregos. Isso inclui posições em consultoria científica, técnica e empresarial, design de sistemas de informática, apoio ao emprego, suporte administrativo e gestão e remediação de resíduos. Empregos em serviços de educação e saúde vão aumentar mais de 18%. Essas vagas incluem posições em hospitais, nas áreas de enfermagem e em estruturas de cuidados residenciais, e em serviços de educação públicos e privados. Empregos na área de finanças, em seguradoras e no ramo imobiliário vão aumentar a uma taxa de mais de 14%. Corretores de segurança e bens, seguradoras, agentes e corretores de seguros, e posições no ramo imobiliário estarão na vanguarda desse crescimento.

A previsão do governo americano era de que em 2016 as vagas de empregos nos serviços públicos aumentariam em cerca de 5%. O maior crescimento seria nos níveis estaduais e municipais.

Setores produtores de bens, em comparação com setores fornecedores de serviços, permaneceriam relativamente estagnados nos últimos anos, com previsão de declínio geral de 3% nos próximos anos. Contudo, eram esperados aumentos na construção civil e em produtos farmacêuticos.

Empregos

O crescimento do setor de serviços criaria uma demanda por ocupações diferentes. Entre elas, projetava-se que os profissionais liberais e trabalhos relacionados aumentariam 17%. Muito desse aumento viria de uma demanda por profissionais da área de informática, matemática de cuidados com a saúde e ocupações de suporte técnico. Posições na educação, treinamento organizacional e em serviços de biblioteca também cresceriam.

Um aumento de quase 17% no número de trabalhadores de serviços, incluindo os da área de serviços de alimentação e apoio de cuidados com a saúde, era esperado. Empregos em transportes, por exemplo, demanda por operadores de veículos motorizados e de transporte de materiais aumentariam 5% nessa projeção.

Previa-se um aumento de quase 11% para os empregos em gestão, negócios e finanças. E que aumentaria a demanda por gerentes de serviço comunitário e social, analistas financeiros e conselheiros de finanças pessoais.

As vagas em vendas aumentariam quase 8%. Ocupações em manutenção, como técnicos de serviços automotivos, instaladores e reparadores de linhas de telecomunicações aumentariam mais de 9%. Esperava-se um aumento nas posições de suporte administrativo em cerca de 7%, com representantes de atendimento ao consumidor registrando o maior crescimento. Havia expectativa de que as ocupações que teriam aumento mais efetivo incluiriam enfermeiras registradas, vendedores do varejo e representantes de atendimento ao cliente.

Avaliar tendências, especialmente em setores e cargos, pode ajudá-lo a desenvolver seu plano de marketing. Considere seus alvos de carreira no Capítulo 5. Seus cargos de interesse estão em áreas de crescimento? Os setores que você escolheu têm projeções de crescimento? Se a resposta for não, você deve se certificar de que possui as habilidades necessárias e pode fornecer benefícios definitivos para o empregador. Provavelmente será acirrada a concorrência para as vagas disponíveis.

PONTO DE CHECAGEM
Em que setor da economia os trabalhos terão um maior crescimento? Faça uma lista com cinco exemplos de trabalhos nesse setor.

O MERCADO DE TRABALHO E AS TENDÊNCIAS DE MARKETING

Segundo Elaine Chao, titular da pasta do Trabalho dos Estados Unidos entre 2001 e 2009, três principais questões moldariam a economia e a qualidade de vida desse país, que são: as lacunas de capacidades, as tendências demográficas e o futuro do mercado de trabalho norte-americano. Conforme o mercado de trabalho se movimenta em direção a setores com base na informação e de alta capacitação, as capacidades dos trabalhadores devem mudar e crescer rapidamente para que possam se manter ativos. O crescimento do número de aposentados e da população norte-americana cada vez mais diversificada contribui para uma demanda por novas formas de tratar o trabalho.

O modo como as empresas vendem seus produtos e serviços também mudou. Os mesmos fatores listados anteriormente – uma população diversificada e crescimento dos aposentados e de grupos adolescentes – combinados com níveis mais altos de renda disponível para alguns grupos, têm levado as empresas a focar seus esforços em marketing. Examinar como o marketing se tornou mais sofisticado nos últimos anos pode ajudá-lo a entender a importância de refinar sua própria estratégia de marketing.

Tendências do mercado de trabalho

O mercado de trabalho atualmente é muito diferente daquele de 30, 20 ou 10 anos atrás. Muitas mudanças que ocorreram podem ser atribuídas aos avanços na tecnologia e ao crescimento do mercado global.

Mobilidade do trabalhador Os funcionários de hoje geralmente trabalham para cinco e até dez diferentes empresas durante o transcurso de suas carreiras. Esta tendência afeta a aposentadoria, as pensões e os benefícios. O conhecimento destas e de outras tendências pode ajudá-lo a se planejar melhor para ter sucesso em sua carreira. Assuma a responsabilidade de adaptar e administrar sua carreira conforme as suas necessidades e as dos empregadores se modificam. Concentre-se em obter capacidades que possa aplicar em vários campos intimamente relacionados. Procure por novas tarefas e insista em treinamento no trabalho para aumentar suas habilidades.

O escritório virtual Agora, os escritórios estão em casas, nos quartos de hotel, nos estabelecimentos de clientes e em qualquer outro lugar em que um notebook possa ser ligado e conectado ao escritório tradicional. Essa tendência pode não surpreender quem sempre lidou com computadores. Porém, desenvolver capacidades técnicas específicas e aprender a ser flexível mostrará a um empregador que você se sente confortável ao trabalhar em um ambiente de escritório virtual. Se possui capacidades específicas nessa área, pode desejar descrevê-las em seu plano de marketing pessoal.

Tecnologia O tempo no qual vivemos é tão empolgante quanto frustrante. Enquanto lê este texto, milhares de pessoas estão trabalhando para desenvolver novos usos para equipamentos de informática que estarão prontos em um futuro próximo. Muitas pessoas pensam que os computadores estão tirando seus trabalhos. De qualquer maneira, o que realmente está ocorrendo é uma mudança nas obrigações e nas capacidades necessárias para trabalhar em uma empresa ou na indústria. Quando os trabalhadores são substituídos por computadores, as companhias precisam fazer reciclagem com os profissionais em áreas como programação, operação ou reparação e manutenção de sistemas de computação. Os **trabalhadores substituídos** ou

> **WORKSHOP**
> Diariamente, a maioria de nós está exposta aos esforços de marketing. Indique três exemplos mais recentes de informação de marketing que você recebeu. Como foi fornecida essa informação? Como você respondeu? Você era o mercado-alvo apropriado para o material? Se o marketing não foi eficaz, como o profissional de marketing poderia tê-lo melhorado?

que estejam desempregados devido a mudanças nas condições de trabalho devem se adaptar à mudança do mercado de trabalho de modo a continuar no emprego.

Ritmo de trabalho mais rápido Ao reduzir as barreiras tradicionais, como tempo e distância, a tecnologia aumentou a velocidade das demandas de trabalho e expectativas. Tudo, desde a tomada de decisões importantes até a aprovação de projetos menores, ocorre mais rapidamente, tornando necessário que os trabalhadores respondam de forma mais rápida. No passado, o tempo que a informação levava para ser transmitida de um lugar a outro proporcionava um alívio momentâneo aos funcionários. Agora, os empregadores podem localizar seus funcionários nas férias, nos ônibus ou em qualquer lugar. Aqueles que estão entrando na força de trabalho precisam estar cientes dessas pressões do trabalho e estar preparados para lidar com elas.

Foco na equipe Embora a responsabilidade que a alta administração mantém continue sendo importante, muitas empresas hoje dão ênfase às equipes, em vez de relacionamentos hierárquicos tradicionais. Antigamente, parte dos trabalhadores se reportava à administração e dela esperava por instruções. Agora, a maior disponibilidade de informação, por e-mails e outros avanços tecnológicos, ajuda na comunicação e no compartilhamento de ideias e capacidades. Trabalhar em equipe aumenta as responsabilidades do trabalhador e seu papel na tomada de decisão. O que isso significa para sua carreira? A necessidade de líderes e integrantes de equipe que estão preparados para solucionar problemas será cada vez maior.

Tendência de marketing

O marketing mudou muito nas últimas décadas. É muito mais preciso em seu alvo. Cresceu em volume, variedade e coleta, e utiliza informação de maneira cada vez mais sofisticada. Aqueles que buscam trabalho estão cada vez mais cientes das tendências de marketing, podem ser mais criativos e cuidadosos em seus esforços de marketing pessoal.

Obtenção de informação sofisticada Você sabia que câmeras de vigilância em algumas lojas são ativadas para registrar hábitos de compra, em vez de surpreender ladrões? Elas documentam como as pessoas se movimentam na loja, o que as atraem e quanto tempo gastam em determinada área. As empresas usam essas informações para organizar suas vitrines e planejar o marketing dentro das lojas. O "cartão de fidelidade", usado em supermercados e em algumas outras lojas, é outro exemplo de método utilizado para detectar padrões nos hábitos de compra dos clientes.

Escolhendo o alvo com precisão Você já observou que diversos tipos de filmes parecem ser dirigidos a diferentes tipos de pessoas? Isto nem sempre foi assim. O normal era que a família toda fosse a um cinema convencional para assistir ao que fosse oferecido. Hoje, grandes redes de cinemas com várias salas oferecem diversão variada: filmes para mulheres, para a família, para adolescentes. Um grupo de pessoas que vai ao cinema pode se dividir, de modo que cada uma possa ver o filme de sua escolha. Hoje, o marketing leva em conta as necessidades e os interesses dos diferentes grupos e os têm como foco do seu trabalho.

Informação ao público-alvo As pessoas ouvem sobre produtos e serviços especialmente desenvolvidos para seus próprios estilos de vida enquanto estão engajadas em atividades relacionadas a seus interesses. O participante de uma competição de *triathlon* pode receber um cupom de uma loja de produtos esportivos. As empresas que vendem produtos por catálogos dirigem seu foco para os endereços onde acreditam seus potenciais clientes vivem. Anúncios em banners aparecem em sites nos quais potenciais clientes podem navegar, e comerciais de televisão são veiculados nos programas vistos pelo público-alvo.

Amostragem inovadora Hoje em dia as empresas fornecem mais do que apenas amostras de produtos, como tabletes de chiclete gratuitos que clareiam os dentes. Também oferecem amostras de uma experiência, como manipular o último iPod numa loja da Apple, ou baixar uma música grátis de um CD recém-lançado. Uma forma de dar uma amostra do seu potencial para uma empresa é fazer um estágio.

Marketing de rede social Se você visitou websites como MySpace ou Facebook, acessou a mídia social. Esta pode servir como ferramenta de marketing. As empresas podem tirar vantagem do tráfego ou do grande número de visitantes que frequentam os sites de mídia social. Ao se tornarem populares em novos sites da mídia social, como Digg ou del.icio.us, as empresas podem conseguir links para seu site e criar seu reconhecimento e seus seguidores.

Mesmo que considere os intensos esforços de marketing fascinantes ou chatos, é importante que esteja ciente de como o marketing encontra o caminho em sua vida. Para muitos consumidores, como e quando alguma coisa é apresentada é quase tão importante quanto o que é apresentado. Os consumidores e os empregadores reconhecem e respondem ao marketing eficaz. Técnicas ultrapassadas e negligentes não atraem. Aprender os truques do comércio não somente vai torná-lo um consumidor mais experiente, mas também vai ajudá-lo a mirar seu público-alvo e mostrar suas qualificações para seus futuros empregadores da forma mais clara possível.

PONTO DE CHECAGEM
O que significa mobilidade do trabalhador? Como acha que isto vai influenciá-lo na maneira como você "se vende" durante sua vida?

Construção de carreira

Utilizando as palavras-chave corretas em sua busca de emprego
Por Anthony Balderrama, escritor do CareerBuilder
Copyright 2009 CareerBuilder, LLC. Reimpresso com permissão.

As palavras certas fazem toda diferença na vida. Tente perguntar "Quer se amarrar?", em vez de "Quer se casar comigo?" para tirar a prova.

Mesmo em uma entrevista de emprego, você não deve dizer "Ei, cara". Você provavelmente tem que dizer "Prazer em conhecê-lo". E seu currículo também não deve incluir gírias. Isto você já sabe. Pelo menos, espero que saiba.

Mas a necessidade de palavras bem escolhidas começa quando você busca anúncios de emprego. Do nome do cargo à lista de exigências, saber como escolher suas palavras para render os melhores resultados é vital para começar sua busca de empregos com o pé direito.

Veja algumas maneiras de se certificar de que está usando as palavras-chave corretas:

Seja um imitador
Em seu currículo e nas entrevistas você quer que suas melhores qualidades e seu singular ponto de vista se destaquem. Mas, para chegar a esses estágios, primeiro você precisa encontrar o emprego certo. Isto significa que você deve fazer uma coisa inaceitável em outras circunstâncias: plágio.

Vá até uma página on-line de classificados de emprego e procure vagas que acredita ser perfeitas para você. Depois, estude a linguagem utilizada para realizar suas próprias buscas. Por exemplo, se você encontrar uma lista para uma vaga de coordenador de projeto que parece ideal, você deve se candidatar, é claro, e então tire de lá frases-chave para procurar outros empregos. Se eles usarem a frase "método de calibragem", coloque isto no campo de buscas para verificar que outras posições aparecem quando digita isto. Os empregadores podem usar diferentes nomes de cargos ou você pode encontrar outras posições que lhes são adequadas mas que nem sabe que existiam.

Não se prenda a títulos
Quando tem metas definidas para sua carreira e, por consequência, para seu salário, pode ser que você se veja fixado em determinada denominação de cargo.

Mesmo que suas ambições sejam admiráveis e benéficas à sua carreira, não se esqueça de que nem todos os títulos foram criados da mesma forma. Toda empresa possui sua própria cultura e, geralmente, seu próprio jargão. A vice-presidência de uma empresa pode ser um cargo semelhante ao de associado sênior de outra. Procure pelo título que deseja, mas lembre-se de buscar também outras ideias de títulos.

Fique atento às atividades e qualificações detalhadas no anúncio de emprego a fim de ter uma ideia mais precisa de suas funções. Você ainda vai encontrar os empregos que procura se buscar por atividades, em vez de cargo. Se, por exemplo, você almeja uma posição de gerente de varejo, deve buscar por termos relacionados, como "supervisor" ou "relações com clientes". Filtre os resultados para encontrar boas combinações. Você pode descobrir que é perfeito para uma vaga de "líder de equipe", uma posição que, de outra forma, não teria encontrado.

Utilize bem a ferramenta de busca

Quando está procurando algo que lhe interessa on-line – digamos, um novo apartamento –, subitamente você se torna um mestre da busca na internet. Você tenta diferentes palavras-chave, procura por CEP num momento e por nome do bairro no outro. Se houver uma propriedade disponível num raio de dois quilômetros você vai encontrá-la. Você sabe como utilizar uma ferramenta de busca sem nem pensar duas vezes.

Leve esta mentalidade para sua busca por emprego. Uma das formas mais simples de ampliar ou estreitar sua busca é usar aspas. Procurar uma frase sem aspas (exemplo: assistente de dentista) vai lhe dar vagas com todas as palavras na descrição. Contudo, escrever a frase inteira entre aspas (exemplo "assistente de dentista") fará surgir apenas empregos que tenham estas palavras nesta ordem exata. Se achar que suas buscas estão rendendo muitos ou poucos acertos, tente usar aspas. Você também pode utilizar opções de busca avançada para ajustar suas buscas ou usar atalhos, como o sinal de menos para excluir palavras do resultado.

6.3. AVALIAÇÃO

Pense criticamente

1. Descreva o que poderia ocorrer se uma empresa negligenciasse o mapeamento do seu ambiente.

2. Faça uma relação das formas pelas quais você pode aumentar sua consciência das oportunidades de mercado.
3. Como você acha que um aumento no número de pessoas entre 16 e 24 anos num futuro próximo afetaria sua possibilidade de vender a si mesmo?
4. Por que as equipes se tornam mais importantes no trabalho? Quais são as vantagens e desvantagens de trabalhar em equipe?

Faça conexões

5. **Redação criativa** Escreva uma história de ficção científica sobre alguém que trabalha em um escritório no ano de 2025. Descreva como a empresa está estruturada, os tipos de equipamento, os móveis de escritório e a tecnologia de informação usada, assim como quaisquer outros detalhes que você acredite represente as tendências do futuro.
6. **Debate** O marketing é uma chateação? Ou ele nos informa sobre os produtos que queremos usar justamente no lugar e momento certos? Escolha um colega para debater esses pontos de vista opostos.

Capítulo 6. Avaliação

Vocabulário

Escolha o termo que melhor se encaixe na definição. No espaço indicado, coloque a letra que corresponde à resposta. Alguns termos podem não ser aplicados.

_____ 1. O exame de uma empresa baseado nos pontos fortes e fracos e nas oportunidades e ameaças.

_____ 2. As atividades que as empresas ou indivíduos realizam particularmente bem.

_____ 3. As imagens que vêm à mente relacionadas a um produto particular.

_____ 4. O conhecimento de circunstâncias ou momento que possibilita uma ação em direção a um objetivo.

_____ 5. A declaração do propósito da empresa.

_____ 6. A estratégia mais ampla que surge dos objetivos e da declaração de missão de

a. pontos fortes em comum
b. diferenciação
c. trabalhadores substituídos
d. competências distintivas
e. mapeamento ambiental
f. força de trabalho
g. consciência da oportunidade de mercado
h. plano de ação de marketing
i. plano de marketing
j. estratégia de marketing
k. declaração de missão

CAPÍTULO 6 • ESTRATÉGIA E PLANEJAMENTO

    uma empresa e que leva em conta os interesses do mercado.
    l. percepções
    m. posicionamento
_____ 7. Uma lista detalhada de atividades e tarefas planejadas "para fazer".
    n. análise SWOT
_____ 8. A identificação de tendências importantes no mercado.
_____ 9. Um plano escrito que se refere a uma situação atual, identifica os objetivos da estratégia de marketing e descreve como alcançá-los.
_____ 10. Todas as pessoas que estão trabalhando ou buscando por um trabalho.
_____ 11. O foco na exclusividade ou nas diferenças entre um produto e seus concorrentes.
_____ 12. Criar uma distância na mente dos consumidores entre produtos no mercado.

Revisão de conceitos

13. Faça uma relação e defina as quatro partes de uma análise SWOT.
14. Forneça e explique brevemente os cinco fatores nos quais o posicionamento pode ser baseado.
15. Quais são as quatro perguntas que um plano de marketing deve responder?
16. Quando você desenvolve seu plano de marketing pessoal, o que precisa entender?
17. Como uma análise de mercado se diferencia de uma estratégia de marketing?
18. Em uma análise de mercado que faz para si mesmo, o que uma análise dos mercados atuais envolve?
19. Quem é a concorrência em uma análise de mercado que fez para si mesmo?
20. Quando escreve sua própria declaração de posicionamento, no que deve se concentrar?
21. O que pode oferecer uma empresa que está à frente de uma oportunidade de marketing?
22. Como a consciência de uma oportunidade de mercado pode ajudar quem busca trabalho?
23. Quais são os dois grupos etários que crescem numa taxa ainda mais rápida à medida que aumenta a população dos EUA?
24. Faça uma relação das tendências em marketing e descreva-as brevemente.

Aplique o que aprendeu

25. Stefan e Carla trabalham no Carmine's Gourmet Deli preparando sanduíches e sobremesas. Stefan é rápido e comete poucos erros. Os clientes e os colegas de trabalho dizem que ele é quem faz as melhores sobremesas. Carla perde muito tempo falando com os colegas de trabalho e comete erros. Quando está encarregada de fazer as sobremesas, Stefan tem de corrigir seus erros. Carmine, o proprietário, pla-

neja abrir duas novas lojas e quer contratar Carla como instrutora. Ela trabalha duro quando Carmine está por perto, e ele está impressionado com seu plano de entrar em um programa de administração de restaurantes. O que Stefan pode fazer para se vender a seu empregador?

26. Como o aumento da população influencia no crescimento de certos setores? Como o aumento da população elevaria ou reduziria a taxa de emprego?

27. As oportunidades e as ameaças surgem quando o ambiente de marketing se modifica em razão de influências externas, como legislação, eventos nacionais e locais, tendências de entretenimento e reportagens. Que tipos de oportunidades e ameaças poderiam surgir em uma pequena comunidade onde a principal ação de um filme está para ser rodada? Descreva como a filmagem poderia atingir dois tipos de pessoas: proprietários e funcionários de restaurante e profissionais da saúde.

Faça conexões

28. **Sociologia** Faith Popcorn é uma consultora de futurismo norte-americana e ganha a vida prevendo tendências. Publicou livros sobre o assunto e tem o site http://www.faithpopcorn.com/.* Escreva um breve relatório sobre suas previsões mais recentes.

29. **Estudos sociais** Diferentes abordagens de marketing funcionam para diversificados grupos de pessoas. Pesquise o que as pessoas apreciam ou não em dois países diferentes ou em duas regiões de um país. Descreva como venderia o mesmo produto para esses dois diferentes grupos.

30. **Comunicações** Analise ao menos cinco propagandas em revistas e jornais. Entenda para quem a informação é dirigida e como o produto está posicionado. Apresente seus resultados em um cartaz ou flip chart.

---

* Veja também mais sobre o assunto em: https://bloginex.wordpress.com/2016/05/13/tendencias-faith-popcorn-apresenta-seu-futurismo/. (N.E.)

Evento da equipe de marketing global

As equipes vão desenvolver um plano de marketing internacional por escrito que identifique a base de clientes. Todos devem demonstrar habilidades de comunicação oral para comercializar um novo produto. O plano de marketing por escrito não deve exceder 10 páginas. Consulte o site https://www.sebrae.com.br/sites/PortalSebrae/bis/como-elaborar-um-plano-de-marketing,084b6484b071b410VgnVCM1000003b74010aRCRD para obter partes do plano de marketing.

Você é o diretor de marketing da Fazenda Golden. Sua fazenda de vegetais e operações de processamento de alimentos está localizada no sul do Texas.

Seus vegetais frescos, de preços razoáveis, são embalados e vendidos por todos os Estados Unidos. A maioria dos seus clientes é composta por atacadistas e supermercados. Pesquisas indicam que a economia global oferece numerosos mercados para seus vegetais frescos. Sua empresa desenvolveu recentemente um sistema de embalagem singular que garante a entrega de vegetais frescos a clientes internacionais. Essa embalagem segue todos os padrões internacionais, logo, os produtos devem passar tranquilamente pelas alfândegas de outros países que apresentam restrições impostas sobre produtos importados.

Sua apresentação deve explicar seu plano de marketing para conduzir negócios de forma global.

Habilidades para o sucesso no trabalho
Planejando uma carreira em design gráfico

"Essa campanha de propaganda é realmente criativa! Eu adoro ver que a animação e os personagens foram criados e desenhados de forma tão inteligente. Isto de fato vai atrair atenção. Fico feliz em ver que os mesmos personagens e elementos de design estão sendo usados em todos os materiais promocionais, a fim de causar uma percepção mais integrada e coesa. Isto realmente deve causar impacto nos clientes!"

Você já reparou em uma propaganda criativa e se perguntou como ela foi produzida? Designers gráficos desenvolvem soluções visuais para abordar necessidades de comunicação. Eles trabalham com seus clientes para encontrar formas eficazes de comunicar mensagens aos consumidores utilizando uma variedade de mídias.

Há muitos tipos de mídia disponíveis para uso, e geralmente os designers gráficos estão familiarizados com todas elas, desde mídia impressa, transmissão, filme até mídia digital e eletrônica. Eles preparam peças de arte e desenhos que exibem a mensagem, enquanto trabalham com gráficos, programas de computadores, fotografia, animação e trilha sonora. Eles podem desenvolver material para ser impresso, exibido na televisão e em anúncios de rádio; design para layouts de revistas e jornais, design de embalagem, sinalização e displays; além de criar créditos para televisão e cinema, apresentações multimídia e páginas na web.

Perspectiva de emprego
Uma taxa média de crescimento de empregos no setor é esperada.

Cargos
- artista gráfico
- diretor de design
- diretor criativo
- diagramador
- diretor de arte

Habilidades necessárias
- bacharelado em geral é exigido, embora um diploma de graduação possa ser aceitável para posições técnicas.
- habilidade com softwares, como Photoshop, Illustrator, InDesign e QuarkXpress.
- capacidade de sintetizar informação de múltiplas fontes para produzir imagens que atinjam necessidades especificadas.

Como é trabalhar com design gráfico?
Jun-ying volta ao escritório depois de uma viagem de negócios a Boston. Ela se encontrou com um cliente para finalizar a apresentação de materiais para o encontro anual com acionistas. O cliente quis que Jun-ying, a designer gráfico sênior, assim como seu diretor criativo na empresa, se encontrassem com a equipe pessoalmente. Antes que ela pudesse beber seu café, um dos designers gráficos da sua equipe a interrompeu para lembrá-la de uma apresentação para um cliente às 16h. Ela precisa enviar os arquivos gráficos para a equipe de produção até o meio-dia se quiser os modelos prontos para a apresentação nessa hora.

Ela terminou de preparar os arquivos gráficos e os enviou por e-mail para a produção, e então começou a trabalhar em novos design de logos e imagens para um projeto na web de desenvolvimento, cujo prazo é de uma semana. Ela encontrou com sua equipe no almoço, reviu seus projetos e planejou as necessidades de design para as próximas semanas. Também supervisionou os estagiários de design que trabalham na empresa e os dividiu em vários grupos com base nas necessidades da sua equipe.

Depois do almoço de trabalho, Jun-ying começa a elaborar uma proposta para um potencial novo cliente que a contatou durante a semana por e-mail. Ela gosta de mandar propostas rapidamente para que os clientes não percam o interesse. Não conseguiu terminar a proposta porque precisou deixar sua mesa e comparecer à apresentação das 16h. Depois da apresentação, ela leva os clientes para jantar, sabendo que terá que trabalhar em casa, a fim de terminar a proposta que começou mais cedo naquele dia.

E você?
Além das habilidades técnicas, qual é a qualidade mais importante você acredita ser necessária a um designer gráfico? Essa carreira lhe interessa? Justifique.

CAPÍTULO 7

Currículo: sua propaganda pessoal

7.1 Por onde começar
7.2 O conteúdo e a estrutura
7.3 Os formatos de currículo

Carreiras em marketing

Staples
A Staples comercializa uma ampla gama de materiais e suprimentos para escritório, inclusive móveis especiais, produtos tecnológicos e serviços empresariais. A empresa opera megalojas com formatos de lojas no varejo tradicional, on-line e de contrato de negócios.

O copywriter* da Staples concentra-se em comunicações *business-to-business* que reforçam a imagem da marca, geram vendas e melhoram os relacionamentos. Ele escreve textos atraentes, de forma clara e concisa, desde mala diretas e peças promocionais até material on-line, como e-mails e *landing pages*.

Trabalhando em colaboração como parte da equipe de criação, que inclui designers, diretores de arte, associados de vendas e motoristas de entregas, o copywriter deve ter uma compreensão minuciosa do contrato de negócios. Um ótimo texto, revisão impecável e habilidades de edição são essenciais. A posição pode exigir formação em Letras, jornalismo ou marketing, além de "bagagem" em propaganda e conhecimento geral de marketing, mídia e tecnologia.

Pense criticamente
1. Por que é tão importante para o copywriter ter uma excelente capacidade de revisão e edição de textos?
2. Como você pode aplicar as habilidades exigidas para copywriter ao processo de preparo do seu currículo?

---

* Pesquise na internet sobre essa profissão. Acesse: <marketingdeconteudo.com/o-que-e-copywriting/>. Acesso em: jul. 2017. (N.E.)

MARKETING PESSOAL

Projeto de portfólio

Seu currículo

Objetivos do projeto
O Capítulo 7 é dedicado à elaboração do currículo e a aprender como e quando usar diferentes formatos. Sua tarefa, enquanto procura um emprego, é se preparar para as diferentes estratégias que os empregadores usam para se informar sobre os candidatos. Esta preparação envolve criar diferentes currículos para diferentes propósitos. Neste projeto, você vai:
- Obter a informação necessária para criar um currículo tradicional.
- Redigir seu próprio currículo tradicional.
- Criar versões do seu currículo para que possam ser enviadas on-line ou impressas.

Preparação inicial
Leia o Processo de projeto a seguir.
- Examine rapidamente este capítulo antes de iniciar seu projeto. Enquanto desenvolve os dois currículos para este projeto, você vai precisar fazer referência a cada lição.
- Verifique os currículos exemplos adiante e procure outros na internet.
- Anote algumas dicas que considere úteis para elaborar currículos.

Processo do projeto
Parte 1 Lição 7.1 Leia esta lição. Faça sua planilha de trabalho sobre o inventário pessoal. Concentre-se nas informações que usará para escrever um currículo claro, de uma página, que destaque suas capacidades e experiências.
Parte 2 Lição 7.2 Leia esta lição. Planeje quais seções do currículo vai incluir em seu currículo tradicional. Leia sobre o estilo e organização do currículo e revise os exemplos de currículo tradicional. Faça seu próprio currículo tradicional.
Parte 3 Lição 7.3 Leia esta lição. Siga as orientações para que seus currículos possam ser escaneáveis e disponibilizados on-line com base em seu currículo tradicional.

Finalizando
Seu currículo é um documento de trabalho que você vai adaptar e melhorar ao longo do tempo. A montagem de um currículo agora o ajudará a escolher atividades que poderão aproximá-lo dos seus objetivos. Apenas de brincadeira, crie um "currículo futuro" que mostre como você gostaria que seu currículo atual se parecesse daqui a dez anos. Inclua as capacidades, formação e experiência que você espera ter adquirido até lá.

LIÇÃO 7.1

Por onde começar

OBJETIVOS
Criar um inventário pessoal.
Entender como preencher um formulário de solicitação de emprego.

TERMOS-CHAVE
- currículo
- formulário de solicitação de emprego
- inventário pessoal

SEU INVENTÁRIO PESSOAL

O que faz que você seja especial? Você já ouviu falar em "mercado de empregadores" e que "os tempos estão difíceis", mas acredita que tem muito para oferecer. Como você pode comunicar esse valor aos potenciais empregadores? O documento mais importante que usará durante sua pesquisa de emprego é o seu currículo. **Currículo** é um breve resumo do seu nível educacional, histórico profissional e capacidades. Seu currículo o apresenta a um empregador ao fornecer um quadro da sua experiência e das suas realizações. O mais importante é que ele serve como uma propaganda que pode estimular o interesse do recrutador o suficiente para chamá-lo para uma entrevista.

■ Casos de marketing

Alex Karas estava justamente montando seu currículo – esperava encontrar uma posição como assistente em um consultório de veterinária – quando um amigo disse que poderia lhe oferecer emprego em um depósito de suprimentos para animais como carregador. O trabalho no depósito paga melhor que o de assistente, mas não está relacionado ao objetivo de carreira de Alex, que é se tornar veterinário. Alex está muito ocupado e percebe que não tem tempo para desenvolver seu currículo. Além disso, o salário mais alto o ajudaria com as despesas futuras na universidade. Se ele gastar tempo escrevendo um

> currículo e então enviá-lo às clínicas veterinárias locais, terá de esperar pelas respostas. Por que Alex recusaria o trabalho no depósito, que paga bem, para procurar emprego como assistente de veterinário? Se ele decide aceitar o trabalho no depósito, para que fazer um currículo?

Alguma vez você foi tentado a comprar um produto porque viu uma propaganda visualmente atrativa? Os profissionais de marketing reconhecem que os consumidores algumas vezes tomam decisões de compra com base na exposição breve de comerciais de televisão ou rádio ou em uma olhada rápida nos anúncios de revista. Assim como você está exposto a incontáveis anúncios durante uma semana, o empregador pode examinar centenas de currículos para encontrar um candidato para um trabalho. O currículo que estimula a ação será aquele que atraia atenção positiva e que impressione o empregador enquanto descreve um trabalhador cujas capacidades se encaixam às necessidades da empresa.

Agora que você entende o valor de um bom currículo, por onde vai começar? Inicie com um **inventário pessoal**, que o ajudará a identificar suas capacidades relacionadas ao trabalho, listando detalhes da sua formação, experiência e outras qualificações. É um documento pessoal – não é planejado para ser entregue ao empregador – que relaciona toda informação que você vai precisar para escrever seu currículo, redigir cartas de apresentação, preencher formulários de emprego e se preparar para entrevistas. O processo de candidatar-se a um trabalho será mais fácil se tiver tempo para desenvolver seu inventário pessoal com antecedência. Ter a informação ao seu alcance evitará que esqueça de itens importantes.

O que incluir

As seções a seguir vão ajudá-lo a entender o que incluir em seu inventário pessoal.

Escolaridade Inclua o nome das instituições educativas que cursou, graus obtidos e datas de graduação.

Experiência de trabalho Inclua suas experiências anteriores de trabalho, indicando nomes e endereços das empresas, função e datas do(s) emprego(s).

Atividades extracurriculares Inclua atividades das quais você participa. Essas atividades podem ser relacionadas à escola, como o clube de teatro ou a equipe de atletismo. Também podem ser externas à escola, como trabalho voluntário ou serviço comunitário. As atividades, junto com sua formação e experiência profissional, podem demonstrar seu potencial como empregado.

Qualidades pessoais Inclua suas melhores qualidades – por exemplo, atitude positiva, a habilidade para relacionar-se bem com outras pessoas, responsabilidade, pontualidade e flexibilidade – e exemplos de como essas qualidades foram úteis no local de trabalho.

Passatempos Inclua seus passatempos; por exemplo, carpintaria, jogar futebol ou viajar.

Objetivos de carreira Inclua seus objetivos futuros de carreira, como criar desenhos florais exclusivos ou administrar uma empresa.

Dicas de inventário pessoal

Quando listar suas qualificações, faça-o o mais detalhado e preciso possível.

- Anote o mês e o ano que você entrou e saiu de um trabalho. Por exemplo, maio de 2008 até setembro de 2008.
- Evite abreviaturas, escreva por extenso os nomes completos de instituições educativas e outras organizações.
  Correto: *South Florida After School Buddies Program*
  Incorreto: *S. FL After School Buddies Prog.*
- Liste funções e responsabilidades específicas do trabalho.
- Qualifique e quantifique suas realizações. (Por exemplo, em vez de mencionar que você aumentou as vendas, relate como fez isto e forneça um valor exato: *dentro das vendas sugestivas, as vendas de sorvetes aumentaram 75%*).
- Detalhe sua fluência em um idioma estrangeiro. (Em vez de indicar que é fluente em espanhol, diga quantos anos estudou espanhol, se você lê e escreve o idioma e se alguma vez atuou como intérprete.)
- Detalhe seus conhecimentos em informática. Anote qualquer experiência, desde ter consertado um hardware até os nomes de softwares que você domina ou linguagens de programação que conheça.
- Utilize a terminologia adequada para identificar quaisquer capacidades ou conhecimento que tenha.
  Eficaz: Membro da equipe de design, voluntário para treinar e auxiliar no acabamento final do mosaico da Northside Community.
  Menos eficaz: Auxiliei no mosaico da comunidade.

PONTO DE CHECAGEM
Faça uma relação das categorias adicionais que poderiam ser incluídas em um inventário pessoal.

WORKSHOP

Identifique cinco objetivos de longo prazo que você poderia atingir através do seu trabalho. Você talvez queira viajar, ajudar outras pessoas ou trabalhar com o meio ambiente. Como você pode alcançar os objetivos que listou através de sua carreira-alvo?

Formulário de solicitação de emprego

O **formulário de solicitação de emprego** é fornecido pelo empregador e deve ser preenchido com suas qualificações, histórico profissional e informações pessoais relacionadas com o trabalho. Pelo fato de os formulários de solicitação de emprego serem padrão, os recrutadores acham fácil usá-los quando comparam candidatos para certos cargos. Você pode utilizar as informações de seu inventário pessoal para preencher um formulário de solicitação de emprego. Alguns empregadores exigem somente um formulário de solicitação de emprego, enquanto outros solicitam também um currículo.

Muitos empregadores aceitam candidaturas de emprego e currículos on-line. Visite o website da empresa para descobrir se você pode se candidatar pela internet. Para mais informações sobre o assunto, veja o quadro "Habilidades para o sucesso no trabalho", apresentado no fim deste capítulo.

Siga estas dicas para preencher sua ficha.

- Pergunte se você pode levar o formulário para casa, onde terá mais tempo para preenchê-lo. Tenha sempre seu inventário pessoal com você, caso não possa levá-lo.
- Solicite uma cópia extra ou faça sua própria cópia para usar como rascunho. O formulário não deve ter erros nem rasuras e deve ser claro.
- Leia o formulário do começo ao fim antes de iniciar o preenchimento.
- Responda às perguntas com afirmações mensuráveis. Por exemplo, em vez de mencionar que você escreveu artigos para o jornal da escola, indique o número de artigos que escreveu e publicou durante o tempo em que frequentou a escola.
- Responda a todas as perguntas. Escreva NA (não aplicável) próximo às perguntas que não se aplicam a você para demonstrar ao empregador que não se omitiu em determinada pergunta.
- Se possível, preencha eletronicamente os espaços em branco e imprima-o. Se não, escreva as respostas à mão e organizadamente usando caneta preta ou azul.
- Quando se candidatar on-line, certifique-se de ler atentamente as instruções, seguir as diretrizes fornecidas e incluir todas as informações pedidas.
- Antes de entregar ou enviar o formulário, certifique-se de revisá-lo cuidadosamente.

FORMULÁRIO E SOLICITAÇÃO DE EMPREGO

Por favor, escreva com letra de forma ou digite

Nome	Endereço	Cidade/Estado/CEP
Maria Vasquez	*Rua Primavera, 123*	*São Paulo, SP, 0023-20*

Telefone de contato	Carteira de trabalho	RG
(512) 555-0025	*123-45-6789*	*123.044-8*

Nacionalidade	Cargo/Função pretendida	Pretensão salarial
Sim	*Coordenador de marketing*	*A combinar*

EXPERIÊNCIA PROFISSIONAL

Último/atual emprego	Endereço
Colégio Austim	*Rua Parque da Luz, 1555*

Cargo	Data de entrada	Data de saída
Auxiliar administrativo	*07/2009*	*Presente*

Superior imediato	Salário	Motivo da saída?
Jamison Dahn	*$1.200,00*	*Procuro uma vaga período integral*

Emprego anterior	Endereço

Cargo	Data de entrada	Data de saída

Superior imediato	Salário	Motivo da saída?

Emprego anterior	Endereço

Cargo	Data de entrada	Data de saída

Superior imediato	Salário	Motivo da saída?

ESCOLARIDADE

Ensino médio	Cidade/Estado	Ano de início/ano de conclusão *8* / 20-- a *6* / 20--
Colégio Amora	*São Paulo-SP*	

Ensino superior	Cidade/Estado	Ano de início/ano de conclusão *9* / 20-- a *6* / 20--
Faculdades Integradas PC de Administração	*São Paulo-SP*	

OUTROS CURSOS

Cursos

REFERÊNCIAS (*Exceto empregadores antigos ou parentes*)

Nome do curso	Instituição	Telefone

Declaro que todas as informações fornecidas são verdadeiras. Tenho conhecimento de que posso ser eliminado caso qualquer informação seja identificada como falsa. Estou ciente de que minha admissão está sujeita à aprovação no exame de saúde que será realizado em local indicado pela empresa.

Maria Vasquez   *6 de julho de 2009*
Assinatura   Data

Verdade na publicidade

Os entrevistadores concentram-se na exatidão. As datas mencionadas em sua ficha coincidem com as datas constantes no seu currículo? Você é capaz de explicar como alcançou as realizações que listou? O departamento de recursos humanos pode verificar as datas de estágios que você registrou? Se forem descobertas inconsistências devido a exageros ou negligência, os empregadores deixam de lado os candidatos que fornecem informação inexata. Atualize seu inventário pessoal quando necessário para assegurar que as informações que forneceu em seu currículo e formulário de solicitação de emprego sejam exatas.

> **PONTO DE CHECAGEM**
> Se você errar ao preencher a ficha de solicitação de emprego, é melhor devolvê-la ou pedir outra? Como você pode evitar esta situação?

7.1. AVALIAÇÃO

Pense criticamente

1. Como a informação em seu inventário pessoal pode ser convertida em capacidades comercializáveis em um currículo? Escolha uma categoria e explique por que você incluiria essa informação no seu currículo.
2. Quando os publicitários criam um anúncio eles miram um público específico. Quem é o público para um currículo? Explique como o tamanho de uma empresa pode influenciar o modo como processa os currículos.
3. Quais são as vantagens e desvantagens dos currículos quando comparados aos formulários de solicitação de emprego?

Faça conexões

4. **Estudos sociais** Perguntas sobre idade, etnia, gênero e religião não constam da maioria das fichas de solicitação de emprego. Utilize a internet ou vá a uma biblioteca e pesquise sobre discriminação. Faça uma apresentação sobre como os empregadores têm o cuidado de não discriminar com base em qualquer um desses fatores. Discuta casos em que um empregador pode querer contratar alguém por ser de certa idade, etnia, sexo ou religião.
5. **Literatura** Escolha um autor para pesquisar. Leia sobre sua educação, interesses pessoais, clube do qual é sócio, principais trabalhos publicados e outras tarefas. Elabore um inventário pessoal para esse autor com base no que aprendeu. Inclua

qualquer experiência de vida que possa ter contribuído para o conhecimento desse autor.

LIÇÃO 7.2

O conteúdo e a estrutura

OBJETIVOS
Reconhecer as seções comuns do currículo.
Aprender formas de organizar um currículo.

TERMOS-CHAVE
- currículo cronológico
- currículo funcional
- objetivo de trabalho
- ordem cronológica inversa

FUNDAMENTOS DO CURRÍCULO

Assim como cada pessoa que busca por um trabalho é diferente, o mesmo se dá com cada currículo. O tamanho único não se encaixa a todos, e não há forma certa ou errada de se fazer um currículo. Por exemplo, alguém que se manteve em uma profissão por dez anos pode ter um currículo detalhado e bastante longo. No entanto, um estudante universitário que ingressa no mercado pela primeira vez precisará de apenas uma página. Um designer gráfico que se candidate a uma pequena agência de publicidade pode enviar seu currículo com um layout que enfatize a criatividade, enquanto alguém que pretende trabalhar em um escritório de uma grande empresa deve enviar um currículo formatado que possa ser lido no computador.

■ Casos de marketing

Jasmim Gregory está se sentindo dividida. Ela tem um emprego de meio período como guia de crianças no museu de história natural. Sua outra paixão é a arte. Este ano ela ganhou um prêmio de Melhor Escultura em um concurso promovido pela universidade. No próximo ano, Jasmim pretende trabalhar

> em período integral no museu ou como aprendiz de um escultor. Ela está começando a se perguntar como fazer um currículo que aborde ambos os interesses. Que conselho você lhe daria? Há uma alternativa para elaborar uma versão única do seu currículo? Explique.

Apesar dessas diferenças, os currículos têm certos elementos ou seções que todo empregador procura. Estas seções incluem informação de contato, um objetivo e seções especiais que indicam as qualificações do candidato. Cada uma delas deve ter um título para tornar mais fácil ao recrutador encontrar a informação desejada. Experimente organizar seu currículo de forma que destaque suas capacidades especiais e reflita sua personalidade, mas lembre-se de incluir as seções-padrão do currículo para que, de relance, os empregadores possam localizar a informação importante.

Seções comuns do currículo

As seguintes seções de um currículo são consideradas padrão. Algumas, como informação de contato e objetivos, devem ser incluídas em todos os currículos. Outras são opcionais, como conhecimento em língua estrangeira e condecorações ou prêmios, que entram nas informações adicionais.

Informação de contato Os empregadores precisam saber quem você é e como podem encontrá-lo. No topo do seu currículo indique seu nome, endereço, número de telefone, endereço eletrônico e qualquer informação adicional (por exemplo, seu número de fax). Certifique-se de detalhar o nome da sua rua, cidade e Estado e o código de endereçamento postal.

Objetivo de trabalho Cada currículo deve ter um **objetivo de trabalho**, que identifica a função para a qual está se candidatando. Você pode declarar o objetivo como um título do cargo, de uma ocupação ou pelas qualificações que você deseja que o trabalho exija. Caso tenha múltiplos objetivos de carreira, deve dispor de algumas versões do seu currículo, cada uma delas com um objetivo diferente.

Nunca declare um objetivo vago – a impressão é de que você não sabe o que pretende. Se desenvolver primeiro seu objetivo, pode construir o restante do currículo para encaixá-lo neste objetivo. Considere estes exemplos:

- **Forte** Para alcançar uma posição como assistente de relações públicas em uma organização sem fins lucrativos (ONG)
- **Forte** Para atingir uma posição como sócio de um escritório no qual minhas capacidades organizacionais contribuirão para a eficiência do negócio.

- **Vago** Um trabalho em que possa empregar minhas habilidades pessoais.

Escolaridade Forneça informações sobre o nível educacional em seu currículo em ordem cronológica inversa. **Ordem cronológica inversa** indica, inicialmente, a informação mais recente e, por último, a menos atual. Comece relacionando a escola ou programa de treinamento mais recente e os trabalhos anteriores, os nomes completos de escolas e os diplomas, certificados ou honras que você recebeu. Inclua atividades escolares e cursos relacionados com o trabalho.

Cursos relacionados Indique quaisquer cursos relevantes que tenha finalizado. Esta seção é útil se tiver pouca experiência de trabalho ou não for graduado no seu campo de interesse.

Experiência relacionada Use esta seção para informar a experiência relacionada à sua área que não seja parte de um trabalho remunerado, como atividades extracurriculares, trabalho voluntário, atividades não remuneradas, como aprendiz e estagiário.

> **COMUNICAÇÃO**
> Contate um funcionário ou gerente de recursos humanos do seu círculo de relacionamentos. Faça uma entrevista para determinar o que ele busca em um currículo. Quanto tempo é gasto analisando cada currículo? Qual foi o pior currículo que ele já viu? Escreva um relatório para compartilhar com a classe.

Diversidade no ambiente de trabalho

Trabalhando no exterior

Na atual ambiente global, é bem possível que lhe peçam para conduzir negócios no exterior. Você pode viajar para participar de uma reunião ou de uma feira de negócios. Ou pode ser que lhe deem uma estimulante missão internacional. Independente do seu destino ou da duração da sua estadia, o sucesso em conduzir negócios vai depender do seu conhecimento sobre a cultura do país que vai hospedá-lo e da sua adaptação a ele.

A melhor forma de aprender como combinar uma nova cultura com sua carreira é através de um treinamento intercultural fornecido pelo seu empregador. Se sua empresa não fornece um treinamento antes da sua partida, peça informações detalhadas a alguém que trabalhou na região ou no país. Você deve pesquisar sobre tópicos como prioridades e valores no trabalho, tipo de vestimenta adequada, protocolo de decisão, planejamento e pontualidade. A ferramenta que você vai utilizar mais frequentemente é a comunicação – que vai lhe dar maior oportunidade de fazer valer ou não sua experiência. Portanto, certifique-se de perguntar sobre estilos de comunicação, como objetividade, modéstia e uso de comunicação não verbal (incluindo espaço corporal).

Pesquisas mostram que os funcionários mais bem-sucedidos em missões internacionais: (1) estão empolgados para conhecer novas culturas, (2) têm um saudável senso de aventura, (3) possuem flexibilidade e disposição para se adaptar a novas situações, (4) ingressam no país com conhecimento sobre a cultura. Esses atributos são mais importantes do que conhecimento técnico ou qualquer outro fator. Funcionários com essas qualidades descrevem suas experiências como "a oportunidade da sua vida" e "uma oportunidade maravilhosa de crescimento pessoal".

Experiência profissional Esta seção é a mais importante de um currículo cronológico. Faça a relação da sua experiência em ordem cronológica inversa. Inclua o nome completo e localização de cada empresa para a qual você trabalhou, o período trabalhado (datas de admissão e demissão) e uma breve descrição de suas responsabilidades orientadas aos resultados. As descrições devem enfatizar suas principais responsabilidades e quaisquer realizações mensuráveis. Para enfatizar esta seção de experiência profissional, siga estas dicas:

- Use os verbos no tempo presente para descrever o que você faz em seu trabalho atual; empregue verbos no passado para descrever suas responsabilidades em trabalhos anteriores.
  Presente: *Estabeleço programa de entregas para três áreas do país.*
  Passado: *Desenvolvi um sistema de estoque para lâmpadas elétricas contínuas.*
- Use medidas, quando apropriado, para descrever responsabilidades e realizações (por exemplo, aumento de 50% nas vendas de lâmpadas de agosto a outubro).
- Empregue verbos transitivos e substantivos descritivos (*conduzi pesquisa sobre as necessidades de jardinagem do cliente e recomendei a implantação de serviço de consultoria em jardinagem*).

Habilidades no trabalho Indique suas habilidades e capacidades que se relacionam à função que está buscando. Feche esta seção com termos relacionados ao trabalho que descrevam capacidades consistentes com seu objetivo. Certifique-se de incluir habilidades específicas, conhecimento técnico, conhecimentos em computação e especializados. Você pode destacar determinadas capacidades dividindo esta seção em tópicos separados, como *Capacidades em computação* ou *Experiência em cuidado de crianças*.

VOCÊ SABIA?
O empregador leva de 5 a 10 segundos para decidir ler mais atentamente o currículo ou descartá-lo.

Conhecimento em língua estrangeira Indique qual é seu nível em determinado idioma e seu grau de fluência.

Condecorações honoríficas e prêmios Os empregadores querem ver evidência de altos padrões de trabalho. Informe sobre algum prêmio ou menção honrosa que tenha recebido, incluindo bolsas de estudo.

Resumo das qualificações Em muitas situações, provavelmente seu currículo será lido primeiro pelo computador para um rastreamento de palavras-chave relacionadas com trabalhos e capacidades específicas armazenadas em uma base de dados. Palavras-chaves eficazes são:

> **WORKSHOP**
> Imagine uma função que alguém próximo a você mantenha por vários anos. Indique quatro verbos de ação precisos para descrever as tarefas e realizações dessa pessoa.

- **Substantivos** Quando um computador busca seu currículo por palavras-chave, não estará procurando por verbos! Você até pode usar alguns verbos de ação, mas terá mais combinações do banco de dados se reformular a informação sobre sua experiência. Por exemplo, é melhor que um instrutor de serviços on-line de uma biblioteca escreva "treinador de serviços on-line do sistema de biblioteca do condado", em vez de "treinei funcionários da biblioteca da cidade para usar os serviços on-line".
- **Informações relativas à carreira** Certifique-se de incluir palavras específicas para seu objetivo de carreira e cargo. Inclua posições, certificações, programas de computadores, linguagens de programação e outras habilidades específicas.

A forma mais fácil de arrumar seu currículo com palavras-chave relativas à carreira é incluindo o máximo de palavras-chave possíveis na seção do resumo das suas qualificações.

Referências Faça uma lista de referências ou pessoas que possam fornecer informações positivas a seu respeito. Inclua o cargo de cada pessoa, endereço e número de telefone na lista. Coloque suas informações de contato no topo da lista, seguida pelo tópico *Referências*, e então liste cada uma delas. Não inclua a lista de referências no próprio resumo. Certifique-se de pedir permissão a todas as pessoas a quem você listar como referência. Talvez você também queira atualizá-las sobre o tipo de trabalho que está procurando, de forma que possam falar de forma acurada sobre os benefícios que você trouxe à posição ocupada. Os empregadores esperam que todos os candidatos tenham referências, mas variam sobre quando e onde desejam ver a lista de referências do candidato.

MARKETING PESSOAL

PONTO DE CHECAGEM
Por que é prática-padrão listar o nível educacional e a experiência de trabalho em ordem cronológica inversa?

Construção de carreira

Sete coisas que você precisa saber antes de escrever seu primeiro currículo

Por Kate Lorenz, editora do CareerBuilder
Copyright 2008 CareerBuilder, LLC — Reimpresso com permissão.

Há muitos ritos de passagem na vida de um jovem. Tirar a carteira de motorista, o dia da formatura e fazer 18 anos são apenas alguns. Mas outro rito de passagem pode ser ainda mais importante para o seu futuro — escrever seu primeiro currículo.

Mesmo não sendo tão excitante quanto aprender a dirigir, criar seu primeiro currículo é um passo vital para iniciar sua carreira. O processo pode parecer assustador. Você deve colocar suas melhores qualidades no papel, escrever de forma a parecer mais atraente do que o outro candidato e vender sua imagem completamente, tudo isso em apenas uma folha de papel. "Você tem alguns segundos para captar a atenção do empregador", escreve o coach de carreira Robin Ryan, de Seattle, no livro *Winning Résumés* (John Wiley & Sons, Inc., 2003). "Você deve vender sua imagem ao empregador em 15 segundos, enquanto ele analisa seu currículo, ou perderá a oportunidade." Veja sete dicas para ajudá-lo a chamar a atenção do empregador.

1. Comece com o básico

Parece uma coisa óbvia, mas seu currículo deve conter seu nome, endereço, número de telefone e e-mail. Fique atento ao endereço que colocar. Estudantes universitários, em especial, tendem a se mudar com frequência, então inclua um endereço permanente, como o dos seus pais. Preste atenção também no seu e-mail. "Faça seu ID de usuário com seu nome, não com um apelido qualquer", diz Ryan. Se quiser parecer profissional aos olhos do empregador, um ID de usuário como "pernaslindas2000" não vai funcionar. Se seu e-mail pessoal não for apropriado, crie uma nova conta apenas para a busca de empregos.

2. Inclua um objetivo e um resumo das capacidades
Essas seções vêm logo depois das informações pessoais e, para alguém que procura emprego pela primeira vez, elas devem ser concisas.

Por exemplo:

Objetivo: cargo de editor

Resumo das habilidades: excelente escrita e proficiência em copidesque, familiarizado com a nova ortografia. Extremamente organizado, com ampla experiência em cumprir prazos e trabalhar em situações sob pressão.

Seu "resumo de habilidades" deve destacar experiências e qualificações que o empregador está em busca. "Lembre-se", diz Ryan, "um currículo não trata do que você deseja. Trata do que você pode oferecer a um empregador."

3. Escolha o estilo certo de currículo
Existem vários tipos básicos de currículos: cronológicos, funcionais e combinação. Currículos cronológicos focam na experiência profissional e listam essas experiências em ordem, do trabalho mais recente ao mais antigo. Currículos funcionais concentram-se mais em habilidades. Uma combinação de estilos funciona bem para pessoas que buscam seu primeiro emprego. Você pode apontar sua experiência profissional, mas também chamar mais atenção quanto às suas habilidades, já que sua experiência profissional é provavelmente limitada. Ryan sugere que as pessoas que redigem pela primeira vez o currículo o dividam entre essas categorias: experiência profissional, experiência acadêmica e serviço comunitário/experiência extracurricular.

4. Pense bem em sua experiência e suas habilidades
Talvez possa ser uma luta encontrar uma experiência de trabalho pertinente para mencionar, mas Ryan diz que você tem mais a oferecer do que imagina. Por exemplo, se você já trabalhou em uma operação do varejo, suas qualidades e qualificações incluem atendimento ao cliente, confiabilidade, responsabilidade, trabalho em equipe e experiência em gerenciar dinheiro. Você foi babá em tempo integral nas férias? Isto significa que consegue coordenar agendas, lidar com finanças e é extremamente responsável. Muitas habilidades adquiridas em empregos de meio período são muito relevantes ao mundo corporativo. Não subestime as habilidades que adquiriu.

5. Sua experiência acadêmica e como voluntário são relevantes
Não pense que sua escolaridade não significa nada para o empregador. Suas habilidades com informática serão especialmente atraentes e devem ser destacadas.

Você também pode demonstrar sua aptidão e seus pontos fortes ao citar exemplos específicos de trabalhos de classe que realizou. Por exemplo, se você se formou em jornalismo na universidade, informe ao empregador os principais artigos que escreveu e o trabalho que teve para conseguir publicá-los. Também considere sua experiência extracurricular e como voluntário. Se possuiu uma posição oficial num clube ou fraternidade, foi atleta, voluntário ou teve um papel de liderança em qualquer organização extracurricular, você tem uma experiência valiosa para listar.

6. Saiba as regras fundamentais para redigir um currículo
Primeiro utilize verbos de ação fortes e deixe de lado a palavra "Eu". Palavras como "criei", "desenvolvi", "organizei", "motivei" e "produzi" dizem muito mais do que um simples "fiz". Em segundo lugar, lembre-se de que seu currículo deve ter apenas uma página — sem exceções. E, por fim, nunca envie um currículo sem revisá-lo de forma adequada.

7. Nunca minta
Você está quase terminando a universidade, mas ainda não tem o diploma, e acha que a empresa não vai descobrir que ainda não se formou? Pense duas vezes. Se você mentir no currículo, vão descobrir. Não minta sobre seu passado — ele vai voltar para assombrá-lo.

REFINANDO SEU CURRÍCULO

Você deseja que seu currículo chame a atenção. Isto significa que você deve imprimi-lo em um papel laranja brilhante? Provavelmente não. Os empregadores preferem papel branco ou creme e tipos de letras padrão; portanto, esqueça as cores ofuscantes e deixe que as palavras façam o trabalho.

Siga estas dicas para elaborar um currículo polido que atraia atenção positiva.

- **Utilize ortografia e gramática corretas.** Seu currículo fala por você – e deve estar perfeito.
- **Mantenha-o limpo.** Para o caso de envio em papel, não deixe que seu currículo caia e manche antes de enviá-lo, e jamais use corretor. Certifique-se de que o papel do envelope combine com o do currículo e que o endereço seja escrito com boa caligrafia. Você pode usar uma etiqueta impressa também.
- **Seja claro.** Use linguagem profissional clara e concisa.
- **Seja breve.** Utilize apenas uma página para o seu currículo. Você deve ampliá-lo além de uma página somente quando tiver anos de experiência.

Tipos de currículo: funcional e cronológico

Os candidatos a emprego com bastante experiência em suas áreas de interesse devem ter pouca dificuldade em listar o trabalho atual e os anteriores que os tenham conduzido aos próximos passos de suas carreiras. Mas, o que acontece se você está direcionado a determinada carreira por suas habilidades e interesses e lhe falta experiência para o trabalho atual? Do mesmo modo que você inclui apenas as seções do currículo que reforçam seu objetivo, também pode enfatizar certas seções por meio de formatação e colocação estratégicas. Dois tipos principais de currículos apresentam formas diferentes para estruturar sua informação.

Currículo funcional É aquele dá ênfase às características pessoais, capacidades, habilidades e experiências de trabalho. Ele destaca seus pontos fortes. Por exemplo, se você tem grandes capacidades e habilidades, mas não muita experiência, pode enfatizá-las na seção *Capacidades e habilidades* antes de *Experiência profissional*.

Utilize um currículo funcional:
- Para seu primeiro emprego.
- Quando seus objetivos de carreira mudam.
- Quando suas capacidades são mais impressionantes que seu histórico profissional.
- Se mudou de trabalho com frequência.

Currículo cronológico É aquele em que a experiência profissional é organizada em ordem cronológica inversa. Utilize-o para demonstrar sólida experiência profissional ou o tempo de estudo relacionados à sua carreira. Os empregadores costumam preferir este formato.

Utilize um currículo cronológico quando:
- Seus empregos anteriores estão no mesmo campo.
- Seu histórico profissional mostra crescimento ou progresso real.
- Os cargos dos seus trabalhos anteriores são de destaque.
- O nome do seu empregador anterior pode impressionar um potencial empregador.

Os modelos dos currículos apresentados nas próximas páginas expõem diferentes formas de organizar a mesma informação*.

PONTO DE CHECAGEM
Por que um empregador pode preferir verificar um currículo cronológico?

---

* Os dados apresentados nos modelos são fictícios. (N.E.)

NOAH DANIEL
Rua Doze de Novembro, 217
São Paulo, SP
CEP: 00011-000
(11)2000-5000
noahdaniel@daniel.com

OBJETIVO
Obter um cargo em tempo integral como supervisor chefe em um acampamento de verão.

CAPACIDADES E HABILIDADES
Inspetor de alunos
- Coordenei e monitorei as atividades com jovens garantindo-lhes segurança máxima.
- Completei o curso de Segurança no cuidado da criança no Centro de Saúde Lebanon Community.
- Completei e obtive o certificado do curso de treinamento de guarda-vida.

Monitor de acampamento de férias
- Capacitado em implantar novas atividades e encorajar todas as crianças a participar.

Líder
- Liderei grupos de limpeza no acampamento, organizei novos jogos, obtive dois prêmios como supervisor da semana.

Trabalhador em Equipe
- Cooperei com colegas e diretores do acampamento para alcançar os objetivos estabelecidos.

ESCOLARIDADE
Escola de Ensino Médio Estrela Azul (São Paulo, SP)
- Completei o Child Development I e participo de estudos acadêmicos de agosto de 2010 até a presente data.

EXPERIÊNCIA
Arvoredo Company (Jaguaré, ES)
- Conselheiro-assistente – jun./2011 a ago./2012.

Centro de Recreação Lebanon (São Paulo, SP)
- Guarda-vidas (finais de semana – de jun. a ago. 2010.

ATIVIDADES
- Voluntário no programa HUMANO.
- Membro da Equipe Onda Azul.

Currículo funcional

NOAH DANIEL
Rua Doze de Novembro, 217
São Paulo, SP
CEP: 00011-000
(11)2000-5000
noahdaniel@daniel.com

OBJETIVO
Obter um cargo em tempo integral como supervisor chefe em um acampamento de verão.

EXPERIÊNCIA PROFISSIONAL
Arvoredo Company (Jaguaré, ES)
- Supervisor assistente, junho a agosto de 2011 e junho a agosto de 2012.
- Responsável pelos meninos do ensino fundamental (2011 e 2012).
- Organizei um workshop de construção de botes para competição.
- Conduzi um grupo de limpeza no final de cada reunião.
- Obtive dois prêmios como supervisor da semana.

Centro de Recreação Lebanon (São Paulo, SP)
- Guarda-vidas (finais de semana – de jun. a ago. 2010)

ESCOLARIDADE
Escola de Ensino Médio Estrela Azul (São Paulo, SP)
- Completei o Child Development I e participo de estudos acadêmicos de agosto de 2010 até a presente data.

CAPACIDADES E HABILIDADES
Inspetor de aluno
- Coordenei e monitorei as atividades de jovens para lhes garantir segurança máxima.
- Completei o curso de assistência a crianças no Centro de Saúde Lebanon Community.
- Completei e obtive o certificado do curso de treinamento para guarda-vidas.

Monitor de acampamento de férias
- Capacitado em implantar novas atividades e encorajar todas as crianças a participar.

Trabalhos em Equipe
- Cooperei com colegas e diretores do acampamento para alcançar os objetivos estabelecidos.

ATIVIDADES
- Voluntário no programa HUMANO.
- Membro da Equipe Onda Azul.

Currículo cronológico

7.2. AVALIAÇÃO

Pense criticamente

1. Se fosse Noah Daniel, o autor dos currículos mostrados nesta lição, qual você apresentaria: o funcional ou o cronológico? Por quê?
2. Por que alguns empregadores preferem receber referências junto com seu currículo enquanto outros preferem recebê-las depois que o contatem ou entrevistem?
3. Combine cada item listado com a seção do currículo na qual você colocaria
   a. Experiência profissional
   b. Condecorações e prêmios
   c. Capacidades e habilidades
   d. Objetivo
   1. Obter uma posição como vendedor associado em uma agência de viagem.
   2. Nomeado empregado da semana oito vezes durante um período de dois anos.
   3. Trabalhador em equipe: cooperei com o departamento para aumentar vendas de viagens internacionais.
   4. Responsável pela orientação de novos contratados.

Faça conexões

4. **Resolvendo problema** Mira Lampi enviou currículos para seis possíveis empregadores com os quais pretendia trabalhar. Ela estuda durante o dia, não há ninguém na sua casa para receber as mensagens e sua família não possui secretária eletrônica. Mira está preocupada em perder as chamadas importantes de empregadores. O que ela deve fazer?

LIÇÃO 7.3

Os formatos de currículo

OBJETIVOS
Preparar um currículo escaneável.
Preparar um currículo on-line.

TERMOS-CHAVE
- currículo escaneável
- currículo on-line

SIGA O RITMO DA TECNOLOGIA

Você gastou um tempo precioso identificando e adquirindo as habilidades profissionais que vão torná-lo um profissional valioso para o mercado de trabalho. Desenvolveu várias versões impressas do currículo que destacam suas habilidades e posições-chave que exerceu para alcançar seu objetivo. Seu currículo está formatado de forma atraente e sem nenhum erro. Então, por que o telefone não toca incessantemente, com diversas empresas solicitando entrevistas? Você esqueceu alguma coisa?

Assim como o mercado de trabalho se modifica, também se altera a maneira de os empregadores selecionar os currículos que levem a entrevistas. Os dois principais formatos de currículo que você precisa conhecer são os que podem ser escaneados e os on-line. **Currículo escaneável** é aquele enviado por correio ou copiado em um fax de uma empresa, que então escaneia o documento e o transfere a uma base de dados do computador. **Currículo on-line** é um documento que você envia no corpo do e-mail ou como anexo, ou, ainda, é submetido diretamente por meio de um website específico. Muitas empresas preferem receber currículos escaneáveis ou on-line, em vez daqueles tradicionais em papel. Esta lição vai lhe mostrar como formatar seu currículo para seguir o ritmo da tecnologia atual.

■ Casos de marketing

Justin Matthews ouviu falar sobre a abertura de vagas para funcionários de fotocopiadoras em três empresas diferentes da região. Uma das vagas abertas foi anunciada no jornal e as outras duas ele soube por meio de sua rede de relacionamentos. Ele pretende enviar currículos para as empresas, mas não tem certeza se encaminha os tradicionais, on-line ou escaneáveis. Justin deveria enviar mais de um tipo de currículo para cada empresa? Por quê? Você se lembra de já ter recebido vários tipos de informação de marketing para o mesmo produto?

Currículos escaneáveis

Os currículos escaneáveis são mais semelhantes aos tradicionais do que você possa imaginar. Como os currículos tradicionais, os escaneáveis têm como base o papel. A diferença está no formato, como mostra o exemplo da página 213. Alguns escâneres utilizados por muitas empresas não reconhecem alguns elementos comuns de formatação usados nos currículos em papel, então, atente para esses detalhes.

WORKSHOP

A tecnologia geralmente se desenvolve para se tornar mais acessível ao usuário. Pense em vários exemplos de tecnologias que se tornaram mais fáceis de usar quando se modernizaram.

Pesquise sobre o assunto. Ao criar uma versão escaneável, certifique-se de que tomou todos os cuidados. Caso não tenha certeza de qual currículo enviar, encaminhe o escaneável.

Siga estas instruções para o currículo escaneável:

- Use hífens em vez de parênteses nos números de endereços, CEP, telefone e fax. Por exemplo, 11-5555-0178, e não (11) 5555-0178. Muitos programas de escâner não conseguem ler parênteses.
- Use uma fonte legível e simples, como Arial ou Times Roman, corpo 10 a 14.
- Use formatação "básica", cor da fonte preta, sem destaques, como itálico, ou fontes que lhe parecem mais elegantes.
- Imprima seu currículo em papel branco de boa qualidade – cores mais claras são escaneadas com mais eficácia.
- Ao escanear, acione a função "alta resolução" em seu escâner, se estiver disponível. Isso vai ajudá-lo a escanear seu currículo com qualidade. Alguns computadores também têm a função "fax"; logo, você pode escanear seu currículo no computador e mandá-lo por fax diretamente ao empregador.
- Quando enviar por correio, não dobre ou grampeie seu currículo escaneável.

PONTO DE CHECAGEM
Um currículo escaneável substitui um tradicional? Explique.

CURRÍCULOS ON-LINE

Currículos on-line, também conhecidos como eletrônicos, não precisam de papel. São enviados por e-mail anexados como um arquivo do computador ou transferidos para o website da empresa. Ao anexar seu currículo, certifique-se de seguir todas as instruções cuidadosamente. Você pode anexar seu currículo como documento do Word, mas alguns sites podem exigir um formato específico ou outra versão de software. Quando os empregadores pedem que você envie seu currículo por e-mail, esclareça o que eles querem:

- *Um currículo formal?* Talvez eles desejem imprimi-lo, mas não querem esperar que seu currículo em papel chegue pelo correio. Se assim for, envie por e-mail ou transfira para o banco de currículos da empresa seu currículo tradicional com elementos formatados adequadamente, como colunas, centralização, fonte em negrito e itálico.

Alexander L. Diaz
406 Whitford Lane
Independence, MO
CEP: 003-223
315-555-1112
adiaz@email.com

OBJETIVO
Obter um cargo de auxiliar de bibliotecário em uma biblioteca pública onde eu possa aplicar minhas capacidades de pesquisa e organização para promover satisfação ao usuário.

RESUMO DAS CAPACIDADES
Pesquisador com experiência no uso de mecanismos de busca on-line, diretórios e outras ferramentas on-line.
Usuário certificado de interfaces inovadoras para controle e devolução de materiais de clientes.
Programas de computação: Word, Excel, Access, Power Point, Acrobat, e Lexis Nexis.

EXPERIÊNCIA
Independence Community Library, Independence, MO
Auxiliar de biblioteca, abril de 2010 até o presente.
- Ensinar crianças a usar as ferramentas de busca e diretórios on-line apropriados para a idade.
- Coordenador de prêmios para os programas de leitura de verão para crianças.
- Mostrar às crianças como usar as Interfaces Inovadoras, o sistema de catálogo on-line da região.
- Notificar os clientes quando seus empréstimos de materiais entre bibliotecas são recebidos.

The Book Nook, Kansas City, MO
Atendente de livraria, janeiro de 2009 a abril de 2010.
- Organização nas estantes das novas remessas de livros.
- Contato telefônico com os clientes sobre compras e registro do fechamento de caixa no fim do dia.
- Recomendação e implantação da tabela de venda de livros.

ESCOLARIDADE
Graceland University, Independence, MO.
Data de graduação: junho de 2012.
Outros cursos: Biblioteconomia, Método de pesquisa, Gerenciamento estratégico.

CONDECORAÇÕES HONORÍFICAS E PRÊMIOS
Aluno nota 10, 2011 e 2012.

Currículo escaneável

Alexander L. Diaz
406 Whitford Lane
Independence, MO
CEP: 003-223
315-555-1112
adiaz@email.com

OBJETIVO
Obter um cargo de auxiliar de bibliotecária numa biblioteca pública onde eu possa usar minha pesquisa e habilidade de organização para promover satisfação ao usuário.

RESUMO DAS CAPACIDADES
Pesquisador com experiência no uso de mecanismos de busca on-line, diretórios e outras ferramentas on-line.
Usuário certificado de interfaces inovadoras para controle e devolução de materiais a clientes.
Programas de computação: Word, Excel, PowerPoint, Acrobat e LexisNexis.

EXPERIÊNCIA
Independence Community Library, Independence, MO.
Children's Libray Aide, abril de 2010 até o presente.
- Ensinar crianças a usar as ferramentas de busca e diretórios on-line apropriados para a idade.
- Coordenador de prêmios para os programas de leitura de verão das crianças.
- Mostrar às crianças como utilizar as Interfaces Inovadoras, o sistema de catálogo on-line da região.
- Notificar os clientes quando seus empréstimos de materiais entre bibliotecas são recebidos.

The Book Nook, Kansas City, MO.
Atendente de livraria, janeiro de 2009 a abril de 2010.
- Organização nas estantes das novas remessas de livros.
- Contato telefônico aos clientes sobre compras e registro do fechamento de caixa no fim do dia.
- Recomendação e implantação da tabela de venda de livros.

ESCOLARIDADE
Graceland University, Independence, MO.
Data de graduação: junho de 2012.
Outros Cursos: Biblioteconomia, Métodos de pesquisa, Gerenciamento estratégico.

CONDECORAÇÕES HONORÍFICAS E PRÊMIOS
Registro do Reitor, 2011 e 2012.

Currículo on-line

- *Um currículo para um banco de dados?* Envie seu currículo on-line, por e-mail ou transfira-o para o banco de currículos da empresa.

Formate seu currículo on-line

A principal regra para formatar seu currículo on-line é evitar quaisquer elementos de formatação que não possam ser encontrados em seu teclado. Além disso, não use espaços tabulados (com setas) para não confundir as ferramentas de busca de uma base de dados. Em vez disso, use a barra de espaços ou a tecla "enter" para todos os espaços.

Se você tem acesso a uma versão do Word ou a um software que processe Word que lhe permita salvar seu currículo como arquivo de PDF (cheque o "Salvar como" do seu software), isto lhe permitirá manter o formato do seu currículo. Se não tiver, siga essas instruções básicas para formatar seu currículo on-line. É claro que, se o empregador exigir um formato específico, você deve seguir a recomendação da empresa.

- Evite usar marcadores, itálico e negrito.
- Alinhe o texto à esquerda, e não justificado ou à direita.
- Não coloque o texto em colunas.
- Prefira as fontes Courier, Times Roman, Arial ou Helvética, corpo 10 ou 12.

Quando usar um currículo on-line

Você pode usar o texto simples do seu currículo eletrônico quando:

- Um empregador ou contato pede que você envie seu currículo por e-mail.
- Quiser colocar seu currículo na base de dados de um site de busca de emprego.
- Quiser enviar seu currículo por e-mail para o website de uma empresa.
- A publicação de uma vaga de emprego informa um endereço de e-mail.

PONTO DE CHECAGEM
Os currículos on-line também são referidos como textos simples. Por quê?

7.3 AVALIAÇÃO

Pense criticamente

1. Algumas empresas não aceitam currículos on-line enviados como anexos de e-mail, pois se preocupam com a disseminação de vírus. Como evitar que seu currículo on-line seja rejeitado?

2. O equipamento de escâner de currículos on-line tem suas limitações. De que maneira as pessoas podem reconhecer melhor os candidatos qualificados do que os computadores?

3. Se você fosse um empregador, que formato de currículo solicitaria aos candidatos: um currículo tradicional em papel, escaneável ou on-line? Por quê?

Faça conexões

4. **Jogo de coincidência** Junte-se com um colega e pratique identificação de palavras-chave que poderiam ser encontradas em uma base de dados de emprego. Considere a carreira com a qual está familiarizado, como treinador de basquetebol, professor ou gerente de restaurante. Faça um resumo de capacidades com palavras-chave representativas que descrevam o trabalho selecionado. Não mostre a seu colega. Enquanto isso, ele deve listar dez palavras-chave para entrar em uma base de dados a fim de procurar por candidatos para o trabalho que você selecionou. Quantas de suas palavras coincidem? Selecione outra carreira e inverta os papéis. Faça uma apresentação oral para informar seus resultados à classe.

5. **Desenho gráfico** Busque vários websites que tragam sugestões sobre formatos de currículos. Faça um download e imprima alguns dos exemplos de currículos e compare seus componentes. Elabore um cartaz que enfatize os aspectos sugeridos pelos sites.

Capítulo 7. Avaliação

Vocabulário

Escolha o termo que melhor se encaixe na definição. No espaço indicado, coloque a letra que corresponde à resposta. Escreva a letra da resposta no espaço indicado. Alguns termos podem não ser aplicados.

_____ 1. Um currículo que é escaneado e transferido para um computador e mantido em uma base de dados.

_____ 2. Por ordem de data, indicando as informações da mais recente à menos atual.

_____ 3. A seção do currículo que identifica o trabalho para o qual você está se candidatando.

a. currículo cronológico
b. currículo funcional
c. ficha de solicitação de emprego
d. objetivo de trabalho
e. currículo on-line
f. inventário pessoal
g. currículo

_____ 4. Um currículo que você envia por e-mail ou como um anexo no e-mail.

h. ordem cronológica inversa
i. currículo escaneável

_____ 5. Um formulário fornecido por um empregador que solicita que você preencha suas qualificações, histórico profissional e informações pessoais relacionadas ao trabalho.

_____ 6. Um resumo do seu nível educacional, histórico profissional e capacidades.

_____ 7. Um tipo de currículo que enfatiza as características pessoais, capacidades, habilidades e experiência profissional.

_____ 8. Documento que o ajuda a identificar suas capacidades relacionadas ao trabalho ao detalhar seu nível educacional, experiência e outras qualificações.

_____ 9. Tipo de currículo que organiza a experiência de trabalho em ordem cronológica inversa.

Revisão de conceitos

10. Liste e descreva três categorias de informação que podem ser incluídas em um inventário pessoal.
11. Como você deve responder a perguntas em um formulário que não se aplicam a você?
12. Quais são as duas seções que devem ser incluídas em todos os currículos? Explique.
13. Exemplifique três situações nas quais você utilizaria um currículo funcional.
14. Exemplifique três situações nas quais você usaria um currículo cronológico.
15. O currículo escaneável é similar ao tradicional? Como eles se diferenciam?
16. Como você pode enviar um currículo escaneável?
17. Onde os currículos on-line e escaneável costumam ser armazenados de modo que possam ser facilmente acessados?
18. Que tipos de palavras-chave devem ser empregadas em seu currículo?

Aplique o que aprendeu

19. Nos últimos três verões, Ibrahim Sharif trabalhou como carregador na Laser Tech. Neste verão, a empresa contratará estagiários para trabalhar no escritório com os engenheiros. Exigem-se currículos, e Ibrahim está interessado, pois a engenharia está no seu campo de interesse. Ele deve apresentar um currículo funcional ou um cronológico? Explique.
20. Descreva quatro situações nas quais você usaria um currículo on-line.
21. Por que muitas das grandes empresas preferem recrutar candidatos on-line?
22. Sônia Cherniak está bem preparada. Ela tem um currículo tradicional com elementos formatados, escaneável e on-line. Ela leu em um quadro de empregos sobre a

abertura de uma vaga como auxiliar de enfermagem. O anúncio fornece endereço de caixa postal e e-mail, mas não especifica o formato de currículo exigido ou como deve ser enviado. Como o anúncio não fornece número de telefone, Sônia ficou sem saber que tipo de currículo enviar. Que conselho você lhe daria?

Faça conexões

23. **Tecnologia** Faça uma busca on-line nos websites de emprego. Busque dez diferentes empregos e anote as exigências de currículo para cada um deles. Qual formato de currículo é especificado? Como e para onde os candidatos devem enviar seus currículos? É mencionado o nome de uma pessoa de contato?
24. **Comunicação** Preveja o futuro e diga como será procurar emprego e como será o recrutamento. Como a tecnologia ainda pode avançar para mudar a maneira como as pessoas vão procurar trabalho? Isso vai modificar os métodos que os empregadores usam para contratar funcionários? Como seriam os currículos e o processo de entrevista no futuro?
25. **Arte/design** Faça um diagrama que ilustre as diferenças de formatação entre os três formatos de currículos apresentados neste capítulo: tradicional, escaneável e on-line. Inclua instruções para o envio de cada um deles.
26. **Economia** Nem todo trabalho exige um currículo. Pense em cinco empregos que exijam currículo e outros cinco que não. O nível educacional e a renda apresentam alguma conexão com os tipos de empregos que exigem currículos. São os que pagam melhor em relação aos que não exigem currículos?
27. **Artes da linguagem** Procure em um dicionário a origem da palavra *currículo*. Quais são seus significados? De que idioma o termo é originário e qual seu significado nele? O significado original possui alguma relação com o atual?
28. **Estudos sociais** As ocupações profissionais mudaram significativamente nos Estados Unidos nos últimos 100 anos. Agricultor costumava ser a profissão mais comum. Durante a metade do século XX, havia muitos empregos em fábricas. Nos últimos anos, os empregos na área de serviços se tornaram mais comuns. Crie três currículos, um para um agricultor no ano de 1905, um para operário de fábrica em 1948, e um para um trabalhador da área de serviços em 1993. Pesquise o que essas pessoas poderiam ter feito, as habilidades necessárias para cada profissão, e a formação educacional de cada um. Use nomes e endereços fictícios.

Preparação de apresentação em equipe

Participantes de um evento vão utilizar tecnologias e softwares de informática atuais para preparar e entregar uma apresentação multimídia eficaz. O grupo terá de dois a quatro membros. A equipe deve projetar uma apresentação multimídia no computador sobre o tópico designado. Todo ano um novo tópico é selecionado pela Business Professional of America (BPA). Uma cópia em Word, incluindo as obras citadas, deve ser enviada no momento da apresentação. O grupo deve fazer uso eficaz de tecnologia multimídia atual na apresentação (exemplos: som, movimento, vídeo digital etc.).

Os Estados Unidos estão dedicando mais atenção à melhoria da educação, a fim de se tornarem mais competitivos internacionalmente. Muita ênfase foi dada a matemática, ciência e língua. Você compreende o valor da educação em carreira e desenvolvimento, e do envolvimento ativo em organizações profissionais de aluno, como a BPA. Sua equipe deve preparar uma apresentação para os representantes do governo do seu estado a fim de explicar a importância do envolvimento estudantil na BPA.

As equipes participantes terão de sete a dez minutos para apresentação oral. Juízes terão cinco minutos a mais para fazer perguntas sobre a apresentação.

Habilidades para o sucesso no trabalho

Candidaturas de emprego on-line e currículos

Como hoje em dia as informações que você procura quando busca emprego estão disponíveis com o clique do mouse, talvez você não precise mais ler anúncios em classificados ou bater de porta em porta para se candidatar a um emprego. Se tiver acesso à internet, pode completar muitas etapas do processo de busca de emprego, inclusive submeter seu currículo a vagas de emprego. De fato, muitas empresas preferem que os candidatos mandem suas informações on-line.

Websites de empresas

Muitas empresas têm websites que não apenas fornecem informações sobre a companhia, como também informam sobre a abertura de vagas, a fim de avisar os candidatos sobre essas possibilidades. O primeiro passo é visitar o website da empresa. Para encontrar as oportunidades de emprego da organização, procure na barra de navegação o link para Recursos Humanos (RH) ou "Trabalhe conosco" e clique nele. Se não houver um link direto, tente em "Sobre nós" ou "História da empresa", nos quais você talvez encontre este link. Outra opção é verificar o mapa do site para encontrar este link, que em geral pode ser encontrado no lado superior direito ou na parte inferior da home page.

Uma vez que localizou o link relacionado à candidatura de emprego, você pode optar por fazer uma busca de emprego on-line similar aos sites de busca de empregos, usando categorias como palavras-chave, departamento ou localização. Depois de selecionar as vagas do seu interesse, você pode se candidatar diretamente através do link fornecido.

Sites de emprego

Os sites de emprego e de informações sobre carreiras também oferecem oportunidades para se candidatar às vagas on-line. Na verdade, quando você encontrar uma posição de interesse através de um site de emprego como CareerBuilder ou Monster.com, clicar nela pode conectá-lo diretamente com o site da empresa, para que você se candidate por meio dele. Se isso não conectá-lo diretamente com a empresa, ainda assim vai fornecer instruções sobre como se candidatar à vaga.

Candidatura on-line

Depois de encontrar a informação sobre a posição, é possível que você receba a opção de se candidatar on-line à vaga. Tipicamente, o processo de candidatura on-line é muito específico: vão pedir que você complete informações sobre si mesmo ao selecionar respostas para questões e digite respostas nos campos fornecidos. Candidaturas on-line quase sempre pedem informações sobre contato, formação e histórico profissional, incluindo as respectivas datas, assim como outras informações que a empresa julga importante neste estágio do processo de contratação. Alguns sites podem pedir que você anexe seu currículo em arquivo de texto ou Word. Outros podem pedir que você digite as informações do seu currículo no próprio campo de candidatura do site.

Certifique-se de ler e seguir todas as instruções cuidadosamente, e de revisar as informações antes de submetê-las à candidatura. Sua candidatura pode não ser considerada se não seguir as instruções corretamente. Outra consideração é analisar automaticamente o currículo. Muitos sites analisam currículos por palavras-chave que combinam com a descrição da vaga. Apenas os candidatos que seguem um critério preestabelecido são contatados pelo RH ou gerentes de contratação da empresa; assim, certifique-se de que seguiu as exigências da descrição do emprego quando se candidatou, e, mais importante ainda, seja honesto e ético.

Desenvolva sua habilidade

Compreender o processo de recrutamento de uma empresa pode ser muito benéfico quando se está em busca de emprego. Selecione uma empresa que o interessa. Para determinar se ela aceita candidaturas de emprego e currículos virtuais, visite primeiro seu website. Depois, visite um site de emprego e busque pelo nome da empresa. Se não tiver acesso a um computador e à internet da sua casa, você pode acessá-los na sua escola ou em uma biblioteca pública local. O que você aprendeu sobre o processo de recrutamento virtual dessa empresa? Se você fosse se candidatar a uma posição nesta empresa, que etapas deveria seguir?

CAPÍTULO 8

Precifique seu produto

8.1 Dinheiro e valor
8.2 Pesquisa salarial
8.3 Negociações salariais

Carreiras em marketing

As empresas TJX

As empresas TJX, que abarcam marcas do varejo como T. J. Maxx, Marshalls, HomeGoods e A. J. Wright nos Estados Unidos, são a maior varejista de descontos do mundo. Elas também têm lojas varejistas no Canadá e na Europa. A TJX foca na diversidade dos seus clientes e empregados, assim como em seu mix de mercadorias.

O planejador de mídia da TJX é responsável por produzir e executar planos de mídia para inauguração de lojas do varejo e campanhas de propaganda, assim como por planejar, comprar e negociar posicionamento de mídia. Os planejadores de mídia precisam estar atualizados com relação às tendências de mercado e aos novos desenvolvimentos em mídia; eles também resolvem discrepâncias com clientes internos e externos e recomendam novas estratégias de mídia.

A posição normalmente exige um diploma de bacharelado, experiência na área de propaganda, excelentes habilidades de comunicação e conhecimento profundo de transmissão, mídia impressa e on-line.

Pense criticamente

1. Como um planejador de mídia ajuda a manter a imagem da TJX?
2. Por que você acha que uma organização como a TJX se preocupa com planejamento de mídia?

Projeto de portfólio

Demonstrando seu valor a um empregador

Objetivos do projeto
O que você deve responder a um empregador quando ele perguntar sobre seu valor? Se estiver negociando um salário por hora para um emprego de meio período, ou um salário mensal para uma função em seu campo de interesse, você deve ser capaz de falar com conhecimento de causa sobre a remuneração e provar que vale o que acredita que deve ser pago. Neste projeto, você vai:
- Pesquisar os salários para as funções em seu campo de interesse.
- Determinar seu salário e benefícios.
- Preparar um relato que resuma e justifique quanto você vale.

Preparação inicial
Leia o Processo de projeto a seguir.
- Examine uma tabela de cálculo salarial. Você pode usá-la para calcular seu salário.
- Use os recursos da internet para começar a pesquisar as faixas salariais.
- Estude um exemplo de relato sobre o valor de emprego.

Processo do projeto
Parte 1 Lição 8.1 Vários fatores influenciam os salários e benefícios que os empregadores estão dispostos a oferecer, incluindo a oferta de candidatos, o nível de instrução, a experiência exigida e o custo de vida local. Use os recursos da internet e os contatos da sua rede de relacionamento para pesquisar e listar as faixas salariais para os empregos de seu interesse.

Parte 2 Lição 8.2 Releia seu currículo e inventário pessoal. Sua experiência e formação o colocam na faixa salarial baixa, alta ou média em seu campo de interesse? Seja qual for o lugar em que se situe, pense em como justificar a proposta do nível mais alto da faixa salarial desta categoria.

Parte 3 Lição 8.3 Para ganhar confiança ao falar sobre quanto você vale, faça um relato que resuma o valor que irá propor a um empregador. Descreva os benefícios salariais que deseja e por que acredita merecê-lo.

Finalizando
Escreva um parágrafo sobre o que sua pretensão salarial diz sobre você para os empregadores. O que uma baixa pretensão significaria? E uma pretensão irrealmente alta?

LIÇÃO 8.1

Dinheiro e valor

OBJETIVOS
Explicar o uso do dinheiro na troca.
Discutir como os conceitos econômicos influenciam o salário.

TERMOS-CHAVE
- mercadoria
- demanda
- oferta
- preço
- salário

O VALOR DE TROCA

Como visto no Capítulo 1, o marketing como um todo envolve alguns tipos de troca, nos quais duas partes veem valor no que a outra tem a oferecer. As transações monetárias e as de troca de mercadorias são dois tipos de troca. As trocas são geralmente entendidas em termos simples de transações monetárias, tais como trocar uma unidade de moeda corrente por uma garrafa de água gelada. Mas um emprego também é uma troca: você vai trabalhar, e, em troca do seu tempo e suas capacidades, o empregador lhe paga um salário.

Dinheiro como uma mercadoria

Você alguma vez foi a uma loja de conveniência onde pagou um pão de forma com um saco de conchas? Alguma vez deu a uma loja de discos uma peça de ferro em troca de um novo CD? Estas questões podem parecer ridículas, mas um dia conchas e peças de ferro foram valores de troca em transações mercadológicas, assim como o dinheiro é hoje. Qualquer coisa que tenha valor de troca é conhecida como **mercadoria**.

■ Casos de marketing

Chao Hsu quer vender seu videocassete (VCR) e usar o dinheiro para comprar um DVD Player. Há cinco anos, ele pagou $ 160 pelo videocassete. Em virtude da excelente condição do equipamento, quer vendê-lo por $ 80, a metade do

> preço original. O fato de pedir $ 80 é razoável? Quais fatores ele deveria considerar quando precificar o aparelho usado? Onde você recomendaria que Chao anunciasse seu videocassete?

Mercadorias preferidas Embora quase tudo possa ser uma mercadoria, certos itens são escolhidos como preferidos para as transações de troca. Essas mercadorias preferidas foram escolhidas por diferentes razões, como facilidade de armazenagem, de transporte e durabilidade. Elas eram muito desejadas, e, portanto, fáceis de ser trocadas por outros itens. Eis alguns exemplos de mercadorias preferidas.

- Grãos de cacau eram utilizados no México pelos astecas.
- Contas feitas de conchas (um cordão ou cinto feito de pequenas contas polidas) eram utilizadas na América do Norte.
- Objetos de metal, como braceletes, eram usados na África.
- O açúcar foi usado no oeste da Índia.
- Os dentes de baleia eram utilizados em Fiji.

Moedas Como as moedas passaram a substituir essas mercadorias como meios de troca preferidos? A transição foi gradual e começou com o uso de quantidades por peso de metais preciosos como mercadoria preferida. A habilidade de cunhar "moedas" (peça redonda de metal precioso prometido ser em peso e composição idênticos a outras moedas) foi se desenvolvendo conforme a tecnologia avançava. Pelo fato de serem idênticas, não precisavam ser pesadas – em vez disso, eram contadas.

A colonização da América do Norte pelos europeus estimulou um aumento no uso de moedas de troca. O ouro e a prata fluíam das Américas para a Espanha, Portugal e Inglaterra, gerando novos negócios e novos mercados. Esse fluxo de riqueza rapidamente afetou a troca de mercadorias por produtos, e mesmo as pessoas simples utilizavam moedas como mercadoria preferida.

Papel-moeda A próxima transição importante foi da moeda para o papel-moeda. Seu uso se difundiu separadamente em diferentes países para satisfazer o avanço das necessidades por mercadorias mais flexíveis. Por exemplo, as colônias norte-americanas tinham um déficit constante de moedas oficiais. Como resultado disso, os colonos, em Virgínia, começaram a usar o tabaco como mercadoria. Mas, como você pode imaginar, as folhas de tabaco são difíceis de regular, assim, os certificados que atestavam a quantidade e a qualidade do tabaco depositado nos armazéns públicos chegaram a ser empregados como dinheiro e legalizados em 1727.

O papel-moeda atual, diferente das moedas originais de metal precioso, não tem qualquer valor em si mesmo. Ele apenas *representa* valor. Sua aceitação depende de ter suporte em alguma mercadoria, geralmente um metal precioso, como ouro ou prata. O dinheiro não tem valor até que seja trocável por produtos e serviços.

Dinheiro e preço

O **preço** de um produto ou serviço é a quantia de dinheiro que deve ser trocada por ele. O uso do dinheiro cria um padrão pelo qual os preços dos produtos podem ser comparados. A unidade de valor, dinheiro, é consistente – o denominador comum de troca. Saber que o preço é expresso em termos monetários permite que você compare itens aparentemente incomparáveis e tome decisões de compra com base no valor percebido. Você pode comparar os preços de dois produtos muito diferentes quando toma decisões de troca. O preço de cada produto é expresso em dinheiro.

Compare, por exemplo, um par de tênis e um relógio de pulso. Os tênis custam $ 59,95, enquanto o relógio de pulso (um produto muito diferente que pode parecer incomparável) vale $ 79,99. Suponha que você disponha apenas de $ 85 para gastar. Você realmente gosta do relógio, tem um design moderno e fica ótimo em seu pulso. Também gosta dos tênis e precisa de um novo par para ginástica. Mas pode comprar apenas um dos produtos. Como você decide? Os tênis têm maior valor percebido com base na necessidade que eles satisfazem (aula de ginástica). Você está disposto a trocar seu dinheiro ganho duramente pelos tênis. E gostaria de ter comprado ambos os itens, mas foi forçado a fazer uma determinação de valor.

> **WORKSHOP**
> Pense em alguma vez que teve de decidir entre dois produtos. Quais fatores o ajudaram a tomar sua decisão final? Você ainda está satisfeito com esta decisão? Por quê sim? Ou por que não?

PONTO DE CHECAGEM
Por que o papel-moeda é aceito como uma mercadoria?

VALOR EM SALÁRIO

Seu **salário** é a remuneração que você recebe por seus serviços. O salário, estabelecido em dinheiro, ajuda os empregadores a tomar as *decisões de troca*. Quando você valorizou os tênis antes do relógio de pulso, tomou uma decisão de troca e pagou dinheiro por ela. Quando valoriza o trabalho de um potencial colaborador acima do preço, ou o salário que será pago por aquele trabalho, o empregador toma uma

VOCÊ SABIA?
A Constituição Federal proíbe diferenças entre salários, no desempenho de deveres e critérios de contratação em função de sexo, idade, raça ou situação familiar (Art. 5º).

decisão de troca e o funcionário é contratado e remunerado. Quando valoriza o salário que receberá durante o tempo e esforço que despenderá em um trabalho, você toma uma decisão de troca e trabalhará em troca do seu pagamento. O valor dessas decisões de troca é expresso em termos de salário, ou preço.

Por que, então, é pago menos a um vendedor do que a um farmacêutico? Por que um programador de computação ganha mais que um especialista em banco de dados? Por que o salário de um gerente de marketing é mais alto que o de uma recepcionista? Os empregadores valorizam mais algumas funções que outras, assim como você valoriza mais alguns produtos que outros.

A economia de salário

O Capítulo 2 discutiu brevemente os conceitos econômicos de oferta e de demanda. **Oferta** refere-se à quantidade de um produto que é oferecida ao mercado. Já **demanda** diz respeito à quantidade de um produto que os consumidores estão dispostos a comprar. Se há escassez de um produto e a demanda é alta, os consumidores com frequência estão dispostos a pagar mais por ele. Se um produto é oferecido em grande quantidade, seu valor para os consumidores será mais baixo. Quando várias opções de produtos estão disponíveis, em geral, devido à concorrência, os consumidores tendem a considerar o preço mais cuidadosamente.

Se Catarina visita uma feira de informática em que muitas empresas participam vendendo computadores, ela tem muitas oportunidades e provavelmente vai buscar o produto com preço mais competitivo que acredite ter um bom valor. Se somente poucas empresas estão vendendo computadores, ela tem menos chances e, portanto, pode estar disposta a pagar um preço mais alto por um computador.

Na economia de mercado, o valor percebido e o preço subsequente com frequência são baseados no mercado. As leis da oferta e da demanda influenciam os salários. Algumas profissões, como a de anestesista, pagam mais, pois as capacidades exigidas são escassas no mercado de trabalho, o que significa que menos pessoas possuem essas habilidades. Outras profissões pagam mais porque certas capacidades, como as de programador de computação, estão em alta demanda, o que significa que muitos empregadores necessitam de trabalhadores com essas habilidades. Quando uma função em particular paga um salário alto, isso geralmente significa que é mais valorizada em relação a outra que recebe salário mais baixo.

Quando há concorrência para determinada função (muitas pessoas possuem as capacidades necessárias), o salário pode ser mais baixo, pois o número de candidatos é muito grande.

Diversidade no mercado de trabalho

Valor comparável é o conceito de que, quando os trabalhos requerem capacidades, esforços, responsabilidades e experiência comparáveis, os colaboradores do sexo masculino e feminino devem ser remunerados igualmente. Veja a Constituição Federal, artigo 5º e a Consolidação das Leis do Trabalho, artigos 461-462.

Essa associação acredita que todos os trabalhadores devem ser remunerados com base nas capacidades requeridas e no valor de seus trabalhos, e que fatores como gênero ou etnia nunca devem ser considerados na determinação de salário.

Referida associação apoia todos os esforços para conseguir formulários precisos e imparciais de avaliação de trabalho e aumentar o pagamento daqueles trabalhos que se encontram desvalorizados. A média do "valor de mercado" no estabelecimento do pagamento não pode ser o determinante final da escala de remuneração, uma vez que frequentemente reflete os preconceitos da sociedade sobre etnia e sexo.

A associação encoraja os esforços na educação de funcionários e outros da força de trabalho para obter níveis salariais adequados à capacidade, ao valor, à responsabilidade e às exigências de seus trabalhos.

Fonte: National Education Association 2005-2006. Higher Education Resolutions: F2. Pay Equity/Comparable Worth.

Tomando decisões de carreira

O modo como você transmite e demonstra seu valor por meio de suas capacidades, realizações e benefícios influencia quanto dinheiro um empregador está disposto a trocar por seus serviços. Lembre-se, as trocas que satisfazem com frequência são baseadas nos benefícios, porque você acredita que aquilo de que abre mão vale o que ganha em troca. Além disso, o desempenho do produto comprado (seu trabalho) deve satisfazer as expectativas.

Leve em consideração que as forças de mercado podem ajudá-lo a tomar decisões de carreira com conhecimento. Um salário alto para determinada ocupação poderia sinalizar um aumento na demanda dos trabalhadores com qualificações necessárias àquela ocupação. Obviamente, o salário não deveria ser sua única consideração no estabelecimento dos seus objetivos de carreira. Você passará muitos anos da

COMUNICAÇÃO
Entreviste seu orientador ou um funcionário do departamento de recursos humanos para saber por que as pessoas trabalham. Em vez de concentrar-se nas razões práticas e financeiras, pergunte sobre outras motivações, como satisfação, desafio intelectual, e assim por diante. Sintetize seus resultados em um relatório de uma página.

sua vida trabalhando, e, se não for hoje, em algum momento da sua carreira, vai desejar trabalhar por um pagamento mais justo. Seus valores, objetivos, suas capacidades, seus interesses e sua personalidade ajudarão a conduzi-lo a uma carreira que engrandeça sua vida.

PONTO DE CHECAGEM
Como os conceitos de oferta e de demanda influenciam os salários para diferentes funções?

8.1. AVALIAÇÃO

Pense criticamente

1. De que maneira uma situação de emprego funciona como uma troca?
2. Dê um exemplo de como o dinheiro é usado como um meio de troca.
3. Qual é o denominador comum da troca? Como se relaciona ao preço?
4. Como o salário se relaciona com as decisões de troca?

Faça conexões

5. **Estudos sociais** Em seu livro *A história do dinheiro*, Jack Weatherford afirma "O dinheiro não faz as pessoas mais inteligentes, ele faz que elas pensem em novas formas, em números e seus equivalentes". Faça um relato de duas páginas que discuta de que maneira o dinheiro pode ter modificado o pensamento das pessoas.

6. **História** Pesquise o uso de troca de mercadoria durante a Grande Depressão. Quão comum era essa prática? Que tipos de itens eram trocados? Esse retorno à troca de mercadorias teve alguns efeitos permanentes sobre a compra? Organize seus resultados e faça uma apresentação à classe.

7. **Estudos culturais** Todas as culturas usam o dinheiro como mercadoria? Utilize a internet ou pesquise em uma biblioteca para responder à questão. Dê exemplos, se houver, de culturas que não utilizam dinheiro para as transações. O que elas utilizam em seu lugar? Se descobrir que todas as culturas usam dinheiro como mercadoria, escolha uma cultura com a qual não esteja familiarizado e leia sobre o uso de dinheiro desta. Prepare uma apresentação oral com seus resultados.

LIÇÃO 8.2

Pesquisa salarial

OBJETIVOS
Explicar como determinar faixas salariais realistas.
Identificar métodos de pesquisa de informação salarial.

TERMOS-CHAVE
- custo de vida
- faixa salarial

ESTABELEÇA SEU PREÇO

Alguma vez você viajou oito quilômetros a mais para ir a uma loja que estava fazendo promoção de um produto que queria comprar? Alguma vez você comprou uma marca diferente da usual porque ela oferecia um preço melhor? Os profissionais de marketing conduzem pesquisas para determinar quanto os consumidores estão dispostos a pagar por um produto. Assim que você entrar no mercado de trabalho, vai precisar conduzir uma pesquisa similar para estabelecer as faixas salariais que os empregadores estão dispostos a pagar para determinadas funções.

Preço é um importante fator a ser considerado quando se está buscando emprego. Se estabelecer um valor muito alto, você pode se precificar fora da média do mercado. Se estipular um preço muito baixo, pode obter o trabalho, mas ficará desapontado ao receber um salário mais baixo que aquele que poderia ter tido. Ou pode não obter uma oferta de emprego porque o empregador acredita que, assim como você não tem conhecimento das faixas salariais apropriadas, também não tem conhecimento sobre a função, o setor, a organização ou o trabalho envolvido.

■ Casos de marketing

Dominique D'Antonio está procurando por um trabalho como vendedor. Ele tem uma segunda entrevista na próxima semana e lhe disseram para estar preparado para discutir um pacote de benefícios salariais. Para calcular sua faixa salarial ideal, Dominique somou todas as suas despesas, incluindo paga-

MARKETING PESSOAL

> mentos de hipoteca, carro, TV a cabo, telefone, conexão de internet, energia elétrica e alimentação. Com base nessas despesas, ele chegou à conclusão de que necessitava ganhar um salário de, no mínimo, $ 4 mil por mês. Você acha que Dominique deveria pedir esse salário na entrevista da próxima semana? O que mais ele deveria pesquisar antes da entrevista?

Pretensões salariais realistas

Cada pessoa tem sua própria definição de sucesso, mas, para a maioria, sucesso na busca por trabalho significa obter o emprego que satisfaça suas *pretensões salariais realistas*, aquelas que você pode (com algum esforço) conquistar em relação ao emprego. Para ser empregável, é importante ter pretensões salariais realistas.

Gina formou-se recentemente, com especialização em design gráfico. Ela está procurando trabalho na área de desenho em uma agência de publicidade, e quer ganhar, no mínimo, $ 4,5 mil por mês. Depois de fazer algumas pesquisas, Gina fica sabendo que a média salarial para os designers gráficos é de $ 3 mil. A maioria das posições no *nível de entrada* paga até menos. Se ela tivesse negligenciado sua pesquisa e requerido o valor de $ 4,5 mil pelo cargo, teria prejudicado seriamente suas chances de ser contratada.

Qual é seu valor no mercado de trabalho? Você identificou suas capacidades, suas realizações e seus benefícios, considerando-os em um pacote. Pesquisou as posições e os setores. Agora, pode colocar um preço em seu produto – você – ao determinar sua faixa de salário adequada.

Determinação de uma faixa salarial

Muitos empregadores têm uma faixa salarial em mente para seus cargos em aberto. **Faixa salarial** identifica os salários máximo e mínimo. A oferta e a demanda podem influenciar as faixas salariais indicadas como adequadas para determinadas posições. O nível de educação, a experiência, as capacidades e as responsabilidades exigidas pela função também contribuem para a faixa salarial.

Se, por exemplo, você está interessado em uma função de pesquisa de mercado que exija capacidades de alta demanda, tais como habilidade para analisar estatísticas, sua faixa salarial será provavelmente mais alta que para uma função em pesquisa de mercado que envolva conduzir pesquisas por telefone. O próprio setor pode também influenciar as faixas salariais. Uma função em pesquisa de mercado em um setor de rápido crescimento de alta tecnologia pode ter uma faixa salarial mais alta que uma função semelhante em um setor sem fins lucrativos.

Saber a faixa salarial para as funções nas quais você está interessado significa entender seu valor no mercado de trabalho. Isto exige pesquisa. Conforme conduz sua pesquisa, lembre-se de que está buscando informação sobre funções iniciais para alguém com seu conhecimento, educação e experiência.

Custo de vida

Você também pode considerar a localização geográfica. A função de designer gráfico em Nova York provavelmente paga mais que seu equivalente em Dubois, na Pensilvânia, pois o custo de vida é mais alto naquela cidade. **Custo de vida** refere-se ao montante de dinheiro requerido para comprar as coisas de que precisa para manter seu padrão de vida.

Por exemplo, de acordo com o Bankrate.com, se você ganha $ 40.000 na Filadélfia, Pensilvânia, precisa ganhar apenas $ 28.578 em Abilene, Texas, para manter seu padrão de vida. O custo de vida na Filadélfia é maior que o de Abilene. Um exemplo disso seria: uma casa de padrão médio na região metropolitana da Filadélfia custa $ 422.778, enquanto uma de mesmo padrão na região metropolitana de Abilene custa $ 211.878.*

WORKSHOP
Quanto você acha que um senador ganha por ano? Antes de responder, entreviste seus colegas de classe sobre suas opiniões. Analise as respostas deles e elabore um gráfico para relatar seus resultados.

PONTO DE CHECAGEM
O que são pretensões salariais realistas?

FONTES DE INFORMAÇÃO SALARIAL

Onde você pode encontrar informação salarial? Uma vez que tenha identificado as funções e os setores, você pode pesquisar na web os salários. Pode ainda valer-se das associações e sindicatos e os contatos da sua rede de relacionamento.

Listas de trabalho e empregadores

Algumas empresas fornecem informação salarial, como a faixa salarial inicial, quando é publicada a abertura de uma vaga. Se um salário não é mencionado, você pode

---

* Aqui, ocorre o mesmo. O salário para um determinado cargo varia de região para região. Um gerente de loja no Nordeste certamente recebe um salário diferente de outro que trabalha na região Sudeste, mesmo que trabalhe na mesma cadeia de lojas. (N.R.T.)

obter informação com o departamento de recursos humanos, mas as empresas nem sempre estão dispostas a compartilhar este tipo de informação, e, se o fazem, podem informar o valor mínimo da faixa. Antes de começar a buscar emprego, contate os empregadores que você pesquisou e se informe sobre salário.

Agências de emprego/colocação

Essas agências podem ajudá-lo a pesquisar os salários por meio de publicações sobre carreira. Algumas dessas agências disponibilizam mecanismos de busca para pesquisa de média salarial.

Associações

Você pesquisou a respeito das associações e dos sindicatos relacionados com as funções de seu interesse no Capítulo 5. Essas instituições com frequência conduzem pesquisas sobre emprego que incluem informação salarial, ou têm acesso a outras pesquisas salariais. Visite os sites dessas instituições para verificar a disponibilidade de informação sobre salários.

Contatos da rede de relacionamento

Já que você estabeleceu contatos em sua rede de relacionamento descrita no Capítulo 5, poderia perguntar àqueles que trabalham em áreas semelhantes às funções e setores do seu interesse sobre as faixas salariais iniciais. Pelo fato de estarem empregados em áreas relacionadas, podem ser boas fontes de informação. Tenha em mente que muitas pessoas consideram seu salário algo pessoal, e podem não estar dispostas a compartilhar detalhes sobre sua remuneração. Quando perguntar sobre informações salariais, certifique-se de se referir às variações salariais para tipos de cargo específicos, ou variações salariais para campos ou setores específicos. Isto pode fazer que sua rede de contatos fique mais confortável ao discutir com você sobre salário, já que eles conseguem abordar a questão de uma forma mais geral, sem que sintam que você está tentando obter informações pessoais sobre eles.

Internet

A internet disponibiliza uma infinidade de informações salariais que podem ser facilmente acessadas. Um exemplo é o Bureau of Labor Statistics (BLS), dos Estados Unidos, que oferece links para dados salariais em nível nacional.

E no Brasil?
O Site Nacional de Empregos (SINE) é uma fonte de pesquisa sobre médias salariais muito fácil de usar. Basta digitar o cargo pretendido que você terá informações sobre os objetivos do cargo e a média de salários separada por porte da empresa e nível profissional.

PONTO DE CHECAGEM
Como as associações profissionais setoriais podem ajudá-lo a encontrar informação salarial?

8.2. AVALIAÇÃO

Pense criticamente
1. Que fatores podem contribuir para a faixa salarial que os empregadores estão dispostos a oferecer para as vagas de emprego abertas?
2. Como o custo de vida pode influenciar as pretensões salariais?
3. Forneça e descreva três fontes de informação salarial.

Faça conexões
4. **Negócios internacionais** Encontre associações profissionais relacionadas à carreira do seu interesse de outros países. Faça um breve relatório, comparando e contrastando essa associação com os sites nacionais. Você pode vislumbrar a vida profissional nesses países?
5. **Pesquisa de carreira** Muitas pessoas, felizmente empregadas, estão constantemente procurando emprego de modo passivo, pois, se estão empregadas não necessitam de um novo trabalho, mas fazem um acompanhamento rastreando os empregos disponíveis em sua área ou localização, as novas referências e proficiências que estão se tornando essenciais em seu campo e seu valor no mercado de trabalho. Quais vantagens ou desvantagens você pode apontar deste comportamento? Entreviste cinco de seus contatos da rede de relacionamento. Certamente alguns costumam fazer este tipo de pesquisa. Por quê? Faça uma breve descrição de cada um dos contatos que escolheu e descreva a opinião deles sobre busca permanente de trabalho.
6. **Decisões de negócio** Muitas grandes empresas escolhem construir suas fábricas em áreas rurais (montadoras, por exemplo). Pesquise essa tendência e explique os fatores por trás dessas decisões. Certifique-se de incluir informações, como custo de vida rural e urbano, informação salarial e razões não econômicas para tais decisões.

LIÇÃO 8.3

Negociações salariais

OBJETIVOS
Entender o pacote de benefícios.
Discutir as táticas de negociação salarial mais comuns.

TERMOS-CHAVE
- benefícios
- pacote de benefícios
- plano de benefícios flexível

DISCUTINDO SALÁRIOS E BENEFÍCIOS

Recém-graduado, Sasha está em busca de uma posição inicial em vendas. Ele quer ganhar um bom salário que permita pagar o empréstimo que fez para sua educação universitária e alugar um apartamento. Ele pesquisou as faixas salariais em sua área para as funções em vendas e concluiu que a média está entre $ 3 mil e $ 8 mil. Como ele está procurando por uma posição em vendas externas, significa que terá de se dirigir aos escritórios dos clientes para reuniões e visitas de vendas, e, por isso, ele também quer que a empresa lhe disponibilize um carro.

Salário

Sasha foi chamado para uma entrevista na Cabot Industries. Ele sabe que não deve falar sobre salário na primeira entrevista. É melhor deixar o empregador introduzir o assunto. Sasha está vendendo suas capacidades, realizações e benefícios à empresa, e não quer que o empregador pense que ele só está interessado em trabalhar na companhia por dinheiro. Ele quer vender seu valor em termos daquilo que possa oferecer à empresa.

■ Casos de marketing

Foi oferecida a Délia uma função como vendedora em uma loja de roupas, com um salário inicial de $ 8,00 por hora. Por meio de pesquisa, ela concluiu

> que seu salário inicial deveria estar entre $ 8,50 e $ 10,00 por hora. Como ela deve tratar essa diferença com seu possível empregador? Délia deveria aceitar a função e então pedir aumento?

Se o empregador perguntar sua pretensão salarial, Sasha pode começar comentando que espera um salário que seja compatível com o que se costuma pagar a alguém com suas habilidades nessa função e setor. Ele poderia até perguntar sobre a faixa salarial que a empresa geralmente paga. Algumas faixas salariais são estabelecidas pelo departamento de recursos humanos, e não pela pessoa responsável pela contratação. O empregado pode dizer a Sasha apenas quanto se paga pela função, com pequena margem para a negociação. Nesta situação, ele deveria perguntar sobre a frequência das revisões salariais. Se Sasha for pressionado a estabelecer um valor, ele deve fornecer uma faixa baseada nos resultados da pesquisa que fez.

Pacote de benefícios

Ao considerar uma função, leve em conta o pacote de benefícios oferecido. **Pacote de benefícios** inclui salário e outros **benefícios**, como incentivos financeiros, profissionais ou pessoais oferecidos como parte da remuneração de uma função. Muitas organizações oferecem um **plano de benefícios flexível**, permitindo que os funcionários escolham entre uma variedade de opções de benefício. Quando os empregados escolhem ter os benefícios, normalmente têm descontada uma parte do seu salário. Uma pessoa que procura emprego deve atentar aos benefícios — e a seus custos — antes de tomar uma decisão com relação ao emprego.

Salário Seu salário, em geral, será mais que sua remuneração mensal, podendo nele estar incluído:

- **Comissão**: uma porcentagem das vendas.
- **Horas extras**: valor pago por horas trabalhadas a mais.
- **Bonificação**: ganho especial com base no desempenho.
- **Opções de ações**: oportunidades de investir em ações da empresa a um preço mais baixo que o corrente por ação.
- **Participação nos lucros**: participação nos lucros obtidos pela empresa.

Seguro Muitas empresas oferecem seguro-saúde, odontológico e outros através de companhias seguradoras privadas. Algumas pagam o custo total dos prêmios dos seguros, enquanto outras exigem que os trabalhadores contribuam. Além disso, com frequência

WORKSHOP

Em grupos, faça uma lista dos benefícios salariais que um empregador pode oferecer. Classifique-os em ordem de importância e compare sua lista com outras da sua classe.

as empresas oferecem seguro de vida que fornece auxílio financeiro aos dependentes do funcionário se ele morrer enquanto estiver trabalhando para a empresa.

Educação e treinamento Alguns empregadores ajudam os funcionários a pagar cursos e treinamento através de benefícios como reembolso de mensalidade ou financiamento para a participação de seminários e conferências.

Conexão da matemática com o marketing

Existem dois métodos de precificar a mercadoria quando o percentual de markup* e o custo são conhecidos: o método de varejo e o método de custo. Ambos são destinados a garantir que a empresa cobre o suficiente por suas mercadorias para cobrir as despesas operacionais e obter um lucro líquido satisfatório. O conhecimento de ambos os métodos é importante na determinação apropriada do preço no qual a mercadoria deve ser vendida.

O custo que um varejista paga por um suéter é $ 60 e o percentual de *markup* inicial desejado é de 30%. Use a seguinte fórmula para calcular o preço de varejo do suéter:

Preço de varejo = Custo ÷ (100% − *Markup* %)

Solução

Preço de varejo = Custo ÷ (100% − *Markup* %)
= $ 60 ÷ (100% − 30%)
= $ 60 ÷ 0,70
= $ 85,71

Aposentadoria Dependendo do tamanho da empresa na qual você quer trabalhar e do setor em que ela está inserida, as possibilidades do seu plano de previdência podem variar.

Férias Férias remuneradas a cada período de 12 meses da vigência do contrato de trabalho são direito do trabalhador no Brasil.** O número de dias trabalhados

---

* Diferença entre o preço de venda e o custo de uma mercadoria. (N.R.T.)
** Veja o Capítulo IV da Consolidação das Leis do trabalho para mais detalhes. Acesse o site www.planalto.gov.br/ccivil_03/decreto-lei/Del1535.htm.

e o cálculo variam entre o setor público e as organizações privadas. Nos Estados Unidos, algumas organizações concedem férias remuneradas no início do emprego, enquanto outras aguardam um período proporcional trabalhado.

Licença maternidade/paternidade É um período determinado em que os funcionários se ausentam para cuidar de seus filhos-recém nascidos, sem comprometer seus empregos nem sua remuneração.

Outros benefícios Outros benefícios oferecidos pelos empregadores podem incluir horários flexíveis, home office, descanso remunerado, creche e academias de ginástica.

PONTO DE CHECAGEM
O que é pacote de benefícios?

Construção de carreira

Como receber o salário que você merece
Por Kate Lorenz, CareerBuilder.com
Copyright 2007 CareerBuilder, LLC. – Reimpresso com permissão.

Falar de salário com um potencial empregador é um assunto delicado. Peça um salário alto demais e será descartado; peça muito pouco e é possível que receba ainda menos do que o empregador pretendia pagar.

O jeito de escapar dessa gangorra é fazer uma boa pesquisa e descobrir exatamente quanto seu colega recebe de salário nessa área. Desta forma, quando chegar a hora de falar em dinheiro, você terá fatos em que se apoiar, e não apenas sua necessidade de manter seu padrão de vida.

Como você descobre se o seu salário está dentro do valor do mercado para a profissão, vaga e localização? Você pode perguntar para amigos dessa área, mas existe a possibilidade de "embelezarem" seu salário; portanto, a credibilidade deles não é garantida. Os dados que seu pai forneceu sobre salário também devem estar ultrapassados. Encontrar boas fontes não é fácil, mas podemos dar algumas dicas para reunir informações que podem levá-lo a uma resposta.

Determine suas necessidades

Em primeiro lugar, descubra quanto você precisa receber todo mês para chegar ao valor ideal. Estabeleça um orçamento para suas necessidades, incluindo aluguel, fatura do cartão de crédito, empréstimo estudantil, conta do telefone celular, seguro do carro e alimentação. Você provavelmente também vai querer uma verba a mais para gastar em saídas com amigos, roupas e economias. Assim você chega a um valor mínimo de pagamento mensal ideal.

Sites sobre salários

Verifique um website especializado em informações sobre salários. Você pode buscar por vaga e estado. Buscas específicas com ferramentas de busca podem às vezes direcioná-lo a excelentes resultados. Uma busca com ferramentas de pesquisa por "informação de salário" e "guia de salário" pode levá-lo a vários caminhos, o que pode deixá-lo um pouco perdido. É até melhor refinar a busca por profissão, digamos, por "salários base".

Publicações comerciais e associações profissionais

Sites de associações de uma profissão específica podem ser uma das fontes mais confiáveis de informação sobre salários. Alguns sites não têm pesquisas salariais listadas em seus menus, mas vale buscar a informação por telefone. Publicações comerciais com frequência conduzem suas próprias pesquisas salariais; então, procure em seus websites. Há sites que mostram informações extremamente detalhadas sobre salário. Muitas vezes, os sites exigem que você seja assinante para acessar a informação.

NEGOCIANDO SEU SALÁRIO

Você deve estar totalmente preparado para negociar seu salário. Faça pesquisa e tenha uma faixa salarial apropriada em mente com base no cargo, no setor e na localização geográfica.

Ajude o empregador a ver os benefícios que você poderia trazer à organização. Seja honesto, direto e cortês com o entrevistador. Verifique as informações, incluindo os benefícios, como férias e outras compensações. Realize uma pesquisa relevante que forneça uma medida objetiva da sua pretensão salarial. Nunca mencione por que necessita de determinado salário. Não é desta forma que as decisões das empresas são tomadas e você não vai parecer profissional. E ainda se arrisca a perder terreno nas negociações. Em vez disso, relate a respeito de como contratá-lo trará benefícios para a empresa.

Sasha falou com um representante da Cabot Industries sobre o salário. Ele apresentou sua pesquisa e explicou objetivamente a base para seus valores. E centrou a discussão em seu potencial de contribuições para a Cabot, com base em suas capacidades e realizações e os benefícios que poderia dar à empresa. Além do mais, apresentou uma faixa salarial com base em sua pesquisa, e, depois de alguma negociação, o trabalho lhe foi oferecido.

Táticas de negociação

O tópico remuneração (salário e benefícios) é inevitável se você estiver sendo seriamente considerado para um trabalho. Para se colocar em uma posição de barganha mais forte, tente adiar a discussão de salário até receber uma oferta de trabalho. Se o tópico de salário vier à tona muito rápido, o foco do entrevistador pode se desviar para muito além das suas qualificações, custando-lhe o emprego. Como qualquer pessoa da área de vendas sabe, primeiro concentre-se naquilo que o "comprador" obterá (suas qualificações) antes de abordar o preço (sua remuneração).

As seguintes dicas vão ajudá-lo a obter uma solução de "ganha-ganha" com a qual estarão satisfeitos tanto você quanto seu futuro empregador.

- Não aceite a oferta de emprego sem discutir a remuneração.
- Sempre que possível, deixe o entrevistador levantar o tópico remuneração.
- Almeje um salário que tenha equivalência com suas qualificações. Quanto maior o valor que pedir de início, maior poderá ser a oferta final. Não especifique a pretensão salarial mínima. Se assim for, certamente o empregador a escolherá.
- Se o entrevistador indagar sobre sua pretensão salarial, pergunte a ele qual valor ou faixa a empresa está planejando pagar. Se o valor for mais alto que o esperado, você se ajudou a não determinar um valor mais baixo primeiro. Se for mais baixo, agora você tem um espaço para começar a negociar.
- Quando o entrevistador o pressiona em relação a sua pretensão salarial, responda expressando a média nacional de uma pessoa com sua experiência, grau educacional e treinamento. Então, discuta faixa que espera com base no custo de vida local. Certifique-se de pesquisar os fatos primeiro!
- Se o entrevistador traz o assunto salário com muita antecipação na entrevista (antes que você tenha abordado adequadamente suas qualificações), deixe esta discussão para mais tarde, pedindo para tratar primeiro sobre a posição.

- Não discuta suas despesas ou quaisquer outras fontes de renda.
- Enquanto discute o salário, retorne sempre a seus ativos. Revise tudo que você tem a oferecer à empresa.
- Uma vez que estipulou sua faixa salarial não volte atrás, especialmente se acredita que equivale às suas qualificações. O empregador vai respeitar sua confiança sobre a qualidade e o valor do seu trabalho.
- Sempre discuta os benefícios junto com o salário.
- Pergunte como a empresa determina os aumentos de remuneração e a frequência das revisões salariais. Se os aumentos são bons, podem compensar um salário mais baixo inicialmente.
- Se a oferta de salário é realizada por carta e é muito baixa, marque uma reunião para discuti-la pessoalmente.
- Se a faixa salarial não for razoável, declare o salário que aceitaria e finalize reafirmando seu interesse na empresa e no trabalho. Se o entrevistador necessita de mais tempo para considerar seu pedido, espere uma semana e então o contate novamente. Se o entrevistador recusa seu pedido, expresse que lamenta estar impossibilitado de fazer um acordo e reafirme seu interesse na função e na empresa. Envie uma carta de agradecimento após dois dias; ela pode balançar a decisão em seu favor.

PONTO DE CHECAGEM
O que é pacote de benefícios?

8.3. AVALIAÇÃO

Pense criticamente

1. Como você reagiria se uma oferta salarial do empregador, que é estabelecida por intermédio do departamento de recursos humanos e não é negociável, não satisfizesse sua pretensão salarial?
2. Forneça e descreva cinco componentes de um salário diferentes das remunerações por hora ou salário mensal.
3. Por que você deve tentar adiar a discussão de salário até que receba uma oferta de trabalho?

Faça conexões

4. **Pesquisa** A maior parte das organizações paga o custo total dos prêmios de seguros? Ou a maior parte requer que os funcionários contribuam? Pesquise junto aos contatos da sua rede de relacionamento para descobrir isto. Se precisa de mais informação, contate os departamentos de recursos humanos de algumas empresas locais e pergunte sobre seus benefícios com seguros. Elabore um gráfico de seus resultados e esteja preparado para discuti-lo em classe.

5. **Pesquisa de empresa** Os empregadores estão sendo mais criativos nos benefícios que oferecem aos trabalhadores. Por exemplo, alguns dão um dia de folga no seu aniversário, e outros, sessões de massagem semanalmente. Acesse os sites de empresas para encontrar mais exemplos de benefícios criativos. Preste atenção nos setores e nas localizações das empresas que pesquisa. As empresas em determinados setores ou em dadas localizações são mais ou menos criativas em seus benefícios que aquelas em outros setores e em outras localizações? Faça uma apresentação para relatar seus resultados.

Capítulo 8. Avaliação

Vocabulário

Escolha o termo que melhor se encaixe na definição. No espaço indicado, coloque a letra da resposta. Alguns termos podem não ser aplicados.

_____ 1. O montante de dinheiro que deve ser pago por um produto ou serviço.

_____ 2. Quanto de um produto é oferecido ao mercado.

_____ 3. Uma combinação de salário e outros benefícios.

_____ 4. Um adicional à base salarial que consiste no valor monetário por hora para horas extras.

_____ 5. Um adicional à base salarial que resulte em oportunidades de investir em ações da empresa a um preço mais baixo do que o preço corrente por ação.

a. benefícios
b. bonificação
c. comissão
d. mercadoria
e. pacote de benefícios
f. custo de vida
g. demanda
h. plano de benefícios flexível
i. horas extras
j. pensão
k. preço
l. participação nos lucros
m. salário

_____ 6. Quanto de um produto os consumidores estão dispostos a comprar.
_____ 7. Um adicional à base salarial correspondente a uma porcentagem das vendas.
_____ 8. Um montante de dinheiro que um trabalhador pode acessar depois da aposentadoria.
_____ 9. Um adicional à base salarial que se refere aos ganhos especiais baseados no desempenho.

n. faixa salarial
o. opções de ações
p. oferta

Revisão de conceitos

11. Como o preço transmite valor?
12. Como o papel-moeda era utilizado nas colônias norte-americanas?
13. O que significa ter pretensões salariais realistas relacionadas ao emprego?
14. Explique por que o dinheiro não tem valor até que seja trocado por produtos e serviços.
15. Descreva como as moedas substituíram as antigas mercadorias de troca.
16. Por que algumas funções pagam salários mais altos que outras?
17. Como as forças de mercado podem ajudá-lo a tomar decisões sobre sua carreira?
18. Por que é tão importante pesquisar salários antes de determinar sua faixa salarial ideal?
19. O que é custo de vida?
20. O que são benefícios?

Aplique o que aprendeu

21. Cite quatro características das mercadorias preferidas.
22. Você decidiu comprar uma televisão nova. Atualmente, dois modelos de TV estão à venda pelo mesmo preço. Explique como decidiria qual TV comprar.
23. O que geralmente acontece com o salário quando há muita concorrência para uma função? Por quê? Dê alguns exemplos de funções cuja concorrência é alta.
24. Como você pode influenciar o salário que lhe é oferecido por um empregador?
25. Por que algumas empresas não estão dispostas a compartilhar informação sobre salário?
26. Por que você deve evitar usar apenas uma fonte de pesquisa para seu salário?

Faça conexões

27. História Pesquise a história do papel-moeda. Você aprendeu que ele foi usado nas colônias norte-americanas como uma forma de certificar o tabaco como mercadoria. Como ele foi utilizado em outras partes do mundo? Você pode descobrir onde o papel-moeda foi usado pela primeira vez? Elabore um cartaz e apresente seus resultados para a classe.

28. Associações profissionais Outras organizações anunciaram resoluções similares às da Associação Nacional de Educação dos Estados Unidos sobre pagar valores iguais e comparáveis (da seção Diversidade no mercado de trabalho, página 227)? Consulte em uma biblioteca ou na internet para encontrar mais informações. Em que as resoluções que encontrou são semelhantes às da mencionada associação? Como elas diferem?

29. Pesquisa na internet Escolha uma ocupação que lhe interesse e acesse vários sites para pesquisar sobre ela. Encontre informações salariais e outras informações úteis que podem ajudá-lo em sua busca de emprego. Organize os resultados em uma tabela, usando os títulos de colunas mostrados abaixo. Escreva uma descrição de duas páginas e uma análise dos resultados. Qual site ou sites você utilizaria novamente para pesquisar informações sobre salário?

Website	Informação salarial	Outras informações úteis

Plano financeiro de negócios

Um plano financeiro é essencial para o sucesso de qualquer negócio. Você e seus colegas de grupo terão o desafio de estabelecer um plano financeiro completo para um restaurante muito bem-sucedido que deseja abrir mais duas unidades em uma comunidade de 250.000 pessoas. O plano financeiro deve estar dentro um período de tempo realista, econômica e financeiramente.

Prepare uma sinopse de 400 palavras ou menos que resuma o empréstimo necessário para abrir duas locações adicionais para um famoso restaurante local. Os planos não devem exceder 15 páginas. O plano financeiro deve incluir sinopse, descrição da empresa (forma legal do negócio, missão, administração e localização da empresa, objetivos de longo e curto prazos); operações e gestão (instalações do negócio, equipe de gestão, força de trabalho); mercado-alvo (atual mercado-alvo e potencial de vendas futuras); instituição financeira (nome da instituição financeira e a razão da sua escolha); empréstimo exigido (propósito, quantia, gastos planejados, prazo de pagamento planejado do empréstimo e futura estabilidade projetada da empresa); e documentos de suporte.

Você tem sete minutos para apresentar o plano e convencer os juízes a conceder crédito para uma expansão de negócios bem-sucedida. Os juízes terão três minutos para fazer perguntas sobre sua proposta.

Habilidades para o sucesso no trabalho
Planejando uma carreira em educação na área da saúde

"Muitas vezes a diabetes pode ser realmente desafiadora. É difícil saber o que posso ou não comer. Eu me inscrevi em um workshop sobre administração da diabetes no hospital local a fim de aprender como lidar com a minha diabetes, que é parte da minha vida."

Educadores da área da saúde ajudam pessoas e comunidades a entender e adotar estilos de vida saudáveis através da informação.

Educadores da saúde ensinam o público a detectar possíveis problemas de saúde no estágio inicial, como evitar doenças por meio de mudanças no seu estilo de vida, assim como o impacto do comportamento na saúde e bem-estar geral. Eles determinam o tipo das necessidades do público e como saná-las de forma eficaz. Têm autonomia para organizar uma aula, workshop, demonstração ou até mesmo uma apresentação sobre saúde. Também desenvolvem materiais de marketing para essas iniciativas, como folhetos, panfletos, cartazes, DVDs e websites. Além disso, elaboram projetos, desenvolvem currículos e logística.

Perspectiva de emprego
Prevê-se que o surgimento de vagas será mais rápido do que a média.

Cargos
- Educador de saúde pública
- Instrutor clínico
- Consultor de saúde comunitária
- Especialista em promoção da saúde
- Educador em enfermagem
- Coordenador de educação da saúde comunitária

Habilidades necessárias
- Geralmente exige-se, no mínimo, um diploma de bacharelado; várias posições podem requerer diploma de mestrado.
- Habilidade para trabalhar com vários tipos de pessoas portadoras de diversas necessidades e históricos; manter relações eficazes é essencial.
- Criatividade e habilidade de escrita eficaz são importantes para o desenvolvimento de novos materiais e programas.
- Uma excelente habilidade de falar em público é essencial para a técnica de ensino e apresentações.

Como é trabalhar em educação da saúde?
Colin é especialista em educação da saúde no hospital local. Para se preparar para este emprego, Colin trabalhou por muitos anos como técnico em enfermagem, e então voltou a estudar. Ele estudou educação e comunicação e obteve diploma de bacharelado. Fez bom uso da sua formação e experiência avaliando as necessidades de educação em saúde da população local e planejando iniciativas para abordá-las. Ele passou a manhã inteira no telefone finalizando a agenda para a exposição aos idosos e confirmando os palestrantes e participantes, a fim de enviar essas informações ao departamento de marketing.

Colin vai se reunir com o líder dos professores de Ciência do ensino médio durante o almoço na expectativa de planejar um programa antidrogas, que será copatrocinado pelo departamento de polícia. Ele quer garantir que o programa cubra não apenas as ramificações legais, mas também os efeitos das drogas na saúde e desenvolvimento dos adolescentes. Após o almoço, ele planeja pesquisar grupos de apoio a famílias e pacientes em tratamento de doenças com risco de vida, enquanto espera iniciar um grupo de apoio no hospital. Antes do fim do dia, precisa revisar o currículo do programa de educação sobre diabetes, que começa na próxima semana, juntamente com o médico e a enfermeira que o ajudarão no programa.

E você?
Que questões relativas à saúde você acredita serem importantes para os estudantes da sua escola/universidade, e que tipos de programas desenvolveria para abordá-los se trabalhasse com educação em saúde? Como você chamaria a atenção dos alunos?

CAPÍTULO 9

Promoção do produto: correspondência e outras ferramentas

9.1 Correspondência comercial
9.2 Estrutura e etiqueta
9.3 Correspondência de emprego

Carreiras em marketing

AT&T

A AT&T fornece serviços de wireless e de telecomunicação local e de longa distância, serviços de dados e internet de alta velocidade para milhões de consumidores no mundo inteiro. Líder em smartphones, Wi-Fi e banda larga móvel, a empresa foca em inovação em comunicação e continua explorando novas oportunidades.

O gerente de desenvolvimento de mercado e e-commerce é responsável por administrar iniciativas de e-commerce business-to-consumer (B2C). Além de trabalhar com o catálogo, marketing e equipes de produto, o gerente de desenvolvimento de mercado e e-commerce atua junto aos parceiros da cadeia de suprimentos para coordenar produtos para promoções.

A posição exige excelentes habilidades de comunicação e analíticas, experiência em e-commerce, compreensão da tecnologia da web e diploma universitário, preferencialmente na área de negócios e marketing. Também requer a habilidade de priorizar tarefas enquanto se trabalha em um ambiente dinâmico e agitado.

Pense criticamente
1. Por que a habilidade de priorizar tarefas é importante nesta posição?
2. Por que a AT&T inova e explora novas oportunidades?

Projeto de portfólio

Escrevendo cartas eficazes

Objetivos do projeto
As cartas de apresentação, de solicitação e de agradecimento podem vir em segundo plano em relação ao seu currículo e às capacidades apresentadas na entrevista, mas podem sim fazer toda a diferença. Neste projeto, você vai:
- Entender o que deve constar em uma carta de apresentação eficaz.
- Aprender como escrever uma carta de solicitação atrativa.
- Escrever uma carta de agradecimento apropriada.

Preparação inicial
Leia o Processo de projeto a seguir.
- Busque exemplo de uma carta de apresentação, preste atenção à ênfase de cada parágrafo.
- Observe as diferenças entre o exemplo de uma carta de apresentação e o de uma carta de solicitação (também chamada carta de apresentação não solicitada).
- Estude o exemplo de uma carta de agradecimento.

Processo do projeto
Parte 1 Lição 9.1 Leia a seção neste capítulo sobre cartas de apresentação. Use a internet ou os classificados de jornal para encontrar um cargo ou uma vaga anunciada em seu campo de interesse. Pesquise o empregador visitando o site da empresa ou uma biblioteca. Rascunhe uma carta de apresentação que responda ao anúncio.

Parte 2 Lição 9.2 Leia a seção neste capítulo sobre cartas de solicitação. Pesquise um empregador com quem gostaria de trabalhar, mas que não tem um cargo anunciado na sua área de interesse. Escreva uma carta de solicitação. Observe que uma carta de solicitação, distinta da de apresentação, concentra seu parágrafo de abertura nas necessidades e preocupações do empregador. Da mesma forma que uma carta de apresentação comum, o propósito desta é convencer o empregador a ler seu currículo e marcar uma entrevista.

Parte 3 Lição 9.3 Leia a seção neste capítulo sobre cartas de agradecimento. Estas, além de mostrar que você é profissional e cortês, também fazem que os entrevistadores se lembrem do seu nome, assim será mais fácil que se recordem de você. Escreva uma nota de agradecimento para esta situação: você fez acompanhamento da sua entrevista através de uma chamada telefônica, mas não sabe se será escolhido para o cargo.

Finalizando

Escreva uma carta de agradecimento para uma situação na qual você sabe que não conseguirá a vaga. Por que é importante escrever uma carta de agradecimento nesta situação?

LIÇÃO 9.1

Correspondência comercial

OBJETIVOS

Descobrir a importância de escrever para o seu público.
Aprender a se concentrar no propósito da sua correspondência.
Compreender os elementos fundamentais da correspondência comercial persuasiva.

TERMOS-CHAVE
- correspondência comercial
- correspondência de cortesia
- correspondência de solicitação
- correspondência informativa
- correspondência persuasiva
- público
- propósito

ENCONTRANDO SEU PÚBLICO

O que têm em comum os bem-sucedidos comediantes, políticos, apresentadores de programas de entrevistas, anunciantes e escritores? Todos eles compreendem a importância do **público** – as pessoas que veem, leem ou ouvem o que produzem. Os profissionais de sucesso em cada setor sabem que diferentes pessoas respondem ao que produzem de diferentes formas.

Imagine que você seja um redator dos discursos do presidente da República. Um assistente lhe diz que o novo orçamento aprovado pelo presidente cortará fundos destinados aos militares e aumentará os fundos para as escolas públicas. Na próxima semana, o presidente se apresentará em uma convenção de escolas públicas, em um banquete militar e à nação pela televisão. Você escreveria o mesmo discurso para todos os três eventos? Um redator de discursos experiente deve levar em consideração os três diferentes públicos e compor as três versões.

Provavelmente você já observou que as mesmas histórias, novas notícias e filmes são entretenimentos interessantes para algumas pessoas e tediosos ou desagradáveis para outras. Identificar, entender e relatar para seu público é crucial quando se elabora uma **correspondência comercial** – cartas, mensagens de e-mail, conversas telefônicas e outras formas de comunicação no trabalho.

> ### ■ Casos de marketing
> Frida Gray é responsável por elaborar os folders (folheto) para sua agência de viagens. As férias de primavera da faculdade local estão chegando e ela planeja fazer um folder especial com os destinos de viagens cujo clima é quente. Que tipo de imagens ela deve usar nesses folders? Como seriam diferentes as imagens se os folders fossem direcionados aos cidadãos mais velhos?

Diversidade no mercado de trabalho

Pense em como você observa diferentes grupos de pessoas. Você tem certa percepção sobre os policiais? Quando pensa em bibliotecários, o que vem à sua mente?

Embora suas impressões possam ser verdadeiras para uma pessoa ou mesmo para muitas em determinado grupo, elas não são para a totalidade do grupo, e levam a falsas suposições. Você deve tentar deixar de lado suas noções preconcebidas e ver cada pessoa como única.

Uma das coisas mais importantes a aprender é que todos carregamos preconceitos. Lembre-se de como se sentiu em diferentes grupos culturais. Como as percepções são imperfeitas, há generalizações prejudiciais que nunca são verdadeiras para todos os membros de dado grupo. É essencial conhecer seus preconceitos e trabalhar para eliminá-los. Dê a cada pessoa a chance justa de se mostrar como um indivíduo.

Quem é meu público?

Antes de elaborar algum tipo de correspondência comercial, sempre estabeleça quem é seu público. Pense em quem está tentando contatar e quem receberá sua mensagem. Sua mensagem será recebida exatamente por alguém que você tenta contatar ou poderia sê-la por alguma outra pessoa diferente da do seu contato?

WORKSHOP

Imagine que você seja um designer gráfico que fará duas apresentações na próxima semana sobre sua experiência de trabalho – uma para um potencial cliente e outra para um grupo de estudantes de ensino médio que estão aprendendo sobre diferentes carreiras. Em grupo, faça uma lista das diferenças entre as duas apresentações.

Imagine que você esteja escrevendo uma carta para os clientes sobre uma nova versão do software da sua empresa, que é mais rápido que a versão que utilizam atualmente. Observe os cargos dos seus leitores. Um engenheiro de computação ou um administrador de redes provavelmente estarão mais interessados nos detalhes técnicos do software, enquanto um CEO certamente estará mais interessado nos benefícios gerais para a companhia, como aumento de produtividade ou diminuição de custos.

Conhecer quem é seu público vai ajudá-lo a se concentrar na informação que mais o preocupa.

Encontrar seu público envolve três passos:
1. Identificar que tipos de pessoas constituem seu público.
2. Entender seus interesses e perspectivas.
3. Relacionar-se com essas pessoas concentrando-se nos seus interesses e perspectivas.

Identificação Para identificar seu público, considere suas idades, origem socioeconômica e étnica, conhecimento do seu assunto e quaisquer outros fatores que possam influenciar como ele recebe a informação.

Entendimento Para entender seu público, pense em como os fatores que identificou influenciarão sua maneira de apresentar a informação. Coloque-se no lugar deles. O que interessa a esse público? Por que precisa dessa informação? O que ele pode ter dificuldade de entender?

Relacionando-se Para relacionar-se com seu público, ajuste o conteúdo e o estilo às necessidades e interesses dele. Por exemplo, um público com um entendimento sólido sobre seu assunto pode ser insultado se lhe disser muito sobre o que já sabe. Certifique-se de não ofender ninguém ao comunicar-se exclusivamente com uma única pessoa do grupo. Não se dirija a seu público como "senhoras", a menos que tenha certeza de que não haja homens presentes.

PONTO DE CHECAGEM
Por que os espectadores ficam aborrecidos com certos apresentadores, atores ou professores?

ESTABELECENDO SEU PROPÓSITO

Uma vez que tenha encontrado seu público, é tempo de refletir sobre seu propósito de comunicação. Seu **propósito** é sua razão para se comunicar. Estabelecendo seu propósito antes de começar qualquer atividade, vai descobrir que a correspondência comercial – das chamadas telefônicas rápidas a potenciais empregadores, até cartas com pedido de desculpas a clientes – é muito mais fácil de preparar e de ser entendida pelo seu público.

Qual é meu propósito?

Vários propósitos comuns são descritos adiante. A maior parte das correspondências comerciais apresenta mais que um desses propósitos.

Correspondência informativa é aquela que descreve ou explica alguma coisa. Exemplos incluem descrever políticas de pedidos para clientes ou ensinar aos novos empregados o funcionamento do equipamento do escritório.

Correspondência de solicitação visa fazer um pedido ou solicitar ao destinatário o esclarecimento de alguma coisa. Exemplos incluem perguntar sobre serviços oferecidos ou pedir a seu supervisor uma oportunidade para fazer uma apresentação.

Correspondência de cortesia expressa apoio, agradecimentos ou atenção ao outro. Exemplos incluem cartas de agradecimento ou memorandos que reconhecem realizações e conquistas.

Correspondência persuasiva tenta convencer o destinatário a acreditar ou a praticar algum tipo de ação. Exemplos incluem descrever os benefícios de um produto ou explicar por que um novo procedimento deve ser adotado.

> **PONTO DE CHECAGEM**
> Por que você deve estabelecer seu propósito para a correspondência comercial?

PERSUADINDO SEU PÚBLICO

Lembre-se de quando queria alguma coisa de um parente ou de alguém que cuidava de você. Talvez fosse um bicho de estimação, um par de tênis de corrida ou um privilégio, como ficar fora até mais tarde ou ir a um concerto. Como ninguém tem tudo o quer, provavelmente você tenha se saído melhor quando justificou suas opiniões com fatos e demonstrou os benefícios de obter o que queria.

Como um profissional no mundo dos negócios, você vai desejar muitas coisas – vendas, novos clientes, promoções e oportunidades para transmitir suas ideias, apenas para citar algumas. Enquanto não obtém tudo o que quer, você vai se sair muito melhor aprendendo a se comunicar persuasivamente.

Elementos essenciais da persuasão

Embora o propósito da sua correspondência comercial possa não ser diretamente persuasivo, tudo o que você comunica é persuasivo em algum nível. Sua correspondência comercial influencia como as pessoas o percebem e será uma das suas mais valiosas ferramentas de marketing pessoal. As estratégias descritas adiante são elementos essenciais de persuasão.

Conexão da matemática com o marketing

Taxas de propaganda são baseadas no alcance de um anúncio por determinado meio. Alcance refere-se a quanto as pessoas veem ou ouvem um anúncio. O número de pessoas alcançadas por um anúncio geralmente é mensurável. Pode ser um número de assinantes, leitores, ouvintes, residentes em uma área geográfica ou carros que passam em certo local. Na internet, os sites podem definir o alcance conforme o número de visitantes, de registros ou de buscas pela página. O custo de um anúncio por pessoa é calculado pela divisão do custo do anúncio pelo número de pessoas alcançadas.

Uma loja de móveis gastou $ 3.640 em um anúncio de jornal apresentando a venda de sofás de couro. Nos dois dias seguintes, 130 pessoas que buscaram os sofás disseram ter visto o anúncio. Qual foi o custo do anúncio para cada comprador atraído por ele?

Solução

Custo por comprador alcançado = custo total do anúncio ÷ compradores atraídos
$$= \$ 3.640 \div 130$$
$$= \$ 28$$

Satisfaça as necessidades do seu público Identifique e se concentre nos desejos e necessidades do seu público. Por que necessita desse produto? Que informação ele mais precisa?

Transmita os benefícios e características Fale sobre as características e os benefícios que você está oferecendo. Como aprendeu no Capítulo 3, *características* são partes de um produto ou do projeto da proposta, como o tipo de material usado ou a programação de um projeto. *Benefícios* são descrições de como aquelas características vão ajudar o público, como economia do dinheiro ou aumento da produtividade.

Valide suas opiniões Suas opiniões terão mais peso se forem respaldadas em pesquisa, fatos, opiniões de especialistas, estudo de caso e experiências da vida real.

Estabeleça suas qualificações Antes de o público aceitar o que tem a dizer, deve sentir que você é um recurso experiente e confiável. Mostre por que você está qualificado para apresentar a informação. Fale sobre sucessos passados que se relacionam ao seu assunto.

Expresse sua posição claramente Como todas as comunicações comerciais, a correspondência persuasiva deve ser lógica e bem estruturada. Torne claros os assuntos com transições suaves entre os tópicos importantes.

PONTO DE CHECAGEM
Por que a correspondência comercial persuasiva é uma importante ferramenta para o marketing pessoal?

9.1. AVALIAÇÃO

Pense criticamente

1. Apresente três passos envolvidos na identificação do seu público.
2. Por que você deve ser cuidadoso quando usar humor na correspondência comercial?
3. Combine cada passagem com seu propósito principal:
    a. Informativo; b. Solicitação; c. Cortesia; d. Persuasão.
    1. Imagino que ficará agradavelmente surpreso com nosso novo produto! Como cliente preferencial, você pode usar seu desconto de 10%.
    2. Esta carta visa confirmar a aceitação do seu pedido verbal em 15 de julho de 2016.
    3. Pedimos sua autorização para reproduzir um trecho do sua palestra proferida aos alunos da Faculdade de Direito no Evento Anual de 2012.
    4. Parabéns pelo alcance da meta de vendas de novembro!
4. Explique o que considerar sobre seu público na hora de escrever uma correspondência comercial persuasiva.

MARKETING PESSOAL

Faça conexões

5. **Práticas empresariais** Quando as empresas querem vender seus produtos a um público extremamente grande, frequentemente enviam mala direta – cartas que apresentam o mesmo texto – a centenas de pessoas do seu mailing. Você e sua família provavelmente já receberam centenas dessas cartas pelo correio. Em sua opinião, quão eficazes elas são? Escreva dois parágrafos para defender sua posição.

6. **História** A Guerra Civil tornou os anos 1860 uma época turbulenta na história dos norte-americanos. Um dos mais eloquentes escritores de todos os tempos, o presidente dos Estados Unidos Abraham Lincoln, escreveu várias cartas aos cidadãos, militares e políticos sobre o que o país estava enfrentando. Busque essas cartas na internet ou na biblioteca. Escolha uma delas e a avalie com base no que aprendeu nesta lição. Como Abraham Lincoln se relaciona com seu público, transmite seu propósito e persuade seu público?

LIÇÃO 9.2

Estrutura e etiqueta

OBJETIVOS
Criar uma correspondência comercial eficaz.
Revisar e controlar seu trabalho.
Descobrir o fundamental da comunicação por telefone.

TERMOS-CHAVE
- cumprimento
- etiqueta
- estrutura
- papel timbrado

CARTAS COMERCIAIS, MEMORANDOS E E-MAILS

Cartas comerciais são empregadas para comunicações externas – da sua empresa a um cliente ou comprador ou de você para um potencial empregador. Memorandos são usados para comunicações internas – dentro de um grupo ou de uma organização, como avisos sobre políticas, procedimentos e eventos. E-mail é utilizado para uma variedade de comunicações comerciais internas e externas.

Cartas, memorandos e mensagens de e-mail refletem sua habilidade de pensar, expressar ideias, vender e distribuir informação, além da sua habilidade de atuar profissionalmente e seguir os padrões aceitos. Para ter certeza de que suas cartas comerciais, seus memorandos e suas mensagens de e-mail o colocam na melhor posição, eles devem empregar uma **estrutura** apropriada (organização e formato) e uma **etiqueta** (regras de comportamento social).

> ## ■ Casos de marketing
> José está buscando uma creche para cuidar do seu filho enquanto estiver trabalhando. Ele telefonou para quatro dessas creches e pediu que lhe enviassem informação sobre seus serviços. A Happy Kids lhe enviou uma mensagem escrita à mão em um post-it®, com a propaganda da entidade no jornal. José de imediato a descartou. O que a Happy Kids fez de errado? Se um dia você trabalhasse em uma creche, o que enviaria para impressionar José?

Cartas comerciais

Para criar uma boa imagem de si próprio e da sua empresa, suas cartas comerciais devem conter as seguintes regras de etiqueta:
- Seja educado. Use um tom obsequioso e cortês. Expresse apreço e disposição para ajudar.
- Seja profissional. Embora você não queira ser esnobe ou frio, utilize um tom formal que reflita as maneiras e os comportamentos apropriados à sua profissão.

Papel timbrado As cartas comerciais normalmente são escritas em **papel timbrado** – papel de carta especial com o nome, o logotipo e a informação de contato da empresa. Tenha seu próprio papel timbrado para enviar uma carta comercial pessoal; por exemplo, a um potencial empregador. *Nunca utilize o papel timbrado da empresa para uso pessoal.*

Outros aspectos essenciais de uma carta comercial são colocados na ordem descrita a seguir. Cada parte deve ser separada por uma linha em branco.

Data inclua dia, mês e ano.

Endereço Coloque o nome, o cargo, a empresa e o endereço completo do destinatário.

Cumprimento É uma saudação formal introdutória. Seu **cumprimento** deve começar por "Prezado Senhor_____:" ou "Prezada Senhora_____:". Se não

> **WORKSHOP**
> A copiadora do seu escritório está com problemas há semanas! Você acabou de descobrir o que está causando o problema. Em pequenos grupos, escreva um memorando a todos os funcionários do escritório explicando como evitar o atolamento de papel.

conhece o nome do receptor, utilize o cargo, por exemplo, "Prezado Gerente de Vendas:". Se conhece bem a pessoa, pode finalizar o cumprimento com uma vírgula, em vez de dois pontos.

Corpo do texto Inclui a mensagem inteira, ou conteúdo, da sua carta. Sempre exponha suas principais ideias em parágrafos separados. O parágrafo pode ser uma sentença longa se esta expressar algo que deve se sobressair, por exemplo, um argumento de vendas importante ou uma afirmação que expresse cortesia.

Fechamento Finalize sua carta com "atenciosamente", "cordialmente" ou outra expressão apropriada. Deixe de duas a quatro linhas em branco entre o fechamento e seu nome digitado para dar espaço à sua assinatura.

Assinatura do remetente Assine seu nome abaixo do fechamento.

Nome e função do remetente Digite seu nome e o cargo (se for apropriado). Se tiver um endereço eletrônico da empresa e/ou ramal de telefone que não conste do papel timbrado da empresa, inclua esta informação.

Veja o exemplo de carta na página 258.

Memorandos

Apesar de as comunicações internas da empresa, como memorandos, ser menos formais que as cartas comerciais, você ainda deve ser polido e profissional.

Cabeçalho As primeiras linhas de um memorando são os termos iniciais do cabeçalho:
- Para:
- De:
- Assunto:
- Data:

Cumprimento Nem todos os memorandos incluem saudações, mas você pode utilizar uma se quiser. Se estiver escrevendo a um supervisor que prefere ser tratado formalmente, utilize um cumprimento formal. Se você tem um relacionamento informal com um supervisor ou colega de trabalho, é de bom-tom usar seu primeiro nome. Em muitos casos, você vai se dirigir a um grupo de pessoas, como um departamento (por exemplo, "Prezada Equipe de Vendas:").

Corpo do texto Faça um texto conciso. Inclua somente as ideias que tornam seu argumento mais eficaz.

Nome completo ou iniciais do remetente Inclua seu nome completo ou suas iniciais. Não é necessário um fechamento, mas você pode fazê-lo se quiser.

Anexos Se estiver encaminhando ou anexando um documento relevante ao memorando, chame a atenção do receptor mencionando "Anexo" em uma linha separada.

Avise sobre outros receptores Identifique os nomes das pessoas que vão receber uma cópia do memorando ao incluir "Cc" na linha apropriada. Indique somente as pessoas que não estão inclusas na linha "Para".

Veja o exemplo de memorando na página 259.

> **VOCÊ SABIA?**
> A inclusão do seu nome completo, o cargo e a informação de contato em e-mails de negócio é apenas necessária quando você escreve a um cliente ou comprador com quem não se comunica regularmente. Mas algumas pessoas usam o recurso "assinatura" nos programas de e-mail para assegurar que seu nome completo e a informação de contato apareçam no fim de cada mensagem.

E-mail

E-mail, ou correio eletrônico, tornou-se uma forma extremamente popular para o envio de informação no trabalho, e varia de lembretes informais aos colegas de trabalho a cartas formais a clientes. Embora a maior parte dessas correspondências comerciais informais seja mensagem por correio eletrônico, seu e-mail de trabalho deve ser tão formal quanto a situação o exija.

Preencha a linha de "assunto" É comum chamar a atenção dos seus destinatários para o tópico de sua mensagem. Indicar o assunto na linha correspondente também ajuda os receptores a organizar suas mensagens de e-mails.

Use parágrafos curtos Parágrafos longos são difíceis de ler na tela. Divida as ideias principais em parágrafos breves. Quando houver grande quantidade de informação, anexe um documento detalhando-a à mensagem do seu e-mail.

Seja profissional Apesar de os e-mails comerciais ser menos formais em estrutura e mais informais no tom, é importante transmitir sua mensagem de forma profissional. Utilize tamanho de letra e pontuação apropriadas. JAMAIS USE TODAS AS LETRAS MAIÚSCULAS – é como se o e-mail estivesse gritando! Evite linguagem confusa, como humor, sarcasmo, gíria e jargão. E, como já visto na Lição 5.3, não use emoticons em correspondência comercial.

Responda rapidamente Uma resposta rápida leva seu receptor a saber que ele é importante para você.

Veja o exemplo de mensagem de e-mail da página 259.

MARKETING PESSOAL

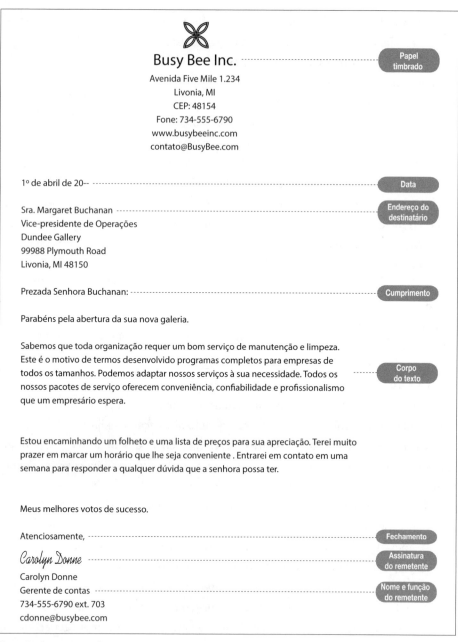

Exemplo de carta comercial

PONTO DE CHECAGEM
Como um e-mail a um cliente potencial difere daquele a um cliente com quem você falou quase todos os dias durante um ano?

CAPÍTULO 9 • PROMOÇÃO DO PRODUTO: CORRESPONDÊNCIA E OUTRAS FERRAMENTAS

Memorando interno

PARA: Christopher Reid, Gerente da Equipe de Vendas ···· **Elementos principais do cabeçalho**
DE: Josefina Vaughn, CEO
ASSUNTO: Seminário de "Tecnologia de Vendas"
DATE: 18 de junho de 20--

Prezado Christopher, ···· **Cumprimento (opcional)**

Será realizado um Seminário de "Tecnologia de Vendas" no Hotel Bolten em 15 de agosto. O evento está sendo coordenado pela Tech Industries e deve ser bastante informativo.

Recomendo fortemente que cada membro da força de vendas assista a este ···· **Corpo do texto**
seminário. O departamento, obviamente, arcará com o valor da inscrição. Por favor, incentive a todos a participar e me forneça os nomes dos participantes até 15 de julho.

JV ···· **Nome ou iniciais do remetente**

Anexo: Folhetos do seminário de Tecnologia de Vendas ···· **Anexo**

Cc: Jack Michaels, Heath Walker ···· **Aviso sobre outros receptores**

Exemplo de memorando

```
DE:       Anne Fleming
PARA:     Susan Morganza
ASSUNTO:  Programação de Treinamento


Bom dia Susan!


Anexei as programações de treinamento para todos em seu departamento. Por
favor, peça que tragam lanche — o treinamento avançará o horário de almoço
em pelo menos uma hora. Obrigada!



Anne
```

Exemplo de e-mail informal

EXATIDÃO E REVISÕES

Todas as cartas, todos os memorandos e todas as mensagens de e-mail devem ser, de fato, gramaticalmente corretos e sem erros de ortografia ou de digitação. Nenhuma correspondência comercial escrita é finalizada até que tenha passado por uma revisão de erros e exatidão das informações e de texto. Seja sensível com os escritores quando sugerir revisões e esteja disposto a aceitar revisões de outras pessoas. Mesmo o melhor dos escritores conta com *feedback* dos editores.

Conferindo os fatos

Conferir fatos e valores é uma grande parte do processo de revisão. Não envie uma correspondência comercial incorreta ou enganosa. Preste atenção especial a números, afirmações de fatos e detalhes específicos. Estar "bem seguro" não é suficiente – faça sua pesquisa.

Fazendo revisões

Revisar documentos escritos envolve adicionar, eliminar e reorganizar as informações, e, também, conferir a verificação e correção de erros de gramática e de ortografia. Quando fizer revisões:

- **Verifique a estrutura.** A estrutura apresenta todas as partes necessárias? Estão na ordem correta? As principais ideias são fáceis de encontrar? Seria mais fácil ler o documento se tivesse um tipo ou tamanho de letra diferente?
- **Cheque o conteúdo.** A informação é exata? Os fatos são corretos? A informação está completa – você precisa adicionar informação que trate dos assuntos do destinatário? Alguma informação não é necessária?
- **Confira a linguagem.** Há erros de gramática, pontuação ou ortografia? O tom é profissional? O estilo de escrita é apropriado para o receptor? Algumas frases ou parágrafos não estão claros?

PONTO DE CHECAGEM
Seu supervisor lhe deu um relatório de cinco páginas e pediu que o revisasse. Você notou que a organização está confusa e que o cabeçalho tem muitos estilos de letras. Que tipo de revisão será esta?

COMUNICAÇÃO POR TELEFONE

Diariamente as empresas dependem do telefone para estar em contato com os clientes, com outras empresas e colaboradores. O telefone também é uma importante ferramenta para fazer contatos quando você está em busca de trabalho.

Etiqueta na comunicação comercial por telefone

Provavelmente você usa o telefone desde que começou a falar. Porém, é importante entender que a comunicação por telefone no trabalho exige mais que maneiras básicas de se fazer uma ligação. A falta de cerimônia num telefonema comercial poder "desconectar" você de uma venda potencial ou provável vaga de trabalho.

Respondendo chamadas Sempre atenda o telefone no máximo ao terceiro toque – a pessoa que liga se sente valorizada. Identifique-se quando atender o telefone (por exemplo, "Rede Marble de Marketing, meu nome é Alonzo"). Seja simpático ao responder. Não pareça apressado ou irritado. Aprenda sobre o sistema telefônico da sua empresa de modo que possa transferir com eficiência as chamadas ou colocá-las em espera. Ao anotar um recado para outra pessoa, certifique-se de que esteja completo.

Fazendo chamadas Antes de fazer uma chamada, reflita sobre o propósito da ligação. Para estabelecer um relacionamento amigável com a pessoa que você está chamando, inicie com um cumprimento e uma breve introdução sobre o assunto (por exemplo, "Como vai Sr. Gold. O senhor tem alguns minutos para discutir nossa proposta?"). Embora não deva se apressar com a pessoa com quem fala, certifique-se de não ocupar o tempo de seu ouvinte. Quando tiver terminado, sintetize rapidamente a conversa, confirme qualquer compromisso e desligue com um amável "até logo".

Falando e ouvindo Fale lentamente, mantenha sua voz em um tom sociável e use, ocasionalmente, o nome do seu interlocutor. Seja eficiente, soe confiante e seja um ouvinte atento. Tome notas enquanto ouve – registre o propósito da chamada, o nome da pessoa que chamou, a data e a hora.

Usando o correio de voz ou secretária eletrônica Programe seu correio de voz para responder ao terceiro toque. Grave uma saudação na secretária eletrônica ou no correio de voz que seja breve e clara; evite mensagens que sejam ininteligíveis ou engraçadinhas. Cheque suas mensagens algumas vezes por dia (várias vezes ao dia quando estiver fora do escritório). Retorne as ligações de imediato – uma chamada perdida pode ser uma oportunidade perdida.

Deixando mensagens Ao deixar mensagem para um contato da empresa, fale mais lentamente que o normal, de modo que a outra pessoa não precise ouvi-la mais de uma vez. Pronuncie seu nome claramente e soletre-o devagar se necessário. Seja breve – forneça o nome da sua empresa, sua função, o motivo da chamada e o melhor momento para receber um retorno. Se a mensagem precisa ser longa, repita seu nome e o telefone ao finalizar.

PONTO DE CHECAGEM
Por que você deve conferir suas mensagens regularmente?

9.2. AVALIAÇÃO

Pense criticamente

1. Como as cartas comerciais e os memorandos são utilizados no trabalho? Dê exemplos.
2. Por que você deve preencher a linha de assunto em suas mensagens de e-mail?
3. Indique três itens principais que se deve buscar quando se revisa documentos. Dê um exemplo de cada item da revisão.
4. Como você deve ajustar sua fala ao deixar uma mensagem? Por quê?

Faça conexões

5. **Tecnologia** Teleconferência é uma reunião mantida entre pessoas em diferentes lugares por meio de um telefone que possui microfone e alto-falante. As empresas usam teleconferências para diminuir as despesas e a perda de produtividade que ocorrem com as viagens de negócios. Porém, as teleconferências apresentam algumas dificuldades estruturais e padrões de etiqueta exclusivos. Por exemplo, como se pode garantir que todos não falem ao mesmo tempo? Como assegurar que a reunião seja compreensível para aqueles que não estão na sala? Faça uma pequena lista de regras de etiqueta para teleconferência explicando por que cada regra é necessária. Pense sobre considerações especiais, como planejamento e equipamento, além da formalidade em geral.

6. **Práticas empresariais** Quando usa seu e-mail da empresa, você está utilizando tempo e equipamento do seu empregador. Esta é uma das razões pelas quais este e-mail deve ser usado somente para a comunicação relacionada ao trabalho. Outra razão é a prática empresarial comum de monitoração de e-mail. Os empregadores têm, por lei, direito de ler aquilo que você envia do seu endereço de e-mail e muitos não o notificam que fazem isto. A monitoração dos e-mails de funcionários permite aos empregadores rastrear e prevenir atividade ilegal. Também diz aos empregadores quem está gastando tempo de trabalho com negócios pessoais.

Porém, muitos funcionários acham que a monitoração de e-mail é uma invasão de seus direitos constitucionais. Qual é a sua opinião sobre isso? Use a internet para pesquisar a prática de monitoração de e-mail e escreva um relatório de uma página argumentando a favor ou contra esta prática empresarial.

LIÇÃO 9.3

Correspondência de emprego

OBJETIVOS
Criar cartas de apresentação tradicionais e por e-mail eficazes.
Elaborar cartas de solicitação eficazes.
Entender a importância de agradecer aos contatos de emprego e possíveis empregadores.

TERMOS-CHAVE
- carta de apresentação
- carta de solicitação
- cartas de apresentação frias
- cartas derivadas da rede de relacionamentos
- rede de relacionamentos

FAZENDO SUAS CARTAS DE APRESENTAÇÃO

Durante o curso da sua vida no trabalho, você pode rascunhar, escrever e revisar centenas ou milhares de cartas comerciais. Embora muitas dessas correspondências sejam instrumentos para vender a si e às pessoas que representa, a carta mais importante de todas é a sua **carta de apresentação**. Ela apresenta seu currículo e é usada quando você encaminha uma solicitação formal para uma vaga de emprego em aberto.

Por que a carta de apresentação é a mais importante? Combinada com um currículo atraente, ela é sua porta de entrada para o trabalho dos seus sonhos. Quando os recrutadores e gerentes de contratação colocam anúncios para vagas de trabalho em aberto, podem receber dez, cem ou mesmo milhares de solicitações de candidatos! Por esta razão cartas de apresentação não devem ser negligenciadas. Elas devem prender a atenção do empregador e explicar por que você é a pessoa que melhor satisfaz as necessidades da empresa.

■ Casos de marketing

Diana está procurando um trabalho. Ela não está segura sobre como descrever suas qualificações, de modo que decide contratar alguém para elaborar uma carta de apresentação que possa usar para todas as suas solicitações de emprego – tudo o que ela tem a fazer é mudar a informação de contato, o endereço da empresa e o nome do cargo. O que você pensa sobre a estratégia de Diana? Como acha que os empregadores responderão às suas cartas de apresentação?

Cartas de apresentação tradicionais

Antes da internet e do e-mail, somente um tipo de carta de apresentação era usado na busca pelo emprego – uma carta formal, de uma página, impressa em um "bom" papel. As buscas pelo trabalho atualmente utilizam cartas de apresentação virtual, no corpo do texto do e-mail com mais frequência, mas as tradicionais e formais cartas de apresentação ainda constituem um importante papel na correspondência de emprego. O sucesso da sua busca por trabalho vai depender muito da sua habilidade em escrever cartas de apresentação tradicionais que "vendam".

Quando um empregador pedir especificamente uma carta de apresentação, você deve enviá-la impressa usando o mesmo papel usado para imprimir o seu currículo. As cartas de apresentação tradicionais devem demonstrar conhecimento sobre a empresa contratante e explicar como você satisfaz às necessidades do empregador.

Como todas as correspondências comerciais, sua carta de apresentação deve ser concisa, clara, profissional, polida e sem erros. Preste atenção especial à grafia correta do nome da empresa, bem como do nome e do cargo a quem a está dirigindo. Verifique se não há manchas, se o formato não é pouco atrativo e outros elementos que poderiam desacreditar o conteúdo. Não se esqueça de assinar a carta – isto mostra que você está atento a detalhes. Se estiver enviando sua carta de apresentação e currículo por e-mail ou pelo site a assinatura não será necessária.

Estrutura da carta de apresentação tradicional

A estrutura geral de uma carta de apresentação é exatamente igual àquela de uma carta comercial. O corpo de texto da carta, porém, tem estrutura exclusiva. A melhor fórmula para escrever o corpo do texto de uma carta de apresentação tradicional é usar três parágrafos principais:

Parágrafo 1: Abertura Forneça brevemente o nome da função ou cargo e onde e quando você encontrou o anúncio da vaga. Inclua um relato conciso sobre como suas capacidades atendem às qualificações exigidas. Então, concentre-se naquilo que sabe sobre as realizações da empresa.

Parágrafo 2: O argumento da venda O mais importante para um potencial empregador é se você satisfaz às necessidades da empresa. Seja cuidadoso em simplesmente não reiterar a parte da sua experiência no seu currículo. Descreva detalhes sobre como sua experiência o qualifica excepcionalmente para a função. Você pode indicar suas experiências relevantes no início deste parágrafo.

Parágrafo 3: Fechamento Comece com uma declaração que confirme que você é o melhor candidato para o trabalho. Então, expresse interesse pela entrevista e indique que fará acompanhamento por telefone. Não use a palavra "entrevista" diretamente. Em vez disso, expresse interesse em reunir-se para discutir como sua experiência satisfaz aos requisitos do cargo. Jamais peça um emprego diretamente em uma carta de apresentação.

> **WORKSHOP**
>
> A maior parte dos empregos exige habilidades de comunicação. Mesmo os profissionais que lidam com alta tecnologia devem ser capazes de expressar suas ideias e distribuir a informação. Escreva alguma coisa sobre sua experiência que poderia ser considerada uma habilidade de comunicação. Então, formule um resumo de uma ou duas frases que poderia usar em uma carta de apresentação.

Cartas de apresentação eletrônicas

Cada vez mais quem procura trabalho, assim como os gerentes de contratação, estão usando o e-mail para se comunicar durante o processo de recrutamento e seleção. Além do rápido e ocasional e-mail sobre horários de entrevistas ou endereço da empresa, você vai usar o correio eletrônico para criar versões mais curtas da sua carta de apresentação tradicional. Por quê? Porque alguns gerentes de contratação e profissionais de recursos humanos não têm tempo para ler pilhas de cartas de apresentação, assim dando preferência a uma versão mais simples e concisa. Envie sempre uma carta de apresentação virtual quando:

- Estiver se candidatando on-line a um trabalho, diretamente pelo site da empresa ou banco de emprego pela internet.
- Um anúncio de jornal fornece o endereço de e-mail ou website para as solicitações de emprego.

COMUNICAÇÃO
Entreviste dois profissionais de recursos humanos ou gerentes de contratação de administradores da sua comunidade. Pergunte-lhes se costumam pedir cartas tradicionais ou por e-mail e por quê.

Estrutura da carta de apresentação eletrônica

Além de ser mais curtas que as cartas de apresentação tradicionais, as cartas de apresentação eletrônicas sempre são enviadas como um texto de e-mail, em geral acompanhadas de um currículo anexo ou copiado. A carta de apresentação eletrônica deve identificar os detalhes do trabalho em aberto e declarar brevemente suas qualificações que satisfazem às necessidades do empregador. A melhor fórmula para escrever uma carta de apresentação eletrônica é a que utiliza um curto parágrafo de abertura e a expressão de fechamento de uma frase. Veja o exemplo na página 269.

Parágrafo de abertura Forneça brevemente o nome da função, o número do trabalho (se for dado) e onde e quando você encontrou o registro da vaga. Inclua uma declaração concisa que expresse suas qualificações.

Frase de fechamento Demonstre interesse em uma reunião ou oportunidade para tratar do cargo.

PONTO DE CHECAGEM
Como a estrutura de uma carta de apresentação difere da estrutura de uma carta comercial?

Construção de carreira

O que fazer e não fazer numa carta de apresentação
Por Kate Lorenz, CareerBuilder.com.
Copyright 2007 CareerBuilder, LLC — Reproduzido com permissão.

A maioria das pessoas está familiarizada com a importância de um currículo bem construído e dedica um bom tempo para criar um que seja adequado. Contudo, tão importante quanto é a carta de apresentação que acompanha e introduz seu currículo.

Em um mercado de trabalho extremamente competitivo, negligenciar sua carta de apresentação é um grande erro. Por quê? A carta de apresentação é a primeira oportunidade de falar a seu respeito a um empregador potencial, e de fazer isto com suas próprias palavras. Como uma entrevista por escrito, uma carta de apresentação lhe dá a oportunidade de destacar experiências relevantes e qualidades que o tornam a pessoa certa para a vaga. E assim como qualquer outra ferramenta importante na busca por emprego, existem diretrizes definidas do que fazer e não fazer para garantir que sua carta de apresentação seja um ponto forte, não um obstáculo.

Personalize sua carta

Ninguém gosta de receber uma carta impessoal. Cartas de apresentação que começam com frases como "A quem possa interessar" parecem mala direta, algo aleatório, em vez de uma correspondência importante, e causam má impressão. Se você quer que a empresa dedique um tempo para ler sua carta, então é preciso pesquisar o endereço correto. Ligue para a empresa, procure no website ou fale com pessoas para obter o contato correto.

Não envie uma carta de apresentação genérica a empresas distintas

Gerentes de RH podem farejar uma carta genérica a quilômetros de distância. O que chama sua atenção são cartas direcionadas especificamente à empresa — e a suas necessidades. Pesquise sobre a empresa antes de escrever a carta. Cheque as últimas notícias sobre ela, obtenha informações no site da companhia, e depois incorpore o que descobriu de relevante em sua carta. Fazer isto vai demonstrar ao empregador que você é uma pessoa atualizada, motivada e disposta a dar um passo além.

Aborde a vaga específica que você viu no anúncio

As empresas que divulgam a abertura de vagas estão tornando sua vida mais fácil ao dizer as qualidades que buscam em um candidato. Mostre à empresa que você prestou atenção no anúncio. Se uma empresa anuncia que busca experiência em vendas, destaque sua experiência em vendas. Uma forma de fazer isto é criando uma tabela com informações sobre você antes de escrever sua carta. Liste as necessidades declaradas da empresa em uma coluna e sua experiência correspondente e as qualificações em outra. Depois você pode usar essas informações para escrever uma carta que exponha exatamente o que eles desejam saber.

Não faça o leitor demorar demais para ver que você é a pessoa certa para a vaga

Inclua exemplos específicos sobre seus sucessos e experiência em outros empregos. Se estiver procurando uma vaga na área de marketing, dê informações detalhadas ao leitor sobre uma campanha de marketing bem-sucedida que realizou. Não diga apenas que você é uma pessoa motivada. Dê um exemplo desta motivação. Você precisa colocar toda a informação pertinente, de forma que a pessoa que decidirá quem contratar veja facilmente como sua experiência e suas qualidades se encaixam nas necessidades da empresa.

Vá direto ao ponto
Gerentes de contratação recebem cartas e currículos de dezenas, às vezes centenas, de candidatos, e com frequência não têm tempo para ler cartas muito longas e prolixas. Seja direto. No primeiro parágrafo inclua o título da posição em que você está interessado, e então passe imediatamente às suas qualificações específicas.

Não conclua sua carta de forma passiva
Ninguém consegue um emprego em casa, sentado, esperando o telefone tocar. Da mesma forma, não é sempre que você manda um currículo ou envia uma carta de apresentação e recebe uma ligação na sequência. Já que é você quem está procurando emprego, deve tomar a iniciativa e acompanhar o processo. Em vez de terminar a carta com "Espero em breve receber notícias suas", finalize com "Entrarei em contato na semana que vem para marcarmos um horário". Uma vez que você inclua esta promessa de ação, certifique-se de cumprir o prometido.

Escreva e edite sua carta com muito cuidado
Quando você escreve uma carta de apresentação com erros de digitação, informação incorreta ou erros de ortografia é como se você dissesse: "Eu não quero esse emprego." Certifique-se de escrever corretamente o nome da empresa. Verifique se o seu contato é homem ou mulher. E mesmo parecendo óbvio demais, não esqueça de assinar sua carta. Falta de cuidado e erros – facilmente corrigíveis – mostram à empresa que você não leva a sério esta simples tarefa.

ESCREVENDO CARTAS DE SOLICITAÇÃO

Os candidatos a emprego mais bem-sucedidos são hábeis em **rede de relacionamentos**, porque utilizam seus contatos para solicitar orientação de emprego, contatos e apresentação com gerentes de contratação. Amigos, familiares, supervisores e ex-colegas de trabalho, vizinhos, professores e membros do seu clube e associações são todos

CAPÍTULO 9 • PROMOÇÃO DO PRODUTO: CORRESPONDÊNCIA E OUTRAS FERRAMENTAS

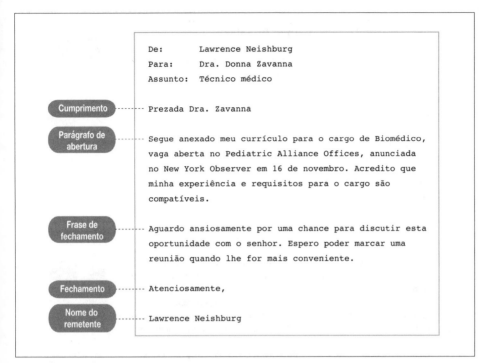

Exemplo de carta de apresentação eletrônica

parte da sua rede de relacionamentos de emprego. Talvez você possa se sentir constrangido de perguntar a algum parente, um tio, por exemplo, sobre contatos de trabalho em sua área. Mas ele pode ser amigo do gerente da sua empresa preferida – nunca se sabe!

Milhares de cargos são criados e preenchidos mesmo sem ter sido anunciados. Quando você usa sua rede de relacionamentos para criar novos contatos de trabalho pode descobrir oportunidades ainda ocultas. Também pode aumentar suas chances de se sobressair na lembrança de um empregador, em vez de competir com centenas de candidatos a uma mesma vaga anunciada.

Ao pedir referências de emprego a amigos, familiares e conhecidos:

- Dê a eles um resumo da sua experiência de trabalho e explique que tipo de trabalho está buscando. Talvez também queira lhes dar uma cópia do seu currículo.
- Obtenha o máximo de informação possível sobre o novo contato da empresa – verifique a grafia do nome completo, o cargo, o nome da empresa e as informações de contato.
- Pergunte-lhes se pode citar seus nomes quando contatar a pessoa, ou peça que recomendem seu nome para uma função. Mencionar um conhecido comum é a melhor via para obter confiança, tempo e atenção de um novo contato da empresa.

MARKETING PESSOAL

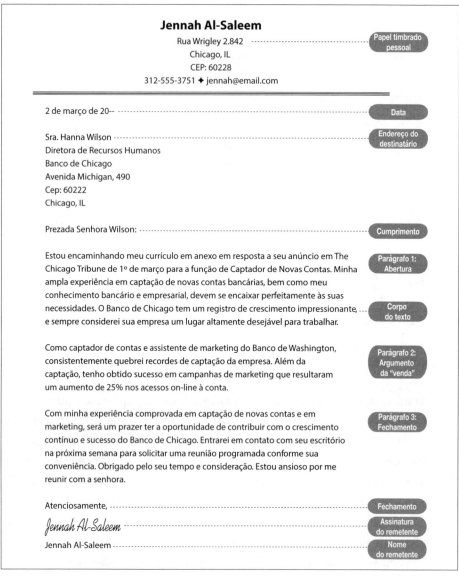

Exemplo de carta de apresentação tradicional

- Agradeça gentilmente a todos, mesmo àqueles que não tenham dado nenhuma dica.

Tipos de cartas de solicitação

Uma **carta de solicitação** é empregada para solicitar informação sobre abertura de vagas de emprego, conselho sobre carreira, orientação sobre trabalho ou qualquer outra informação relacionada à busca de emprego.

Diferente das cartas de apresentação tradicionais e por e-mail, porém, as cartas de solicitação não são escritas em resposta direta a um anúncio de trabalho. Seu propósito é gerar novas oportunidades de emprego. Há dois tipos principais de cartas de solicitação.

- **Cartas derivadas da rede de relacionamentos** São escritas para os contatos de emprego que você gerou a partir da sua rede de relacionamentos. Não solicite diretamente uma informação sobre emprego em uma carta derivada da rede de relacionamentos. O propósito dessas cartas é solicitar ajuda com os contatos de trabalho ou estratégias de carreira.
- **Cartas de apresentação frias** São usadas quando a rede de relacionamentos para a busca de trabalho não gera contatos com empresas da sua preferência. Embora elas não sejam escritas em resposta a uma abertura de vaga anunciada (daí o termo "fria"), *fazem* diretamente uma solicitação de informação sobre trabalho.

A estrutura e a etiqueta da carta de solicitação

Ambos os tipos de cartas de solicitação – as derivadas da rede de relacionamento e as de apresentação frias – usam o formato e a etiqueta padrão da carta comercial. Tanto as cartas de apresentação tradicionais como as por e-mail devem incluir um currículo anexo e se concentrar no "por que" você está qualificado para o tipo de trabalho que está buscando.

Cartas derivadas da rede de relacionamentos A menos que você seja amigo muito próximo da pessoa para quem está escrevendo, a primeira frase de uma carta derivada da rede de relacionamentos deve estabelecer sua conexão com o receptor. *(Estive presente ao almoço "Mulheres no Varejo" na última quarta-feira e após sua apresentação falei com você.)*

O restante do primeiro parágrafo deve comunicar que você está buscando por emprego e manifestar o propósito da sua solicitação de informação. *(Estou em um processo de mudança de emprego e escrevo a profissionais cujas opiniões valorizo. Se souber de qualquer operação de varejo que poderia se beneficiar da experiência de um excelente comprador, ficarei muito agradecido pela orientação. Anexo segue meu currículo para sua apreciação.)*

O segundo parágrafo deve ser uma breve versão do parágrafo "Argumento da venda" da sua carta de apresentação. Forneça uma síntese que foque nos principais argumentos da venda de sua experiência de trabalho.

VOCÊ SABIA?

Você pode demonstrar seu interesse em um trabalho temporário ou em tempo integral por meio de uma carta de apresentação fria. O trabalho temporário dá ao empregador uma oportunidade de testá-lo, e a você a oportunidade de mostrar o que pode fazer.

VOCÊ SABIA?

Você pode expressar seu interesse por trabalhos free-lancer ou de tempo integral numa carta fria. O regime free-lancer dá ao empregador a oportunidade de testá-lo, e a você, a chance de mostrar o que pode fazer.

O terceiro parágrafo deve transmitir cortesia e expressar agradecimento pelo tempo do receptor. Seja extremamente agradável – você está pedindo a seu leitor que lhe faça um favor. (*Entendo as exigências da nossa profissão e aprecio seu tempo e sua consideração. Boa sorte em todos os seus empreendimentos.*)

Cartas de apresentação frias Se você esgotou as opções da sua rede de relacionamentos e nenhum cargo em sua área está disponível na empresa dos seus sonhos, uma **carta de apresentação fria** pode ser a melhor chance de abrir uma porta. O corpo do texto de uma carta de apresentação fria é exatamente igual ao de uma carta de apresentação tradicional, exceto o primeiro parágrafo. Nele, você solicitará informação sobre oportunidades não anunciadas que possam estar disponíveis, em vez de responder a uma posição específica anunciada (ver o exemplo a seguir). O segundo e o terceiro parágrafos ainda executarão as mesmas funções como uma carta de apresentação tradicional.

Antes de escrever uma carta de apresentação fria você deve pesquisar. Descubra o máximo que puder sobre a empresa e transmita esse conhecimento no primeiro parágrafo. Não solicite informação sobre um cargo específico quando perguntar sobre oportunidades. Mencione um campo de carreira ou uma série de funções para as quais você se qualifica e aumentará suas chances de encontrar uma vaga em aberto.

> Ouvi pela primeira vez sobre a ExtraTech quando trabalhei como gerente de um *call center* na DialUs, Inc. Jill Scott, uma colega que manejava sua pesquisa de consumidor, mencionou quanto apreciava trabalhar com você e a equipe da ExtraTech. A partir de então, tenho ouvido falar muito bem sobre o trabalho que você faz. Atualmente, estou buscando novas oportunidades em pesquisa de consumidor e *call center* e tenho certeza de que minha experiência beneficiará seus negócios. Estou anexando meu currículo para sua consideração.

Exemplo do primeiro parágrafo da carta de apresentação fria

PONTO DE CHECAGEM
Descreva dois tópicos em que as cartas de apresentação frias diferem das cartas derivadas da rede de relacionamentos.

AGRADECENDO A POTENCIAIS EMPREGADORES E CONTATOS DE TRABALHO

VOCÊ SABIA?
De 60% a 70% dos que procuram emprego encontram trabalho por meio da rede de relacionamentos.

No mundo dos negócios, tempo é dinheiro. Por isso é tão importante agradecer a cada pessoa que fizer parte da sua busca por emprego, seja um potencial empregador que o entrevistou ou um contato derivado da rede de relacionamentos que lhe deu um conselho sobre carreira. Se preferir, pode escrever cartas de agradecimento à mão em papel de carta ou cartões de aspecto profissional.

Depois da reunião com o contato da rede de relacionamentos

Mantenha fortes laços com os contatos da sua rede de relacionamentos ao expressar agradecimento por seu tempo e orientação. Uma carta derivada da rede de relacionamentos pode ser sensivelmente mais informal que uma carta de agradecimento pós-entrevista, e deve ser mais curta também. Tente mencionar detalhes que ajudarão seu contato se lembrar da sua reunião. Veja o exemplo a seguir.

> Gostaria de lhe agradecer por disponibilizar um tempo da sua agenda tão ocupada para responder às minhas perguntas sobre carreiras em webdesign. Agora estou revisando meu currículo para incluir suas importantes sugestões e lhe enviarei uma cópia na próxima semana. Manterei contato e seguirei sua sugestão de visitar Julian Valencia e pesquisar oportunidades na Createch Designs. Agradeço-lhe novamente por seu tempo e consideração.

Exemplo de corpo de texto de carta de agradecimento a contato da rede de relacionamentos

Depois da entrevista

Uma breve nota, bem escrita, pode pesar a seu favor quando o empregador tomar a decisão final. Envie ao entrevistador uma carta de agradecimento imediatamente após sua entrevista – coloque-a no correio em não mais que um dia após a reunião. O agradecimento pós-entrevista deve reafirmar seu interesse na posição, suas qualificações para a função e expressar apreço pelo tempo e cortesia do entrevistador. Veja o exemplo a seguir.

PONTO DE CHECAGEM
Pense em uma forma pela qual a correspondência de agradecimento se diferencia de outra correspondência comercial.

Exemplo de carta de agradecimento pós-entrevista

9.3. AVALIAÇÃO

Pense criticamente

1. Qual parágrafo de uma carta de apresentação tradicional despertará mais interesse nos possíveis empregadores? Justifique sua resposta.
2. Por que alguns empregadores preferem cartas de apresentação eletrônicas?
3. Descreva o conteúdo do segundo parágrafo de uma carta de apresentação resultante da rede de relacionamentos.
4. Descreva como uma carta de agradecimento pós-entrevista pode ser uma eficaz ferramenta de marketing pessoal. Forneça pelo menos dois exemplos.

Faça conexões

5. **Matemática** Tendo como base os contatos da sua lista da rede de relacionamentos, imagine que cada pessoa desta lista lhe dá dois novos contatos de empresas. Aqueles novos contatos, então, dão, cada um deles, um novo contato de empresa. Quantos contatos você tem agora? Quantos você possuía quando iniciou? Mostre a fórmula que usou para encontrar seu novo total.

6. **Arte/design** Pesquise na internet ou na biblioteca argumentos para escrever cartas de agradecimento eficazes pós-entrevista. Combine o que você encontrar com as sugestões desta lição para criar um cartaz intitulado "Cartas de agradecimento eficazes". Compartilhe-o com seus colegas.

Capítulo 9. Avaliação

Vocabulário

Escolha o termo que melhor se encaixe na definição. No espaço indicado, coloque a letra que corresponde à resposta. Alguns termos podem não ser aplicados.

_____ 1. Uma carta usada para solicitação de informação sobre a abertura de vagas de emprego, conselho sobre carreira, orientações sobre emprego ou qualquer outra informação relacionada à sua busca por emprego.

_____ 2. Uma carta escrita aos contatos que você fez ao solicitar ajuda com contatos de emprego ou estratégias de carreira.

_____ 3. Uma carta utilizada quando a rede de relacionamentos de busca por emprego não oferece contatos na empresa da sua preferência; a carta solicita diretamente informação sobre emprego não anunciado.

_____ 4. Fazendo contatos com pessoas que você conhece para obter orientações de emprego, contatos de empregos e apresentações aos gerentes de contratação.

a. público
b. correspondência comercial
c. carta de apresentação fria
d. carta de apresentação
e. etiqueta
f. correspondência de cortesia
g. correspondência informativa
h. carta de solicitação
i. papel timbrado
j. rede de relacionamentos
k. carta derivada da rede de relacionamentos
l. correspondência persuasiva
m. propósito
n. correspondência de solicitação
o. cumprimento
p. estrutura

_____ 5. Cartas, mensagens de e-mail, conversas telefônicas e outras formas de comunicação no trabalho.
_____ 6. Uma correspondência que descreve ou explica alguma coisa.
_____ 7. As pessoas que veem, leem ou ouvem seu trabalho.
_____ 8. Regras de comportamento social.
_____ 9. Uma saudação formal de introdução em uma carta.
_____ 10. Uma correspondência que expressa apoio, agradecimentos e cuidado.
_____ 11. Uma correspondência que pede ao leitor para esclarecer alguma coisa.
_____ 12. Papel de carta especial com o nome e o endereço de contato da empresa ou pessoal.

Revisão de conceitos

13. O que têm em comum os bem-sucedidos comediantes, políticos, apresentadores de programas de entrevistas, anunciantes e escritores?
14. Forneça algumas estratégias para validar suas opiniões.
15. Quais tipos de correspondência comercial são usados para comunicações internas?
16. Quais são as duas regras básicas de etiqueta para a correspondência comercial?
17. Por que você deve usar parágrafos curtos em suas mensagens de e-mail profissional?
18. Quando conferir os fatos narrados em suas cartas, o que você deve buscar?
19. Descreva as regras de etiqueta apropriadas sobre responder às chamadas telefônicas.
20. Por que uma carta de apresentação é sua mais importante carta comercial?
21. Quais são as duas partes de uma carta de apresentação virtual?
22. O que você deve anexar em toda carta de solicitação?
23. Quando você deve enviar uma carta de agradecimento pós-entrevista?

Aplique o que aprendeu

24. A maior parte dos públicos se relaciona melhor com benefícios do que com características. Por que você acha que isto é verdade? Como isto se relaciona com a correspondência de emprego?
25. Você está escrevendo uma carta comercial para Janet Johnson, uma amiga e colega muito próxima. Como se dirigirá a ela em seu cumprimento?
26. Você pediu a seu colega de trabalho, Mohammed, que revise um rascunho do seu relatório de negócio. Ele o devolve com correções gramaticais e ortográficas somente. Em que Mohammed errou?
27. Como a internet mudou o modo de se candidatar dos que buscam emprego para cargos anunciados?

28. Por que a maioria dos que buscam emprego encontra trabalho pela rede de relacionamentos em vez de por anúncio de aberturas de vagas de trabalho?

Faça conexões

29. **Comunicação internacional** Use a internet para pesquisar dicas para superar barreiras à comunicação entre pessoas de diferentes países. Crie um pequeno cartaz que forneça indicadores de como entender e se relacionar com públicos de diversos idiomas e culturas.
30. **Comunicar** Ligue para cinco empresas e, de modo formal, peça informação sobre os seus serviços. Depois de cada chamada, responda às seguintes perguntas: Alguém atendeu o telefone nas três primeiras chamadas? A pessoa identificou-se de forma educada? Sua pergunta foi dirigida de modo eficaz? A pessoa transmitiu uma impressão positiva da empresa? Descubra os dois problemas de etiqueta mais comuns e envie seus resultados por e-mail de empresa para alguém que você sabe que atende clientes por telefone.

Empreendedorismo

Muitas pessoas sonham em possuir e gerenciar seu próprio negócio. Sua equipe com dois ou três membros deve demonstrar os conhecimentos e as habilidades necessários para estabelecer e gerenciar uma empresa. Os participantes vão aprender e aplicar as habilidades de tomada de decisões nos negócios e demonstrar capacidade de oratória e serenidade ao falar durante a apresentação oral.

Estudo de caso

Gifts to Impress é uma empresa familiar especializada em marketing que está na ativa há 30 anos. Seus proprietários são originalmente da China e usam esta conexão para obter grandes acordos financeiros para seus produtos, brindes de marketing que podem ter informações gravadas se o cliente solicitar. A empresa nunca seguiu um plano estratégico de marketing. Seu sucesso é resultado da propaganda boca a boca feita por clientes satisfeitos. Três coisas que os clientes gostam a respeito da Gifts to Impress são o excelente serviço prestado, os brindes de alta qualidade e seus preços razoáveis. Os proprietários estão sobrecarregados cuidando dos pedidos e desenvolvendo relacionamentos com novos clientes. Eles pediram que sua equipe de marketing desenvolva uma campanha nacional para divulgar a empresa.

Você tem 20 minutos para determinar uma estratégia de marketing nacional para a Gifts to Impress. Não devem ser usados, durante a apresentação, materiais de referência, auxílio visual ou dispositivos eletrônicos. Você tem sete minutos para apresentar seu plano ao(s) juiz(es).

Habilidades para o sucesso no trabalho
Profissionalismo com comunicações eletrônicas

Você "adicionou" um novo amigo hoje ou leu um *tweet* recentemente?

As comunicações eletrônicas não apenas adicionaram novos termos às nossas conversas cotidianas como também passaram a fazer parte da nossa realidade 24 horas. As comunicações eletrônicas assumem várias formas, por exemplo, e-mails, mensagens de texto, blogs e posts por meio das redes sociais. São ferramentas que apoiam ou facilitam a comunicação.

Acessibilidade

Uma importante consideração quando se utilizam vários meios de comunicação eletrônica é a acessibilidade.

Quem vai acessar essa comunicação? Blogs, websites e sites das redes sociais geralmente são acessíveis em nível global, logo, os empregadores frequentemente usam a web quando conduzem pesquisas sobre o histórico das pessoas. Se, por exemplo, seu perfil do Facebook não é privado, empregadores potenciais e outras pessoas conseguem acessá-lo.

Eles podem ler seus posts, ler os posts dos seus amigos e ver suas fotos e anotações. Escolas e outras organizações geralmente possuem políticas relativas à comunicação eletrônica. Se você estiver utilizando o sistema de e-mail da sua escola ou organização, ela pode acessar as mensagens recebidas e enviadas. Também pode haver problemas com relação à segurança e privacidade.

Permanência

Embora a comunicação eletrônica seja uma forma dinâmica de comunicação, também tem um elemento de permanência. Quando você deleta uma mensagem, ela pode desaparecer da tela do seu computador imediatamente, mas permanecer em seu disco rígido. E também pode ser "printada". Uma vez que você clica em "enviar", sua mensagem entra na esfera pública, e outras pessoas terão um registro da sua comunicação. Posts em sites da rede social geralmente podem ser deletados depois de postados, mas, se o comentário for "printado", se torna permanente.

Grau de formalidade

Embora a comunicação eletrônica possa conferir a si mesma um estilo de comunicação menos formal, se estiver usando essas ferramentas para propósitos empregatícios tenha em mente que os empregadores possivelmente esperarão profissionalismo da sua parte.

Não use abreviações, gírias ou outros elementos informais de comunicação. Como a comunicação eletrônica pode não comunicar inteiramente os tons e sutilezas da interação, seja cauteloso e contido com as piadas e o sarcasmo, caso realmente tenha que utilizá-los.

Desenvolva sua habilidade

Prepare uma mensagem de e-mail para um colega de trabalho que não participa efetivamente do grupo. Presuma que o colega tenha perdido várias reuniões de equipe e entregue relatórios com atraso, o que levou o grupo a perder um importante prazo da empresa. Após preparar o e-mail, revise-o para que não contenha sarcasmo ou outros elementos de comunicação que possam ser facilmente mal interpretados.

CAPÍTULO 10

Promoção do produto: venda-se nas entrevistas

10.1 Os elementos essenciais da entrevista
10.2 Durante e depois da entrevista
10.3 A capacidade de ouvir e a não verbalização

Carreiras em marketing

Giant Eagle

Giant Eagle é um premiado supermercado americano que atende algumas áreas da Pensilvânia, Ohio, oeste da Virgínia e Marylands.

O gerente de categoria é responsável pela comercialização de produtos frescos e serviços para vendas no varejo, incluindo seleção de produtos, apresentação, precificação e promoção. O cargo exige que seu ocupante compreenda o ambiente competitivo e mantenha forte posicionamento contra a concorrência.

O gerente de categoria precisa ter formação superior e agregar experiência em compras e merchandising. Também deve possuir conhecimento em operações de loja, familiaridade com conceitos de marketing e de finanças, uma excelente comunicação e habilidades de gestão do tempo.

Pense criticamente

1. O gerente de categoria deve pesquisar informações sobre vendas/lucros e compreender o desenvolvimento de merchandising/produto. Explique como estes últimos estão relacionados.
2. Liste as formas pelas quais o gerente de categoria pode pesquisar concorrentes. De que informações ele precisa?

Projeto de portfólio

Respondendo a perguntas difíceis da entrevista

Objetivos do projeto
Uma das melhores formas para se preparar para uma entrevista é antecipar as perguntas que serão feitas e planejar suas respostas. Para este projeto, você vai:
- Aprender a reconhecer e responder a perguntas comuns das entrevistas.
- Treinar as respostas a perguntas desafiantes das entrevistas.
- Identificar perguntas ilegais e obter dicas para respondê-las.

Preparação inicial
Leia o Processo do projeto a seguir.
- Leia a lista das perguntas e comece a pensar sobre suas respostas.
- Consulte sites da web. Tome nota de qualquer dica que encontrar sobre entrevistas.

Processo do projeto
Parte 1 Lição 10.1 O propósito da maioria das perguntas das entrevistas é obter informação verdadeira. Porém, algumas perguntas são abertas e exigem reflexão (por exemplo, "Por que você quer este emprego?"). Leia a lista de perguntas comuns (p. 293) e escreva uma resposta para cada uma delas. Responda honestamente, mas de forma positiva.

Parte 2 Lição 10.2 Leia agora a lista de perguntas desafiantes e escreva uma resposta para cada uma delas. Dê exemplos: 1) de como superou obstáculos nos trabalhos anteriores e 2) que mostrem feitos mensuráveis. Certifique-se de estruturar cada resposta de maneira positiva. Em seguida, leia as perguntas em voz alta, usando um gravador. Reproduza o áudio e pratique respondendo a cada pergunta sem o auxílio das suas notas.

Parte 3 Lição 10.3 A maioria dos empregadores não faz perguntas tecnicamente ilegais sobre religião, etnia, nacionalidade, idade, estado civil, se é sócio de determinadas organizações ou sua condição física. Entretanto, infelizmente, alguns farão. Leia a lista de perguntas ilegais e escreva uma resposta para cada uma delas. Com um colega, ensaie as respostas.

Finalizando
Não se esqueça de fazer suas próprias perguntas. Descubra antecipadamente o que quer saber sobre o empregador e o cargo e anote as perguntas apropriadas. O entrevistador verá que você fez sua pesquisa e pode ter iniciativa quando for oportuno.

CAPÍTULO 10 • PROMOÇÃO DO PRODUTO: VENDA-SE NAS ENTREVISTAS

LIÇÃO 10.1

Os elementos essenciais da entrevista

OBJETIVOS
Descrever a venda de relacionamento e a venda tradicional.
Explicar o processo de entrevista.

TERMOS-CHAVE
- motivos emocionais
- motivos racionais
- perguntas abertas
- perguntas fechadas
- pontualidade
- venda de relacionamento
- venda tradicional

CONSTRUINDO RELACIONAMENTOS

Se você não faz uma "venda" durante uma entrevista não obtém um emprego. Independente de quão bem você – o produto – possa satisfazer uma necessidade, se não se vender em uma entrevista ao convencer um potencial empregador dos seus benefícios não obterá uma oferta de emprego.

Você construiu seu autoconhecimento, aprendeu como se apresentar, definiu seu mercado-alvo e como alcançá-lo e preparou peças promocionais eficazes. Mas, mesmo com toda sua preparação, ainda pode se sentir oprimido pela ideia de ser entrevistado ou vender-se em uma situação de emprego.

Venda tradicional

Quando você pensa em profissionais de vendas, o que lhe vem à mente? Muitas pessoas imediatamente têm uma imagem negativa de um estereotipado vendedor de carros usados. Um profissional de vendas como este – geralmente agressivo, escandaloso e manipulador – trabalha com **venda tradicional**, ou seja, marca entrevistas, supera objeções e fecha vendas com o uso de técnicas memorizadas que realmente não consideram o cliente.

▪ Casos de marketing

Dario foi selecionado como vendedor pela Sunlight Windows. Neste cargo, ele marcará uma visita com os proprietários de casas para tentar vender janelas de substituição. O gerente de vendas, Jeff Espana, lhe entrega um manual de técnicas de vendas, roteiro que pode ler para marcar visitas por telefone, e alguns vídeos que mostram vendedores fechando vendas com os clientes. Se Daril quiser construir relacionamentos com os clientes para vender seus produtos, os roteiros e os vídeos serão úteis? Explique sua resposta.

No Capítulo 1 você aprendeu sobre a era de vendas, durante a qual as empresas e seus vendedores vendiam o que produziam, e não o que satisfazia às necessidades dos clientes. O processo de vendas tradicional cresceu durante esse período.

Venda de relacionamento

Venda de relacionamento é uma filosofia de vendas orientada ao comprador, ao contrário da filosofia orientada ao vendedor da venda tradicional. É baseada na confiança, na satisfação das necessidades e nos objetivos mútuos. Seu foco centra-se no longo prazo, que situa o comprador e o vendedor como parceiros, não como adversários.

Confiança As decisões de compra são tomadas com mais cuidado em tempos de recessão econômica e as de contratação também, com mais responsabilidade. As empresas querem contratar alguém em quem possam confiar para satisfazer suas necessidades. Quando percebe que alguém não está sendo honesto, você hesita em fazer negócio com esta pessoa. Mas, quando as pessoas projetam honestidade e colaboração, provavelmente você vai negociar com elas novamente.

Siga algumas dicas para a construção da confiança.

- Projete autoestima e autoconfiança quando se reunir e falar com outras pessoas. Deixe que elas se familiarizem e fiquem à vontade na sua presença.
- Demonstre integridade ao manter sua palavra. Se disser a um empregador que vai contatá-lo, faça isto. Se um empregador lhe pede que faça um projeto de amostra, faça-o na hora.
- Não fale apenas – ouça. Ouvir demonstra aos possíveis empregadores que você está genuinamente interessado na empresa, na função e no que eles têm a dizer.

Satisfação das necessidades Como um vendedor, quando seu produto pode satisfazer às necessidades de um potencial comprador, você aumenta suas chances de realizar a venda. O mesmo é verdadeiro para as entrevistas. Quando um empregador acredita que seu produto — você — pode atender às necessidades da empresa e preencher com sucesso as exigências do cargo, suas chances de ser contratado aumentam.

Demonstre seu conhecimento sobre o cargo, o setor e a organização com base na informação que obteve no Capítulo 5 e identifique claramente as necessidades do empregador. Se, depois da entrevista, você sentir que não pode satisfazer àquelas necessidades, seja honesto. O empregador irá respeitá-lo e talvez até o recomende a outra empresa cujas necessidades você *possa* satisfazer.

Para realmente construir uma situação de "ganha-ganha", você deve estar contente com a empresa e o empregador estar satisfeito com a decisão de contratá-lo. Lembre-se, o entrevistador é um comprador que toma uma decisão de compra.

Objetivos mútuos São aqueles compartilhados por compradores e vendedores. Alcançar esses objetivos aumenta a satisfação, e são mais prováveis de ser alcançados quando o comprador e o vendedor trabalham juntos. O desejo de alcançar objetivos mútuos proporciona incentivo para manter um relacionamento produtivo e benéfico.

••••••••••••••••••
VOCÊ SABIA?
A frase "vender como pão quente" surgiu no começo dos anos 1800, quando pães quentes eram popularmente comercializados em parques de diversão e feiras. Seus vendedores não conseguiam dar conta da demanda pelo produto.
••••••••••••••••••

Conexão da matemática com o marketing

Pagamento de horas extras refere-se a uma quantidade extra de dinheiro pago pelo trabalho além do horário normal em um dia ou semana, que, em geral, é calculado sobre uma hora e meia (1,5) × o valor da hora normal, o que é chamado *adicional de 50%*.

Para calcular este adicional, primeiro multiplique o valor normal por 1,5 para obter a taxa adicional de 50%. Então, multiplique essa taxa pelo número de horas com adicional de 50%.

Na semana anterior, Vincenzo Vaughn trabalhou seis horas extras. A taxa normal paga é de $ 9,60 por hora. Qual foi o pagamento total de horas extras de Vincenzo na semana?

Solução

Taxa adicional de 50%   = Taxa normal paga × 1,5

```
                        = $ 9,60 x 1,5
                        = $ 14,40
Pagamento de hora extra = Número de horas com adicional de 50% x
                          Taxa adicional de 50%
                        = 6 x $ 14,40
                        = $ 86,40
```

Motivos de compra

Os profissionais de marketing acreditam que os consumidores tomam decisões de compra com base em dois motivos: racionais e emocionais. **Motivos racionais** são conscientes e lógicos. Por exemplo, você pode comprar um livro específico, pois sua leitura está sendo exigida na aula de inglês. **Motivos emocionais** referem-se a sentimentos. Por exemplo, depois da aula você pode parar para comprar um suco de limão feito na hora, não porque está com sede (um motivo racional), mas porque ele o faz recordar sua infância.

Os empregadores também tomam decisões baseadas em motivos racionais e emocionais. Suas capacidades podem fornecer motivos racionais para a contratação. Já em relação aos motivos emocionais é mais difícil. Por exemplo, Léa, gerente de relações públicas, está considerando tanto Juan como Tina para uma função inicial. Ambos têm capacidades similares, e Léa está tendo dificuldades para decidir com base somente em motivos racionais. Ela resolve contratar Juan porque acredita que ele vai se relacionar melhor com os outros funcionários no departamento, o que refletirá bem seu desempenho como gerente. Léa tomou sua decisão baseada em motivos emocionais.

PONTO DE CHECAGEM
Como a filosofia de venda de relacionamento se diferencia da filosofia de venda tradicional?

O PROCESSO DE ENTREVISTA

Como será sua entrevista? Seu conhecimento sobre a empresa pode lhe dar alguma ideia do que esperar, mas cada entrevista será diferente. Entrevistas variam em formato e duração. A inicial pode ser conduzida por telefone ou pessoalmente com um representante de recursos humanos. Ou pode ser com o presidente ou proprietário, situação mais provável em uma pequena empresa. Pode acontecer durante o almoço, em uma lanchonete da empresa ou em um restaurante. Ou você pode ser entrevistado através de uma videoconferência, interagindo com várias pessoas da empresa.

Você pode se reunir com uma pessoa por 15 minutos, ou passar o dia todo reunindo-se com várias pessoas e visitando a organização. Pode ser solicitado a fazer testes, como de aptidão, conhecimento sobre computação, psicológicos ou mesmo de honestidade.

> **WORKSHOP**
> Em pequenos grupos, faça um brainstorm sobre o tipo de questões que poderiam ser levantadas em uma entrevista de emprego. Compartilhe essas questões com seus colegas e discuta as respostas.

De qualquer forma, independente do formato e da duração da entrevista, se dedicar um tempo para se preparar aumentará suas chances de sucesso.

Preparação

Assim como um vendedor se sentiria desorientado por estar despreparado para uma reunião com um cliente, um candidato a entrevista não deve simplesmente comparecer sem antes ter pesquisado e se preparado. Quase todos ficam nervosos antes de uma entrevista. Mas você pode usar seu nervosismo para permanecer motivado a se preparar. Quanto mais preparado estiver para a entrevista mais confortável se sentirá, permitindo que seu conhecimento e sua autoconfiança brilhem por completo.

Pesquisa Os entrevistadores com frequência perguntam sobre assuntos que testam seu conhecimento em relação ao cargo, à empresa e ao setor. Revise a informação no Capítulo 5 sobre pesquisar empresas se preparar para responder a tais questões.

Prática Como faria para qualquer outra apresentação oral, você deve praticar para a entrevista. Forneça a um amigo ou a um familiar uma lista de perguntas que provavelmente lhe serão feitas, assim como alguma informação sobre a empresa, e peça que o entreviste. Considere com seriedade esta simulação de entrevista e comece com sua entrada no "escritório do entrevistador", represente a experiência o mais real possível. Se tiver acesso a uma câmera de vídeo, ligue-a ou peça a outro amigo para gravar a entrevista. Pode ser desconfortável, mas você terá a oportunidade de ver sua "performance" e obter feedback de outras pessoas – tudo o que possa tornar sua entrevista real mais bem-sucedida será bem-vindo.

A entrevista

Tenha em mente que a responsabilidade do entrevistador é com a empresa – ele quer encontrar a pessoa certa para a função. Seu desafio é convencê-lo de que é a pessoa certa. Você quer se vender, "você produto", para o entrevistador ao citar os benefícios que pode oferecer à empresa.

Cada momento de uma entrevista é importante, desde sua chegada até sua saída. Algumas vezes, detalhes aparentemente insignificantes podem influenciar se o trabalho lhe será ou não oferecido.

Sua aparência No Capítulo 4 você aprendeu a importância das primeiras impressões e como sua aparência pode influenciar a impressão que transmite. Vista-se de maneira profissional, esteja asseado e bem-arrumado. Mantenha o cabelo penteado e use um mínimo de joias e perfume. "Transmita" uma atitude positiva e de autoconfiança!

Chegando à entrevista Pontualidade, ou chegar na hora marcada, é uma necessidade! Se estiver atrasado para uma entrevista, independente de quão boa for sua desculpa, a primeira impressão do entrevistador a seu respeito estará marcada pelo seu atraso. Planeje chegar ao menos 15 minutos antes, o que dará algum tempo adicional caso pegue trânsito ou faça confusão com o endereço. Sempre chegue sozinho para uma entrevista. Não leve consigo membros da família ou amigos. O entrevistador quer entrevistar alguém que é capaz de trabalhar com independência.

Cumprimentando o entrevistador Quando você chega para uma entrevista, a recepcionista ou um assistente pode recebê-lo. Seja extremamente educado, explique o propósito da sua visita e mencione o nome da pessoa com quem vai falar. Quando apresentado ao entrevistador, cumprimente-o e se apresente. Seja educado e espere para se sentar quando convidado. Leve cópias extras do seu currículo e das suas referências, bem como seu portfólio com os itens que documentem suas realizações, como amostra de projetos, prêmios, pontos e cartas de recomendação.

Faça perguntas Planeje ser um participante ativo no processo de entrevista. Embora o entrevistador deva conduzir a discussão, sua preparação permitirá que faça perguntas relevantes e importantes que ajudem a estabelecer o tom ou o conteúdo direto da entrevista. Tente não fazer muitas **perguntas fechadas** – questões que requerem somente respostas "sim" ou "não" (por exemplo, "Meu desempenho será revisto após seis meses?"). Em vez disso, faça **perguntas abertas** – questões que exigem respostas mais detalhadas ("Você pode me falar sobre o processo de revisão de desempenho?"). Perguntas abertas lhe darão muito mais detalhes e provavelmente informação mais útil que as perguntas fechadas.

Seja amistoso, mas profissional. Responda honesta e completamente às perguntas do entrevistador, mas não forneça nenhuma informação negativa. Lembre-se de deixar que o entrevistador traga à pauta o assunto sobre salário e benefícios.

Concluindo a entrevista No fim da entrevista, agradeça ao entrevistador e reafirme seu interesse no cargo, se ainda estiver realmente interessado. Pergunte qual será o próximo passo no processo. Guarde tudo o que levou, peça ao entrevistador seu cartão de visita e cumprimente-o antes de sair. Se a recepcionista o cumprimentou quando você chegou, retribua ao sair.

PONTO DE CHECAGEM
Explique a importância da pontualidade em uma entrevista.

Construção de carreira

A entrevista: o que fazer e não fazer em relação à linguagem corporal
Por CareerBuilder.com.
Copyright 2007, CareerBuilder, LLC – Reproduzido com permissão.

Parece que seu coração vai saltar do peito. Gotas de suor brotam na sua testa. Sua mente está acelerada. Não é um interrogatório – embora assim pareça –, é apenas uma entrevista de emprego. Embora não seja nenhum segredo que entrevistas de emprego podem ser estressantes, vários candidatos gastam um tempo considerável preocupando-se com o que vão dizer nas entrevistas apenas para estragar tudo com uma linguagem corporal inadequada. O velho provérbio "Não é o que você diz, é a forma como você diz" ainda tem significado, mesmo se você não estiver falando. Você precisa comunicar eficazmente seu profissionalismo de forma verbal e não verbal.

Afinal, prestar atenção em sugestões não verbais, fornecer respostas concisas e expressar seu entusiasmo, tudo ao mesmo tempo, pode ser difícil quando se está nervoso. A seguir, um guia para ajudá-lo a passar por isso.

Conquiste-os no "Olá"
Antes de comparecer à entrevista, espera-se que você tenha feito o seguinte: se preparado aprendendo sobre a empresa e lendo notícias recentes sobre ela; treinado o que vai dizer às perguntas mais comuns em entrevistas; e seguido a dica "O que usar numa entrevista de emprego" (ver Capítulo 4, Lição 4.3). Se fez tudo isso, você está pronto!

Alguns gerentes de contratação afirmam que podem "ler" um possível candidato em 30 segundos ou menos, e embora isso tenha muito a ver com a vestimenta, também tem a ver com a linguagem corporal. Não entre na sala ajustando sua meia-calça ou mexendo na gravata; arrume-se antes de se levantar para cumprimentar o gerente de contratação ou entrar no seu escritório. Evite um aperto de mão "frouxo", aperte com confiança – mas não com muita força – a mão do entrevistador enquanto faz contato visual e o cumprimenta.

Aperte a mão e preste atenção

Se você empurrar sua cadeira para a frente e para trás, tremer os pés, batucar os dedos ou arranhar qualquer coisa com a unha, vai passar a impressão de que será aquele tipo de funcionário que não consegue focar em nada, mesmo por poucos minutos. Não é um jogo de charadas, é uma entrevista de emprego. Veja o que fazer (e não fazer):

Não fazer:

- Não massageie a têmpora ou o pescoço. Mesmo que você realmente estiver sentindo dor no pescoço, esses gestos o farão parecer uma pessoa desinteressada.
- Não esfregue ou toque em seu nariz. Isto sugere que você não está sendo completamente honesto, e não é educado.
- Não sente com os braços cruzados. Você vai parecer hostil e desconectado da entrevista.
- Não cruze as pernas nem as fique cruzando e descruzando o tempo todo. É algo que desvia a atenção e mostra que você está desconfortável.
- Não incline o corpo na direção da porta. Vai parecer que a qualquer momento você vai sair correndo.
- Não se sente na cadeira com má postura. Isso faz você parecer desinteressado e despreparado.
- Não olhe para o seu interlocutor inexpressivamente. Este é um olhar que mostra distanciamento.

Fazer:

- Sente-se ereto e incline-se levemente na cadeira. Além de demonstrar interesse e comprometimento na interação, esta ação deixa seu corpo alinhado para mostrar admiração e concordância ao entrevistador.

- Mostre seu entusiasmo mantendo uma expressão interessada. Acene e gesticule com moderação, para não parecer uma atitude forçada.
- Estabeleça um espaço pessoal confortável entre você e o entrevistador. Invadir o espaço pessoal dele (manter, no mínimo, 50 centímetros de distância) pode deixá-lo desconfortável e tirar o foco da conversa.
- Não utilize colônias nem perfumes em excesso. Aromas muito fortes podem provocar alergias. Causar dor de cabeça no entrevistador certamente não contará a seu favor.
- Se houver mais de uma pessoa entrevistando-o, certifique-se de se dirigir brevemente a ambos apenas com o olhar (sem olhar como se observasse uma partida de tênis), e volte sua atenção à pessoa que lhe fez a pergunta.
- Interrupções podem ocorrer. Se for o caso, contenha sua vontade de observar seu entrevistador enquanto ele resolve o imprevisto e demonstre sua disposição em sair caso ele necessite de privacidade.
- Levante-se e sorria, mesmo que seja uma entrevista por telefone. Ficar de pé o deixa mais alerta e o faz se envolver mais na conversa.

Despeça-se com elegância

Sua entrevista está quase no fim, seu entrevistador fez algumas perguntas e obteve respostas bem pensadas, mantenha a calma, não ponha tudo a perder. Certifique-se de que seu aperto de mão seja tão confiante agora quanto no início da entrevista. Mantenha a calma enquanto anda pelo prédio do escritório, até o elevador e até chegar na rua. Uma vez que estiver em segurança em seu carro, em um táxi ou a uma distância mensurável e segura do seu local de entrevista, relaxe. É possível que você tenha se saído muito bem, mas a última coisa que precisa é que uma dancinha da vitória acabe, no último instante, com todo o trabalho.

10.1 AVALIAÇÃO

Pense criticamente

1. Como a venda de relacionamento se diferencia da venda tradicional?
2. Como você pode demonstrar integridade depois de uma entrevista?
3. Qual é a diferença entre os motivos racionais e os emocionais? Para um mesmo produto ou serviço, dê um exemplo de cada motivo.
4. Explique a importância de se preparar para uma entrevista.

Faça conexões

5. **Revisão com um colega** Elabore um formulário crítico de entrevista, deixando espaço para registrar a informação sobre os aspectos de uma entrevista que você considere sejam importantes. Entreviste um colega de classe e o avalie utilizando seu formulário crítico. Então, troque os papéis e peça a ele que o entreviste e o avalie. Por fim, escreva um resumo das suas habilidades de entrevista em uma página. Com base no formulário crítico do seu colega, quais são seus pontos fortes e fracos? Como você pode melhorar sua técnica de entrevista?

6. **Entrevista** Entreviste uma pessoa que trabalhe em vendas. Faça perguntas que lhe permitam determinar se ela usa uma técnica de venda tradicional, de relacionamento ou uma combinação de ambas. Elabore uma apresentação oral para relatar seus resultados.

7. **Pesquisa** Visite três ou quatro sites de emprego e resuma, no mínimo, quatro estratégias eficazes de entrevista. Busque por novas ideias que possam lhe ser úteis. Faça um resumo das suas descobertas. Se encontrar informação nova, pesquise o(s) tópico(s) adicional(ais) e discuta em classe.

LIÇÃO 10.2

Durante e depois da entrevista

OBJETIVOS
Identificar as perguntas comuns das entrevistas.
Descrever as táticas eficazes de acompanhamento.

TERMOS-CHAVE
- entrevistas de acompanhamento
- testes de seleção

PERGUNTAS DA ENTREVISTA

A maioria dos entrevistadores, especialmente aqueles com muita experiência, fazem perguntas-padrão aos candidatos. Algumas dessas perguntas podem ser difíceis de responder – principalmente porque suas respostas podem influenciar seu futuro na empresa em que está pleiteando um cargo.

Quando responder a questões de entrevistas, permaneça concentrado e positivo. Se não entender a pergunta, peça esclarecimento. Uma entrevista não é um interrogatório, de modo que se deve resistir ao desejo de se tornar defensivo, especialmente se as perguntas que lhe foram feitas são complicadas ou conducentes. Alguns entrevistadores vão tentar confundi-lo e ver como responde ao estresse.

■ Cargos de marketing

Akira está se preparando para uma entrevista com um funcionário da Computer Analysis Associates, Inc. Ele revisa algumas perguntas que pensa o entrevistador pode lhe fazer, e, então, escreve suas respostas, memorizando-as. Ele leva as respostas escritas para a entrevista e as mantêm dentro da pasta. Como a preparação escrita de respostas para a entrevista poderia ser útil a Akira? Você acha que memorizar as respostas vai ajudá-lo a dar uma boa impressão na entrevista?

Entrevista inicial

Durante uma entrevista inicial, os entrevistadores avaliam a impressão geral que você causa assim como seu histórico. A seguir, são apresentadas algumas perguntas comuns da entrevista.

- Fale-me sobre você.
- Descreva sua experiência e/ou escolaridade.
- Quais cursos você gostou mais (ou menos)?
- Por que escolheu esse campo de estudo?
- Por que cursou na (nome da escola)?
- Fale-me sobre seus trabalhos anteriores.
- Fale-me sobre suas notas e realizações acadêmicas.
- Em que tipos de atividades participou?
- O que sabe sobre esta empresa?
- Descreva seu emprego ideal.
- Quais são seus pontos fortes e fracos?

Entrevistas de acompanhamento

Alguns empregadores programam **entrevistas de acompanhamento** – entrevistas adicionais para candidatos nos quais estão muito interessados. Durante essas entrevistas, tanto a própria posição como a empresa podem ser discutidas mais deta-

> **COMUNICAÇÃO**
> Se você não sabe quando será tomada uma decisão de contratação, pode precisar fazer uma chamada telefônica de acompanhamento ao entrevistador. Pense sobre o que diria e escreva um roteiro de uma possível chamada telefônica de acompanhamento. Compare seu roteiro com o de outro colega. Ele incluiu alguma informação adicional ou diferente?

lhadamente. A mesma pessoa que o entrevistou, ou outra, como o gerente ou o supervisor do departamento, pode conduzir a entrevista de acompanhamento. Você pode usar este tipo de entrevista para determinar se a posição se ajusta adequadamente aos seus objetivos de carreira. Eis algumas questões comuns nas entrevistas de acompanhamento:

- Por que quer trabalhar aqui?
- Por que quer deixar seu emprego atual?
- Onde você se vê daqui a cinco anos?
- Como pode beneficiar essa empresa?
- Como pode satisfazer eficazmente os requisitos da posição?
- Descreva um problema com o qual teve de lidar. Como o manejou?
- Você prefere trabalhar em uma função com responsabilidades bem definidas ou em uma que muda frequentemente?
- Qual é sua pretensão salarial?

Perguntas ilegais

Algumas perguntas não são adequadas a uma entrevista – e algumas são tecnicamente ilegais. Os entrevistadores não devem perguntar seu estado civil ou sobre filhos, religião, incapacidades (exceto aquelas que limitariam sua habilidade para desempenhar as responsabilidades do trabalho), etnia, idade (a menos que se refira a uma autorização para trabalhar).

Quando deparar com uma pergunta ilegal, você pode escolher ignorar a ilegalidade e respondê-la. Ou pode perguntar ao entrevistador por que a pergunta é relevante. Em todo caso, trate a situação com cuidado e tato.

Há leis estaduais e federais que protegem os candidatos para que não sofram discriminação. Todas as perguntas que revelam nacionalidade, cidadania, idade, estado civil, deficiência, registro de prisão ou condenação, raça, sexo, estado de gravidez ou orientação sexual podem ser consideradas politicamente incorretas e, em determinados casos, discriminatórias.

Fazendo perguntas

Torne-se você mesmo um participante ativo da entrevista ao fazer suas próprias perguntas. Você assumirá um pouco do controle novamente – assim como alguma responsabilidade – visando ao sucesso da entrevista. Sucesso, definido pelo modelo de venda de relacionamento, significa que tanto você quanto o entrevistador aprendem o suficiente um sobre o outro para sentir que sua contratação seria mutuamente benéfica. Você acredita que é a empresa certa para você, e o entrevistador acredita que você é a pessoa certa para a empresa.

Você pode pensar sobre as perguntas durante a entrevista com base na discussão ou nos comentários e perguntas do entrevistador, mas deve também preparar algumas questões gerais com antecipação. Preparar uma lista das suas próprias perguntas antes da entrevista vai ajudá-lo a obter toda a informação de que precisa para chegar a uma decisão sobre como conseguir o trabalho.

Evite fazer perguntas que possam exigir informação pessoal ou confidencial do entrevistador ou questões que impliquem deduzir que o emprego já é seu. Abaixo algumas perguntas possíveis de se fazer:

- Por que essa vaga está aberta?
- Qual é a data de início do trabalho?
- Como é feita a avaliação de desempenho?
- Qual é a trajetória de carreira relacionada a esta posição?
- Como você descreveria as responsabilidades do trabalho?
- Como seria um dia normal de trabalho?
- Que resultados se espera que eu produza?
- Você prevê alguma mudança na empresa que possa afetar esta posição?
- É possível visitar as instalações?
- Estão disponíveis treinamento contínuo e outras oportunidades educativas?

Fazer perguntas demonstra seu interesse pela empresa e pelo cargo. Quando a entrevista terminar, enfatize seu interesse em trabalhar na empresa – se de fato ainda estiver interessado – e pergunte se pode oferecer ao entrevistador alguma informação adicional. Você vai dar uma oportunidade a ele para mencionar alguma preocupação de última hora e poderá tratar qualquer assunto ou fazer perguntas sobre suas chances antes de sair. Também deve perguntar qual é o próximo passo no processo e quando deve esperar por uma resposta do entrevistador. Mencione que gostaria de fazer um acompanhamento para saber sobre o andamento do processo se necessário.

WORKSHOP
Nas entrevistas de emprego, duas pessoas com as mesmas qualificações podem ser avaliadas de maneiras diferentes, dependendo de como se apresentam. Uma pode mostrar autoconfiança e outra comunicar-se com insegurança. Imagine outros fatores que possam motivar um entrevistador a avaliar, de forma diferente, candidatos semelhantes.

Testes de seleção

Além das perguntas da entrevista, é possível que lhe seja pedido que faça **testes de seleção**, que abordam questões como aptidão, proficiência, personalidade, honestidade e uso de drogas. Esses testes podem ser feitos no próprio local, antes ou depois da entrevista, ou em outro local. Por exemplo, se uma organização norte-americana exige teste de drogas, é possível que lhe peçam exame de urina num órgão público de saúde assim que chegar para a entrevista. Se a empresa não realizar testes no local, pode direcioná-lo a um laboratório específico para completar o teste.

E no Brasil?
Esse tipo de teste foi considerado discriminatório pelo Conselho Federal de Medicina (CFM), a não ser nos casos de trabalhadores ou candidatos a vagas de motorista ou profissões de risco. O portal do CFM tem essas informações mais detalhadas. (Disponível em: http://portal.cfm.org.br/index.php?option=com_content&view=article&id=23360:monitoramento-de-drogas-exigencia-de-exames-para-admissao-e-inaceitavel-diz-cfm&catid=3. Acesso em: Jul. 2017.)

PONTO DE CHECAGEM
Dê um exemplo de como uma entrevista inicial pode ser diferente de uma entrevista de acompanhamento quanto ao formato e às perguntas.

ACOMPANHAMENTO

O acompanhamento pode melhorar muito suas chances de obter uma oferta de emprego. Você pode manter sua identidade fresca na mente do entrevistador e fazê-lo se recordar de que é um forte candidato. Comece por enviar uma carta de agradecimento no dia seguinte ao da sua entrevista.

Avaliação pós-entrevista

Depois de uma entrevista, resuma os pontos importantes. Responda às seguintes questões para determinar em quais aspectos se saiu bem e em quais precisa melhorar.
- O que o fez se sentir à vontade?
- O que o fez se sentir desconfortável?
- Em quais pontos o entrevistador pareceu mais satisfeito com a entrevista?
- Sua aparência estava adequada para a empresa?
- Você fez perguntas necessárias para aprender mais sobre a empresa e o cargo?

Responder a essas perguntas vai ajudá-lo a melhorar seu desempenho na entrevista e dar uma percepção das áreas em que pode se aperfeiçoar, as quais, por sua vez, vão ajudá-lo a se sentir mais confortável durante sua próxima entrevista.

Formulários de manutenção de registros

Após cada entrevista, você deve preencher um formulário de manutenção de registro. Mantenha todos os seus formulários preenchidos em uma pasta de entrevistas. Isso fará que os acompanhamentos com os empregadores sejam muito mais simples, de modo que a informação importante relacionada a cada entrevista estará disponível quando escrever cartas de agradecimento, se preparar para entrevistas de acompanhamento ou fazer ligações de acompanhamento.

Seus formulários de manutenção de registros devem ter espaço para as seguintes informações:
- Data da entrevista.
- Nome da empresa.
- Nome completo, função, endereço, telefone e e-mail do contato.
- Entrevistado para o cargo de...
- Responsabilidades principais.
- Pontos importantes da entrevista (visita às instalações, reunião com outros colaboradores, projetos discutidos, e assim por diante).
- Faixa salarial (se mencionada).
- Próximo passo no processo de entrevista.

PONTO DE CHECAGEM
Descreva os benefícios do acompanhamento após uma entrevista.

10.2. AVALIAÇÃO

Pense criticamente

1. Explique alguns passos que você pode dar para responder eficazmente às questões da entrevista.
2. Identifique alguns tópicos ilegais da entrevista.
3. Por que é importante fazer perguntas durante uma entrevista?
4. Por que você deve preencher um formulário de manutenção de registros para cada entrevista?
5. Que tipo de testes de seleção o empregador pode lhe solicitar?

Faça conexões

6. **Comunicação de emprego** Elabore uma carta que poderia usar como um acompanhamento para sua entrevista. Inclua as informações dadas a seguir:
   a. Escreva um cumprimento adequado e um lembrete sobre o cargo para o qual foi entrevistado.
   b. Inclua qualquer informação importante que omitiu em sua entrevista.
   c. Resuma brevemente suas qualificações para o trabalho.
   d. Expresse seu interesse pelo trabalho e sua apreciação sobre a entrevista.
7. **Entrevista** Entreviste alguém que regularmente conduza entrevistas para uma empresa. A pessoa pode trabalhar em um departamento de recursos humanos ou ser um gerente em outro departamento. Pergunte se ela prefere que os candidatos façam contato depois das entrevistas ou se prefere chamá-los. Pergunte também se ela espera receber uma carta de agradecimento dos candidatos, e se as recebe com frequência. Como, geralmente, essa pessoa os recebe? Escreva um resumo dos resultados da sua entrevista. Depois, compartilhe a informação com a classe.

LIÇÃO 10.3

A capacidade de ouvir e a não verbalização

OBJETIVOS
Entender a importância de saber ouvir.
Descrever formas comuns de comunicação não verbal.

TERMOS-CHAVE
- comunicação não verbal
- contato visual
- espaço individual
- espelhamento
- expressões faciais
- gestos
- processo de comunicação

OUVINDO OS OUTROS

Você alguma vez brincou de "telefone sem fio"? Uma pessoa passa para outra uma mensagem de poucas frases e o ouvinte, então, sussurra a mensagem para outra pessoa. O processo continua até que a última pessoa diz a mensagem em voz alta. O objetivo da brincadeira é ver quanto a mensagem muda do começo ao fim.

Capacidade de ouvir

A divertida brincadeira do telefone sem fio originou-se de participantes que não ouvem bem a mensagem e, portanto, não a transmitem corretamente. O ouvinte deficiente:
- Não ouve com atenção. Seu foco de atenção está em outra coisa, em vez de estar concentrado na mensagem.

> **■ Casos de marketing**
> Aline Vinichko trabalha meio período na loja Perez's Party. O proprietário, Sr. Perez, não está muito contente com ela. Ele lhe pediu que limpasse o chão, enchesse uma dúzia de balões a gás e reabastecesse o papel crepom. Aline respondeu, mas estava ocupada pensando em sua família e em seu novo cachorro. Então, depois de uma hora, o trabalho ainda não havia sido feito. O que senhor Perez poderia fazer para garantir que Aline ouça eficazmente? Como Aline pode ser uma ouvinte mais eficaz?

- Julga o falante. Se as opiniões do falante diferem da sua a respeito de um assunto, aquele que não sabe ouvir supõe que já saiba o que o outro vai dizer e pode "ignorar" a mensagem.
- Não ouve atentamente. Está muito ocupado planejando o que vai dizer quando a outra pessoa parar de falar.

WORKSHOP

Com um colega, elabore uma lista de capacidades que são necessárias para ouvir eficazmente. Compartilhe sua lista com a da outra dupla. Como essas capacidades o ajudariam em uma entrevista?

Quando você não ouve eficazmente perde a informação. Jordan estava ouvindo a leitura de *Romeu e Julieta* feita pelo professor Devito. Tomar notas o ajudou a prestar atenção e a se concentrar, mas, quando outro estudante começou a tossir sem parar, ele se distraiu ao pensar em seu vizinho que estava doente. Quando se concentrou na leitura novamente, percebeu que o professor Devito tinha revisado conceitos importantes para a próxima prova.

O pai de Jaqueline estava explicando como preparar o campo para o próximo jogo de futebol em que ela estava escalada para ser juíza. Jaqueline sentiu que já sabia o que fazer e que, possivelmente, seu pai poderia não acrescentar nada de importante, de modo que ela começou a pensar sobre o jogo e não captou totalmente as instruções do seu pai.

Para ouvir eficazmente, você deve:
- Respirar fundo.
- Preparar sua mente para ouvir.
- Manter contato visual com a pessoa que fala.
- Fazer perguntas úteis.
- Ouvir as respostas da pessoa que fala.
- Parafrasear mentalmente (repetir com suas próprias palavras) a mensagem.
- Confirmar a resposta.
- Perguntar novamente, se for necessário.

O processo de comunicação

O **processo de comunicação**, em seu nível mais básico, envolve um emissor, um receptor e uma mensagem. Em uma entrevista, você mudará os papéis – às vezes atuando como um emissor, fornecendo informação para o entrevistador, e outras, como um receptor ao ouvir o entrevistador.

Quando você for emissor, certifique-se de fazer pausa, se necessário, para coordenar seus pensamentos. Quando você for o receptor, assegure-se de ouvir eficazmente. Não gaste seu tempo de audição planejando sua resposta. Você pode perder uma informação importante. Enfoque tanto as palavras quanto os significados e certifique-se de que sua resposta torne evidente que você estava ouvindo.

Não esqueça seu relacionamento com o entrevistador. Para seguir eficazmente o modelo de venda de relacionamento, você deve valorizar o tempo do entrevistador. Você quer entender as necessidades dele para determinar se pode satisfazê-las. A entrevista está baseada na confiança e objetivos mútuos. Você quer beneficiar a empresa com suas capacidades e realizações, e quer que a empresa o beneficie ao lhe oferecer uma oportunidade para que alcance alguma medida de sucesso com base em seus valores e objetivos. Uma situação de emprego mutuamente benéfica é o ideal.

PONTO DE CHECAGEM
O que significa ouvir eficazmente?

COMUNICAÇÃO NÃO VERBAL

Alguma vez você ouviu a expressão "As ações falam mais alto que as palavras"? **Comunicação não verbal** refere-se à comunicação distinta da linguagem falada. Ela inclui distância, contato visual, expressões faciais, entonação, postura e gestos. Quando se reunir com um entrevistador, tanto suas mensagens verbais como não verbais influenciarão a percepção dele – e, por último, sua opinião – em relação a você como um potencial colaborador.

A comunicação não verbal tem importante papel na sua interação com outras pessoas. As "dicas" podem ajudá-lo a determinar a atitude e as emoções pessoais de outras pessoas.

Diversidade no mercado de trabalho

O primeiro passo na comunicação eficaz com pessoas de diferentes culturas é pensar sobre os valores dos grupos culturais e estabelecer se se aplicam a seus colegas de trabalho. Marcelle Du Praw, do *National Institute for Dispute Resolution* (Instituto para a Resolução de Disputas), e Marya Axner, consultora em desenvolvimento de liderança e diversidade de consciência, identificaram seis pontos em que as culturas se diferenciam.

- **Estilo de comunicação**: o significado de mensagens não verbais pode variar de cultura para cultura. Estão incluídas a linguagem corporal, a necessidade de espaço pessoal, as expressões faciais e outras.
- **Atitudes relacionadas a conflito**: é estabelecido culturalmente se o conflito é visto de forma positiva ou negativa.
- **Abordagens relacionadas à realização de tarefas**: algumas culturas valorizam, inicialmente, a construção de relações e, depois, começam a tarefa. Outras querem ir logo à tarefa. Diferentes culturas também têm diferentes conceitos de tempo.

- **Estilos de tomada de decisão**: algumas culturas enfatizam a delegação de responsabilidade. Outras sentem que os indivíduos devem tomar suas próprias decisões. A ênfase na regra da maioria ou em um consenso desejável também são determinados culturalmente.
- **Revelação**: as culturas diferem em quão confortáveis se sentem os indivíduos revelando uma informação pessoal, as razões por trás de um conflito ou os papéis individuais em um conflito.
- **Abordagens ao conhecimento**: algumas culturas tendem a valorizar mais o conhecimento adquirido por meio da análise. Outras podem dar maior valor ao conhecimento adquirido através dos sentidos, dos sentimentos e das emoções.

Distância

Distância refere-se ao espaço real entre seu corpo e o de outra pessoa, e pode transmitir uma mensagem, como atração, interesse, status ou respeito. A distância adequada pode variar conforme a cultura. O **espaço individual** – a distância na qual um indivíduo se sente confortável nas interações pessoais – fica, digamos, entre 60 centímetros e 1,20 metro. O espaço individual deve ser respeitado. Sua violação pode causar problemas de comunicação.

Contato visual

O contato visual é extremamente importante em uma entrevista. Quando você olha para baixo, para cima ou pela janela durante uma entrevista, pode parecer falta de confiança ou de interesse no cargo. Quando mantém contato visual, mostra sinceridade e confiança.

Essa demonstração de sinceridade e confiança pode ajudá-lo a transmitir sua mensagem e criar uma impressão positiva. Olhar para o entrevistador pode também ajudá-lo a determinar se ele presta atenção. Somente não o perturbe com o olhar!

Expressões faciais

Nunca subestime o poder de um sorriso. As **expressões faciais**, os movimentos dos seus músculos faciais, algumas vezes conscientes, outras inconscientes, comunicam emoções e atitudes. Suas expressões faciais mudarão durante o curso da entrevista, assim como as do entrevistador. Mantenha sua expressão positiva e observe as expressões menos positivas no rosto do entrevistador. Um olhar de desdém, sobrancelhas levantadas e um bocejo comunicam reações à conversa.

Gestos

Muitas pessoas gesticulam enquanto falam. Os **gestos** positivos tendem a ser abertos, naturais e suaves. Já os negativos, mais fechados e rígidos, como cruzar firmemente seus braços. Você pode praticar o **espelhamento**, ou mover seu corpo para imitar o entrevistador. Alguns psicólogos acreditam que o espelhamento pode fazer a outra pessoa se sentir mais confortável. Por exemplo, se o entrevistador se inclina em sua direção, você deve inclinar-se ligeiramente na direção dele.

> **PONTO DE CHECAGEM**
> Descreva a importância de prestar atenção à linguagem corporal quando estiver ouvindo outra pessoa.

10.3. AVALIAÇÃO

Pense criticamente

1. Por que é importante ouvir eficazmente durante uma entrevista?
2. Indique as três partes básicas do processo de comunicação.

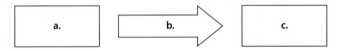

3. Como o espaço individual, como uma forma de comunicação não verbal, pode ser respeitado durante uma entrevista?
4. Explique a expressão "espelhamento".

Faça conexões

5. **Análise** Você ouve atentamente em algumas situações e desatentamente em outras? Detecta um padrão em seu comportamento auditivo? Reflita sobre tudo o que ouviu hoje. Trace quatro colunas em uma folha de papel. Na primeira escreva os nomes de várias pessoas às quais ouviu, e, na segunda, os assuntos. Na terceira escreva "Atento" ou "Desatento" para descrever seu comportamento auditivo. Analise por que foi mais atento algumas vezes que outras e escreva uma frase na quarta coluna explicando as razões do seu comportamento auditivo.
6. **Observação** Fique em silêncio e ouça os sons à sua volta, que em geral você ignora. Você ouve um ruído de computador, alguém virando as páginas na cadeira próxima, os carros barulhentos ou acelerando lá fora, na rua? Faça uma lista dos sons que

MARKETING PESSOAL

ouve. Depois, escreva um relatório de uma página sobre como os sons ao seu redor podem afetar sua habilidade de ouvir sem se distrair.

Capítulo 10. Avaliação

Vocabulário

Escolha o termo que melhor se encaixe na definição. No espaço indicado, coloque a letra que corresponde à resposta. Alguns termos podem não ser aplicados.

1. A distância na qual se sente confortável nas interações pessoais.
2. O uso de técnicas de vendas memorizadas para marcar visitas, superar objeções e fechar vendas.
3. Uma razão consciente, lógica.
4. Mover seu corpo para imitar outra pessoa.
5. Chegar na hora marcada.
6. Uma pergunta que requer resposta como "sim" ou "não".
7. Uma entrevista adicional com um candidato em quem um empregador está muito interessado.
8. Comunicação distinta da linguagem falada.
9. O espaço real entre seu corpo e o de outra pessoa.
10. Uma razão que se refere a sentimentos.
11. Movimentos dos músculos faciais, algumas vezes conscientes e outras inconscientes, para comunicar uma emoção ou uma atitude.
12. Uma filosofia de vendas orientada ao comprador, com base na confiança, na satisfação das necessidades e nos objetivos mútuos.
13. Movimentos da mão.
14. Pergunta que requer uma resposta mais detalhada que um "sim" ou "não".

a. pergunta fechada
b. processo de comunicação
c. distância
d. motivo emocional
e. contato visual
f. expressão facial
g. entrevista de acompanhamento
h. gestos
i. espelhamento
j. comunicação não verbal
k. pergunta aberta
l. espaço individual
m. pontualidade
n. motivo racional
o. venda de relacionamento
p. venda tradicional

Revisão de conceitos

15. Descreva venda tradicional.

16. Explique os três conceitos importantes da venda de relacionamento.
17. Dê um exemplo de motivo de compra racional e outro de motivo de compra emocional.
18. Como você deve concluir uma entrevista?
19. Qual é o propósito de uma entrevista de acompanhamento?
20. O que é uma avaliação pós-entrevista?
21. Liste algumas barreiras à audição eficaz.
22. Descreva quatro elementos comuns da comunicação não verbal.

Aplique o que aprendeu
23. Como você pode construir confiança durante uma entrevista?
24. Como transmitir a um entrevistador que você pode satisfazer às necessidades da empresa?
25. Explique como se preparar para uma entrevista.
26. Como uma entrevista de acompanhamento se diferencia de uma entrevista inicial?
27. Como você pode ser um participante ativo em uma entrevista?
28. Por que a audição eficaz é uma importante parte da venda de relacionamento?
29. Como você pode expressar sinceridade e atitude positiva pela comunicação não verbal?
30. Por que o empregador poderia exigir testes de seleção?

Faça conexões
31. **Autoavaliação** Analise sua linguagem corporal nas seguintes áreas: postura, maneira de cumprimentar, expressão facial, contato visual, tonalidade de voz, gestos e hábitos não verbais que distraem. Você usa alguma linguagem corporal que possa ser interpretada como agressiva ou passiva? Faça uma lista de hábitos que acredite ser mais importantes para mudar. Depois, escreva um plano de ação de uma página para mudar seus maus hábitos de linguagem corporal.
32. **Entrevista** Contate duas empresas em áreas similares ao seu atual objetivo de trabalho e marque uma reunião para pesquisar sobre perguntas comuns de entrevista. Certifique-se de que seus contatos entendam que isto não é uma solicitação para uma entrevista. Durante as reuniões, peça que expliquem as perguntas que utilizam para avaliar os candidatos em funções similares à que você tem em vista. Tome nota das informações e faça uma apresentação para contar o que descobriu.
33. **Prática** Contate um empregador da sua área de carreira e peça ajuda com um trabalho escolar. Peça a ele para realizar uma entrevista prática com você e completar

uma cópia do formulário de entrevista crítica que você criou na Lição 10.1. Depois do ensaio da entrevista, avalie sua performance completando sua própria cópia do formulário de entrevista crítica. Compare seu formulário com o do entrevistador e escreva um resumo das similaridades e diferenças entre os dois.

34. **Pesquisa na internet** Busque na internet dicas adicionais sobre acompanhamento de entrevista que poderiam lhe ser úteis. Imprima artigos relevantes e então escreva seu próprio artigo resumindo o que aprendeu.
35. **Encenação** Prepare o esboço de um telefonema que você poderia fazer para acompanhar uma entrevista. Escreva um cumprimento adequado ao telefone para a pessoa que o entrevistou. Na sequência, prepare uma declaração com seu nome e a vaga à qual se candidatou. Inclua qualquer informação importante que tenha omitido e perguntas que esqueceu de fazer durante a entrevista. Expresse seu interesse pelo emprego e seu prazer pela entrevista. Faça par com outro aluno e encenem o telefonema na frente da sala.

Projeto de relações públicas

Este projeto fornece a oportunidade de demonstrar as habilidades necessárias para o planejamento, organização, implementação e avaliação de uma campanha de relações públicas específica. Esse projeto inclui um documento escrito e uma apresentação oral feita por um aluno de um grupo de três. Sua equipe tem o desafio de projetar uma estratégia de relações públicas para uma importante campanha em sua cidade. Exemplos de projeto podem incluir embelezamento da cidade, ajudar as pessoas a se registrar para votar e encorajar estudantes a não beber.

    O documento escrito deve ter no máximo 30 páginas e abranger as seguintes partes: justificativa, tema ou foco da campanha, mídia local e outras possibilidades promocionais, organização e implementação da campanha, avaliação e recomendações, bibliografia e apêndice. Seu relatório deve incluir gráficos e tabelas e pode ser escrito dividindo-se por tópicos. Sua equipe terá 10 minutos para apresentar seu projeto de Relações Públicas à classe, juiz ou empresário. A audiência terá cinco minutos a mais para perguntas sobre o projeto.

Habilidades para o sucesso no trabalho
Planejando uma carreira em recursos humanos

"Sarah recém-começou em seu novo emprego. Ela fez três entrevistas antes de conseguir a vaga na empresa. No seu primeiro dia, recebeu orientações e depois teve um treinamento de duas semanas. Ela disse que o salário inicial era competitivo e que havia ótimos benefícios, incluindo planos de saúde, dentário e de aposentadoria e até mesmo seguro de vida. Sarah está muito empolgada para começar sua carreira!"

Você já parou para pensar nas pessoas com que terá de lidar como um potencial funcionário da empresa? Em muitas organizações, você terá que lidar com especialistas em Recursos Humanos, responsáveis por recrutar, entrevistar e contratar candidatos para as posições disponíveis. Esses especialistas devem possuir um amplo conhecimento da organização, inclusive da sua missão, estrutura e possíveis aberturas de vagas. Eles também podem ser responsáveis por estabelecer políticas de contratação, conduzir orientações dos novos funcionários, gerenciar orçamentos de recrutamento, lidar com folhas de pagamento e benefícios dos empregados, treinar funcionários, viajar para feiras de emprego e garantir a conformidade e regulações de contratação.

Panorama de trabalho
Uma taxa acima da média no aumento de contratação é esperada.

Cargos
- Especialista em recursos humanos
- Gerente de contratação
- Coordenador de benefícios
- Analista de relações trabalhistas
- Diretor de recursos humanos
- Especialista de colocação
- Analista de emprego

Habilidades necessárias
- Geralmente é exigido diploma de bacharelado, e de graduação é sempre recomendável, por exemplo, um MBA, especialmente para oportunidades com ascensão em carreiras. É possível obter certificado por meio de organizações profissionais.
- É essencial ter habilidade para trabalhar com pessoas diferentes, inclusive com histórico cultural, experiência e níveis de formação variados.
- Um bom histórico em vendas, ensino, supervisão ou administração é útil.
- É importante ter uma personalidade agradável, excelentes habilidades de comunicação, discrição e capacidade de lidar com conflitos.

Como é trabalhar com recursos humanos?
Helenka não é professora, ou representante de vendas ou mesmo lobista, mas atualmente sente que é tudo isso e mais um pouco. Ela foi promovida recentemente a diretora de recursos humanos, depois de trabalhar como especialista em recursos humanos nos últimos cinco anos. Helenka agendou sua reunião para orientação e treinamento de diretor após rever e aprovar o currículo para o novo programa de desenvolvimento de funcionários que será implementado no próximo mês. Deseja revisar suas anotações antes de presidir o almoço com a Associação de Recursos Humanos. Ela foi convocada como oradora convidada e deseja se certificar de citar exemplos da sua própria empresa. Helenka acredita no apoio ao funcionário, e, com várias pessoas em seu departamento prestes a se aposentar, está sempre em busca de candidatos qualificados.

De volta ao escritório após o almoço, ela se reúne com um representante do convênio de saúde da empresa. Houve rumores de aumento de custos e ela quer discutir isto antes de começar a revisão dos benefícios. Seu dia de trabalho termina tarde da noite, quando sai para jantar com vários legisladores locais que desejam discutir taxas da folha de pagamentos dos funcionários, contribuições de benefícios e outras questões de recursos humanos.

E você?
Como você explicaria o papel dos recursos humanos no processo de busca de emprego?

CAPÍTULO 11

Sucesso no trabalho

11.1 Começando em um novo emprego
11.2 A satisfação no emprego
11.3 Problemas no trabalho

Carreiras em marketing

Sony

Sony, uma das empresas de entretenimento mais abrangentes na fabricação de aparelhos de som, vídeo, comunicações e produtos de tecnologia da informação, emprega mais de 171.000 pessoas em todo mundo. Nos Estados Unidos, os negócios da Sony incluem Sony Pictures Entertainment, Sony Music Entertainment, Sony Eletronics e Sony Computer Entertainment America.

O analista de marketing cuida das necessidades de marketing dos estúdios e da rede de contatos. Essa posição foca na construção de relacionamento, já que seu ocupante deve construir e manter relacionamentos fortes, internamente com as unidades de negócios da Sony e externamente com os parceiros.

O analista de marketing deve ter não apenas um diploma de bacharelado em marketing, negócios ou comunicação, mas também experiência com estúdios ou redes de comunicação. Este profissional precisa compreender o negócio do entretenimento e ter conhecimentos de marketing on-line. Também é importante que possua excelentes habilidades interpessoais, capacidade quantitativa e analítica, um julgamento maduro e a habilidade de trabalhar com múltiplas culturas.

Pense criticamente

1. Por que é importante que os empregadores comuniquem as responsabilidades e qualificações exigidas para uma posição como essa?

2. Embora esta posição envolva capacidades quantitativas e analíticas, como as habilidades interpessoais ajudariam o analista de marketing?

Projeto de portfólio

Mostrando seu portfólio

Objetivos do projeto
Você sente falta de uma experiência mais aprofundada na sua área de interesse? Você tem documentos que comprovem os trabalhos acadêmicos que realizou? Neste projeto, você vai:
- Ter seus créditos acadêmicos atualizados em mãos.
- Apresentar seus melhores trabalhos.
- Ter documentadas suas principais formações acadêmicas.

Preparação inicial
Leia o Processo de projeto a seguir. Anote ideias sobre como obter os itens necessários.

Processo do projeto
Parte 1. Lição 11.1. Um histórico escolar lista os cursos que você fez e as notas que recebeu. Este histórico também pode incluir a data de ingresso na universidade, notas das provas, estágio, notas dos testes de proficiência e cópias de certificados obtidos.

Parte 2. Lição 11.2. Reúna seus melhores artigos de pesquisas, ensaios e projetos escolares. Procure trabalhos bem completos que receberam alta pontuação. Reduza a seleção buscando trabalhos relacionados ao seu campo de interesse. Concentre-se naqueles que destaquem sua capacidade de comunicação. Exclua os que pareçam desleixados ou que estejam manchados. Após escolher os melhores trabalhos que refletem seu esforço, coloque-os no seu portfólio de carreira.

Parte 3. Lição 11.3. Adicione evidências dos seus pontos fortes em uma área em particular requisitando comentários escritos de um professor e os inclua no portfólio. Escreva para esse professor falando sobre seus interesses profissionais e explicando como se relacionam com essa área. Descreva como suas habilidades podem ser utilizadas em sua carreira de interesse. Depois, peça a esse professor que escreva uma carta de uma página que você possa incluir no seu portfólio. Lembre-se de lhe mandar uma nota de agradecimento.

Finalizando

Assim como sua carreira e seus interesses mudam, da mesma forma seu portfólio de carreira pode mudar. Liste os itens que refletem seu sucesso acadêmico e que gostaria de adicionar ao seu portfólio. Pense em como você pode melhorar academicamente para obter esses itens.

LIÇÃO 11.1

Começando em um novo emprego

OBJETIVOS
Descrever uma situação de novo emprego.
Entender as mudanças de emprego.

TERMOS-CHAVE
- demissão
- emprego vitalício
- mentor
- treinamento

UM NOVO COMEÇO

Todo o seu árduo trabalho foi recompensado e você aceitou um novo emprego. Você conhece o ambiente empresarial, pesquisou o setor, a posição e a organização, e se sente positivo e autoconfiante. Também sabe como se apresentar no trabalho com uma aparência profissional e uma atitude positiva. Você também desenvolveu e seguiu um plano de marketing, bem como usou seu trabalho de autopromoção para conseguir uma entrevista. Ofereceram-lhe uma posição, você negociou uma retribuição justa e aceitou o trabalho. Agora está pronto para consolidar sua carreira! Mas, por onde começar?

Treinamento ao trabalhador

Algumas empresas, especialmente as maiores, oferecem treinamento aos novos funcionários. **Treinamento** é a oportunidade para os novos colaboradores conhecer a empresa e se ajustar ao novo ambiente de trabalho. O treinamento pode fornecer aos novos funcionários informação sobre as políticas da empresa, a estrutura e a cultura organizacionais e as expectativas de produtividade e conduta. Os novos funcionários frequentemente assistem a esse treinamento com funcionários de outros departamentos, o que possibilita uma oportunidade para conhecer outras pessoas. A montagem de equipe pode, assim, ser encorajada. Materiais como catálogos da empresa, manual do funcionário, manual de políticas e pacote de benefícios são fornecidos.

■ Casos de marketing

Hoje é o primeiro dia de trabalho de David. Ele foi contratado como supervisor na On-Time Deliveries e está um pouco nervoso. David chegou ao trabalho mais cedo a fim de ter tempo para se preparar para o dia. Ele quer causar boa impressão ao seu gerente, assim como construir fortes relacionamentos de trabalho com as pessoas que vai supervisionar. O que David pode fazer para conquistar um início positivo em sua nova função?

Quando começou a trabalhar na Solutions Software, Ryan recebeu treinamento do departamento de recursos humanos com outros novos funcionários. Ele ficou conhecendo o fundador, John Lanashia, assim como a história da empresa. Também aprendeu sobre os produtos, mercados-alvo, principais concorrentes, missão e estratégias de diferenciação da empresa. Ryan recebeu gráficos organizacionais com a descrição dos relacionamentos hierárquicos e a lista dos principais gerentes, e assim sentiu-se mais confortável em seu papel como representante de vendas depois que soube dos "detalhes internos" da empresa.

Depois, o gerente de recursos humanos lhe falou sobre a cultura da empresa, incluindo o código do vestuário, a conscientização da diversidade e o foco da organização no trabalho de equipe e apoio ao cliente. Os contratos de trabalho flexíveis, oportunidades de treinamento contínuo, condições para a "promoção interna", férias, sistema de avaliação de desempenho, políticas de assédio e eventos da empresa foram explicados. As orientações foram concluídas com uma visita às instalações.

O primeiro dia

Você se lembra do seu primeiro dia na faculdade? Sentiu o "nervosismo do primeiro dia"? É possível que até soubesse alguma coisa sobre seus colegas de classe ou de alguns dos seus professores, mas talvez estivesse ainda um pouco ansioso. Essa ansieda-

> **VOCÊ SABIA?**
> Eleanor Roosevelt disse: "O futuro pertence àqueles que acreditam na beleza dos seus sonhos."

de poderia ter vindo da incerteza de novas aulas, novas atividades e novas experiências.

Quando você inicia em um novo emprego pode ter a mesma incerteza e ansiedade. Isto provavelmente porque ainda não conhece seu chefe muito bem nem seus colegas de trabalho, e certamente não tem conhecimento sobre os trabalhos internos da empresa, o que só virá com a experiência.

Entendendo do assunto Lara estava animada para começar seu novo emprego como recepcionista em uma agência de publicidade. Para ela, esta função seria o "passo inicial" e poderia levá-la a seu objetivo real: trabalhar como redatora de publicidade. Na noite anterior ao grande dia ela revisou suas notas sobre as entrevistas e visitas à agência e planejou seu traje de acordo com a política da empresa.

Lara chegou quinze minutos antes e teve tempo para se acomodar e se apresentar a seus colegas de trabalho, esperando causar uma boa primeira impressão. Ela foi amigável e educada, embora um pouco reservada, e ficou fora do bate-papo matutino. Assistiu ao treinamento, onde se encontrou com novos funcionários de outros departamentos, preencheu formulários e aprendeu mais sobre a agência.

Quando voltou à sua mesa, por volta do meio-dia, foi convidada para almoçar com alguns colegas de trabalho, inclusive Sheila, a quem ela substituíra porque havia sido promovida. Lara aceitou o convite rapidamente, sabendo que esta seria uma boa oportunidade para se socializar e mostrar entusiasmo pela organização e por sua nova função.

Lara também esperou que Sheila agisse como mentora a fim de aprender sobre os detalhes da empresa. **Mentor** é um empregado experiente que ajuda um novato a aprender sobre os procedimentos da organização. À tarde, ambas trabalharam juntas, e Sheila ensinou-lhe sobre o sistema de telefonia, lhe deu informação útil sobre os funcionários e explicou as políticas da agência para o encaminhamento de chamadas e mensagens de voz. No fim do dia Lara estava exausta, mas sabia que o dia tinha sido produtivo. À noite, revisou a informação que recebeu e, no dia seguinte, quando voltou ao trabalho, sentiu-se menos ansiosa.

Pense bem antes de agir O primeiro dia de um novo emprego pode ser dominado pela ansiedade, mas você pode seguir alguns passos que reduzirão sua ansiedade e o prepararão para uma transição mais tranquila.

- **Prepare-se** Revise as anotações da sua folha de entrevista. Verifique a quem se reportará em seu primeiro dia. Planeje seu transporte de modo a chegar cedo. Arrume sua roupa na noite anterior e não se esqueça da documentação que lhe foi solicitada.

- **Seja pontual** Reserve um tempo suficiente para chegar ao trabalho e poder se apresentar a seus novos colegas.
- **Planeje-se para ouvir** Especialmente no primeiro dia, resista ao desejo de demonstrar quanto você sabe. Em vez disso, ouça mais do que fale.
- **Seja amigável e positivo** Esteja receptivo e seja educado com os outros, projete uma atitude positiva. Não participe de fofocas nem faça críticas. Ofereça assistência, peça informações e demonstre vontade de aprender.
- **Tome notas** Recordar-se de cada detalhe exigido para dominar um conjunto de tarefas do novo trabalho é impossível. Uma agenda o ajudará a fazer uma revisão rápida e a se lembrar dos procedimentos.
- **Aceite a responsabilidade** Seja responsável por suas ações e demonstre suas habilidades e experiências com honestidade. Você deve estar bem em sua jornada para obter o respeito de seus novos colegas de trabalho.

WORKSHOP

Em pequenos grupos, faça uma lista de comportamentos que devem ser evitados em uma nova função. Inclua os comportamentos que dão uma primeira impressão ruim. Compartilhe a lista com seus colegas de classe e discuta os comportamentos apropriados.

PONTO DE CHECAGEM
Quais são os benefícios de participar de um treinamento?

MUDANDO DE EMPREGO

Por que você deveria pensar em mudar de emprego quando teve um vislumbre do seu primeiro dia no trabalho? Porque, a menos que seu novo trabalho seja seu primeiro emprego, seu primeiro dia com um novo empregador sucede o seu último com o empregador anterior. Entender por que as pessoas mudam de emprego, como fazem essa mudança e o que dizer para seu empregador pode ajudar a suavizar essa transição.

Tempos atrás, o **emprego vitalício** era comum. Hoje, a maior parte das pessoas trabalha para muitas empresas diferentes no transcurso de suas carreiras.

Por que os funcionários pedem demissão?

Os funcionários escolhem deixar seus empregos por várias e diferentes razões. As mais comuns são:
- **Perda de interesse.** Os funcionários acham que suas funções não mais os desafiam, suas empresas perderam o atrativo ou seu trabalho está longe de ser significativo.

- **Falta de reconhecimento.** Os funcionários sentem que seus esforços não são reconhecidos ou que não são remunerados por suas contribuições.
- **Falta de oportunidade.** A empresa pode não seguir uma política de "promoção interna", fazendo que os funcionários sintam que não há possibilidades de ascensão. As oportunidades de treinamento e desenvolvimento também podem ser limitadas.
- **Baixo salário.** Se os funcionários não pesquisam faixas salariais realistas, têm de concordar em receber o que é oferecido mesmo que não esteja de acordo com o mercado. Se exigências salariais razoáveis não são satisfeitas, eles podem se sentir insatisfeitos e procurar outro trabalho.
- **Baixa compatibilidade das capacidades.** As capacidades dos funcionários podem não ser adequadamente compatíveis com as responsabilidades do trabalho. Talvez a informação apresentada pelos funcionários durante as entrevistas não tenham sido claras, ou quem sabe as responsabilidades se modificaram. Quando os trabalhos são muito fáceis, os funcionários podem se sentir entediados. Quando os trabalhos são muito difíceis, podem se frustrar.

Considerando uma mudança

Se você vivenciou qualquer uma das situações anteriores, pode achar que tem razão em deixar o emprego. Mas, antes de fazer isso, tenha em mente que talvez seja melhor primeiro arrumar outro trabalho. Pode ser mais fácil encontrar um novo emprego enquanto ainda estiver trabalhando, pois os intervalos entre um trabalho e outro às vezes não são bem-vistos. Estar empregado mostra aos empregadores que você é empregável.

Você também poderia considerar as vantagens e desvantagens de permanecer em sua função atual. Se sua posição é segura, permanecer pode apresentar pouco risco, pois mantém seus benefícios e ajuda a construir uma reputação de estabilidade. Por outro lado, um novo emprego poderia oferecer novos desafios, mais oportunidade de progresso ou um pacote de benefícios mais interessante.

A internet facilitou a busca por novos empregos. Mesmo alguém que esteja satisfeito com sua situação atual pode navegar por sites de empregos buscando aquela oportunidade imperdível. Use a internet com prudência, e tenha em mente que você deveria considerar os prós e os contras antes de mudar de emprego.

Sua demissão

A forma como se demite pode afetar seu futuro emprego. Para demitir-se dignamente siga estes conselhos:

- **Jamais feche as portas.** Se escolher deixar uma empresa, planeje sua demissão profissionalmente. Não saia com raiva ou faça observações depreciativas. Você pode acabar encontrando seu gerente ou colegas de trabalho novamente num futuro trabalho.
- **Seja prático.** Muitos empregadores potenciais pedem referências dos empregos anteriores. Você pode ajudar seu futuro empregador se obtiver uma referência justa ao sair de forma amigável do seu emprego. Para isto, faça uma notificação, no mínimo, duas semanas antes da sua saída e coopere com as outras pessoas para deixar seu local de trabalho organizado, assim facilitando a transição.
- **Seja atencioso.** Mostre disposição em concluir os projetos antes de sair, ofereça-se para ajudar a treinar um funcionário que assumirá sua posição, e mantenha-se positivo. A boa impressão que você deixa ao sair pode ser a única que seu empregador guarde como referência.
- **Apresente uma carta de demissão.** Para mudar de emprego, você precisa se demitir do atual. Para fazer isto, apresente uma carta de demissão formal à empresa. Ela vai servir como notificação de que você está deixando a empresa e informará a data efetiva de sua saída. Agradeça pelos benefícios que recebeu e a seu empregador pelas oportunidades que lhe foram dadas.

E no Brasil?
A legislação trabalhista prevê o aviso-prévio, tanto para o empregado quanto para o empregador. Acesse http://www.planalto.gov.br/ccivil_03/decreto-lei/Del5452.htm para mais informações.

PONTO DE CHECAGEM
Por que é melhor conseguir outro emprego antes de sair do trabalho atual?

11.1. AVALIAÇÃO

Pense criticamente
1. Como o treinamento o ajuda a se familiarizar com sua nova empresa?
2. O que é um mentor?
3. Como você pode diminuir a ansiedade no seu primeiro dia de trabalho?
4. O que deveria colocar em uma carta de demissão?

MARKETING PESSOAL

Faça conexões

5. **Práticas empresariais** Contate os departamentos de recursos humanos de três empresas para determinar se elas oferecem treinamento aos novos funcionários. Se sim, peça uma descrição, incluindo o formato, a informação disponibilizada e os materiais fornecidos. Prepare uma apresentação relatando suas descobertas.

6. **Comunicação** Jesse está planejando demitir-se da sua função como chefe assistente do Bistrô Maison porque aceitou outra, de chefe executivo, no Village Grille. Escreva uma carta de demissão como se fosse de Jesse para o proprietário do Bistrô Maison, Paul Paradis.

LIÇÃO 11.2

A satisfação no emprego

OBJETIVOS
Identificar as qualidades que as empresas desejam em relação aos colaboradores.
Entender a importância do serviço ao cliente.

TERMOS-CHAVE
- clientes externos
- clientes internos
- competência
- iniciativa
- organização
- perdas de tempo
- procrastinação
- satisfação do cliente

TORNANDO-SE UM FUNCIONÁRIO EFICIENTE

Você teve sucesso no primeiro dia do seu novo emprego e agora está pensando no futuro. Como pode ser bem-sucedido em sua nova função? Como pode agregar valor à empresa? O que pode fazer para ser visto como um funcionário eficiente?

Todos os empregadores valorizam certos comportamentos e atributos de seus trabalhadores, que incluem ter foco no trabalho, ter iniciativa, estar disposto a aprender, administrar seu tempo, ser organizado e aceitar responsabilidade.

Competência

Ter **competência** significa ser adequado ou suficientemente qualificado para realizar um trabalho. Também inclui trabalhar duro e mostrar **iniciativa**. Quando você começa em um novo emprego, sobretudo quando do primeiro trabalho para o qual foi incumbido, espera-se que você aprenda rapidamente e contribua com a empresa. Você foi contratado, em parte, porque possui capacidades básicas necessárias para fazer o trabalho. Por esta razão, pode até receber algum treinamento, mas espera-se que desenvolva todas as suas tarefas e obrigações de forma eficiente, até aquelas para as quais não tenha sido especialmente treinado.

■ Casos de marketing

Hélio aceitou um estágio em uma estação de televisão local. No primeiro dia, ao chegar à emissora, sua supervisora, Josina, explica-lhe que ele deve atender telefones, fotocopiar ou imprimir relatórios e ajudar os jornalistas a se preparar para ir ao ar. Hélio começa a pensar que cometeu um erro ao aceitar o estágio. Ele quer ganhar experiência em jornalismo televisivo, mas, em vez disso, gastará seu tempo em tarefas que julga inferiores ao seu potencial. Como Hélio deveria ver essas tarefas? Que benefícios esse estágio pode oferecer em relação aos seus interesses de carreira?

Você pode ser solicitado a ajudar outras pessoas, finalizar tarefas que parecem tediosas ou lidar com outras que ninguém quer. Assim, você deve assumir que nenhum trabalho é insignificante. Se estiver lavando janelas ou administrando uma conta de vendas de um milhão, realize a tarefa com eficácia e no prazo. Os "trabalhos pequenos", que podem não ter valor para você, com frequência são muito importantes para o funcionamento geral e sucesso da organização.

Certifique-se de seguir as instruções, seja de um gerente ou de um manual de referência. Faça dupla checagem do seu trabalho – entregar um trabalho incompleto ou malfeito deixa uma péssima impressão. Esteja disposto a mostrar iniciativa. Preste atenção aos clientes, a outros trabalhadores e às suas tarefas. Como você pode ajudar? Onde pode agregar valor?

Aprender

Aprender é um processo que requer obtenção de conhecimento ou capacidades. Você já ouviu falar em "aprendiz vitalício"? Aprender é um processo contínuo. Ninguém pode aprender tudo o que há para saber sobre tudo, por isso você deve estar consciente de tudo o que não sabe e constantemente se esforçar para construir seu conhecimento.

VOCÊ SABIA?

Para estabelecer relacionamentos eficazes de longo prazo você precisa fornecer valor. Não ingresse em um relacionamento com um empregador focado apenas em como pode se beneficiar. Em vez disso, desenvolva um relacionamento de benefício mútuo.

Quando começar em um novo emprego, precisará aprender mais sobre a empresa, sua função e a cultura da organização. Para aprender mais sobre a empresa, deverá ler catálogos, manual de políticas, relatórios anuais, e assim por diante. Além disso, visitar o site da empresa e buscar os boletins de imprensa (ou *press release*) lhe dará uma percepção dos novos desenvolvimentos, dos produtos e dos serviços ou qualquer outra coisa de interesse. Observe seus colegas de trabalho e pergunte a eles como começaram. Como as outras pessoas se comportam e interagem? Como é feito o trabalho?

O entrevistador pode lhe ter dado informação básica sobre sua nova função. Talvez você tenha alguma ideia de suas responsabilidades. Seu supervisor pode discutir com você mais detalhadamente sobre sua função e suas expectativas quando você iniciar o trabalho. Se não, peça esclarecimento sobre suas responsabilidades e prioridades. Assim que começar a trabalhar, você pode ter questões adicionais sobre o cargo, mas não necessariamente precisará ir até seu supervisor toda vez que quiser obter uma resposta para cada questão. Em vez disso, peça auxílio a seus colegas de trabalho. Fazer isto pode ajudá-lo a construir relacionamentos com eles.

Administrando o tempo

Muitos empregadores acreditam no ditado que diz "tempo é dinheiro". Administrar seu tempo eficazmente pode ajudá-lo a se tornar mais organizado, cumprir prazos e finalizar os projetos prioritários. Para administrar seu tempo de forma mais eficaz você deve ser pontual, planejar seu dia e evitar perda de tempo.

Seja pontual Sabrina sempre chega ao trabalho às 7h55 para ter tempo de guardar suas coisas e ocupar sua mesa – pronta para começar seu primeiro projeto – exatamente às 8 horas. Quando as pessoas chegam tarde ao trabalho, mesmo que apenas cinco minutos, o resultado é perda de produtividade. Cinco minutos por dia durante cinco dias por semana em um mês somam aproximadamente duas horas de perda de tempo de trabalho.

Planeje seu dia Para chegar ao trabalho às 7h55, Sabrina deve acordar e começar o dia às 6 horas. Em vez disso, ela escolhe administrar seu tempo muito mais eficazmente ao acordar às 5h45 e usar os 15 minutos extras para planejar seu dia e o que quiser fazer. Ela faz uma lista de tarefas que planeja realizar e depois as classifica em ordem de prioridade. As tarefas essenciais são marcadas com um "A", nas quais Sabrina se concentra em completá-las primeiro. As tarefas de apoio são marcadas com um "B"; estas são trabalhadas tão logo tenha finalizado seu dia. As tarefas marcadas com "C" são as que ela gostaria de realizar, caso haja tempo. Às vezes, as tarefas "C" são transferidas para o dia seguinte, e, por vezes, com base nos prazos, se tornam "B" ou "A".

> **WORKSHOP**
> Que tarefas você frequentemente adia? Elabore uma lista de três a cinco itens e trabalhe em pequenos grupos desenvolvendo estratégias para superar a procrastinação.

Evite perdas de tempo Essas perdas limitam a produtividade e podem ser causadas por interrupções, bate-papo com os colegas ou idas até a fotocopiadora. Enquanto faz uma pausa para um descanso durante o dia, até porque é difícil ser produtivo o tempo todo, você deve levar em conta algumas formas de diminuir as atividades que tomam tempo das suas tarefas planejadas.

Sabrina percebeu que estava perdendo tempo quando um colega de trabalho com frequência parava em sua mesa para conversar. Embora apreciasse conversar com Marco, às vezes ele se sentava ao seu lado e falava sobre assuntos não relacionados ao trabalho por 10 a 15 minutos. Sabrina então trocou a disposição das cadeiras vazias próximas à sua, porque assim ele poderia falar com ela brevemente por não poder se sentar confortavelmente. Ela também decidiu lhe dizer que estava muito ocupada e sugerir que se encontrassem no almoço ocasionalmente para conversar.

Procrastinação A procrastinação, adiar ou atrasar uma ação, pode se tornar um hábito. Você adia coisas que precisam ser feitas com frequência? Às vezes, as pessoas adiam coisas ou porque uma tarefa parece difícil e não sabem por onde começar, ou porque querem esperar até que tudo esteja perfeito antes de iniciar, ou, ainda, porque perderam o interesse na tarefa, porque parecia tediosa ou insignificante.

Sabrina percebeu que algumas vezes adiou a realização de um trabalho associado a uma tarefa porque queria esperar ter todas as informações para seu relatório. Então, decidiu que, se quisesse administrar seu tempo de forma mais eficaz, precisaria iniciar o trabalho o mais rápido possível. Em vez de esperar pela informação completa, começou a trabalhar com o que tinha em mãos e criou um arquivo para os itens incompletos. Agindo assim, a finalização do trabalho se tornou mais fácil.

Organização

Quando faz seu dever de casa à noite você trabalha sempre no mesmo local onde mantém itens como lápis, dicionário e calculadora? Ou coloca seu livro no lugar mais conveniente e depois vai buscar os itens de que precisa? Você mantém relatórios, tarefas e projetos organizados, ou com frequência busca a informação de que necessita?

Organização Refere-se a uma estrutura ou sistema metódico. Começar com tudo organizado pode tornar a realização de tarefas mais fácil e mais eficiente. Desorganização desperdiça tempo, causa estresse e, às vezes, conduz à procrastinação. Você já ouviu dizer que há "um lugar para cada coisa e cada coisa tem seu lugar"? Gaste um pouco mais de tempo agora classificando a papelada, mantendo uma programação e organizando seu espaço de trabalho, e mais tarde pode economizar muito tempo.

Classificando a papelada Trate cada papel ou mensagem de e-mail apenas uma vez. Se precisar iniciar o trabalho, faça isto. Se não puder fazer imediatamente, coloque em um arquivo de pendências. Se necessita mantê-lo como referência, arquive-o imediatamente, criando uma pasta se for o caso. Se não for utilizá-lo, jogue-o fora. Não deixe a desordem consumi-lo. Arquive a informação assim que for recebida.

Mantendo uma programação Você não pode se lembrar de tudo; portanto, é importante que registre as coisas! Use um sistema de planejamento ou outro com base num calendário e anote os encontros marcados, as reuniões e as tarefas. Sua programação escrita também deve incluir uma lista de prioridades.

Organizando seu espaço de trabalho Se você tem um escritório, um local de trabalho, um cubículo ou um balcão, mantenha-o bem cuidado. Certifique-se de que os materiais necessários estejam à mão e os guarde assim que terminar o trabalho. Um cirurgião não pode fazer a primeira incisão se não puder encontrar o bisturi.

Responsabilidade e obrigação de prestar contas

Quando aceita um trabalho, você assume responsabilidades, incluindo relacionar-se bem com as outras pessoas, ser pontual, comportar-se de maneira profissional e cumprir as obrigações do trabalho. Você é responsável por seus atos e seu desempenho. Assumir responsabilidade mostra maturidade e confiança. Não tenha medo do fracasso. Em vez disso, considere-o uma oportunidade de aprendizado.

Com a responsabilidade pessoal vem a obrigação de prestar contas ao público, bem como seus atos a outras pessoas. Além disso, você é obrigado a prestar contas para seu gerente das suas responsabilidades de trabalho e a seus clientes pelos serviços que fornece. Em vez de culpar, reconheça a situação, trabalhe para resolvê-la e se desculpe quando for necessário.

> **PONTO DE CHECAGEM**
> Explique a importância de tomar iniciativa no trabalho e dê um exemplo.

O RELACIONAMENTO COM OS CLIENTES

Todo serviço ao cliente envolve satisfazer tanto os clientes externos quanto os internos. As empresas precisam de clientes externos para existir. Para atuar eficazmente no cumprimento de objetivos e metas comuns, os funcionários também devem ver uns aos outros como "clientes".

Clientes externos são aqueles de fora da empresa que compram seus produtos ou serviços. O bom serviço ao cliente nada mais é que um ótimo negócio. A reiteração de negócios e as indicações de clientes satisfeitos podem ajudar a construir o mercado e a reputação de uma empresa. Não importa qual seja sua posição na empresa, você está no negócio de servir aos clientes.

Clientes internos são os funcionários da empresa. Empresas que promovem um ambiente de trabalho em equipe reconhecem o valor de adotar internamente a mentalidade de cliente. Os funcionários em alguns departamentos, como os de recursos humanos ou de contabilidade, podem lidar com pouca frequência, ou quase nunca, com os clientes externos.

Construindo relacionamentos com clientes

Relacionamentos envolvem confiança, capacidade de resposta rápida, segurança e empatia. Você pode demonstrar confiança ao cumprir suas promessas e jamais prometer mais do que é capaz de entregar. Se o departamento pessoal, um cliente interno, quiser receber os cartões de ponto dos funcionários o mais rápido possível, não prometa entregá-los no fim do dia se souber que tem outras prioridades e provavelmente não cumprirá o prazo.

Ter capacidade de resposta rápida significa fornecer serviço no prazo. Esteja disposto a ajudar os clientes, mesmo que esteja ocupado, em um período razoável. Fornecer segurança significa atuar de modo que os clientes confiem em suas habilidades e se sintam seguros de trabalhar com você. A empatia ocorre quando se leva em conta os sentimentos dos seus clientes. Você considera seus interesses, dá-lhes atenção exclusiva e tenta entender suas necessidades.

Satisfazendo os clientes

Satisfação do cliente refere-se a administrar as percepções que os clientes têm do desempenho da sua empresa em relação às suas expectativas. Quando seu desempenho equivale ou supera as expectativas dos clientes, eles ficarão satisfeitos. Do contrário, quando seu desempenho não atinge as expectativas deles, ficarão insatisfeitos.

Você pode influenciar as expectativas de um cliente. Por exemplo, se exagerar suas habilidades para um empregador, ele esperará que trabalhe em determinado nível. Se seu desempenho não satisfizer às expectativas porque você realmente não possui as capacidades que disse ter, seu empregador ficará insatisfeito com você.

Satisfazer os clientes tem seus benefícios. Quando eles estão satisfeitos, é mais provável que falem positivamente com outras pessoas sobre você e sua empresa e possivelmente se tornem clientes leais.

Diversidade no mercado de trabalho

Para aceitar a diversidade de seus clientes você precisa demonstrar que os valoriza. Eis algumas maneiras de fazer isso:

- Ouça atentamente o que seu cliente diz. Mantenha a mente aberta; não julgue. Pergunte se não entender.
- Tente compreender as causas de falhas de comunicação. Tome medidas imediatas para entender o que o cliente está lhe dizendo; por exemplo, peça a seu gerente que se junte à conversa.
- Abandone estereótipos, os preconceitos e o assédio. Evite usar uma linguagem e humor que os outros não possam entender ou achar ofensivos.
- Evite tocar nos clientes ou comentar sobre sua aparência ou atributos físicos.
- Apoie tudo o que estiver relacionado com as culturas variadas de seus clientes. Tente dizer "olá!" no idioma natural do cliente. Ao decorar a área de trabalho para as festas, certifique-se de representar todas as culturas.

PONTO DE CHECAGEM
Quais são os quatro componentes para se construir um relacionamento?

11.2. AVALIAÇÃO

Pense criticamente

1. Dê um exemplo de cada um dos quatro componentes para se construir um relacionamento.

2. Descreva três coisas que pode se fazer para melhorar as capacidades de organização.
3. Por que você dever evitar estereotipar seus clientes?
4. Como ter clientes satisfeitos pode beneficiar uma empresa?

Faça conexões

5. **Práticas empresariais** Os clientes que recebem um mau serviço nem sempre reclamam. Às vezes, simplesmente param de frequentar seu negócio. De que maneira uma empresa pode encorajar os clientes a relatar quando recebem um mau serviço? Informe sobre suas descobertas em uma página.
6. **Educação continuada** Cursos adequados de educação continuada ou workshops de treinamento podem ajudá-lo a reciclar suas capacidades e conhecimentos de maneira contínua quando começar a trabalhar. Inclua quaisquer planos que tenha para obter um certificado ou nível mais avançado. Prepare um relatório escrito ou uma apresentação oral de seus resultados, incluindo o nome dos estabelecimentos de ensino ou de treinamento e cursos ou workshops.
7. **Comunicação** Você ou alguém conhecido recebeu um mau serviço como resultado de discriminação ou estereótipo? Descreva a situação e dê uma explicação do que poderia ter ocorrido se alguém envolvido tivesse tido sensibilidade em relação à diversidade.

LIÇÃO 11.3

Problemas no trabalho

OBJETIVOS
Explicar como lidar com os conflitos no trabalho.
Entender os problemas enfrentados pelos trabalhadores atualmente.

TERMOS-CHAVE
- assédio sexual
- abuso de substâncias químicas
- conflitos
- discriminação

RESOLUÇÃO DE CONFLITO

Embora a empresa para a qual você trabalha possa querer alguém que se relacione bem e trabalhe eficazmente em conjunto, a realidade é que as pessoas são diferentes; elas têm necessidades, expectativas e comportamentos diferentes, e ninguém se dá bem com todos o tempo todo. **Conflitos** são disputas ou situações de oposição. Eles tendem a ocorrer quando há divergência entre o que as pessoas querem.

Conflito bom *versus* conflito ruim

Ao contrário do que possa parecer, nem todos os conflitos são negativos. Afinal de contas, como seria um ambiente de trabalho se todo mundo concordasse com tudo o tempo todo? Os trabalhadores diriam sim para tudo, a criatividade seria reprimida e as novas ideias provavelmente não seriam desenvolvidas. O conflito é inevitável, e em algum grau pode resultar em equilíbrio, gerando criatividade e inovação. O conflito pode até conduzir à mudança organizacional. Quando ele é demasiado, porém, o tempo e os recursos são desperdiçados em desacordos e a falta de cooperação pode causar caos e atrasos.

> ### ■ Casos de marketing
> João está trabalhando no Salão Hair by Lauren há poucas semanas. Ele observa que Paula e Sara não prestam muita atenção uma à outra e, quando são forçadas a trabalhar juntas, não se falam nem fazem qualquer comentário uma à outra. Os outros funcionários disseram a João para manter distância, e que se precisasse perguntar ou pedir alguma ajuda melhor seria recorrer a qualquer outra pessoa, menos a elas. Como o conflito entre Paula e Sara afeta João? Como isto afeta as operações do salão?

Em geral, os gerentes intervêm logo que começa um conflito que possa afetar a produtividade. Quando Estela fica brava e culpa Leon por atrasar um projeto, ele começa a se sentir incomodado. Embora estejam trabalhando juntos em um novo projeto, ele procura evitá-la e prefere manter distância, em vez de lidar com os seus comentários. Quando uma reunião é marcada com toda a equipe do projeto, Leon alega estar doente. Seu gerente começa a observar a tensão entre Leon e Estela e reconhece que a equipe não está funcionando de forma eficaz em razão disso. Em vez de promover inovação e criatividade, o conflito também pode atrasar um novo projeto.

Resolvendo o conflito

Quando um conflito chega a um ponto que afeta a produtividade, tente aplicar as seguintes estratégias para resolvê-lo:

> **VOCÊ SABIA?**
> Theodore Roosevelt disse certa vez que "O ingrediente mais importante na fórmula do sucesso é saber como lidar com as pessoas". O que ele quis dizer com isto?

- **Conheça o conflito** As pessoas envolvidas devem admitir que há um conflito, descrever o desacordo ou a disputa e dar aos outros a oportunidade de explicar seus pontos de vista.
- **Resolva o conflito** Seja imparcial, busque a lógica da questão. Aponte fatos e mantenha as emoções sob controle. Considere as alternativas possíveis.
- **Faça um acordo** Fazer um acordo envolve dar e receber. Enquanto o comprometimento pode resolver os conflitos, a maior parte deles envolve emoção e poder, que podem levar a soluções que talvez não sejam do interesse da empresa.
- **Use um mediador** O objetivo da mediação é trabalhar com uma pessoa que não esteja envolvida no conflito para ajudar a encontrar uma solução de ganho mútuo. O mediador pode ser um funcionário ou alguém contratado externamente. Os mediadores não forçam uma solução que traga comprometimentos ou obrigações difíceis de cumprir, mas trabalham com as pessoas envolvidas para ajudá-las a resolver a situação de maneira que os beneficie e à empresa.

Evitando o conflito

A melhor forma de lidar com os conflitos é, primeiro, evitá-los. É óbvio, nem todo conflito pode ser evitado, mas podem ser usadas estratégias para reduzi-los. Isto inclui:

- Uma cultura organizacional que não tolere qualquer discriminação.
- Procedimentos formais de reclamação.
- Responsabilidades de cada função claramente explicadas.
- Foco no trabalho em equipe e conclusão da tarefa.
- Um estilo de gestão que promova tolerância e ampla troca de ideias.
- Concentração no treinamento de forma que os funcionários tenham o conhecimento, as capacidades e o apoio de que necessitam para realizar seus trabalhos.

- Um sistema de compensação baseado na cooperação e no alcance de objetivos organizacionais em geral.

Construção de carreira

Resolução de conflitos no ambiente de trabalho

Por Rachel Zupek, escritora do CareerBuilder.com.
Copyright 2008 CareerBuilder, LLC, reproduzido com permissão.

Desde o colega de trabalho que pensa que sua mesa é a sua sala de estar/cozinha/quarto, até o gerente que pede suas opiniões e ideias (e depois as rouba), todo funcionário enfrenta algum tipo de conflito no ambiente de trabalho. E se você me disser que não acontece isto no seu trabalho, me avise onde é, pois quero me candidatar a uma vaga lá.

Conforme o escritório vai ficando mais diversificado com relação à faixa etária, especialidade e etnia dos funcionários, o conflito acaba se tornando algo inevitável no ambiente de trabalho. Lori Coruccini, CEO da Predix Link Inc., uma empresa de consultoria especializada em desenvolvimento de força de trabalho, diz que as discrepâncias geralmente surgem por causa da falta de comunicação e clareza sobre como alcançar metas de trabalho em comum. Os funcionários não sabem como entender um ao outro com base no comportamento individual no local de trabalho.

"Dependendo dos seus traços comportamentais, alguns empregados talvez não apreciem um ambiente de rápida mudança por conta da necessidade de processar naturalmente a informação", Coruccini diz. "O comportamento dos outros pode ser compreendido como de alguém exigente, ou de alguém que necessita que lhe digam o que fazer. Cada funcionário tem um comportamento singular que, se levado em conta em um ambiente de equipe, pode reduzir conflitos."

Se os atritos no trabalho não forem reduzidos, partes vitais da empresa serão afetadas. Por exemplo, conflitos causam distração, o que diminui a produtividade e também desmotiva os funcionários. Além disso, o conflito causa procrastinação, já que a mente dos funcionários não tem como foco a meta final, diz Coruccini. Se as divergências são levadas para o lado pessoal, causam ressentimento entre os colegas de trabalho ou à companhia como um todo.

"Quando o conflito é levado para o lado pessoal, pode acabar com a comunicação entre os colegas, causar intimidação, desmotivação, problemas de saúde se não resolvido, e falta de interesse em completar a missão ou o objetivo comum", alerta Coruccini.

Contudo, um pouco de conflito pode ser algo saudável se você conseguir lidar de forma adequada com as situações a fim de chegar a uma resolução apropriada. Porém, isso só pode ser feito se você souber como as outras pessoas lidam eficazmente com as diferenças.

"Todo mundo se comunica de uma forma diferente segundo seu comportamento natural, todos são motivados de forma diferente com base em seu comportamento", Coruccini diz. Uma vez que se compreenda por que as pessoas respondem de determinada forma, torna-se mais fácil respeitar o outro e reconhecer que declarações ou comentários não são sobre você, e que elas não estão levando as coisas para o lado pessoal.

Veja cinco exemplos de conflito que você pode encontrar no ambiente de trabalho:

- Dar ordens, em vez de pedir ou perguntar educadamente. Isto causa tensão e os funcionários ficam na defensiva.
- Funcionários que têm diferentes estilos de comunicação. Um empregado pode precisar de uma informação específica, enquanto outro pode apenas precisar do básico. Ambos podem não prestar muita atenção quando houver informação demais (ou de menos).
- Estilos diferentes de comportamento de apoio. Por exemplo, é possível desviar-se de controvérsias por um tempo, mas quando se coloca alguém sob muita pressão, ele pode ficar agressivo. Outros podem se sentir ofendidos por causa de outra pessoa, o que causa conflito.
- Quando não houver uma visão ou um missão claramente definida. Isto geralmente significa energia e dinheiro desperdiçados no ambiente de trabalho.
- Expectativas de trabalho confusas certamente gerarão conflitos para o gerente e o empregado.

Utilize as dicas a seguir para resolver conflitos no trabalho.
Escolha suas batalhas. Essa disputa é realmente importante para você? Ela o afeta verdadeiramente, é um problema crônico? Se for algo que só ocorreu uma vez ou uma transgressão leve, deixe passar.

Espere o conflito. Atritos ocasionalmente surgem no curso das relações humanas, e isto é natural. Não tenha medo; ao invés disso, aprenda a identificar antes os sintomas e veja oportunidades na resolução dos conflitos.

Use uma linguagem neutra. Evite observações críticas ou generalizações abrangentes, como "Você nunca responde aos meus e-mails". Utilize uma linguagem calma e neutra para descrever o que o incomoda. Por exemplo: "Fico muito frustrado quando você não responde minhas mensagens, porque nunca sei se você recebeu alguma informação importante." Seja respeitoso, sincero; nunca sarcástico.

Pratique manutenção preventiva. Evite recuar para a segurança do afastamento, da fuga do conflito ou da visão simplista de que seu colega de trabalho é uma pessoa ruim. Esses são mecanismos de defesa que impedem a resolução do conflito. Em vez disso, o foco deve ser no problema, não na pessoa. Nunca ataque ou coloque a outra pessoa na defensiva.

Ouça de verdade. Nunca interrompa o outro. Ouça atentamente e tente compreender o que ele está dizendo. Faça que ele saiba que você o entende reafirmando ou reestruturando sua declaração ou posição, de forma que ele saiba que você de fato o escutou.

Alavanque a si mesmo. Quando as disputas entre você e um colega de trabalho parecerem sem saída, "alavanque" a si mesmo. Ou seja, peça para ser responsabilizado. Isto leva sua avaliação de desempenho para a equação sem excluir sua responsabilidade por resolver o conflito. Isto é algo difícil de fazer, mas mudanças notáveis podem ocorrer quando você assume responsabilidades.

PONTO DE CHECAGEM
Como o conflito pode beneficiar uma empresa?

PROBLEMAS CONTEMPORÂNEOS NO TRABALHO

De algum modo, o mundo do trabalho se conecta com a vida pública e privada das pessoas. Conforme as personalidades, pessoal e profissional, se tornam integradas, os problemas que atingem as pessoas em casa começam a afetá-las também no trabalho. Por exemplo, o estresse em casa devido à doença de um membro da família com frequência se traduz em aumento de estresse no trabalho. Os problemas sociais, como o aumento do número de mães que trabalham fora, também podem afetar o trabalho.

As empresas devem considerar políticas, tais como contratos de trabalho flexíveis ou creche no local de trabalho, que ajudem os colaboradores a equilibrar as demandas da casa e do trabalho.

Discriminação

Discriminação é o tratamento inadequado de um indivíduo em relação ao grupo ou classe a que pertence. Discriminação pode se dar por idade, etnia, gênero ou por capacidades diferentes. Em alguns casos já foram aprovadas leis na tentativa de eliminar a discriminação no trabalho.

Ação afirmativa O conceito de ação afirmativa exige que às minorias e às mulheres sejam dadas considerações especiais no emprego, na educação e nas decisões de contratação. Os programas de ação afirmativa foram colocados em prática para encorajar a contratação de pessoas com necessidades diferentes e desencorajar a discriminação. Eles não funcionam como um sistema de cotas, mas sim como uma forma de assegurar que todos os candidatos qualificados, independente de etnia ou gênero, sejam levados em consideração.

Necessidades especiais O American with Disabilities Act exige que os empregadores dos EUA tenham acomodações adequadas para funcionários portadores de quaisquer necessidades especiais e repudia discriminação contra essas pessoas. Se um indivíduo é qualificado para desempenhar a função essencial do trabalho, ele deve ser considerado.

E no Brasil?
Foi instituída a lei de inclusão da pessoa com deficiência no Brasil por meio da Lei nº 13.146, de 6 de julho de 2015, que trata do direito ao trabalho no capítulo VI. Para conhecer a lei na íntegra, acesse: http://www.planalto.gov.br/ccivil_03/_ato2015-2018/2015/lei/l13146.htm.

Assédio sexual A maioria das empresas tem políticas adequadas que coíbem o assédio sexual. Segundo a lei, "o assédio sexual consiste em constranger alguém com o intuito de obter vantagem ou favorecimento sexual". O **assédio sexual** inclui também gestos ou comentários sexuais indesejáveis, assim como o uso de linguagem ou conduta física impróprias. Para lidar com o assédio sexual, a melhor maneira é evitar as pessoas que agem deste modo. Você deve se mostrar

WORKSHOP
Em pequenos grupos, considere os benefícios da diversidade no local de trabalho. Compartilhe suas ideias com seus colegas.

calmo, confiante e não se culpar. Não deve demonstrar medo. Também deve dizer à pessoa que o ofende para parar com este tipo de comportamento. Às vezes, confrontá-la pode resolver o problema. Se isto não acontecer, não deve se calar. Peça ajuda. Você deve informar seu gerente ou alguém do departamento de recursos humanos. Se possível, documente todos os incidentes de comportamento abusivo. Se a gravidade da situação é justificada e a empresa não toma conhecimento da situação, você pode considerar mover uma ação no órgão competente.*

Compensação O Equal Pay Right afirma que homens e mulheres devem receber salários iguais quando realizarem a mesma função na mesma empresa. O conteúdo do cargo, não o título, é revisado para verificar se habilidades substancialmente iguais, esforço, responsabilidade e condições de trabalho estão no mesmo patamar. De acordo com um estudo do O.S Census Bureau de 2007, as mulheres recebem em média apenas 77 centavos para cada dólar recebido por um homem.

E no Brasil?
A equiparação salarial é prevista no artigo 461 da CLT, que traz as condições necessárias para reconhecer o direito de dois ou mais trabalhadores ao mesmo salário: identidade de função + trabalho de igual valor. O texto estabelece: "Sendo idêntica a função, a todo trabalho de igual valor, prestado ao mesmo empregador, na mesma localidade, corresponderá igual salário, sem distinção de sexo, nacionalidade ou idade". Para conhecer os parágrafos que discorrem sobre o que não está contemplado na lei, acesse: http://www.planalto.gov.br/ccivil_03/leis/L1723.htm.

---

* O assédio sexual passou a ser previsto no artigo 216-A do Código Penal Brasileiro, que estabelece: "Constranger alguém com intuito de obter vantagem ou favorecimento sexual, prevalecendo-se o agente da sua condição de superior hierárquico ou ascendência inerentes a exercício de emprego, cargo ou função". Acesse <http://www.planalto.gov.br/ccivil_03/decreto-lei/Del2848compilado.htm> para obter mais detalhes sobre a lei. (N.R.T.)

Problemas de saúde e segurança

Nos Estados Unidos, o Ocupational Health and Safety Act (OSHA) exige que os empregadores forneçam um ambiente de trabalho livre de riscos conhecidos que possam causar dano físico a seus empregados. Além disso, os empregados devem seguir as normas de segurança e saúde no local de trabalho. Além das questões de segurança, os empregadores também se deparam com as relacionadas à saúde dos funcionários. Quando os problemas de saúde atingem os funcionários, isso impacta no ambiente de trabalho, resultando em perda de produtividade e faltas. Um problema de saúde que comumente afeta os locais de trabalho é o abuso de substâncias químicas e a incidência do HIV/Aids.

E no Brasil?
A Segurança e Saúde no Trabalho é matéria constitucional, regulamentada e normalizada. A Constituição Federal, em seu Capítulo II (Dos Direitos Sociais), dispõe, especificamente, sobre segurança e saúde dos trabalhadores. Já a Consolidação das Leis do Trabalho (CLT) dedica o seu Capítulo V à Segurança e Medicina do Trabalho.

Abuso de substâncias químicas Abuso de substâncias químicas é o uso exagerado de medicamento, drogas ou álcool. Em alguns tipos de atividade, como operar ou dirigir equipamentos, este abuso pode constituir-se uma situação muito perigosa. Pode também levar a faltas, atrasos, diminuição da produtividade e roubo por parte do funcionário. Muitos empregadores exigem a realização de exames médicos, que incluem o teste antidrogas, antes da contratação, e alguns têm políticas de exames periódicos obrigatórios para constatar o uso de drogas pelos funcionários.

Algumas empresas estabeleceram programas de assistência ao trabalhador para fornecer aconselhamento e tratamento aos funcionários. As empresas também podem oferecer benefícios que cobrem tratamento do abuso de substâncias químicas.

HIV/aids Muitas empresas desenvolveram políticas para lidar com funcionários HIV positivo, como a transferência de função no caso de redução de sua capacidade para o trabalho.

MARKETING PESSOAL

Conexão da matemática com o marketing

O empregador de Maria Helena Kely oferece seguro-saúde com cobertura para ela, seu esposo e seu filho. O valor da mensalidade é de $ 285, dos quais o empregador paga 26%. Quanto Maria Helena paga pelo seguro-saúde em um ano?

Solução

Pagamento anual total	= Valor mensal × 12
	= $ 285 × 12
	= $ 3.420
Pagamento parcial do empregador	= $ Pagamento anual total × 26%
	= $ 3.420 × 0,26
	= $ 889,20
Pagamento parcial de Maria Helena	= $ Pagamento anual total − Pagamento parcial do empregador
	= $ 3.420 − $ 889,20
	= $ 2.530,80

Questões familiares

As questões familiares ganham destaque à medida que aumenta o número de mulheres que trabalham fora, famílias com renda dupla e trabalhadores idosos.

Contratos de trabalho flexíveis Para manter trabalhadores experientes que tenham obrigações familiares, por exemplo, com filhos ou um parente idoso, algumas empresas oferecem contratos de trabalho flexíveis. Esses contratos podem incluir horas flexíveis de trabalho, compartilhamento de emprego (dividir uma função entre dois funcionários) e trabalho a distância (home office).

Creche Os trabalhadores são menos produtivos quando têm de resolver problemas como encontrar uma creche de qualidade ou cuidar de uma criança doente. Portanto, algumas empresas começaram a oferecer creche e muitas delas possuem centros de assistência no local, enquanto outras fornecem subsídios para que os pais possam pagar uma creche com abatimento dos impostos. Algumas empresas dispõem centros de assistência para crianças doentes de modo que os pais não tenham de se distanciar do trabalho para cuidar delas.

Family Medical Leave Act Esta lei exige que os empregadores concedam a empregados elegíveis uma licença não remunerada de até 12 semanas por ano para se recuperar de uma doença ou para cuidar de um filho, esposa, marido ou parente doente, ou de um recém-nascido.

> **E no Brasil?**
> Existe a Licença por Motivo de Tratamento de Saúde prevista na CLT. Este é o direito concedido ao funcionário de empresas privadas de obter licença para tratamento de saúde. Os primeiros 15 dias de afastamento são pagos pela empresa e a Previdência Social paga a partir do 16º dia de afastamento do trabalho através do Auxílio-Doença Previdenciário.

PONTO DE CHECAGEM
Há algum programa criado pelo governo federal para ajudar a reduzir a discriminação no local de trabalho?

11.3. AVALIAÇÃO

Pense criticamente
1. O que é um conflito?
2. Identifique quatro estratégias para tentar resolver um conflito no trabalho.
3. Qual é o propósito da ação afirmativa?
4. O que você pode fazer quando acredita estar sofrendo assédio sexual?

Faça conexões
5. **Direito do trabalho** Para mais informações sobre leis de discriminação no trabalho, faça uma pesquisa na web e monte um quadro que destaque e resuma as principais leis de discriminação no trabalho descritas no site.
6. **Aplicação na vida real** Pense sobre um conflito recente que você teve com um amigo ou um familiar. Usando as sugestões de resolução de conflito deste capítulo, escreva um enredo que demonstre como o conflito poderia ser resolvido com sucesso.
7. **Crítica construtiva** Suponha que você esteja começando um projeto em equipe no qual Roberto, notório por sua falta de cooperação e temperamento difícil, tem de desempenhar um papel importante. Pense sobre como você poderia abordá-lo

para aconselhá-lo a se comportar cooperativamente durante o projeto. Como você poderia começar? Quais pontos poderia abordar? Como tentaria evitar conflitos antes que se iniciem?

Capítulo 11. Avaliação

Vocabulário

Escolha o termo que melhor se encaixe na definição. No espaço indicado, coloque a letra que corresponde à resposta. Alguns termos podem não ser usados.

_____ 1. Um funcionário experiente que ajuda um novo a aprender os detalhes da empresa.

_____ 2. A habilidade de responsabilizar-se por um trabalho que precisa ser feito sem ter sido especificamente solicitado.

_____ 3. Uma oportunidade para aprender sobre a empresa ou ajudar os novos funcionários a se adaptar ao novo ambiente de trabalho.

_____ 4. Adequado ou suficientemente qualificado para fazer um trabalho.

_____ 5. Tratamento impróprio a um indivíduo com base no grupo ou classe a qual pertence.

_____ 6. Permanecer em uma empresa pelo tempo de duração de toda sua carreira.

_____ 7. Adiamento ou atraso na ação.

_____ 8. Uma disputa ou situação de oposição.

_____ 9. Abandonar ou desistir da sua função em uma empresa.

_____ 10. Abuso de substâncias químicas ou álcool.

_____ 11. Gestos ou comentários de conotação sexual indesejáveis, assim como linguagem ou conduta física impróprias.

a. competente
b. conflito
c. satisfação do cliente
d. discriminação
e. clientes externos
f. iniciativa
g. clientes internos
h. aprender
i. emprego vitalício
j. mentor
k. organização
l. treinamento
m. procrastinação
n. demitir-se
o. assédio sexual
p. abuso de substâncias químicas

Revisão de conceitos

12. Como você pode se preparar para o primeiro dia em um novo emprego?

13. Quais são algumas das razões pelas quais os funcionários deixam uma função ou uma empresa?
14. Por que você deve ter uma conduta profissional quando pede demissão de uma empresa?
15. Como você deveria ver cada tarefa que lhe solicitam?
16. Por que aprender é um processo contínuo?
17. Como você pode conhecer mais sobre sua nova empresa?
18. Como pode administrar seu tempo de forma mais eficaz?
19. Quais são algumas das razões pelas quais as pessoas procrastinam?
20. O que significa ter capacidade de resposta rápida com os clientes?
21. Quando o conflito é negativo?

Aplique o que aprendeu

22. O que o termo "discriminação" significa para você? Quais exemplos de discriminação conhece no ambiente de trabalho?
23. Muitos empregadores estão dispostos a gastar dinheiro para ajudar os trabalhadores a melhorar sua saúde em geral. Por que eles agem desta forma? Seja específico sobre como uma empresa pode se beneficiar.
24. Ken não gostava da época de inventário na Campos Hardware. Para realizar um inventário, ele precisava contar cada porca e parafuso em uma caixa e registrar a quantidade de cada item. Logo que terminava uma caixa, tinha de ir para a próxima e repetir o processo, contando e classificando cada peça por tamanho. Com frequência, ele perdia a conta e tinha de iniciar novamente – ou porque fora distraído por um cliente ou porque o Sr. Campos o interrompia com alguma coisa trivial, como lhe perguntar como estava indo. Assim, Ken decidiu mostrar ao Sr. Campos que não gostava de fazer este serviço. Optou por não ir trabalhar durante a semana de inventário, e, para evitar ter de argumentar, resolveu não dizer ao Sr. Campos que não iria. Qual é o problema com a ação de Ken? Como Sr. Campos resolveria o problema? Como um bom funcionário deveria ter agido?
25. Por que seria importante para as empresas avaliar a qualidade do serviço ao cliente que fornecem?

Faça conexões

26. **Entrevista** Entreviste um familiar sobre as expectativas do seu empregador. Quais são as expectativas nas áreas dadas a seguir? Faça um cartaz ou uma apresentação para relatar seus resultados.
    - Assiduidade

- Pontualidade
- Tarefas realizadas
- Fidelidade
- Trabalho em equipe
- Acompanhamento
- Cooperação
- Respeito à autoridade

27. **Serviço ao cliente** Muitas empresas têm uma área de serviço ao cliente em seu site. Procure por esta área em várias empresas e elabore um relatório de duas páginas descrevendo como as empresas servem seus clientes via on-line e como poderiam melhorar o serviço.

28. **Capacidades de sucesso** Imagine uma lista de características de um bom estudante. Compare as qualidades de um bom estudante com as de um bom funcionário. Elas são semelhantes? As capacidades escolares equivalem às de trabalho? Como? Esteja preparado para explicar suas respostas à classe.

29. **Pesquise e aplique** Pense em uma época na qual você vivenciou um conflito com outra pessoa no trabalho ou na escola. Pesquise sobre o tema na internet. Leia pelo menos dois artigos, anotando os títulos e autores. Conforme lê os artigos, tome notas sobre conselhos que você poderia ter utilizado em uma situação de conflito pessoal. Responda às questões com base em sua pesquisa: como você poderia ter evitado esse conflito? De que forma você poderia ter resolvido mais tranquila e rapidamente esse conflito?

Habilidades para o sucesso no trabalho

Lidar com pessoas difíceis

Você provavelmente já ouviu o velho ditado: "Você pode agradar a todo mundo por um tempo, a algumas pessoas o tempo todo, mas não consegue agradar todo mundo o tempo todo." Durante sua carreira, você vai encontrar pessoas difíceis. O que torna uma pessoa "difícil"? Pessoas difíceis podem ser rudes, mal-educadas, agressivas, irritadas, sarcásticas, ou talvez simplesmente desagradáveis.

Indelicadeza no local de trabalho

Indelicadeza refere-se a um comportamento social, por exemplo, falta de educação, etiqueta inapropriada ou descortesia de maneira geral. Indelicadeza pode ser algo menor, como não segurar o elevador para um colega ou beber a última xícara de café sem fazer mais e repor na cafeteira. Mais exemplos significativos incluem esquecer-se de passar um recado telefônico ao colega, gritar ou provocar outro funcionário, sabotar o projeto de um associado, espalhar informação maliciosa sobre um colega e vários outros exemplos de grosseria, abuso verbal ou assédio.

Para abordar questões relacionadas à indelicadeza, muitas empresas têm políticas organizacionais formais e informais, ou regras para o local de trabalho. Códigos de conduta ou políticas explícitas formalmente delineiam o comportamento esperado e podem abordar valores e princípios organizacionais. Essas políticas ou códigos comumente abordam questões como discriminação ou assédio, confidencialidade, segurança e saúde do empregado, uso de substâncias ilegais ou comportamento inapropriado no escritório. Há empresas que pedem a seus empregados para que leiam e assinem um termo de conduta.

Normas informais do local de trabalho geralmente são mais sutis. Embora seja possível aprender sobre normas formais do local de trabalho lendo as políticas ou códigos, determinar as normas informais pode ser algo mais desafiador. Com frequência elas são baseadas na cultura organizacional, e é possível descobri-las através de simples observação ou de conversas com colegas de trabalho. Por exemplo, a organização pode não ter uma política formal sobre relacionamentos amorosos entre colegas de trabalho, mas você pode descobrir se isto é reprovável para a empresa conversando com um colega de trabalho na hora do almoço.

Um comportamento reprovável no local de trabalho geralmente é marcado pela má vontade da pessoa em aderir a um código de conduta, ou mesmo pelo total desrespeito às normas do ambiente de trabalho, incluindo um comportamento questionador, rude ou até mesmo ameaçador. Esse tipo de comportamento pode ter sérias consequências, já que cria um ambiente hostil de trabalho, prejudica relacionamentos ou até mesmo leva à perda de produtividade no trabalho.

O denominador comum é que pessoas difíceis geralmente mostram uma emoção ou comportamento negativo. Na realidade, tenha em mente que o que parece difícil para você pode não ser para outra pessoa. É importante levar em conta a perspectiva da pessoa considerada difícil, pois isto pode ajudá-lo não apenas a entender melhor o comportamento dela, mas também a melhor forma de abordá-la. Uma estratégia eficaz para lidar com comportamentos difíceis é ouvir as pessoas. Ouça os comentários, faça perguntas para esclarecer a questão em si, e então modele sua voz em um tom apropriado e calmo, com uma linguagem corporal igualmente adequada, enquanto responde. Pode ser útil lembrar que não é possível compreender totalmente a motivação de uma pessoa para seu comportamento difícil. Estresse, cansaço, insegurança e falta de informação podem contribuir para um comportamento difícil. Por exemplo, uma mãe, cujo bebê ficou acordado chorando por várias horas na noite passada, pode estar cansada e estressada. Talvez ela se comportasse de forma diferente se tivesse tido uma boa noite de sono.

Desenvolva sua habilidade

Considere várias situações em que você encontrou pessoas difíceis. Pense em como respondeu à situação na época. Prepare várias opções com diferentes respostas que poderiam ter sido mais eficazes. Trabalhe com um colega para preparar vários cenários e então encene a situação para a classe.

CAPÍTULO 12

Espírito empreendedor

12.1 Os empreendedores em nossa economia
12.2 Iniciando uma pequena empresa
12.3 Tornando-se um empreendedor

Carreiras em marketing

Avon

Empresa global líder em produtos cosméticos, a Avon é a maior vendedora direta do mundo, com mais de 5,5 milhões de representantes de vendas independentes. A empresa comercializa produtos de beleza, bijuterias e vestuário feminino em mais de 100 países. A Avon começou como California Perfume Company, em 1886, e sua primeira representante de vendas, Sra. P. F. E Albee, foi a pioneira no método de venda direta, porta a porta. A empresa agora inclui as marcas Avon Color, Anew, Skin-So-Soft, Avon Naturals e sua marca emblemática, Avon.

Os representantes de vendas da Avon operam como empreendedores independentes, mantendo o negócio de acordo com o ritmo e a agenda que lhes for mais conveniente. Eles vendem ofertas da Avon por catálogo diretamente aos clientes que recrutam, assim como através de websites personalizados. Esses representantes de vendas devem ser líderes orientados a objetivos, motivados pelo sucesso. Devem fornecer um serviço proativo ao cliente, ter uma atitude positiva e manter os valores da empresa com um toque pessoal.

Pense criticamente

1. A Avon explica a seus representantes de vendas que devem ser seus próprios chefes, já que seu lucro potencial depende deles e da sua habilidade de vendas. Por que é importante para todos os empreendedores estabelecer um alto padrão para si mesmos?
2. Por que o otimismo é uma característica tão importante para empreendedores?

CAPÍTULO 12 • ESPÍRITO EMPREENDEDOR

Projeto de portfólio

Mostrando seu portfólio

Objetivos do projeto
Você pode usar seu portfólio de carreira para fornecer evidência das suas conquistas, habilidades e experiência, de forma a refletir os interesses de um empregador específico. Nesse projeto, você irá:
- Coletar documentação das suas conquistas, habilidades e experiência.
- Selecionar amostras de trabalho relacionadas aos interesses do empregador e da carreira escolhida.
- Praticar a apresentação do seu portfólio ao empregador.

Preparação inicial
Leia o projeto do processo abaixo. Observe as diferenças entre as habilidades específicas de trabalho e suas competências.

Processo do projeto
Parte 1. Lição 12.1. Reúna itens que forneçam uma evidência das suas conquistas no local de trabalho. Localize as avaliações de trabalho positivas e premiações. Procure premiações espontâneas que mostrem evidência de altos padrões de trabalho, comprometimento em ajudar os outros e realizações. Se você fez estágio ou participou de um programa como "Jovem Aprendiz", inclua seu próprio resumo sobre a experiência ou uma carta do empregador.

Parte 2. Lição 12.2. Reúna amostras do seu trabalho, tais como páginas de design gráfico, slides de PowerPoint®, cartas comerciais, recortes de jornais escolares ou webpages. Tente incluir amostras que exibam sua habilidade no uso de tecnologia avançada. Concentre-se em demonstrar habilidades gerais no local de trabalho, como, por exemplo, resolução de problema, trabalho em equipe e capacidade de liderança. Use o check-list de habilidades no local de trabalho para selecionar itens que documentam habilidades relacionadas à sua carreira-alvo.

Parte 3. Lição 12.3. Reveja suas seleções e inclua apenas os itens significativos aos empregadores. Pratique a apresentação do seu portfólio. Pense nele como uma ferramenta flexível que pode ser adaptada para diferentes situações. Não mostre a cada empregador potencial todos os itens do seu portfólio. Em vez disso, use-o para demonstrar aspectos específicos das suas conquistas, habilidades e experiências.

337

Finalizando

Alguns entrevistadores não terão interesse ou paciência para examinar seu portfólio inteiro. Com um parceiro, encene uma situação de entrevista difícil na qual você mostra apenas itens essenciais do portfólio.

LIÇÃO 12.1

Os empreendedores em nossa economia

OBJETIVOS
Explicar como um sistema de livre iniciativa encoraja o empreendedorismo.
Entender como o empreendedorismo ajuda a modelar a economia de um país.

TERMOS-CHAVE
- economia da informação
- economia do conhecimento
- empreendedor
- leis antitruste
- sistema de livre iniciativa

SISTEMA DE LIVRE INICIATIVA

Empreendedor é a pessoa que inicia seu próprio negócio. Os empreendedores cujos pequenos negócios se tornam grandes empresas são aqueles de quem normalmente ouvimos falar nas notícias. Bill Gates iniciou a Microsoft, sua empresa de software para computador, na garagem. A receita de biscoitos de Debbi Fields Mrs. Fields, agora é patenteada e pode ser desfrutada por todos nos shopping centers.

Sua própria família pode estar envolvida em um negócio empreendedor. Talvez seu pai seja responsável por uma pequena empresa, como uma floricultura, uma loja para animais de estimação ou uma lavanderia. Se sua mãe é médica em uma clínica particular – ela tem um consultório, consultas marcadas e alguns pacientes de um hospital ou de uma clínica – ela é empreendedora. Muitos empreendedores vendem serviços, como passear com e cuidar de cachorros, consultor executivo de busca e colocação profissional, consultor contábil ou jurídico ou de informática.

Os empreendedores, como um grupo, têm enorme poder de influência em lobby político, em compras e no desenvolvimento das suas regiões. Neste capítulo, você aprenderá sobre os privilégios e a responsabilidade do empreendedorismo, e poderá começar a ser um empreendedor neste momento.

■ Casos de marketing

Paulo joga em uma liga de futebol juvenil há dez anos. A cada ano ele cresce, e precisa comprar um novo uniforme, ainda que o antigo esteja em condições de uso. Ele tem lido e ouvido que muitos garotos não jogam futebol porque o uniforme pode custar muito caro. Como Paulo poderia usar essas observações para iniciar seu próprio negócio? Quem seriam seus fornecedores? Quem seriam seus clientes?

Empreendedorismo e sistema de livre iniciativa

Sistema de livre iniciativa é outro termo para capitalismo – um sistema no qual a maior parte dos recursos econômicos é de propriedade privada e as pessoas são livres para decidir o que produzirão com os recursos. Um sistema de livre iniciativa torna o empreendedorismo possível ao permitir que as interações de negócios sejam reguladas pelas leis da oferta e da demanda, e não restringidas pela interferência governamental, regulamentos ou subsídios. Essa liberdade dá aos proprietários de empresas a oportunidade de tirar proveito total dos lucros – e dos riscos – do negócio que escolheram e começaram a trabalhar.

Regulado pelas leis da oferta e da demanda Os empreendedores podem escolher qual negócio querem iniciar, e a comercialização de seus produtos define seu sucesso. Uma empresa não pode sobreviver se não houver suficiente demanda para seu produto.

Os empreendedores podem usar o conhecimento das leis da oferta e da demanda para ajudá-los a gerar negócios de sucesso. Por exemplo, um posto de gasolina que é o único localizado na saída de uma rodovia movimentada (um fornecedor em um ambiente de alta demanda) seria mais bem-sucedido que outro localizado em um cruzamento de uma cidade pequena próximo a três outros postos de gasolina (quatro fornecedores em um ambiente de menor demanda). Exatamente como os profissionais de marketing fazem pesquisa para assegurar que seus produtos serão comprados, os empreendedores devem realizá-las para determinar as capacidades e

VOCÊ SABIA?
Uma marca é mais que apenas um logotipo. De acordo com David Ogilvy, fundador da agência de publicidade Ogilvy, marca é a forma pela qual as pessoas percebem uma empresa, incluindo "o nome, a embalagem e o preço; a história; a reputação; e a forma da sua comunicação".

a experiência necessárias para o sucesso. Eles também precisam saber quando, onde e por quem seu produto será desejado.

Não restrito pela interferência governamental, regulamentos ou subsídios Em um verdadeiro sistema de livre iniciativa, as empresas são livres para perseguir as oportunidades sem restrições governamentais, regulamentos ou subsídios. Porém, os verdadeiros sistemas de livre iniciativa não existem realmente. Um exemplo de regulamento governamental são as **leis antitruste**, destinadas a promover a competição e a justiça e a prevenir monopólios e outras práticas empresariais injustas, como propaganda enganosa, preço e rótulos enganosos.

PONTO DE CHECAGEM
Dê um exemplo específico de como a oferta e a demanda podem trabalhar em benefício de uma empresa.

Conexão da matemática com o marketing

Administradores gostam de comparar a produtividade do seu departamento ou da sua empresa com a de outros departamentos ou outras empresas. Uma forma de fazer isto é encontrar o custo de um único trabalho (como a criação de uma carta ou um memorando) ou de um único trabalhador, ou de uma única estação de trabalho.

Um centro de pedidos estimou o custo total das estações de trabalho com 10 funcionários no último ano. Use as estimativas para encontrar o custo médio de cada estação de trabalho.

- Salários e benefícios: $ 138.000
- Espaço: $ 8.590
- Impostos: $ 890
- Depreciação: $ 13.600
- Materiais, correio e telefone: $ 17.098

Solução

Total dos custos operacionais   = $ 138.000 + $ 8.590 + $ 890 + $ 13.600 + $17.098
    = $ 178.178

Custo médio por estação de trabalho = $ 178.178 ÷ 10
    = $ 17.817,80

A AMÉRICA E OS EMPREENDEDORES

Para pessoas do mundo inteiro as palavras "liberdade" e "América" são sinônimos. Desde a chegada dos primeiros colonos, americanos de diferentes culturas tiveram a chance de perseguir o "Sonho Americano" – liberdade, igualdade e oportunidade para todos. Pessoas pobres e oprimidas se mudaram (e ainda se mudam) para a América em busca de melhores condições de vida; outras, com dinheiro e status, deixaram a segurança de suas terras para perseguir incontáveis oportunidades lá.

Utilizando os recursos que trouxeram para esse país, assim como os que encontraram aqui, imigrantes construíram os setores e os negócios que fizeram crescer suas comunidades. Embora os setores possam não ser mais tão fortes e influentes como antigamente, e os recursos não sejam usados para outros propósitos, muitas cidades ainda são definidas pelos seus setores. Por exemplo, o time de futebol de Pittsburgh é chamado de Pittsburgh Steelers por causa da indústria de aço (*steel*) que fez a cidade crescer.

Embora as pessoas continuem a contar com recursos naturais para definir o local para seus negócios, as mudanças relacionadas à tecnologia criaram um novo poder de recursos em todo o mundo. A economia atual está mudando de uma **economia da informação** – amplamente baseada no comércio de informação e na administração das ferramentas usadas para a distribuição dessa informação – para uma **economia do conhecimento** – focada em atividades intensivas do conhecimento. Isto se dá devido a avanços tecnológicos e ao aumento da globalização. As competências da força de trabalho estão evoluindo, assim como aumenta a demanda por mão de obra especializada, não apenas em termos de diplomas de ensino superior, mas também em treinamento profissional. Novas tecnologias de comunicação e dados possibilitaram às pessoas iniciar negócios empregando recursos que podem ser acessados e transferidos independente da localização, tais como suas próprias capacidades e conhecimento e mídias de comunicação (por exemplo, linhas telefônicas e satélites). De acordo com Patrick von Bargen, diretor executivo da National Commission on Entrepreneurship (Comissão Nacional do

WORKSHOP

Se você pudesse iniciar seu próprio negócio, qual seria? Seja criativo. Faça uma lista dos diferentes recursos de que precisaria para começar o negócio. Há algum apoio disponível para ajudá-lo a obter esses recursos?

Empreendedorismo) dos Estados Unidos, "Os empreendedores são o poderoso motor econômico da América do Norte, e isso, em grande parte, por trabalharem on-line".

As empresas norte-americanas que foram iniciadas por empreendedores criaram o computador pessoal, a biotecnologia, as cadeias de franquias de restaurantes, puseram fim ao monopólio de telecomunicações da AT&T e criaram produtos inovadores. Algumas das grandes empresas com as quais você pode estar familiarizado foram iniciadas há vários anos por empreendedores como George Eastman (filmes Kodak), Henry Ford (automóveis Ford) e Henry John Heinz (catchup Heinz).

O empreendedorismo influencia empresas de todos os tamanhos e pessoas em qualquer lugar. Como a tecnologia oferece possibilidades de carreira, estilo de vida e opções de localização, e como as grandes empresas continuam a mudar em tamanho, direção e propriedade, o espírito empreendedor será mais importante para nossas vidas do que nunca.

PONTO DE CHECAGEM
O que é uma economia baseada na informação?

Construção de carreira

Transforme seu *hobby* em uma carreira em cinco passos
Por Kate Lorens, CareerBuilder.com.
Copyright 2005 CareerBuilder, LLC – Reimpresso com permissão.

Especialistas dizem que muitos dos pequenos negócios atuais existem porque pessoas seguiram seus sonhos e paixões. Portanto, não gaste nem mais um dia fazendo algo que não lhe agrada. Siga esses cinco passos para transformar seu hobby em uma carreira que você ama.

Passo 1: explore as possibilidades
Considere que tipos de oportunidades rentáveis estão disponíveis na sua área de interesse. Procure on-line, pesquise em revistas de negócios e liste as empresas

que atuam na sua área de interesse. Visite a biblioteca local e busque materiais de referências relacionados a seu *hobby*.

Digamos que seu *hobby* seja adestramento de cães. Comece sua pesquisa lendo revistas, artigos de jornal e livros dedicados à obediência de cães, ao cuidado com animais de estimação e comportamento animal. É possível que você encontre informações nesses materiais que o ajudarão a pensar sobre o necessário para começar um negócio de adestramento de cães. Procure também em websites de vagas de emprego possíveis oportunidades nesse campo de interesse por meio de palavras-chave. Para fazer a busca, digite palavras-chave ou frases como "obediência de cães" ou "treinamento de cães" no campo indicado. Você pode se surpreender e encontrar vagas que condizem com suas habilidades mais perto de você do que imagina. Se não encontrar nenhuma, não desanime. Cheque sempre, nunca se sabe quando um possível empregador irá postar o emprego dos seus sonhos.

Passo 2: peça conselhos a um especialista

Procure serviços de apoio ao empreendedor. Além de fornecer inúmeras informações úteis sobre começar e gerir seu próprio negócio, esta especialidade geralmente oferece conferências e possui grupos de networking para novos ou potenciais empresários. Certifique-se de perguntar sobre programas de assistência do governo para pequenos empresários.

Especialistas também sugerem que os pequenos e potenciais empresários aproveitem todas as oportunidades de falar com proprietários de negócios locais de suas comunidades indo às reuniões da Câmara de Comércio. Após travar contato com membros da câmara, peça conselhos sobre abertura de novos negócios ou referências de outras fontes de assistência. Frequente aulas sobre empreendedorismo e novos negócios em alguma universidade ou faculdade local. Considere também fazer trabalho voluntário ou aceitar um emprego em sua área de interesse. Você vai ganhar experiência em primeira mão e travar valiosos contatos que serão necessários depois que iniciar seu negócio e começar a geri-lo.

Passo 3: conduza uma simples pesquisa de marketing

Converse com pessoas que atuem na sua área e peça um feedback sobre sua ideia de negócio. Será muito útil para um potencial adestrador de cães conversar com veterinários, tosadores de cães e donos/gerentes de *pet shops*. São pessoas que trabalham diariamente com sua potencial clientela. Peça a opinião

> deles sobre sua ideia de negócio e pergunte se acham que existe demanda pelos seus serviços.
>
> **Passo 4: esboce um simples plano de negócios**
> Há um grande número de livros que podem ajudá-lo a criar um simples plano de negócios passo a passo. Independente do que você fizer, não pule esta etapa. Você vai precisar enxergar todas as etapas do seu projeto para pôr em prática seu potencial negócio.
>
> **Passo 5: mãos à obra**
> Se você já decidiu que vai transformar seu *hobby* em trabalho, mãos à obra! Foi exatamente o que fez uma mulher com um talento especial para fazer arranjos florais. Ela tinha em sua casa pilhas e pilhas de produtos com temática floral por conta dos arranjos florais que fez para amigos e familiares durante anos. Um dia, ela resolveu utilizar todo esse material. Fez 10 arranjos florais, colocou-os em sua van e, junto com seu filho mais novo, foram a uma floricultura local para vendê-los. No fim da tarde, ela já tinha vendido todos os arranjos e recebido mais encomendas. Hoje em dia, ela recebe regularmente pedidos de todas as floriculturas da região e tem seu próprio e bem-sucedido negócio.

12.1. AVALIAÇÃO

Pense criticamente

1. Quais são alguns exemplos recentes de trabalhos ou setores específicos que foram influenciados pela oferta e pela demanda?
2. Por que uma economia que apoia o empreendedorismo também apoia a inovação?
3. Por que os Estados Unidos não são verdadeiramente um sistema de livre iniciativa?
4. Como a economia da informação atual encorajou o empreendedorismo?

Faça conexões

5. **Pesquisa econômica** Pesquise sobre a economia dos Estados Unidos e as leis e regulações que impedem esse país de ser um sistema de livre iniciativa. Quais mudanças seriam necessárias para permitir que a economia operasse como um verdadeiro sistema de livre iniciativa? Apresente um relatório oral dos seus resultados para a classe.

6. **Pesquisa de empresa** Pesquise uma empresa bem-sucedida que foi iniciada por um empreendedor. Escreva um relatório de duas páginas sobre o crescimento da empresa desde o início das suas operações e sobre suas contribuições para a economia local.

LIÇÃO 12.2

Iniciando uma pequena empresa

OBJETIVOS
Compreender os riscos e o planejamento envolvidos no início de uma pequena empresa.
Descrever os diferentes tipos de negócios.

TERMOS-CHAVE
- empresa individual
- franqueado
- franqueador
- franquia
- sociedade
- plano de negócios

PEQUENAS EMPRESAS

As empresas empreendedoras geralmente se iniciam pequenas. De acordo com a associação de pequenas empresas dos Estados Unidos (SBA), pequenas empresas são definidas como aquelas com menos de 500 funcionários. Segundo ela, as pequenas empresas:

- representam mais de 99% de todos os empregadores.
- pagam aproximadamente 45% do total de salários privados dos EUA.
- geram entre 60% e 80% de novos empregos.
- são 52% em domicílio e 2% de franquias.

Houve aproximadamente 27,2 milhões de negócios privados nos Estados Unidos em 2007. Dentre eles, 17 mil empregaram mais de 500 pessoas. O resto foi considerado pequenos negócios.

■ Casos de marketing

Silas sempre apreciou jardinagem. Nos últimos verões, ele enviou folhetos pelo correio e começou a constituir uma empresa para cortar grama e cuidar de flores e arbustos. Silas sempre trabalhou sozinho, mas, como o negócio continua a crescer, ele está pensando em contratar outra pessoa para trabalhar com ele. Silas é um empreendedor? Por quê?

Assumindo riscos

Muitos riscos estão envolvidos na abertura de uma nova empresa, mas os maiores são perder dinheiro e abrir mão da segurança no trabalho. Antes de decidir começar uma pequena empresa, você deve ter um bom entendimento dos riscos que enfrentará. De acordo com a SBA, dois terços das novas empresas norte-americanas sobrevivem pelo menos dois anos, aproximadamente 50% funcionam por quatro anos e quase 40% permanecem abertas depois de seis anos.*

As empresas novas assumem um grande investimento em tempo e esforço do empreendedor. Trabalhar longas horas, investir poupança pessoal e fazer empréstimos em dinheiro para cobrir os custos são comuns. O investimento de tempo e esforço, com os riscos envolvidos, pode ser estressante. Porém, as novas empresas podem também fornecer satisfação pessoal e a oportunidade para aumento de renda.

Plano de negócios

Ideias de novas empresas vêm de uma variedade de fontes, incluindo *hobbies*, interesses e pesquisa de mercado. Uma vez que tenha uma ideia para um negócio, o próximo passo é escrever um **plano de negócios**, documento que detalha as características importantes de um negócio, incluindo tipo de empresa, seus produtos, setor, plano de marketing, modo de funcionamento e informação financeira.

WORKSHOP
Você alguma vez cortou grama, cuidou de crianças, ensinou ou trabalhou de forma similar? Quais foram as recompensas associadas a trabalhar para si mesmo? E as dificuldades?

Seu plano de negócio pode ser visto como seu projeto de sucesso. A montagem do plano o forçará a olhar para todos os aspectos do negócio e como ele caminha para se tornar bem-sucedido. Os centros de desenvolvimento de empresas, em geral localizados nas universidades, fornecem recursos que você pode usar

---

* Consulte o site do Sebrae para obter dados nacionais. Acesse: <www.sebrae.com.br>. (N.E.)

conforme elabora seu plano. Você também pode encontrar muitos modelos e exemplos de planos na internet.

PONTO DE CHECAGEM
O que é um plano de negócio?

DESENVOLVENDO UM NEGÓCIO

Em 2007, foram abertas aproximadamente 574.500 novas empresas nos Estados Unidos. Se você se tornou um empreendedor, uma das decisões que terá de tomar é que tipo de negócio gostaria de desenvolver: uma franquia ou uma nova empresa.

Desenvolvendo uma franquia

Um empreendedor pode iniciar uma empresa ao comprar os direitos de participar de um negócio existente como proprietário de uma franquia. **Franquia** é um contrato de concessão por escrito que dá permissão a outra pessoa para vender produtos ou serviços de determinada maneira e por certo período em um local especificado. Uma franquia envolve o **franqueado** – a pessoa ou grupo que compra a franquia – e o **franqueador** – a empresa cujos produtos o franqueado venderá. Um franqueado opera sob o nome comercial do franqueador e geralmente de acordo com as orientações deste último, em troca de uma taxa inicial e uma porcentagem das vendas.

Empresas como Subway, Boticário, McDonalds, Cacau Show são exemplos de franquia. As oportunidades estão em se reconhecer essas empresas e os produtos que elas vendem. Os franqueados pagam para se associar a esses nomes altamente reconhecidos.

Desenvolvendo uma nova empresa

Desenvolver uma nova empresa significa que você estabelece o conceito para a empresa, seleciona um local e define os aspectos operacionais. Diferente de possuir uma franquia, ser proprietário de uma nova empresa permite que você tenha controle total. Você será responsável por todos os aspectos de seu negócio, incluindo a construção da carteira de clientes, a parte financeira e a entrega do seu produto ou serviço.

COMUNICAÇÃO

Leia a biografia de um empreendedor de sucesso, como Antonio Luiz Seabra (Natura) ou Alexandre Costa (Cacau Show) e pense sobre quais características contribuíram para o sucesso dessas pessoas. Escreva um relatório sobre suas descobertas.

Você pode estar familiarizado com esses empreendedores que desenvolveram novos negócios, como o brasileiro Alexandre Costa (Cacau Show) e os norte-americanos Michael Dell (Dell Computer) e Bill Gates (Microsoft). Esses empresários foram capazes de transformar suas ideias em negócios bem-sucedidos e desenvolveram suas pequenas empresas até se tornar organizações de renome.

E no Brasil?
Formas legais de organização de empresas

O novo Código Civil brasileiro, em seu artigo 966, diz que "Considera-se empresário quem exerce profissionalmente atividade econômica organizada para a produção ou a circulação de bens ou de serviços. Parágrafo único. Não se considera empresário quem exerce profissão intelectual, de natureza científica, literária ou artística, ainda com o concurso de auxiliares ou colaboradores, salvo se o exercício da profissão constituir elemento de empresa."

De acordo com Franchisqueti et al (2017, p. 103)*, "O empresário pode enquadrar-se como Microempresa (ME) ou Empresa de Pequeno Porte (EPP), desde que atenda aos requisitos da Lei Complementar n. 123, de 14/01/2006. Também pode ser um Microempreendedor Individual (MEI), que trabalha por conta própria, como um pequeno empresário, e não tem participação em outra empresa como sócio ou titular, conforme Lei Complementar n. 128, de 19/12/2008, que detalha as condições especiais para transformar o trabalhador informal em um microempresário individual. O enquadramento do empresário pode dar-se também como Empresa Individual de Responsabilidade Limitada (Eireli), criada pela Lei n. 12.441, de 11/01/2011, constituída por uma única pessoa, titular da totalidade do capital social, devidamente integralizado, que não poderá ser inferior a cem vezes o maior salário-mínimo vigente no País. Seu titular não responderá com seus bens pessoais pelas dívidas da empresa e poderá somente figurar em uma única empresa dessa modalidade."

PONTO DE CHECAGEM
De acordo com sua personalidade, você gostaria de ser um empreendedor? Você prefere comprar uma franquia ou começar um negócio do zero? Explique.

---

* Franchisqueti, C.E.; Marin, R.L.; Pinheiros, J.N. *O nascimento de uma empresa*. In: Farah, O.E.; Cavalcanti, M.; Marcondes, L.P. (orgs.) *Empreendedorismo estratégico – criação e gestão de pequenas empresas*. São Paulo: Cengage Learning, 2017.

12.2. AVALIAÇÃO

Pense criticamente

1. Por que é possível que sua carreira comece em um pequeno negócio?
2. Um plano de negócio pode ser descrito como um "plano de jogo". Que características do plano justificam este rótulo?
3. Por que uma associação empresarial, como a câmara de comércio, é uma fonte útil para uma pessoa que quer iniciar um negócio? Quais associações de estudantes desenvolvem as capacidades de empreendedorismo?

Faça conexões

4. **Tecnologia** Qual é o papel da tecnologia nas pequenas empresas? Procure na internet sites que tragam informação sobre isto. Faça um trabalho a respeito e apresente suas descobertas.
5. **História** Pesquise e escreva um relatório de duas páginas sobre a história empresarial no Brasil.
6. **Entrevista** Contate o proprietário de uma franquia local. Pergunte-lhe o que o atraiu para a franquia. Que benefícios a propriedade da empresa traz à sua vida pessoal? Que acordos teve de fazer? Escreva um artigo de revista ou jornal para apresentar o que aprendeu nesta entrevista.

LIÇÃO 12.3

Tornando-se um empreendedor

OBJETIVOS

Entender as qualidades necessárias para ser um empreendedor.
Aprender como se tornar um empreendedor enquanto ainda é funcionário de alguém.

TERMOS-CHAVE
- personalidade empreendedora
- pessoa com iniciativa

VOCÊ PODERIA SER UM EMPREENDEDOR?

Ser seu próprio chefe é uma ideia emocionante. E, dados os três fatos abaixo sobre empreendedores, não é de surpreender que iniciar um negócio é um objetivo para muitas pessoas.

- Os empreendedores são criadores de riqueza por meio da inovação.
- Os empreendedores estão no centro do crescimento econômico e são os criadores dos principais empregos. (Como você leu anteriormente neste capítulo, mais da metade dos novos empregos estão concentrados em pequenos negócios.)
- Os empreendedores fornecem um mecanismo para a distribuição de riqueza que depende de inovação, trabalhar duro e correr riscos. Assim, eles fornecem um método "justo e equitativo" de distribuição de riqueza.

■ Casos de marketing

Villella tinha apenas 11 anos quando teve uma ideia para desenvolver um negócio. Ele não gostava de carregar o regador quando tinha de regar o jardim. Então, cortou um regador em forma de C que poderia ser encaixado em torno das árvores e dos arbustos, e acabou criando um produto. Quatro anos depois, sua empresa, Villella's ConServ Products, havia vendido cerca de $ 70 mil do produto. Que traços de personalidade Villella revelou ao investir em sua ideia? Você tem algum desses traços?

Também é muito trabalhoso – normalmente muito mais do que ser um funcionário. Conforme afirma um proprietário de empresa, "Você deixa de ter um chefe para ter muitos – você se reporta a cada cliente". Fazer que a empresa tenha alguma coisa a oferecer e manter os clientes felizes é a responsabilidade do seu proprietário. Como empregado, você continuará a ter um salário enquanto tiver um trabalho, independente de quão bem a empresa esteja se saindo. Os proprietários de empresas precisam se preocupar em pagar por seus recursos, incluindo os trabalhadores, antes que possam obter lucro para si mesmos. Por outro lado, as longas horas e sacrifícios que você experimenta como dono de empresa podem trazer satisfação pessoal e profissional que poderia não ter como um funcionário.

Uma personalidade empreendedora

Você acha que se tornaria um empreendedor bem-sucedido? O fator mais importante na abertura de uma empresa bem-sucedida não é uma nova e inacreditável ideia ou uma conta bancária sem fundo, mas uma **personalidade empreendedora**. Uma vez que não há um "tipo" de personalidade comum aos empreendedores, as pessoas que se tornam empreendedoras de sucesso tendem a compartilhar determinadas características. Para ser um empreendedor bem-sucedido, você deve ter iniciativa, ser uma pessoa extrovertida, um aprendiz constante e otimista.

Iniciativa Você sabe o que quer e quanto quer para se levantar todo dia e ir atrás disso? Em caso afirmativo, você é uma **pessoa com iniciativa**. Os preguiçosos são os opostos dos que têm iniciativa. Eles não se dão tempo suficiente para completar as tarefas, acabam se sentindo negativos e culpados e evitam tarefas futuras.

Pessoa extrovertida Embora esteja sozinho, você deve gostar de se reunir com pessoas sendo empreendedor. Contará mais do que nunca com elas para ajudá-lo a realizar seus objetivos: clientes satisfeitos que gerarão boa publicidade, fornecedores fiéis que fornecerão os recursos de que precisa no prazo e especialistas que o ajudarão em áreas como contabilidade e assuntos legais.

Aprendiz vitalício Os profissionais de marketing sempre se asseguram de que seus produtos estejam satisfazendo – e antecipando – as necessidades dos seus clientes. Se você é o produto, precisará reinvestir seu tempo, dinheiro e treinamento em seu capital (suas capacidades e conhecimentos) para ser um produto atrativo e competitivo.

Otimista Suas ideias e ações nem sempre podem levá-lo aonde esperava chegar, quando esperava chegar. Faça sua própria profecia autorrealizável: se acredita que, no final, as coisas darão certo, vá nessa direção.

Outras características comuns Outros traços também são comuns entre os empreendedores:
- Criatividade.
- Disposição para aceitar a responsabilidade.

Diversidade no local de trabalho

O pequeno negócio promove oportunidades para todos. De acordo com a associação norte-americana de pequenas empresas (Small Business Association – SBA), em 2002, as pequenas e médias empresas (PME) representaram 18% de todas as empresas dos EUA.

Dessa porcentagem, 6,6% eram hispano-americanos, 5% afro-americanos e 4,6% ásio-americanos. As mulheres representavam 6,5%.

O órgão norte-americano dedicado aos temas referentes aos empregados com necessidades especiais, o Office of Disability Employment Policy (ODEP), aponta que estes podem ter o dobro de chance de serem autônomos se comparados com indivíduos sem necessidades especiais. Quase 15% das pessoas com necessidades especiais na força de trabalho são autônomas contra 8% das outras pessoas.

Fonte: U.S. Small Business Association (www.sba.gov).

- Disposição para assumir riscos.
- Mente aberta.
- Alto nível de energia.
- Forte desejo de realização.
- Tolerância à incerteza.
- Altos padrões, tanto pessoal como profissional.
- Flexibilidade.
- Autoconfiança.
- Determinação.
- Persistência.

Aprenda com a experiência dos outros

Você pode ter um talento ou uma ideia que acredita ser uma grande chance para um novo negócio, mas lembre-se, você é um proprietário de empresa novato. Não suponha que pode iniciar um negócio sem uma pequena ajuda externa. Afinal de contas, "o homem sábio aprende com seus próprios erros – o homem mais sábio aprende com os erros dos outros". Descubra mais sobre a experiência dos proprietários de empresas bem-sucedidas em sua região por intermédio da câmara de comércio local ou mesmo com seus pais ou outros adultos. Você pode até ter amigos que iniciaram um negócio com sucesso. As pessoas às quais você venha pedir um conselho, na maioria ficarão lisonjeadas por considerá-las especialistas. Quanto mais especialistas consultar, mais desenvolverá uma rede de relacionamento e demonstrará que tem iniciativa.

Qual é a melhor maneira de aprender como iniciar um negócio com sucesso? Torne-se um empregado de alguém! Mesmo trabalhos que pareçam tediosos ou sem nenhum atrativo podem ser excelentes experiências de aprendizagem e serão mais toleráveis se você assim os conduzir. Além disso, cada trabalho é um lançamento no currículo e uma potencial fonte de recomendação positiva.

> **PONTO DE CHECAGEM**
> Se você está pensando em iniciar sua própria empresa, a quem pediria um conselho?

EMPREENDEDOR OU FUNCIONÁRIO?

Ser autônomo ou possuir uma empresa não é para todo mundo: alguns se adaptam melhor como funcionários, o que é muito bom, porque as empresas necessitam de bons funcionários! Como funcionário, você pode aproveitar um desafio e construir uma bela oportunidade de carreira ao usar algumas capacidades empreendedoras no "mercado" do seu empregador.

Você pode se perguntar: "Como posso ser um empreendedor se estou trabalhando para outra pessoa?". Os grandes e os pequenos locais de trabalho são oportunos para as atividades empreendedoras – se tiver uma personalidade empreendedora! As grandes empresas sabem que oferecer oportunidades para aprender e crescer através de formação, novas experiências e carreiras inovadoras é um modo de garantir a satisfação do funcionário. Também é um bom negócio. Os empregadores reduzem o custo de recontratar e retreinar funcionários, e é menos provável que percam seus mais importantes recursos – conhecimento e capacidades – para seus concorrentes.

Qualquer gerente que valorize o desenvolvimento e o treinamento do funcionário apoiará sua atitude empreendedora, desde que possa conciliar e manter suas responsabilidades atuais. Quanto mais o papel do seu gerente for próximo ao de proprietário ou de um executivo tomador de decisão, mais próximo você vai estar de saber como funciona uma empresa. Esse conhecimento o fará mais valioso em sua função atual, pois conhecerá os detalhes do funcionamento de uma empresa. Além disso, é algo que levará consigo quando mudar para seu próximo emprego.

Se espera ficar e trilhar mais seu caminho na empresa ou está explorando as oportunidades em outro lugar enquanto ainda estiver em uma posição sólida, praticar o empreendedorismo como funcionário dará a você o poder de aproveitar o máximo a partir de sua experiência interna.

Desenvolva seu plano

Responda às seguintes perguntas ao desenvolver um plano para se tornar um empreendedor de sucesso enquanto ainda é funcionário: O que você quer fazer? Como pode satisfazer às necessidades dos seus empregadores? Você precisa do apoio de quem? Qual é o seu plano?

O que você quer fazer? Há uma habilidade específica que gostaria de adquirir, uma solução que deseje criar ou projeto que queira colocar em seu portfólio que não seja de sua responsabilidade no trabalho atual? Se estiver diretamente vinculado a seu trabalho atual ou dentro das capacidades de que sua empresa necessita, descobrir uma forma de desenvolver uma nova capacidade é um trabalho rápido. Talvez queira dar aulas de natação, além de ser salva-vidas, ou tirar fotos, além de escrever no anuário escolar.

Se a habilidade que gostaria de adquirir não estiver diretamente relacionada a seu trabalho atual, não é impossível encontrar uma forma de criar a experiência que deseja, mas precisará ser criativo. Por exemplo, se trabalha nas instalações de um estádio, mas quer mais experiência para seu portfólio de arte e desenho, talvez possa falar com o gerente de marketing para que o autorize a desenhar placas para as promoções do estádio.

Como você pode satisfazer às necessidades do seu empregador? Uma parte importante do seu trabalho é fazer que seu gerente o tenha em alta conta. O trabalho dele é administrar melhor os recursos para ajudar a empresa a ser lucrativa. Se você puder adaptar suas ideias para lhe dar apoio, é mais provável que ele as promova (e a você) para os níveis mais altos da administração. Seu gerente poderia até ajudá-lo a obter os recursos necessários para implementar suas ideias, incluindo tempo para trabalhar no seu projeto.

Você precisa do apoio de quem? A pessoa mais importante em sua equipe de apoio é seu gerente. Antes de começar a esticar seu braço empreendedor, certifique-se de que seu gerente esteja receptivo à sua nova orientação, aprove suas ideias e ações e seja informado do seu progresso.

As pessoas que têm dinheiro e outras que possuem recursos para iniciar seus próprios negócios independentes estão em posição excelente quando dão os primeiros passos. Aquelas que são capazes de usar o dinheiro de *outras* pessoas para iniciar um negócio estão em uma posição ainda melhor. Para estar nesta posição você deve obter a confiança daqueles que financiarão sua ideia, ser responsável com os investimentos deles e entregar resultados.

Qual é o seu plano? Uma vez que tenha pensado sobre as primeiras três ideias, pode elaborar um plano que explique como e por que sua ideia será bem-sucedida. Ninguém quer estar associado a falhas, especialmente seu gerente-patrocinador, por isso, certifique-se de planejar sua ideia, peça feedback ao gerente e a outras pessoas, e ajuste seu plano.

Como você sabe se um produto que gostaria de desenvolver é desejável?
- Comece sua pesquisa de mercado com o processo de entrevista. Pergunte a seu entrevistador, futuro gerente e futuro colega as seguintes questões: Qual de seus produtos obteve mais sucesso? Por quê? Quais produtos serão desenvolvidos? Você contratou pessoas para trabalhar em novos produtos ou são os funcionários atuais que estão trabalhando neles? As respostas a essas questões lhe darão uma noção se a empresa valoriza a experiência e o conhecimento de seus colaboradores que trabalham em novas ideias.
- Use seu relacionamento interdepartamental para conhecer o máximo possível sobre a empresa. Exercite uma curiosidade saudável sobre o restante da empresa enquanto cumpre as responsabilidades do seu trabalho. Por exemplo, se você trabalha no RH e é responsável pelo registro de novos funcionários, tente descobrir o que seu colega da área de folha de pagamento faz, a quem ele se reporta e como seu departamento interage com o dele.

PONTO DE CHECAGEM
Quais são as quatro perguntas que você deve se fazer antes de desenvolver um plano para se tornar um funcionário empreendedor?

12.3 AVALIAÇÃO

Pense criticamente
1. Como os empreendedores afetam a distribuição da riqueza?
2. Quais são as quatro qualidades importantes em um empreendedor?
3. Por que você acha que os executivos aposentados estão dispostos a responder às perguntas dos empreendedores?

Faça conexões
4. **Prática no trabalho** Uma forma de se tornar um funcionário-empreendedor é aplicar uma nova capacidade, solução ou atividade no seu trabalho atual. Desenvolva um exemplo de uma nova forma de trabalhar em uma tarefa atual e explique por que ela é aplicável à tarefa.
5. **História ficcional** Leia mais sobre um empreendedor do último século. Escreva uma pequena história tendo este empreendedor como personagem principal. Esboce o enredo, o ambiente e as personagens de apoio antes de começar.

MARKETING PESSOAL

6. **Entrevista** Como as empresas que nascem pequenas são, em geral, gerenciadas de maneira informal, podem carecer de políticas formais sobre muitos assuntos, tais como normas de vestuário, uso da internet e horas de trabalho. Fale com proprietários ou funcionários de três pequenas empresas. Quais são as políticas formais que essas empresas têm? Quais são os assuntos dos quais não tratam? Relate suas descobertas.

Capítulo 12. Avaliação

Vocabulário

Escolha o termo que melhor se encaixe na definição. No espaço indicado, coloque a letra que corresponde à resposta. Alguns termos podem não ser aplicados.

_____ 1. Uma pessoa que inicia seu próprio negócio.

_____ 2. Um sistema no qual a maior parte dos recursos econômicos é de propriedade privada e as pessoas são livres para decidir o que produzirão com os recursos.

_____ 3. Leis que são destinadas a promover a competição e a justiça e prevenir monopólios e outras práticas empresariais injustas.

_____ 4. Uma economia que está amplamente baseada no comércio de informação e na administração das ferramentas usadas para distribuir essa informação.

_____ 5. Um documento que descreve as características importantes de um negócio.

_____ 6. Um contrato escrito que dá permissão a outra pessoa para vender produto ou serviço da maneira prescrita durante determinado período e em um território especificado.

_____ 7. Uma empresa que é detida e operada por uma única pessoa.

_____ 8. Uma empresa que envolve duas ou mais pessoas que se tornam responsáveis por suas dívidas, obrigações e sucesso.

_____ 9. Uma empresa de propriedade dos acionistas.

a. leis antitruste
b. plano de negócio
c. sociedade anônima
d. empresário
e. franquia
f. franqueado
g. franqueador
h. sistema de livre iniciativa
i. sociedade de responsabilidade ilimitada
j. economia da informação
k. sociedade limitada
l. sociedade
m. empresa individual
n. responsabilidade ilimitada

Revisão de conceitos

10. Quem detém e controla a maior parte dos recursos econômicos em um sistema de livre iniciativa?
11. Como um sistema de livre iniciativa torna o empreendedorismo possível?
12. Em uma economia de livre iniciativa, quando o governo se envolve em um relacionamento de troca?
13. Qual é a diferença entre um empreendedor e um gerente?
14. Por que os pequenos negócios são uma parte importante da economia nacional?
15. Quais são os tipos de donos de pequenos negócios que não são, necessariamente, empreendedores?
16. Por que é importante avaliar seus interesses, capacidades e traços de personalidade antes de decidir se tornar um empreendedor?
17. Que problemas poderiam surgir quando um empreendedor decide sobre uma ideia de negócio baseada somente em capacidades, interesses e experiência?
18. Quais são as três formas de propriedade a se considerar ao abrir uma nova empresa?
19. Por que é importante obter a assistência de um advogado e de outros profissionais ao abrir uma nova empresa?
20. Por que é importante para um novo empreendedor ter um plano de negócio escrito?

Aplique o que aprendeu

21. Por que você acha que algumas empresas iniciadas por empreendedores fracassam quando começam a crescer?
22. Dê um exemplo de um empreendedor usando as leis da oferta e da demanda para criar um negócio bem-sucedido.
23. Muitos trabalhadores enfrentam o problema do "efeito de teto de vidro", uma barreira invisível ou velada que os impedem de avançar além de uma certa função. As mulheres e os membros de grupos minoritários provavelmente são os mais atingidos. Como este tipo de situação afetou o crescimento em novas empresas para mulheres e minorias?
24. Considere suas capacidades e traços de personalidade. Você seria um bom empreendedor ou estaria mais satisfeito em ser um gerente ou outro trabalhador dentro de uma empresa? Explique sua resposta.
25. Quais características pessoais você acha que são similares e diferentes entre um inventor e um empreendedor?

Faça conexões

26. **Leis** Procure na biblioteca ou na internet artigos sobre a acusação de que a Microsoft violou as leis antitruste. Conheça as razões da acusação e o resultado final. Você concorda que a Microsoft violou essas leis? Você acha que leis como essas são necessárias para que nossa economia funcione melhor? Por quê? Relate suas descobertas em um artigo de duas páginas.

27. **Pesquisa na internet** Procure as palavras "Sonho americano". Que tipo de sites e informações você encontra? Procure websites que mencionam o sonho americano e descreva-os à classe. Quais são dedicados estritamente a operações de negócios?

28. **Pesquisa de empresa** Use diretórios da internet e o telefone para identificar empresas específicas que forneçam os seguintes serviços: finanças, marketing, administração da informação e administração de produto/serviço. Algumas dessas empresas são franquias? Prepare uma apresentação em PowerPoint® sobre seus resultados.

29. **Pesquisa legal** Identifique problemas legais que os empreendedores podem enfrentar quando iniciam uma nova empresa. Identifique no mínimo quatro desses problemas e sugira soluções. Tente encontrar exemplos de problemas legais em casos que estão em fase de julgamento nos tribunais para obter ideias para o problema e solução para a atividade. Você poderia focar em um serviço ou setor específico, como a distribuição de música protegida por direitos autorais pela internet. Apresente suas descobertas para a classe.

30. **Redação** Escreva um plano de negócio para uma empresa específica, na qual você acredita seria bem-sucedido, com base em suas próprias características de empreendedorismo. Escolha o produto ou serviço que sua empresa vai oferecer.

* * *

Gestão de marketing de viagens e turismo
Tomada de decisão em equipe
A indústria da aviação tem sofrido por causa da incerteza na economia, do aumento nos problemas de segurança e de custos mais altos. Apenas uma linha aérea concorrente mostrou lucro no ano passado. Uma das empresas aéreas com dificuldades pediu que você e seu parceiro desenvolvessem questões de pesquisas para clientes potenciais. As respostas a essas perguntas vão ajudar as companhias aéreas a desenvolver estratégias de marketing para melhorar os negócios.

Você foi contratado também para sugerir estratégias promocionais que aumentem a atividade comercial das empresas aéreas. Você tem 30 minutos para elaborar suas questões da pesquisa e o plano de marketing para essas empresas usando uma estratégia de decisão de gerenciamento. Certifique-se de traçar sua estratégia. Você terá 10 minutos para apresentar suas informações, e os juízes terão 5 minutos para fazer perguntas sobre seu plano de ação.

Habilidades para o sucesso no trabalho
Planejando uma carreira em gestão da agricultura

"Estou realmente empolgada com nossa adesão neste ano à cooperativa agrícola e participação em uma agricultura apoiada pela comunidade. Como adquirimos uma cota, toda semana recebemos entregas de vegetais e frutas frescos. Vamos experimentar uma enorme variedade, e estou feliz que o website da cooperativa ofereça receitas para a maioria dos alimentos. Vamos nos alimentar muito bem nessa estação!"

Você já pensou sobre a procedência da sua comida, e como ela chega até as gôndolas do supermercado ou à cozinha do restaurante? Gestores do agronegócio trabalham com pequenas e grandes fazendas, sítios e estufas. Eles gerenciam operações que incluem praticamente tudo, desde a propriedade da terra ou contratos de arrendamento e métodos de produção de safra a marketing do agronegócio e vendas dos produtos. Eles monitoram condições climáticas, tecnologias agrícolas, regulação e legislação, preços do mercado e até mesmo os trabalhadores agrícolas.

Perspectiva de emprego
É previsto que a taxa de emprego permaneça constante.

Cargos
- Comprador da fazenda
- Gerente de produção de safra
- Gerente da fazenda
- Supervisor da fazenda

Habilidades necessárias
- Os gerentes não precisam, necessariamente, realizar o trabalho físico da fazenda. Em vez disso, cuidam da contratação e supervisão da produção dos trabalhadores, estabelecem metas de lucro da fazenda, planejam iniciativas de vendas e marketing, planejam o transporte e acompanham a manutenção.
- Em geral exige-se um diploma de bacharelado e com frequência é recomendado ter um diploma de graduação relacionado à ciência da agricultura. A certificação é disponibilizada através de organizações profissionais; estágios também são uma possibilidade.
- É essencial possuir habilidades em gestão, incluindo contabilidade, conhecimento de fontes de crédito e familiaridade com regulações de segurança.
- Habilidades em comunicação, gestão pessoal, computadores e resolução de conflito são importantes.

Como é trabalhar com gestão da agricultura?
Mark acorda antes de o sol nascer. Está no meio da época de colheita e tem um dia bem cheio pela frente. Ele monitora a produção da safra e planeja o transporte para o distribuidor. O clima não tem cooperado, mas ele espera alcançar suas projeções. A fazenda precisa de mais trabalhadores durante a plantação e a colheita; então, Mark agendou entrevistas para a tarde. Ele deseja contratar várias pessoas, que precisam estar dispostas a trabalhar longos dias e fazer esforço físico durante a estação.

Ele se interessa por agricultura desde jovem. Aprimorou esse interesse ajudando seu avô a gerir uma grande horta e, mais tarde, se formou em gestão agrícola na universidade. Seu conhecimento de tecnologia foi útil quando monitorou a adoção de um software de gestão agrícola para facilitar o acompanhamento de tendências em relação ao clima, irrigação, plantio e outros elementos operacionais. O software também facilitará o processo orçamentário. Cuidar de uma fazenda é uma tarefa com muitos desafios, mas Mark se sente confiante de que, sob sua gestão, ela continuará sendo bem-sucedida.

E você?
Para você, quais são os pontos positivos de trabalhar como gerente de fazenda? O que você acha desafiador?

Índice remissivo

Ações,
  Certas, 116-117
  Erradas, 116
Administração
  Ciência da, 57
  De operações, 57
  E liderança, 52
  Evolução e estilos, 55-59
  Funções da, 52-53
  Níveis de, 54-55
  Papéis na, 54
Aldeia global, 24
Ambiente econômico, 37
American Airlines Center, 65
American Eagle Outfitters, 1
Amostragem inovadora, 183
Análise SWOT, 166, 173
  Ameaças, 167
  Oportunidades, 167
  Pontos fortes, 166
  Pontos fracos, 166-167
Anuários, 143
Aparência
  No trabalho, 120-121
  Pessoal, 120-121
Aposentadoria, 236
Aprender, 315-316
Arrogância, 107
Arte corporal, 121
Associação Americana de
  Marketing, 4, 27
Associações, 232
Assumir risco, 46, 346
Atitude, 99
  Em relação ao trabalho, 104-106
  Negativa, 100-101
  Positiva, 102-103
Atuando eticamente
  Código de Ética, Psicólogo, 115
  Em negócios, 127
  Orientações, 115-116
Autoaperfeiçoamento, 72-73
Autoconfiança, 107
  Construindo, 108-109
Autoconhecimento, 67-70
Autoestima, 107
Avon, 336
Barreiras
  A comunicação, 113-114
  Boatos, 114
  Canais oficiais, 114

Clima fechado, 113
  Estrutura organizacional, 113
  Falta de confiança, 113
  Feedback, 114
  Filtragem, 113
  Poder e status, 114
  Rivalidade, 113
  Telefone e comunicação, 122
Benefícios, 85, 87
  Pacote de, 235-237
  Promover, 90-91
Bill Gates (Microsoft), 348
Bonificação, 235
Bureau of Consumer Protection, 19
Cacau Show (Alexandre Costa), 348
Câmaras de comércio, 143
Capacidade de ouvir e verbalizar, 296-300
Capacidades, 86-87
Carreira
  Conhecimento da, 132-133
  Grupos de, 133-135
  Testes de avaliação de, 151
  Tomando decisões de, 227-228
Cartas comerciais, 255-256, 258
Cartas de solicitação, 268-274
  Derivadas da rede de relacionamentos, 271
Classificação Brasileira de
  Ocupações (CBO), 50
Classificação Nacional de atividades Econômicas (CNAE), 136
Clientes, 141
  Buscar, 142-143
  Satisfação, 319-320
Comissão, 235
Competência, 314-315
Comportamento profissional, 109-117
Comunicação não verbal, 299
Comunicação por telefone, 261--262
  Etiqueta na, 261-262
Conar (Conselho Nacional de Autorregulamentação Publicitária), 20
Conhecimento em língua estrangeira, 203
Conflitos, 322
Consciência da oportunidade de mercado, 176-177

Construção de carreira,
  Conselho para todos trabalhadores de todas idades, 10-13
Consumidores, 38
Contatos frios, 155
Contratos de trabalho flexíveis, 330
Contribuição a sociedade, 46
Correspondência comercial, 248, 249
  De cortesia, 251
  De solicitação, 251
  e-mail, 257-258, 259
  Estrutura e etiqueta, 254-262
  Exatidão e revisões, 260
  Informativa, 251
  Memorandos, 256-257, 259
  Persuasiva, 251
Correspondência de emprego, 263-266
  Apresentações eletrônicas, 265-266, 269
  Apresentações tradicionais, 264, 270
Creche, 330
Currículo, 89, 184, 191-220
  Escaneáveis, 211, 213
  Formatos, 210-215, 215
  Fundamentos do, 199-201
  O que incluir, 194-195
  On-line, 212, 214
  Refinando seu, 206-209
  Seções comuns, 200
  Tipos de, 207-209
Currículo cronológico, 207, 209
Currículo funcional, 207, 208
Custo de vida, 231
Declaração de missão, 165
  Pessoal, 165
Demissão, 311-313
Demográfica, 141
Desejo, 38
Desenvolvendo
  franquia, 347
  negócio, 347-348
  nova empresa, 347
Desenvolvendo seu produto, 65-95
Dinheiro
  Como mercadoria, 223
  E preço, 225
Dinheiro e valor, 223-245
Disponibilidade de recursos, 48

Diversidade, 50
Economia,
    Do conhecimento, 341
    Introdução, 37-42
    Multicultural, 87
    Negócios e, 48-49
    Recursos, 39-40
    Recurso na, 37
    Utilidade da, 40-41
Educação e treinamento, 236
Efeito de primazia, 119
Empreendedor, 338
    Ou funcionário?, 353-355
    Tornando-se um, 349-352
Empreendedores
    E a América, 341-342
    Em nossa economia, 338
Empreendedorismo, 39, 277
    Sistema de livre iniciativa e, 339-340
Emprego, 179-180
    Agências de, 149, 232
    Agências públicas de, 135
    Anúncios classificados, 148--149
    Centros de carreira, 149
    Colarinho verde, 43-45
    Começando em um novo, 308-311
    Comércio Eletrônico, 26
    Contatando empregadores, 153-154
    Contato frio, 155
    Customização em massa, 25
    Departamento de recursos humanos, empregadores, 148
    Diversidade, 25-26, 178-179, 201-203
    Educação, 26
    E-mail, 123, 154-155, 257--258, 259
    Enfoque na pessoa, 27-28
    Ética e responsabilidade social, 26-27
    Feiras virtuais, 147-148
    Ferramenta de busca, 185
    Formulário de solicitação de, 196-197
    Mudando de, 311-313
    Na internet, 147, 232-233
    Personalize sua carta, 267
    Primeiro dia, 309-310
    Rede de relacionamento (networking), 149-150, 232
    Satisfação no, 314
    Tendências, 25-29
Empresas
    Capital aberto, 142
    Capital fechado, 142
    Iniciando uma pequena, 345-349
    Pesquisando, 140
    Site da, 144
Empresas aéreas, 359
Enfoque na pessoa, 27-28
Entrevista
    Aparência, 286
    De acompanhamento, 291--292
    Durante e depois da, 290-295
    Elementos essenciais da, 281--305
    Fazendo perguntas, 293-294
    Inicial, 291
    Motivos de compra, 284
    Pontualidade, 286
    Processos de, 284-287
    Venda de relacionamento, 282-283
    Venda tradicional, 281-282
Escassez, 38
Escolaridade, 201
Escolhas econômicas, 37
Escritório virtual, 183
Estados Unidos,
    Economia de mercado dos, 18-19
    Era da produção (até 1925), 19
    Era de vendas (1925 até inicio dos anos 1950), 19
    Era do marketing (1950 ao inicio dos anos 1990), 20
    Era do marketing de relacionamento (inicio dos anos 1990 até o presente), 20
Experiência profissional, 202
Facebook, 123
Faixa salarial, 230
Fatores de produção, 39
Federal Trade Comission (FTC), 19
Férias, 236-237
Formulário de solicitação emprego, 196-197
Funções de marketing
    Administração de informações, 7-8
    Administração de produto/serviço, 6
    Distribuição, 7
    Financiamento, 8
    Gestão de risco, 8
    Planejamento de marketing, 6
    Precificação, 7
    Promoção, 6
    Venda, 7
    Geográfica, 141
Gestão administrativa, 56
Giant Eagle, 279
Globalização, 49-50
Habilidades no trabalho, 202
Higiene e asseio, 120
História do Mercado, 17
HIV/Aids, 329
Horas extras, 235
Impressões,
    Ao telefone, 122
    On-line, 122-123
    Primeiras, 118-119
Indicadores e estatísticas, 143
Individualismo, 27
Informação
    Entrevista para busca de, 144
    Externa142-143
    Interna, 143
Interesses, 71-72
Inventário pessoal, 193-195
Jornais, 143
Lei da demanda, 40, 339
Lei da oferta, 40, 339
Licença maternidade/paternidade, 237
Liderança, 58-59
LinkedIn, 123
Mala direta, 156-157
Mapeamento ambiental, 176
Marketing
    definição, 4
    De rede social, 183
    Estratégico, 163-189, 173-174
    Matemática, 24-25
    na vida diária, 3
    planejamento, 6
    Plano de, 165
    pessoal, 9
    significado de, 4
    Social, 99-100
    sociedade, 8
    Tendência, 182-183
Mercado,
    A natureza do, 35-64
    Análise de, 172-173
    Identificando segmentos de, 131
    Qual o seu?, 129-159
Mercado-alvo
    Defina seu, 173
    Escolhendo, 139-140
    Informação, 183
    Pesquisando, 138-139
Mercado Atual,
    Crescimento do setor de serviços, 22-23
    Empresa global, 24-25
    Informação e comunicação 21-25

ÍNDICE REMISSIVO

Mercado de trabalho, 177,
  Diversidade, 49, 87, 101, 141, 227, 249, 299-300, 320
  E as tendências de marketing, 180-183
  E você, 50-51
  Tendências do, 175-176
Mercado e sociedade, 15-16
Mídia social, 123
Missão organizacional, 165
Mobilidade do trabalhador, 181
Movimento das relações humanas, 57
Mudança de mercado 15-21
Mudança do mercado, 15-21
Myspace, 123
Necessidade, 38
Negociação
  Táticas de, 239-240
Negociações salariais, 234-240
Negócios
  Ciclos dos, 48
  Definição, 46-47
  Desenvolvimento do, 42
  Economia e, 48-49
  Futuro dos, 49-50
  Mundo dos, 42-49
  Plano de, 346-347
Níveis de,
  Administradores de nível médio, 54
  Administradores de primeira linha, 54-55
  Alta administração, 54
Obter lucro, 46
Occupational Outlook Handbook, 51, 135, 137
Oferta e demanda, 39-40
Organização, 318
Ouvindo os outros, 297
Papéis administrativos
  De decisão, 54
  Informacional, 54
  Interpessoal, 54
Participação nos lucros, 235
Pensamento positivo, 102
Perdas de tempo, 317
Personalidade
  Traços de, 68-71
Personalidade empreendedora, 351
Perspectiva
  clássica, 55-56
  comportamental, 56-57
  contemporâneas, 57
  quantitativa, 57
Pesquisando empresas, 140
Plano de ação de marketing, 174
Plano de benefícios flexível, 235

Plano de Marketing pessoal,
  Criando o próprio, 171-172
  Desenvolvendo um, 171
  Três partes de, 172-174
Poder
  Coercitivo, 59
  De especialista, 59
  De recompensa, 59
  De referência, 59
  Legitimo, 59
Pontos fortes em comum, 166
População, 177
Posicionamento, 167-168
  Estratégias de, 168
Preço, 225
  Estabeleça seu, 229
Princípios de administração científica, 55
Primeiro emprego, 12
Problemas contemporâneos no trabalho, 326-329
  Abuso de substancias químicas, 329
  Ação afirmativa, 327
  Assédio sexual, 327-328
  De saúde e segurança, 328-329
  Necessidade especiais, 327
Processo de comunicação, 298--299
Procrastinação, 317
Produto
  Características, 252-253
  Promoção, 246-278, 279-305
Produtores, 38-39
Publicações setoriais, 143
Público
  Encontrando seu, 248-249
  Necessidade do, 252
  Persuadindo, 251-253
  Quem é meu, 249-250
Qualidade, 50
Recessão, 48
Referências, 203
Relacionamento
  Colegas de trabalho, 110-111
  Seus clientes, 113, 319-320
  Supervisor, 111-112
Responsabilidade, 318-319
Resumo das qualificações, 203
Ritmo da, 211
Salário, 225-226, 234-235
  A economia de, 226-227
  Discutindo benefícios e, 234--240
  Fontes de informação de, 231
  Negociando seu, 238-240
  Pesquisando, 229
  Pretensões realistas, 230
  Site sobre, 238

Satisfação, 40
Segmentação, 132
Seguro, 235-236
Setores, 136
Setores, 178
Sistemas econômicos
  Economia de comando, 16
  Economia de mercado, 18
  Economia mista, 18
  Economia tradicional, 16
Site nacional de empregos (SINE), 233
Sociedade, marketing
  De ideias, 8-9
Sonho americano, 341
Sony, 306
Stakeholders, 47
Sustentabilidade corporativa, 47
Tecnologia, 50, 181-182
Teoria
  Da contingência, 57
  De sistemas, 57
Terra, 39
Trabalhando no exterior, 201-203
Trabalho, 39
  Aparência, 120-121
  Evitando conflitos no, 323-324
  Exemplos conflitos no, 325
  Força de, 177-178
  Lista de, 231-232
  Problemas no, 321-323
  Procurando, 146
  Resolução de conflitos no, 322-323
Transeunte, 106
Treinamento, 308-309
Troca
  Moedas, 224
  Papel-moeda, 224
  Valor de, 223
  Valor em salário, 225-226
Utilidade
  De forma, 41
  De lugar, 41
  De posse, 41
  De tempo, 40
  Econômica, 40
  Leasing, 41
Valores
  Educação, 76
  Igualdade, 76
  Inclusão, 77
  Individualismo, 76
  Instrumentais, 75
  Liberdade, 76
  Poder dos, 77-78
  Priorizando, 78-79
  Terminais, 75
Valores e objetivos, 74-79